新世代

木材・木質材料と木造建築技術

監修 岡野 健

NTS

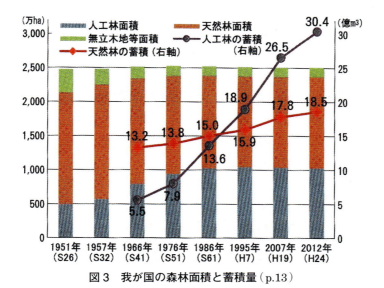

図3 我が国の森林面積と蓄積量（p.13）

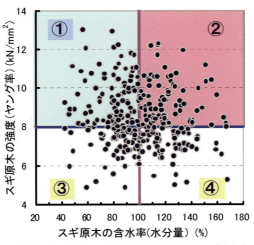

図2 スギ原木の含水率（水分量）と強度（ヤング率）（p.108）

図11 スギ3層合わせ梁の実大クリープ試験の様子と相対クリープ（p.114）

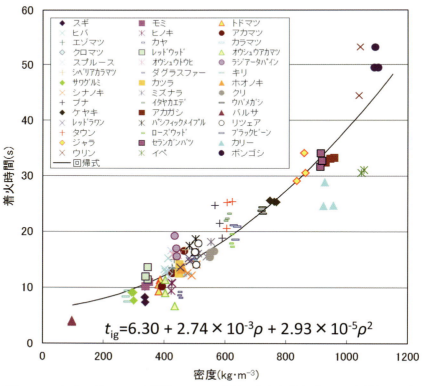

図1 コーンカロリーメータ試験における木材の密度と着火時間の関係[3]（p.128）
（入射熱強度：50 kW/m², 口火あり，試験体の厚さ：10 mm）

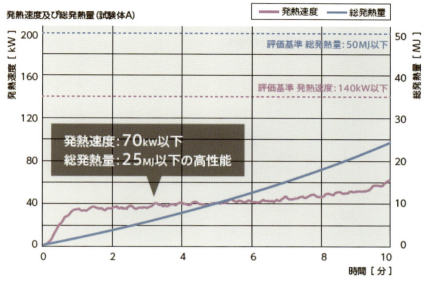

図5　認定試験の基準と実測値（p.163）

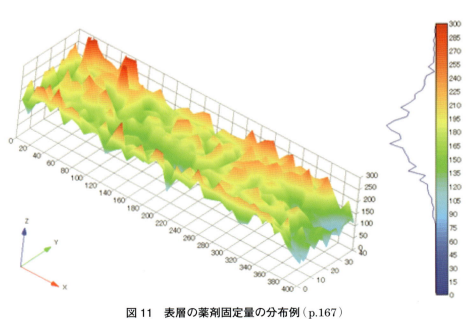

図11　表層の薬剤固定量の分布例（p.167）

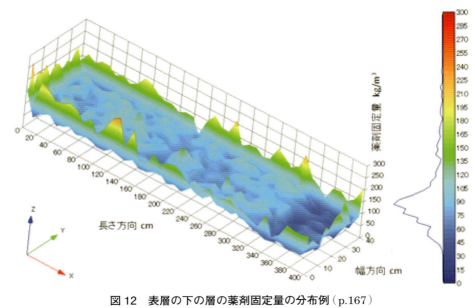

図12　表層の下の層の薬剤固定量の分布例（p.167）

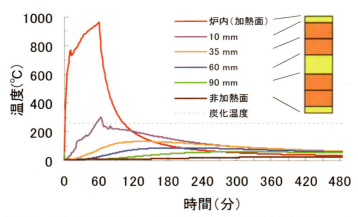

図11　スギ1時間耐火CLTの加熱試験における温度経緯[17]（p.177）

図3 燃え止まり状況（p.181）

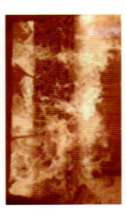

図2 耐火試験前後の柱部材（p.198）

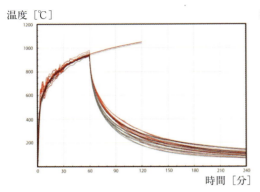
図2 炉内温度（小断面：柱）(p.230)

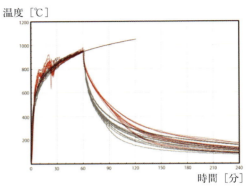
図3 炉内温度（大断面：柱）(p.230)

図11 加圧注入処理したオウシュウアカマツ集成材の薬剤浸潤状況[7]（p.243）
　　（左：製品にインサイジングして加圧注入処理，右：ラミナにインサイジングして加圧注入処理した後に積層）

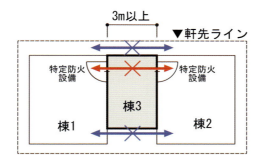

図11 昭和26年建設省住宅局建築防災課長通達「別棟扱い」の考え方（p.284）

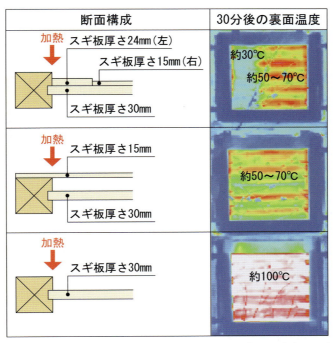

図13 スギ板の延焼抑制性能確認実験における裏面温度（p.288）

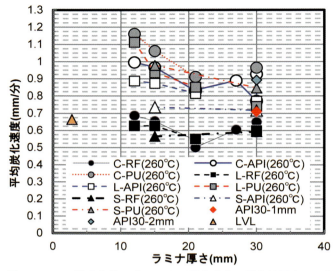

図2　CLTの構成条件の違いによる炭化速度の測定結果（p.296）

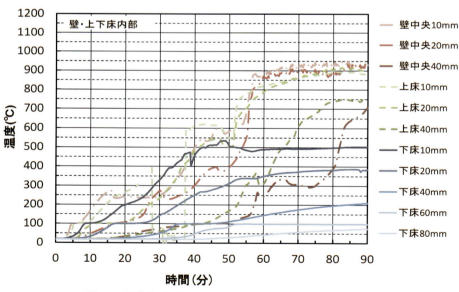

図12　隅角部試験体のパネル内温度の測定結果（p.302）

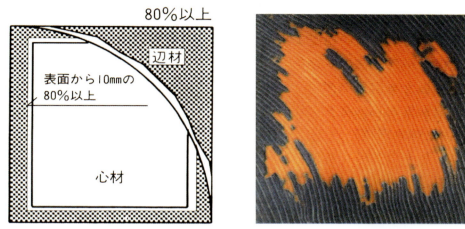

図6 JAS K3 処理基準（左図）と K3 処理された土台（右図：グレーの部分が薬剤）（p.324）
（出典：日本木材防腐工業組合，木を活かす，1996年）

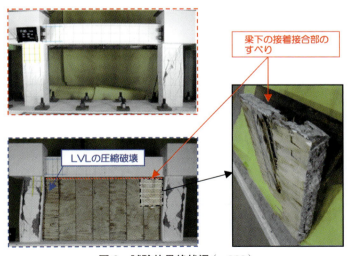

図6 試験体最終状況（p.332）

発刊にあたって

　日本の森林は国土の 2/3 を占め，春から夏にかけて大量の降雨があるため樹木の成長も活発であり，樹種も多い。スギなどの優れた固有種もあって古来生活基盤である住宅や家具，様々な道具・器具が木で作られてきた。さらに社寺仏閣といった大きな建物も木で作られてきた。加えて木は，薪炭として暮らしを支えるエネルギーとしても使われてきた。逆に燃える木の建物は街並みを焼き尽くす大火となることも珍しくはなかったし，先の大戦では戦火によって都市が容易に焦土と化してしまったのである。また，高温多湿は樹木の成長を促すと同時に，樹種によって材の耐朽性・耐蟻性に大きな違いをもたらす。そのような木の負の面と都市への人口集中による建物の高層化とが相まって，現代の建物は木ではなく，鉄やコンクリートを多用するようになったと言えるだろう。もしそうだとすれば，私たちはその是非について考えを及ぼさねばならない。

　無垢材である製材，ひき板による集成材や CLT など，単板による合板や LVL，削片による OSB やパーティクルボード，繊維による MDF やハードボードなどの木材・木質材料は，製材とハードボード以外は接着製品である。接着剤は接着製品の耐水性に大きな違いをもたらす。そのような製品の違いを理解し，それらの特性を踏まえて建物を作る，そんな大きな流れが生まれようとしている。生み出しているのは気候変動であり，気候変動を生み出している膨大な化石資源エネルギーの消費である。法的にも公共建築物等においては木材の利用の促進が謳われている。

　木材・木質材料を使った建築を木造建築と呼ぶなら，木造建築を進めることがエネルギー消費の抑制につながると確信する。それはベースとなる木が CO_2 の還元物だからである。還元物はやがては酸化されて CO_2 に戻る。この循環の輪を作っているのが木造建築である。循環の輪を大きくするのが木造建築技術である。様々な難燃化/耐火処理材，防虫/防腐処理材，火災による人命の損失を防ぐことのできる木造建築，地震による倒壊で人命が奪われる，そんなことがない木造建築の設計や評価システムなど，技術的課題も多い。さらに本書ではヒトが木の中で暮らしてきた長い歴史が醸し出す本能的感覚，木の環境に対する安心感に触れている。

　本書は材料から建築技術までを一貫することによって，当代の木造建築を理解し，解決すべき課題の所在を知り，さらに木造建築を広範に推し進めることに役立つであろう。

2017 年　秋

東京大学名誉教授　岡野　健

監修者・執筆者一覧

監修者

岡野	健	東京大学名誉教授

執筆者(執筆順)

有馬	孝禮	東京大学名誉教授
岡野	健	東京大学名誉教授
光田	展隆	国立研究開発法人産業技術総合研究所生命工学領域研究戦略部研究企画室　企画主幹
青木	謙治	東京大学大学院農学生命科学研究科　准教授
腰原	幹雄	東京大学生産技術研究所　教授
足立	幸司	秋田県立大学木材高度加工研究所　准教授
井上	雅文	東京大学アジア生物資源環境研究センター　教授
李	元羽	株式会社キーテック開発部　部長
成田	敏基	株式会社キーテック開発部開発課　課長
朴	智秀	株式会社キーテック開発部開発課
宮武	敦	国立研究開発法人森林研究・整備機構森林総合研究所複合材料研究領域　チーム長
山本	泰司	山本ビニター株式会社　代表取締役社長
山口	秋生	越井木材工業株式会社技術開発室　室長
池田	潔彦	静岡県農林技術研究所森林・林業研究センター木材林産科　木材林産科長
中田	欣作	奈良県森林技術センター木材利用課　課長
原田	寿郎	国立研究開発法人森林研究・整備機構森林総合研究所四国支所　支所長
菊地	伸一	地方独立行政法人北海道立総合研究機構森林研究本部　本部長兼林業試験場長
亀岡	祐史	丸菱油化工業株式会社研究本部　主任研究員
浅野	成昭	株式会社アサノ不燃　代表取締役社長
服部	順昭	東京農工大学名誉教授
齋藤	潔	齋藤木材工業株式会社建築事業部　取締役部長
久原	裕	株式会社スタジオ・クハラ・ヤギ　代表取締役
小林	道和	株式会社竹中工務店木造・木質建築推進本部　副部長
大橋	宏和	株式会社竹中工務店技術研究所構造部防火グループ　主任研究員

抱　憲誓	鹿島建設株式会社技術研究所都市防災・風環境グループ　主任研究員	
広田　正之	清水建設株式会社技術研究所建設基盤技術センター　上席研究員	
松浦　薫	一般社団法人日本WOOD.ALC協会　事務局長	
安達　広幸	株式会社シェルター　常務取締役	
今村　祐嗣	京都大学名誉教授	
木口　実	国立研究開発法人森林研究・整備機構森林総合研究所九州支所　支所長	
小島　陽一	静岡大学農学部　准教授	
鈴木　滋彦	静岡大学農学部　教授	
安井　昇	桜設計集団一級建築士事務所　代表	
成瀬　友宏	国立研究開発法人建築研究所防火研究グループ　上席研究員	
鈴木　淳一	国土交通省国土技術政策総合研究所建築研究部防火基準研究室　主任研究官	
中村　昇	秋田県立大学木材高度加工研究所　教授	
中島　正夫	関東学院大学建築・環境学部　教授	
須賀　順子	株式会社竹中工務店大阪本店設計部構造部門　課長	
福原　武史	株式会社竹中工務店技術研究所　研究主任	
中島　史郎	宇都宮大学地域デザイン科学部建築都市デザイン学科　教授	
三宅　辰哉	株式会社日本システム設計　代表取締役	
笹谷　真通	東京電機大学未来科学部建築学科　准教授	
立花　正彦	東京電機大学名誉教授	
池井　晴美	国立研究開発法人森林研究・整備機構森林総合研究所　構造利用研究領域　研究員	
宋　チョロン	千葉大学環境健康フィールド科学センター　特任助教	
宮崎　良文	千葉大学環境健康フィールド科学センター　教授	
櫻川　智史	静岡県工業技術研究所　研究調整監	

作品集執筆者（執筆順）

隈　研吾	建築家/東京大学教授	
比留間基晃	鹿島建設株式会社建築設計本部建築設計統括グループ　チーフアーキテクト	
野出木貴夫	鹿島建設株式会社建築設計本部建築設計統括グループ　シニアマネージャー	
高野　信	鹿島建設株式会社九州支店建築設計部　部長	
綱川　隆司	前田建設工業株式会社建築事業本部ソリューション推進設計部　BIMマネージメントセンター　センター長	
三ツ橋顕司	株式会社大建設計第一設計室　室長	
笠原　拓	株式会社大建設計第一設計室　課長	
衛藤　照夫	株式会社ゆう建築設計事務所　専務取締役	
清水　大輔	株式会社ゆう建築設計事務所　アーキテクト	
長谷川　寛	株式会社竹中工務店名古屋支店設計部第1部門　グループリーダー	
伊藤　貴弘	株式会社竹中工務店名古屋支店設計部第1部門　主任	
石黒　紘介	株式会社竹中工務店名古屋支店設計部第1部門	
北川　昌尚	株式会社竹中工務店名古屋支店設計部構造部門　課長	
神林　哲也	株式会社内藤廣建築設計事務所　取締役	
浅田　耕一	有限会社浅田設計室　取締役	
白波瀬智幸	株式会社竹中工務店大阪本店設計部第6部門　課長	
興津　俊宏	株式会社竹中工務店大阪本店設計部第3部門　主任	
福本　晃治	株式会社竹中工務店大阪本店設計部構造部門　課長	
細木　茂	株式会社細木建築研究所　代表取締役	
高萩　智浩	株式会社三崎組建築部　次長	
高橋　幸吉	藤田建設工業株式会社一級建築士事務所　所長	
中元　綱一	株式会社桝谷設計　代表取締役	
吉田　健一	株式会社桝谷設計設計部　設計部長	
大山　広高	株式会社松田平田設計大阪事務所　副所長	
藤井　久生	株式会社松田平田設計第5建築設計部　部長	
松本　僚平	株式会社松田平田設計第5建築設計部　副主任	
金内　信二	株式会社日建設計設計部門　設計部長	
吉岡　有美	株式会社竹中工務店東京本店設計部第3部門　課長	
石本　明子	株式会社竹中工務店大阪本店設計部第1部門　主任	
落合　洋介	株式会社竹中工務店東京本店設計部構造部門　主任	
名古屋城総合事務所		
松下　勝久	株式会社フェニックスホーム　代表取締役	
仁木　洋子	株式会社イルミナティ　代表取締役	
前田　幸則	NPO法人グリーンネックレス建築デザイン室　代表理事	

目　次

第1編　資源としての木材とこれからの木質材料・木造建築

第1章　資源としての木材

第1節　循環型資源としての木材　　　　　　　　　　　　　　　　　　有馬　孝禮
　1. 循環型資源とは……………………………………………………………… 3
　2. 「3R/4R」から 5R へ……………………………………………………… 3
　3. 「低炭素社会」という用語………………………………………………… 5
　4. 木材・木造建築物は「都市の森林」……………………………………… 5
　5. 「地球温暖化防止条約」における森林・木材の位置…………………… 6
　6. 森林・木材利用による二酸化炭素の削減効果………………………… 7
　7. 炭素ストック「C 表示」と伐採木材（HWP：Harvested Wood Products）の扱い……………………………………………………………………… 8
　8. カスケード型利用—残材，廃棄物処理から再利用，再生利用へ……… 9
　9. 資源循環型社会を回す仕組み…………………………………………… 10
　10. 再生可能資源としてのバイオエネルギー……………………………… 11
　11. 我が国の森林における木材の資源持続性……………………………… 13
　12. The Next One さてその次は……………………………………………… 14

第2節　樹木と木材の性質　　　　　　　　　　　　　　　　　　　　岡野　健
　1. 樹木とは…………………………………………………………………… 17
　2. 樹木と木材………………………………………………………………… 18
　3. 針葉樹材（Softwood）と広葉樹材（Hardwood）……………………… 18
　4. 年輪，早材・晩材，散孔材，環孔材，放射孔材……………………… 20
　5. 辺材と心材………………………………………………………………… 21
　6. 心持ち材はなぜ干割れるか……………………………………………… 22
　7. 木材の性質が繊維方向と繊維直角方向とで異なるのは何故か……… 23
　8. 木の密度と強さ…………………………………………………………… 23

9. 樹種が違うと何が違うか，木理，肌目，耐朽性は‥‥‥‥‥‥‥‥‥‥‥24
　　10. 木材はどんなときに腐るのか‥‥‥‥‥‥‥‥‥‥‥‥‥‥‥‥‥‥‥24
　　11. 材の変異，あて（材）‥‥‥‥‥‥‥‥‥‥‥‥‥‥‥‥‥‥‥‥‥‥25

第3節　遺伝子組換え技術による高強度木材の開発　　　　　　　光田　展隆
　　1. 背　景‥‥‥‥‥‥‥‥‥‥‥‥‥‥‥‥‥‥‥‥‥‥‥‥‥‥‥‥27
　　2. 新しい木材の創製を目指して‥‥‥‥‥‥‥‥‥‥‥‥‥‥‥‥‥‥28
　　3. まとめと展望‥‥‥‥‥‥‥‥‥‥‥‥‥‥‥‥‥‥‥‥‥‥‥‥‥35

第2章　これからの木質材料・木造建築

第1節　構造用材料としての木材・木質材料と木造建築構造　　青木　謙治
　　1. はじめに‥‥‥‥‥‥‥‥‥‥‥‥‥‥‥‥‥‥‥‥‥‥‥‥‥‥‥37
　　2. 軸組構法住宅‥‥‥‥‥‥‥‥‥‥‥‥‥‥‥‥‥‥‥‥‥‥‥‥‥37
　　3. 枠組壁工法住宅（ツーバイフォー構法住宅）‥‥‥‥‥‥‥‥‥‥‥40
　　4. 木質プレハブ構法住宅‥‥‥‥‥‥‥‥‥‥‥‥‥‥‥‥‥‥‥‥‥41
　　5. 丸太組構法住宅‥‥‥‥‥‥‥‥‥‥‥‥‥‥‥‥‥‥‥‥‥‥‥‥42
　　6. 大型の木質構造物‥‥‥‥‥‥‥‥‥‥‥‥‥‥‥‥‥‥‥‥‥‥‥43

第2節　現代木造建築　〜構造・耐火・仕上〜　　　　　　　　腰原　幹雄
　　1. 構　造‥‥‥‥‥‥‥‥‥‥‥‥‥‥‥‥‥‥‥‥‥‥‥‥‥‥‥‥45
　　2. 耐　火‥‥‥‥‥‥‥‥‥‥‥‥‥‥‥‥‥‥‥‥‥‥‥‥‥‥‥‥50
　　3. 仕　上‥‥‥‥‥‥‥‥‥‥‥‥‥‥‥‥‥‥‥‥‥‥‥‥‥‥‥‥52

第2編　木材・木質材料の開発・難燃化と評価技術

第1章　複合化・圧縮による木質材料の開発・加工技術

第1節　複合接着による高強度化　　　　　　　　　　　　　　青木　謙治
　　1. はじめに‥‥‥‥‥‥‥‥‥‥‥‥‥‥‥‥‥‥‥‥‥‥‥‥‥‥‥57
　　2. 構造用集成材‥‥‥‥‥‥‥‥‥‥‥‥‥‥‥‥‥‥‥‥‥‥‥‥‥57
　　3. 構造用単板積層材‥‥‥‥‥‥‥‥‥‥‥‥‥‥‥‥‥‥‥‥‥‥‥58

4. 直交集成板・・・ 59
　　5. 構造用合板および木質ボード類・・・・・・・・・・・・・・・・・・・・・・・・・・・・・・・・ 60
　　6. おわりに・・ 62

第2節　圧縮木材の製造原理・評価とその利用　　　　足立　幸司, 井上　雅文
　　1. 軟質針葉樹の高付加価値化・・・・・・・・・・・・・・・・・・・・・・・・・・・・・・・・・・・・ 65
　　2. 圧密木材・・・ 65
　　3. 圧縮加工木材・・・ 70
　　4. 今後の展望・・・ 73

第3節　LVLの特徴とその利用例　　　　　　　　　李　元羽, 成田　敏基, 朴　智秀
　　1. はじめに・・・ 75
　　2. 製　造・・・ 75
　　3. 軸材としての利用・・・ 77
　　4. I形ジョイスト・・ 77
　　5. LVLの合せ梁・・ 77
　　6. LVLストレストスキンパネル・・・・・・・・・・・・・・・・・・・・・・・・・・・・・・・・ 78
　　7. 厚板としての利用・・・ 79
　　8. 内装材としての利用・・・ 80

第4節　CLTの特徴・JAS規格とその強度評価　　　　　　　　　　　宮武　敦
　　1. はじめに・・・ 81
　　2. CLTの特徴・・ 81
　　3. CLTとは・・ 82
　　4. JAS認定品に表示する事項・・・・・・・・・・・・・・・・・・・・・・・・・・・・・・・・・・・ 84
　　5. 材料強度・・・ 86
　　6. おわりに・・・ 88

第5節　高周波を用いた木質材料の製造技術　　　　　　　　　　　　山本　泰司
　　1. はじめに・・・ 91
　　2. 木材の高周波加熱・・・ 91
　　3. 加熱方式・・・ 92
　　4. 高周波加熱による木材接着・・・・・・・・・・・・・・・・・・・・・・・・・・・・・・・・・・・ 93
　　5. 高周波加熱による木材乾燥・・・・・・・・・・・・・・・・・・・・・・・・・・・・・・・・・・・ 97

6. おわりに･･ 99

第6節　熱処理による木材の耐久性と寸法安定性向上　　山口　秋生
　　1. はじめに･･ 101
　　2. 熱処理木材の性能･･ 102
　　3. 熱処理木材の第三者機関による認証（AQ認証）･･････････････ 104
　　4. 熱処理木材の用途開発･･････････････････････････････････････ 105

第7節　スギ積層接着合わせ梁の開発　　池田　潔彦
　　1. はじめに･･ 107
　　2. 積層接着合わせ梁とは(製品の特徴)･････････････････････････ 108
　　3. 積層接着合わせ梁の製造技術･･････････････････････････････ 109
　　4. スギ積層接着合わせ梁の各種性能の解明･･･････････････････ 113
　　5. 今後の課題と対応･･･ 116

第8節　強化LVL接合板とその特性評価　　中田　欣作
　　1. はじめに･･ 117
　　2. 強化LVLの製造方法･･････････････････････････････････････ 117
　　3. 強化LVLの強度性能･･････････････････････････････････････ 118
　　4. 強化LVL接合部の強度性能･･･････････････････････････････ 120
　　5. 強化LVL接合を用いた木質構造フレームの強度性能･････････ 122
　　6. 強化LVL接合の耐火性能･････････････････････････････････ 125

第2章　木質材料の難燃化技術

第1節　建築用木材の難燃化技術　　原田　寿郎
　　1. 木材の燃焼発熱性と難燃性の付与･･････････････････････････ 127
　　2. 防火材料の種類と建築用材で木材の難燃化が求められる場所･･････ 131
　　3. 難燃性の評価手法･･･ 131
　　4. 難燃薬剤の注入による木材の難燃化技術･･･････････････････ 132
　　5. 難燃処理木材の課題･･･････････････････････････････････････ 134
　　6. 木質構造材料への難燃処理木材の利用･････････････････････ 136

第2節　木材の難燃処理と難燃処理部材の品質管理　　菊地　伸一
　　1. 火災の成長段階と対応する燃焼特性・・・・・・・・・・・・・・・・・・・・・・・・・・・・・・137
　　2. 防耐火性能の評価・・138
　　3. 防火木材の種類・・・139
　　4. 防火木材に用いられる難燃薬剤・・・・・・・・・・・・・・・・・・・・・・・・・・・・・・・・140
　　5. 防火木材の用途・・・141
　　6. 防火材料の品質管理・・・142

第3節　木質用難燃剤とその難燃メカニズム　　亀岡　祐史
　　1. はじめに・・・145
　　2. 難燃剤と難燃メカニズム・・・・・・・・・・・・・・・・・・・・・・・・・・・・・・・・・・・・・145
　　3. 木材の難燃化基準・・147
　　4. 今後の課題・・150

第4節　セルフネン® による不燃木質材料　　浅野　成昭
　　1. セルフネンとは・・・151
　　2. 木　材・・・153
　　3. 構造被覆材・・154
　　4. 壁　材・・・158
　　5　木製防火戸・・159

第5節　難燃薬剤処理 LVL　　李　元羽, 成田　敏基, 朴　智秀
　　1. 開発経緯と認定試験（模型箱試験で認定をもらった第一号）・・・・・・・・・161
　　2. 性能目標と特徴（不燃ではなく, 準不燃にこだわった理由）・・・・・・・・・164
　　3. 品質管理と注意点等・・164
　　4. 用途および発展可能性（耐火部材としての用途拡大）・・・・・・・・・・・・・165
　　5. 実例と今後の課題・・165

第3章　木質材料の耐火技術

第1節　構造用耐火木材　　服部　順昭
　　1. 背　景・・・169
　　2. 耐火性付与の方法・・170

3. 耐火木材の実使用・・・173
　　4. 耐火木材の今後・・・176

第2節　木質ハイブリッド耐火集成材　　　　　　　　　　　齋藤　潔, 久原　裕
　　1. はじめに・・179
　　2. 木質ハイブリット集成材・・・・・・・・・・・・・・・・・・・・・・・・・・・・・・・・・・・・・179
　　3. 木質ハイブリッド集成材を用いた物件事例・・・・・・・・・・・・・・・・・・・・・183
　　4. おわりに・・・185

第3節　燃エンウッド®　　　　　　　　　　　　　　　　小林　道和, 大橋　宏和
　　1. はじめに・・187
　　2. 技術開発の概要・・・187
　　3. 耐火集成材燃エンウッドの概要・・・・・・・・・・・・・・・・・・・・・・・・・・・・・・188
　　4. 柱・梁接合部の開発・・・・・・・・・・・・・・・・・・・・・・・・・・・・・・・・・・・・・・・190
　　5. 梁貫通孔技術の開発と実用化・・・・・・・・・・・・・・・・・・・・・・・・・・・・・・・191
　　6. 防火区画の壁を固定するディテールの検証・・・・・・・・・・・・・・・・・・・・192
　　7. 耐火集成材燃エンウッドを採用した建築モデルでの各種試算結果・・・・・193
　　8. 今後の大規模木造建築の実現・普及に向けた取り組みについて・・・・・・・194

第4節　FRウッド®　　　　　　　　　　　　　　　　　　　　　　抱　憲誓
　　1. はじめに・・197
　　2. 第一段階断面・・199
　　3. 第二段階断面・・199
　　4. 接合部の検証・・200

第5節　スリム耐火ウッド®の耐火試験　　　　　　　　　　　　広田　正之
　　1. はじめに・・203
　　2. 耐火木質柱の載荷加熱試験・・・・・・・・・・・・・・・・・・・・・・・・・・・・・・・・203
　　3. 耐火木質梁の載荷加熱試験・・・・・・・・・・・・・・・・・・・・・・・・・・・・・・・・203
　　4. 耐火木質柱・RC接合部・鉄骨造梁からなる柱梁接合部の加熱実験・・・・・209
　　5. おわりに・・・212

第6節　耐火構造LVL　　　　　　　　　　　　　　李　元羽, 成田　敏基, 朴　智秀
　　1. 開発経緯と全体像・・213

2. 根幹になる材料技術･･････････････････････････････････････213
　　3. 開発コンセプト･･214
　　4. 耐火性能評価試験･･････････････････････････････････････215
　　5. 現在，性能評価試験済みの技術と特長････････････････････216
　　6. 今までの成果と研究を踏まえた，今後の発展方向･･････････216

第7節　WOOD.ALC（ウッドALC）〈1時間準耐火ロッキング工法〉
松浦　薫

　　1. はじめに･･219
　　2. 構法開発･･220
　　3. 研究方法･･220
　　4. 今後の課題と展開････････････････････････････････････224

第8節　COOLWOOD（クールウッド）
安達　広幸

　　1. はじめに･･227
　　2. COOLWOODの開発････････････････････････････････････227
　　3. COOLWOODの大臣認定概要･･････････････････････････233
　　4. 実例プロジェクト････････････････････････････････････233
　　5. おわりに･･234

第4章　木材・木質材料の劣化とその評価技術

第1節　腐朽・虫害による劣化とその対策
今村　祐嗣

　　1. はじめに･･235
　　2. 生物劣化の要因とは････････････････････････････････････235
　　3. 生物劣化はいかに進むか････････････････････････････････237
　　4. 木は何年もつか･･239
　　5. シロアリ被害の防止････････････････････････････････････244
　　6. 劣化診断･･244
　　7. おわりに･･244

第2節　耐候劣化とその評価・耐候性向上技術
木口　実

　　1. 木材の耐候劣化･･247

2. 木材・木質材料の耐候性評価・・・・・・・・・・・・・・・・・・・・・・・・・・・・・252
　　3. 木材の耐候性向上技術・・・・・・・・・・・・・・・・・・・・・・・・・・・・・・・・・254

第3節　木材・木質材料の耐久性評価　　　　　　　　　　　小島　陽一, 鈴木　滋彦
　　1. 木材保存の意義と役割・・・・・・・・・・・・・・・・・・・・・・・・・・・・・・・・259
　　2. 木材の劣化・・・・・・・・・・・・・・・・・・・・・・・・・・・・・・・・・・・・・・・259
　　3. 木材の耐候性向上・・・・・・・・・・・・・・・・・・・・・・・・・・・・・・・・・・260
　　4. 木質材料の耐久性・・・・・・・・・・・・・・・・・・・・・・・・・・・・・・・・・・261
　　5. 木質材料全般における耐久性研究の今後と課題・・・・・・・・・・・・・266

第3編　木造建築の設計・評価技術

第1章　木造建築の防耐火設計・耐火性能評価

第1節　大規模木造建築の防耐火設計技術　　　　　　　　　　　　　安井　昇
　　1. はじめに・・・271
　　2. 燃焼の3要素・・・・・・・・・・・・・・・・・・・・・・・・・・・・・・・・・・・・・272
　　3. 建物火災の3つの成長過程・・・・・・・・・・・・・・・・・・・・・・・・・・・273
　　4. 建築基準法が建物に求める性能・・・・・・・・・・・・・・・・・・・・・・・275
　　5. 中大規模木造に関する法律・・・・・・・・・・・・・・・・・・・・・・・・・・・275
　　6. 木造による耐火構造・準耐火構造・防火構造・・・・・・・・・・・・・286
　　7. おわりに・・・291

第2節　CLT木造建築物の耐火性能　　　　　　　　　　成瀬　友宏, 鈴木　淳一
　　1. はじめに・・・293
　　2. 部材の耐火性能を確保する方法・・・・・・・・・・・・・・・・・・・・・・・293
　　3. 不燃材料等で被覆する場合の考え方・・・・・・・・・・・・・・・・・・・294
　　4. 燃えしろ設計する場合の考え方・・・・・・・・・・・・・・・・・・・・・・・294
　　5. CLT等の炭化速度・・・・・・・・・・・・・・・・・・・・・・・・・・・・・・・・・295
　　6. 燃えしろ設計によるCLT部材の耐火性能・・・・・・・・・・・・・・・297
　　7. 燃えしろ設計によるCLT部材の接合部の耐火性能・・・・・・・・300
　　8. 被覆材の燃えしろとしての効果・・・・・・・・・・・・・・・・・・・・・・・303

第2章　木造建築の設計と強度・耐久性・耐震性評価

第1節　木質構造信頼性設計のための木材強度データ解析と設計法
　　　　　　　　　　　　　　　　　　　　　　　　　　　　中村　昇
1. 安全の尺度は何か？ ……………………………………………… 305
2. 許容応力度設計のままでいいのか？ …………………………… 306
3. 信頼性設計および限界状態設計とは？ ………………………… 307
4. CDFの逆関数を用いる方法 ……………………………………… 309
5. 木材強度データ解析 ……………………………………………… 311

第2節　木造建築物の耐久計画と耐久設計
　　　　　　　　　　　　　　　　　　　　　　　　　　　　中島　正夫
1. 木造建築物の耐久計画・耐久設計の目的 ……………………… 315
2. 建築物の耐久計画 ………………………………………………… 315
3. 木造建築物の耐久設計 …………………………………………… 316
4. 「木造計画・設計基準」に見る公共木造建築物の耐久設計内容 …… 322
5. おわりに …………………………………………………………… 326

第3節　木質耐震補強技術 T-FoRest® Wall
　　　　　　　　　　　　　　　　　須賀　順子,　福原　武史,　小林　道和
1. はじめに …………………………………………………………… 327
2. 木質耐震壁接着工法 T-FoRest Wall の概要 …………………… 327
3. 構造性能確認実験および耐力評価 ……………………………… 331
4. 今後の取り組みについて ………………………………………… 333

第4節　CLTパネル工法を用いた建築物の構造方法に関する技術的基準
　　　　　　　　　　　　　　　　　　　　　　　　　　　　中島　史郎
1. はじめに …………………………………………………………… 335
2. CLTパネル工法を用いた建築物の構造方法に関する技術的基準の構成 … 335

第5節　CLTパネル工法建築物の構造計算基準・実際例　　　　三宅　辰哉
1. はじめに …………………………………………………………… 343
2. マニュアル第Ⅱ部・第1章の概要 ……………………………… 343
3. マニュアル第Ⅲ部・第2章の概要 ……………………………… 345

  4. マニュアル第Ⅲ部・第3章の概要 ································ 346
  5. マニュアル第Ⅲ部・第4〜8章の概要 ····························· 347
  6. CLTパネル工法建築物の構造計算例 ······························ 348
  7. おわりに ··· 352

第6節　鋼・木質ハイブリッド構造の設計技術と評価
笹谷　真通,　立花　正彦

  1. はじめに ··· 355
  2. 計算ルート ··· 355
  3. ハイブリッド化の接合法 ······································· 357
  4. 部材レベルのハイブリッド化 ··································· 365
  5. 架構システムのハイブリッド化 ································· 368
  6. おわりに ··· 371

第3章　木材・木造建築の快適性・居住性評価

第1節　木材の生理的快適性評価
池井　晴美,　宋　チョロン,　宮崎　良文

  1. はじめに ··· 375
  2. 生理的快適性評価法 ··· 375
  3. 生理的快適性実験例 ··· 378
  4. まとめと展望 ··· 382

第2節　木質環境の快適性・居住性評価
櫻川　智史

  1. はじめに ··· 385
  2. 学校施設における木質環境の快適性・居住性評価 ················· 385
  3. 高齢者施設における木質環境の快適性・居住性評価 ··············· 386

※本書に記載されている会社名，製品名，サービス名は各社の登録商標または商標です。なお，本書に記載されている製品名，サービス名等には，必ずしも商標表示（Ⓡ，TM）を付記していません。

作品集

浅草文化観光センター	隈　研吾	396
スターバックス太宰府天満宮表参道店	隈　研吾	398
野菜倶楽部 oto no ha Café	比留間　基晃	400
変なホテル　ハウステンボス・ウエストアーム	野出木　貴夫, 高野　信	402
住田町役場	綱川　隆司	404
シェルターなんようホール（南陽市文化会館）	三ツ橋　顕司, 笠原　拓	406
京都木材会館	衛藤　照夫, 清水　大輔	408
ATグループ本社　北館	長谷川　寛, 伊藤　貴弘, 石黒　紘介, 北川　昌尚	410
静岡県草薙総合運動場体育館	神林　哲也	412
ぷろぼの福祉ビル（Fellow Ship Center）	浅田　耕一	414
大阪木材仲買会館	白波瀬　智幸, 興津　俊宏, 福本　晃治	416
高知県自治会館新庁舎	細木　茂	418
いわき中原団地	高萩　智浩	420
復興公営住宅　石倉団地	高橋　幸吉	422
十津川村立十津川中学校	中元　綱一, 吉田　健一	424
四万十町本庁舎	大山　広高	426
埼玉工業大学ものづくり研究センター	藤井　久生, 松本　僚平	428
阿蘇くまもと空港　国内線ターミナルビル	金内　信二	430
中郷会新柏クリニック	吉岡　有美, 石本　明子, 落合　洋介	432
名古屋城本丸御殿	名古屋城総合事務所	434
Feel 入間複合展示場	松下　勝久	436
DiDi 与那国交流館	仁木　洋子, 前田　幸則	438

第1編

資源としての木材と
これからの木質材料・木造建築

第1編　資源としての木材とこれからの木質材料・木造建築

第1章　資源としての木材

第1節　循環型資源としての木材

東京大学名誉教授　有馬　孝禮

1. 循環型資源とは

　「地球上の資源には限りがあり，その枯渇速度をゆっくりするために資源循環型社会を構築する必要がある」というような言葉が一般化してきた。しかしながらモノがあふれ，多くの残材，廃棄物を目にする生活の中でその言葉を実感し，行動することは困難らしい。1973年の第1次オイルショックでみられたトイレットペーパーの奪い合いの風景や，地震や自然災害の被災地に見られる混乱にあって改めて認識することが多い。我々人類は生きるためそしてより豊かさを求め，資源を求め，そして消費してきた。ある時は戦争で略奪してきた。この「豊かさを求める」という人類の要望が資源収奪にしかないとするならば地球上の資源は確実になくなっていく。だとすると人類のより長い持続性を保つには次の世代への資源の維持確保が必要である。そのためには資源の持続性を考えた自制が必須ということになる。一般的には地球上の限られた資源については，その減少速度を遅延させるための節約，長寿命，再利用などが考えられている。それに対して地球外からくる太陽エネルギーによって生産される木材などの生物資源は一般的には再生可能資源としてとらえられている。

　再生可能資源という言葉には新たに資源が継続的に生産されるとのイメージがあるためか，やや安直に使用される傾向がある。先に述べた自制という言葉には節約などのやや重苦しい響きがあるのに対して，再生可能資源には未来を感じさせるものがあるためであろう。しかしながらそこには持続性を確保するための生産活動への努力と自制が必要であることは間違いない。本稿の「循環型資源としての木材」は改めていうまでもなく資源持続性を意図したものである。

2.「3R/4R」から5Rへ

　資源循環型社会のキーワードは抑制（Reduce），再利用（Reuse），再生利用（Recycle）すなわち3Rであるといわれている。一般の人々の意識がそれでも足りないということからか，最近では拒絶（Refuse）が加わり4Rとなった。地球上で資源の枯渇が子や孫の世代に予想されている石油や天然ガスの化石資源，あるいは金，銀，鉛，銅のような鉱物資源を思えば，危機感を鮮明にする必要があると考えられているのであろう。とはいうものの木材などの生物資源を扱っていると既存の3R/4Rの括りに違和感がある。

　木材資源と現在おかれている生活との関連をみるならば，3Rに加えて4Rは熱回収（Recover）で，プラスチックや紙，木材など有機物の燃焼による利用である。もちろん熱回

第1編　資源としての木材とこれからの木質材料・木造建築

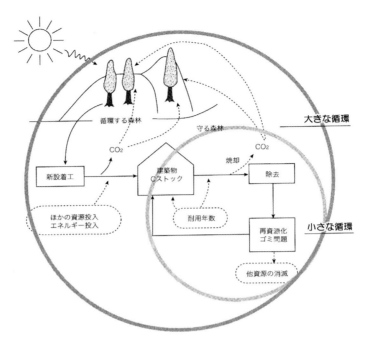

図1　森林・木材利用の資源循環[3]

収とて再生利用といえなくはないが，エネルギー利用を明確にしておくことが化石資源エネルギーの枯渇，地球温暖化に関わる二酸化炭素削減問題で重要と考えられるからである．本来，エネルギー資源となるこれらが廃棄物として扱われている現況をみるならばなおさらである．

5Rは再生産（Renew）である．地球外からのエネルギー，すなわち太陽エネルギーを取り込んだ光合成による人類自らが携わる資源生産である．農産物や木材は太陽エネルギーによる再生可能な資源であるが，Renewの重要な点は持続的生産に人為が絡んでいることである．化石燃料をベースにしたプラスチックも太古の太陽エネルギーがなした有機物由来であるが，生産に直接人為が絡んでないのでRenewとはいいがたい．

鉱物，化石資源はどんなにがんばっても枯渇の速度をゆっくりするための循環で新たな資源生産はなく，「消費が消費を生む」ということになる．一般にいわれている3R/4Rの具体的行動となる資源リサイクル推進に「資源循環型社会」とか「持続可能な発展」があまりに不用意に用いられることは疑問である．「持続可能な発展」というならば資源生産が可能なものに力を注ぐことを忘れてはいけないことは明らかである．風力，潮力発電なども太陽エネルギーによるが，現段階での収支を考えるとRenewというのはかなり微妙なところかもしれない．繰り返すが，Renewは人為が絡み，「消費が生産を生む」を生む可能性があることに重要な意味があり，木材が主役であることは間違いない．

図1に示す「大きな循環」が「消費が生産を生む」に相当し，「小さな循環」が，「消費が消費を生む」に相当する．この両輪の機能することによって資源循環型社会の形成に資することになる．

3.「低炭素社会」という用語

　マスメデアをはじめ最近一般的に用いられている「低炭素社会」という用語は「都市の低炭素化の促進に関する法律」（「平成24年法律第84号」2012.9.5成立）にみられる。

　「（目的）第1条　この法律は，社会経済活動その他の活動に伴って発生する二酸化炭素の相当部分が都市において発生しているものであることに鑑み，都市の低炭素化の促進に関する基本的な方針の策定について定めるとともに，市町村による低炭素まちづくり計画の作成及びこれに基づく特別の措置並びに低炭素建築物の普及の促進のための措置を講ずることにより，地球温暖化対策の推進に関する法律（平成10年法律117号）と相まって，都市の低炭素化の促進を図り，もって都市の健全な発展に寄与することを目的とする」

　「都市の低炭素化」を社会経済活動その他の活動に伴って発生する二酸化炭素の抑制並びにその吸収作用を保全し，及び強化すること，と定義している。

　この「低炭素社会」は木材・木造建築に関係するものにとっていささか違和感がある。なぜならば木材・農産物などの生物資源は太陽エネルギーによる光合成，すなわち二酸化炭素の吸収，炭素化合物への転換（炭素固定，炭素貯蔵）された高炭素である。改めていうまでもなく「低炭素社会」の意図するところは「低二酸化炭素社会」「高炭素貯蔵」である。すなわち，森林における炭素固定，それを受け継ぎ木造建築などが健全な姿で維持されるならばコンパクトな木材資源を保存する「炭素貯蔵庫」である。そして具体的には「低炭素住宅・建築物」の認定に関わる基準に示された低炭素化に資する措置として木造住宅・木造建築物が位置づけられている。

　「木材を適切に利用する」という現在の状況は木材と木造に長年かかわってきたものにとって隔世の感があるが，これらの背景には戦後先人たちが育てた森林資源が充実してきたことがある。その資源を使用することによって，森林資源が更新され，次の世代へ資源を引き継ぐことにある。都市の木造建築や木材利用，すなわち消費地と生産の場である森林との関係から考える時期にきたといえる。わが国土はそれを可能とする気候風土と資源に恵まれている。最近話題となる地方創生の原点もそこにある。

4.　木材・木造建築物は「都市の森林」

　「低炭素社会」という用語の意図するところは「低二酸化炭素社会」「高炭素貯蔵」である。地球温暖化防止対策の主要課題は主として先進国における化石燃料から出る二酸化炭素の排出抑制，すなわち「低二酸化炭素」にある。また，同時に途上国でみられる森林が消滅することによる二酸化炭素の増加，すなわちそれを抑制するための「低二酸化炭素」がある。その構図は現在でも続いている。例えば建築分野で「低炭素社会」で推進してきたものは省資源，省エネルギー対策としての資材選択，設計，維持管理，さらには生活スタイルへの変更である。

　一方太陽エネルギーによる光合成，すなわち二酸化炭素の吸収，炭素化合物への転換（炭素固定，炭素貯蔵）を担う森林・木材などの生物資源の重要性も認識されるようになってきた。すなわち，森林における炭素固定，それを受け継ぎ木造建築などが健全な姿で維持されるなら

ばコンパクトな木材資源を保存する都市の森林である。大気中の二酸化炭素を削減する森林の蓄積・木材利用は高炭素貯蔵対策（これも低二酸化炭素）である。

　住宅の長寿命化とストック流通の円滑化を目指す「長期優良住宅の普及の促進に関する法律」（2008年11月成立，2009年6月施行）では，「第四条　基本方針　国土交通大臣は基本方針を定めるにあたっては，国産材（国内で生産された木材をいう。以下，同じ）の適切な利用が確保されることにより我が国における森林の適正な整備及び保全が図られ，地球温暖化の防止及び循環型社会の形成に資することにかんがみ，国産材その他の木材を使用した長期優良住宅の普及が図られるよう配慮するものとする。」の一文がある。

　「公共建築物等における木材の利用の促進に関する法律」（2010年5月成立，2010年10月施行）では，「（目的）第一条　この法律は，木材の利用を促進することが地球温暖化の防止，循環型社会の形成，森林の有する国土の保全，水源のかん養その他の多面的機能の発揮及び山村その他の地域の経済の活性化に貢献すること等にかんがみ，公共建築物等における木材の利用を促進するため，農林水産大臣及び国土交通大臣が策定する基本方針等について定めるとともに，公共建築物の整備の用に供する木材の適切な供給の確保に関する措置を講ずること等により，木材の適切な供給及び利用の確保を通じた林業の持続的かつ健全な発展を図り，もって森林の適正な整備及び木材の自給率の向上に寄与することを目的とする。」となっている。この2つの法案とも全会一致であることにその重さがある。都市の木造建築や木材利用がその生産の場である森林との関係から考える時期にきたと思いたい。

5.「地球温暖化防止条約」における森林・木材の位置

　地球温暖化防止条約（気候変動枠組み締約国会議）に係わる「京都議定書」が2005年2月16日に発効し，我が国の温暖化ガスの削減目標は第一約束期間2010年（2008-2012年）までに1990年における放出量の6％であった。その削減分として，森林における二酸化炭素の吸収によって最大で1300万tonC（3.9％で，その後3.8％に変更）を期待することになっていた。我が国の森林の年間成長量は全蓄積の約3％，年間伐採量は約1％であるので，木材資源としての蓄積は増している。それを主に支えているのはスギ，ヒノキなどの人工林である。このように森林吸収源による二酸化炭素削減は成長と伐採のネットによる増加分である。言葉をかえれば伐採した木材は二酸化炭素の排出として森林が担っていることになる。

　ここで留意すべき点はわが国の場合「京都議定書」における森林による二酸化炭素の吸収源（森林吸収源）の対象となるのは基準年である1990年以降手入れされている森林（forest management），すなわち林業活動がなされている森林における成長量（蓄積の増加）である。これら人工林に，林業活動がないとわが国の森林における吸収源3.8％の削減を達成できないので，間伐対策などがとられた。その林業活動を支えることは都市側がいろいろな分野で国産材をどれぐらい利用し，山に資金を還元するかにかかっていた。

　2010年に「2020年までにわが国は25％（1990年比）削減する」と世界に向けて条件付きとはいえ表明した。しかしながら，東日本大震災3.11後の2013年には「2020年まで2005年比3.8％減」（1990年比3.0％増）となった。2015年の「パリ協定」（COP21）では2030年度

までに 2013 年度比 26％削減を目標にしている。この排出目標のうち，2013 年度排出量の 20％に当たる約 2780 万 CO_2 トンについては森林吸収源対策で確保することとなっている。

　京都議定書に参加していない米国，中国がともに全世界の二酸化炭素放出の 20％を超えていることや，今後も経済発展優先の各国間利害が対立し，その枠組み自体の展開は予断を許さないものがある。現在のエネルギー資源の消費状況が続くならば石油，天然ガスの採掘可能量が 50 年余り，石炭でも一昔前には 300 年余あるといわれていたものが 130 年余と推定されている。この現実を冷静に見定めることが重要で，中国，インドなどの急激な経済発展で生じる資源枯渇，争奪戦争の中でなすべきことの冷静な判断が重要と思われる。とくに森林・木材などの二酸化炭素の削減に関わる関与が重要といえる。

6. 森林・木材利用による二酸化炭素の削減効果

　森林や木材を利用することの地球温暖化防止対策上の意義，すなわち大気中の二酸化炭素の削減効果については次のようにいわれている。
（1）大気中の二酸化炭素と地中からの水を太陽エネルギーによる光合成で木材に姿を変えた「炭素貯蔵効果」（すなわち，森林による二酸化炭素吸収固定，使用時，再利用などによる貯蔵），
（2）他の材料と比較してその製造時における「省エネルギー効果」（すなわち大気中への二酸化炭素放出削減），
（3）木材の燃焼熱の回収による化石燃料への「エネルギー代替効果」（すなわち，化石燃料の節約に寄与する二酸化炭素放出削減）。

なお「京都議定書」の第一約束期間では森林の伐採は二酸化炭素の放出と評価されており，木造住宅や木製品による炭素貯蔵評価の扱いについては第 2 約束期間以降になっていた。木材の伐採，輸出入には直接利害が絡むが，2009 年の COP15（コペンハーゲン）で伐採木材に関して国産材の国内利用，輸出には炭素貯蔵を評価できる場合は考慮できるような方向性が見られた。そのためには木材資源の流れについて炭素貯蔵と放出関係を明らかにする必要がある。耐用年数，耐久性向上，リサイクルの推進を生むかどうかは貯蔵と放出の取り扱い次第によって大きく状況が異なってくる可能性が高いからである。都市における木造建築物等による炭素貯蔵は都市が二酸化炭素を放出するだけの構図から抜け出る資源・エネルギー問題と位置つけられるものである。

　木質材料，木製品はその製造エネルギーを換算した炭素放出量に比較して炭素貯蔵量が大きい。したがって耐用年数は森林の成長期間にゆとりを持たせるとともに都市の炭素貯蔵を意味する。またリサイクル利用における製造エネルギーに用いられた木質燃料の炭素放出量では化石燃料に劣るが，化石資源の節約ばかりでなく，伐採時に放出として評価されていることから炭素放出 0 としてみると差異はさらに大きくなる。木質系リサイクル製品においてもその使途，エネルギー利用についても使用する場との連携が鍵であり，施設の技術，機能の論議ばかりでなく，これらの評価に対して地域にふさわしい運用（施策など）と各々の負担をどのように考慮するかが，資源循環型社会形成への最大の課題である。

地球温暖化，すなわち主として化石燃料の燃焼による二酸化炭素の増加は，本来都市が起こしている問題である。都市は放出する二酸化炭素を森林の吸収に任せるというのではなく，消費エネルギーの削減，資源の持続性に直接，間接的に関与することが求められている。新たな「森林・林業再生プラン」がめざす木材自給率50％は森林と都市との連携を意図するものでもある。同時にわが国の木材資源の持続可能性を確たるものにする仕組みつくりでもある。

7. 炭素ストック「C 表示」と伐採木材（HWP：Harvested Wood Products）の扱い

　木材および木質材料の特異性は再生可能とされる生物代謝の中心を担う炭素 C の流れである。それが炭素ストック「C 表示」（炭素貯蔵量）であり，すなわち使用されている木材の全乾重量の1/2で，kgC または tonC である。二酸化炭素に換算する必要がある場合には44/12倍の $kgCO_2$, $tonCO_2$ といった形で表示してもいいが，実際の重量よりも大きい数値になることは吸収固定，貯蔵のイメージとして似つかわしくない。もちろん，それに相当する大気中の二酸化炭素を吸収，減少した量（木材として炭素貯蔵），また木材を燃焼したときに二酸化炭素として排出される表示としては適している。

　とくに木材，木製品に「C 表示」を重視したい理由は，建築資材の生産に要するエネルギーから算出されるカーボンフットプリント（Carbon footprint）や $LCCO_2$ のように大気中に放出する二酸化炭素と意味が異なるからである。また多岐にわたる生産・運搬工程で生じる二酸化炭素と異なり，数値の算出の前提等に曖昧さ，不明確さがほとんどなく，必要ならば計測で検証が可能である。繰り返しになるが，地球温暖化防止対策として我が国で一般にいわれている「低炭素社会」の意図するところは「低二酸化炭素社会」「高炭素貯蔵」であることをより明確にするためでもある。

　前述したようにいわゆる伐採木材の炭素貯蔵評価の扱いは地球温暖化防止対策の第一約束期間では伐採した時点で二酸化炭素であった。木造住宅や木製品に蓄えられた炭素の扱いは第2約束期間以降の検討事項になっていた。森林，木材産業，建築，居住者，リサイクルといった各分野における関与からインセンティブを機能させることは本質的課題である。第2約束期間に向けての伐採木材の扱い，すなわち炭素ストックの扱いや排出量に係わる課題を建築分野の木材利用に照らしてどのように評価すべきか検証しておく必要があった。とくに最近のバイオエネルギーとしての木材の扱いが排出0として安直に扱われて再生産への配慮がおろそかになる危惧がある。また耐用年数，耐久性向上，リサイクルの推進にかかわる問題でもあり，都市の木材資源，すなわち「もうひとつの森林」も取り扱い次第によって大きく状況が異なってくる可能性が高かったからである。

　南アフリカダーバン（2011）で開かれた気候変動枠組み条約 COP17 で，わが国は京都議定書第二約束期間（2013-2017 または 2020）には不参加を表明している。その中で国内の森林伐採後の木材製品（HWP：Harvested Wood Products）は炭素貯蔵として評価し，「廃棄された時点」で排出となった。「廃棄された時点」は平均寿命を想定して，半減期として紙2年，木質パネル25年，製材品35年となっている。伐採時に森林減少したものは除外し，エネルギー用途は即時排出，第二約束期間前に伐採したものも計上（第一約束期間で計上したものは

除く）となっているが，次の枠組みに対してわが国は不透明な感がある。

8. カスケード型利用—残材，廃棄物処理から再利用，再生利用へ

　木材資源としての流れは図2に示すようにいろいろな形状の構成材料になるカスケード型である。丸太から製材，合板，チップなどになり，集成材，木質ボード，紙，さらには飼料，炭や燃料などに展開している。それらは製造工場での残材や副産物などは原料や燃料として利用展開されている。また，都市の資源として建築物や家具などは使用された後の解体材や解体品などのリサイクル利用の展開が必要と考えられる。

　リサイクルに関連して「資源は有限，知恵は無限」といわれていた。資源問題と環境保全の重要性が叫ばれている中にあっても，総論は理解しても各論となると，経済あるいは地域対策的な理由の方が身近であり，資源消失は見えにくいために一向に進まない現状がそこにある。それは資源消失と人件費削減のいずれを優先するかという問いでもある。資源をリサイクルすることの意義は　①資源の枯渇性　②生産に要するエネルギーの節約　③有害物質の流出防止　④投棄，保管場所の不足などが挙げられる。現在，我が国で解体材や廃材あるいは紙の廃棄問題はその都市の焼却処理能力を越す量と，最終処分の投棄，保管場所の不足などが挙げられている。

　戦後のものの不足していた時代にはゴミの中に少なくとも木材の端材を見出すことはなかった。燃料に不足していたから貴重な資源であった。現在でも発展途上国のごみ処理場では木材はもちろん，木屑ですら見出すことはきわめて困難である。すなわち，木材は大事な生活資源として生きつづけている。木材のリサイクルは基本的に多段階（カスケード）型であり，損傷の少ない材は古材として再利用できるし，チップにすれば紙，ボード原料にもなるし，最後には燃料として燃され，大気に戻るという基本要件が備わっている。ところが近年の我が国の豊さは皮肉にも建築解体現場や建築土木現場で発生した木材，あるいは不用になった家具など，

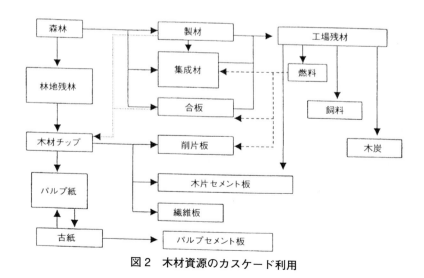

図2　木材資源のカスケード利用

都市から排出される木材や紙がやっかいものの廃棄物として扱われる状況になっている。本来再資源化と廃棄物処理は資源に対する前向きと後向きである。主として費やされる人件費が同じであったとしたならばその差異は決定的な違いになるし，再資源化に要する人件費が少々かかったとしても，本来の目的が資源の再生さらに廃棄物の削減，環境保全というならばかなりの経費とくに人件費は許されるはずである。しかしながら，処理という行為のみに目的や視点があると経費のみの評価に陥りやすい。民間企業の場合は経営という側面からは厳しいものがあろうが，公共的な立場では将来に渡ってあるべき姿への行動が前向きの戦略でなければなるまい。少なくとも生物資源の廃棄物は廃棄物問題ではなく，都市の資源，エネルギー問題として取り上げるべきで，燃すだけの施設の建設など本来論外である。ダイオキシン問題から焼却が急に問題化したが，良識や冷静な判断が必要である。

解体材などの木質材料への原料・燃料への再生利用は一般的には木材以上の加工エネルギーがかかる。木材資源が全く枯渇の心配がないならば，リサイクルなどせずに新材を使用した方が製造エネルギー的には有利になることも考えられなくはない。しかし，原材料の選択性の広いパーティクルボードなどへの利用は資源の有効利用と木材中に固定化された炭素をそのまま保存することで，焼却による大気中への二酸化炭素の放出をなるべく抑えるあるいは遅延させるという地球環境保全面から評価される。我が国の現状は有り余る資源を前提にした「大量生産，大量消費，大量廃棄」という利便性と経済的な効率至上の呪縛が解けていないといえる。都市は資源が大量にストックされている場所であり，改めて都市の資源，エネルギー問題，すなわち資源循環型社会の形成として取り上げる時期である。

9. 資源循環型社会を回す仕組み

「ものを大切にしよう，リサイクルに協力しよう，ごみを減らそう」がごく当たり前のこととしていわれている。限られた資源と環境保全のために循環型社会形成が必要だとほとんどの人々がなんとなく思っている。しかしながら素直な形で一般庶民に受け止められて，実行に移されているかどうかはいささか疑問である。木造住宅の解体に伴う廃棄物問題は相変わらず野焼きや不法投棄が多いといわれてきた。現段階ではかろうじて良心的な業者の使命感，モラルによって支えられているともいわれている。処理によって捨てるよりも利益が生じなければ所詮業として成り立たない。しかしながら，不法投棄は現在の仕組みでは考えようによっては生じがちである。解体処理を請け負ったものにとって適切な処理に経費がかかれば，処理しない方が儲かるならば，不法投棄に回りがちである。では使命感，モラルが期待できそうもない，あるいは「やめた」といって投げ出されたとき，野焼きや不法投棄が溢れるということになるのであろう。そのとき高い金さえ出せば管理下のもとで誰かがやってくれるという楽観に落ち着きがちである。そのつけは居住者や市町村の行政，すなわち税金に回るということであろう。居住者は解体と新築をあわせて経費を考えることになるので壊すことを躊躇することになろう。それは結果的には新設着工が減るであろうし，廃棄物も減ることになるので，考えようによっては好ましいことかもしれないが，循環しない停滞状態になりがちである。そのような状況下では資源化は生じにくく，廃棄物処理という範疇で，不法投棄の危惧は拭い切れない。

不法投棄を防ぎ，リサイクル資源として使用することが最大の課題とするならば，さし当りできることは一見乱暴であるが，廃棄物を資源として買い取ることである。買い取るための資金はどこにあるといわれるかもしれないが，新材販売時に処理費と資源費を前以って納めておく一種のデポジット制が考えられる。処理費は前もって預かっているところが処理する。資源になるものは資源費で買い取る。当然のことながら資源にならないものは前もって納める処理費は多くなる。横着者で資源になるものを捨てる人があっても拾ってくれる人がいるはずである。過去にも，資源の枯渇した時代は循環型であった。

　最終処理費の高いものほど新規に購入する価格が高くなるはずで，ライフサイクルアセスメント（LCA）に準じた負担ということならば当たり前である。これに対する反論は「高くなればものが売れなくなる」「買い取った後どうするのだ」「誰が買い取るのだ」などであろう。しかしながら仕組みがうまくいかないからやらないという議論は要するに，視点がないのと同じである。資源をゴミとして扱い，ゴミは金を出せば引き取ってもらえるというのは最近の我が国では当たり前かもしれない。しかしながら「建設リサイクル法」で定めた品目は資源として認めたものであって「リサイクルの推進」という資源としての位置づけをしたはずである。資源であるとすれば，タダで資源をもらえる（ときには資金付きで）というのは全くおかしい。リサイクル運動の合言葉である「分ければ資源，分けなければゴミ」といわれているが，資源購入にお金を払わないという現状の仕組みは戦後のもののない時代をみてきたものにとっては不思議である。外国人からいわれた「もったいない」に反応する現実にとまどいを感じる。消費税分の値上げは簡単だが，デポジットすらできないというわが国の構造はまことに不思議である。「資源がない国」と一方ではいっていながら，資源をゴミと見なす現実は大きな危惧にさらされている。資源は価格の高い所に流れるはずで，ペットボトルや古紙が海外に流れ出て，リサイクル施設の稼働に支障をきたす危惧は現在の仕組みから考えて不思議ではない。

　建設資材にデポジット的な扱いをといっても，その使用後のタイムラグの大きさの違いから，短期間の古紙などとは違うように受け取られがちである。しかしながら資源としてのボリュームの大きさ，最終処分や焼却，あるいはリサイクル資材への原料としての位置など今後の資源保持，環境保全など仕組みとしてきわめて重要である。木材に関するならば地球温暖化防止における炭素ストックにも関連しているだけにハード，ソフト併せた仕組みを検討しなければならないと思われる。いうまでもないことであるが解体行為と資源の流れとは一線を画していることが重要である。

　資源は資金のある方に移動するが，ゴミはタダの方に移動する。いうまでもなく循環型社会はモラルによって支えられる。しかし，モラルを持っている人が利益を得るような仕組みを創らないといつまでも正直ものが馬鹿をみる白けた状態になる。

10. 再生可能資源としてのバイオエネルギー

　地球温暖化防止対策におけるバイオマスエネルギー利用が大きな動きの様相を示してきている。その最大のよりどころにしている歌い文句は「バイオマスエネルギーは二酸化炭素放出ゼロ」である。木材などのバイオマスは大気中の二酸化炭素を太陽エネルギーで変換した資源で，

燃焼しても二酸化炭素の振り出しに戻るから炭素収支からゼロである（いわゆる「カーボンニュートラル」）という理由である。しかしながら，それは誤解を招く表現，認識である。改めて言うまでもなく化石燃料とて大昔の太陽エネルギーによって生活していた動植物からできた資源であり，収支の時間軸が異なるだけで振り出しに戻っただけである。改めていうまでもなくバイオマスは含有水分や装置などの熱効率から比較すると化石燃料から排出される二酸化炭素の2倍以上になることもある（木材中の炭素は半分なので，単位重量あたりの熱量は石炭の半分程度）。にもかかわらず，化石燃料が二酸化炭素放出として扱われ，バイオマス燃料が放出ゼロというのは理由があるはずである。化石資源と木材などのバイオマスに差異については以下の2つの取り扱いを根拠にしている。

　1つはバイオマスが比較的短期間に太陽エネルギーによる再生可能な（Renewable）資源である。言葉をかえれば再生産ができなければ二酸化炭素放出ゼロを担保できない。もちろん原野で人手を必要としない再生可能な草木などもバイオマスと考えられなくもないが，再生産が保証されないならば基本的に化石資源と同じである。一般的には「伐採したら，植える」と考えがちであるが，それだけでは狭義の再生可能は満たすが，大気中の二酸化炭素のバランスはとれない。国やある地域でのバランスとなると対象となる森林全体の伐採量と成長量がバランスしていなければならない。極めて単純な例を挙げれば50年伐採利用する場合には毎年伐採する面積の50年分の森林面積が確保されねばならない。成長に要する時間が植栽面積に置き換わることでバランスがとれるということである。放出される二酸化炭素と樹木の生長によって大気中の二酸化炭素を吸収してバランスをとることであるが，燃料の場合，伐採後すぐに二酸化炭素になる。建築物や家具などは廃棄されるまで炭素ストックがなされ成長しない森林のような存在として位置づけられ，二酸化炭素放出までの時間稼ぎである。

　もう1つは「京都議定書」第一約束期間の森林で伐採した木材の二酸化炭素としての扱いにある。木材は伐採した時点で二酸化炭素である。すなわち，伐採は森林が負担しているので，その後の木材燃焼による二酸化炭素の放出に関して負担する必要がない。

　このようにバイオエネルギーの利用については「カーボンニュートラル」を担保する再生産と「京都議定書」の第一約束期間での森林伐採の木材の扱いを根拠にしてエネルギー分野からやや安直に取り扱われ，森林への担保が軽い傾向が感じられる。

　とくに算出されている森林の賦存量を過大に評価し，個別散在的な集荷の困難さから実際には遙かに下回る原料確保しかできないことが多い。とくにバイオエネルギー発電はその使用する資源量がきわめて大きいので，資源獲得競争になったときボード原料など焼却以外の利用への原料不足，価格競合をもたらすこともありうる。解体材など異物，不純物の混入する原料を使いこなせる技術は重要であるが，バイオのかけ声のいいとこ取りの仕組みが稼働すると木材関連企業の根底が崩れ，資源循環が危うくなるおそれもある。ちなみにわが国のエネルギー消費に伴う二酸化炭素放出は炭素換算で約3.5億トンCであるが，わが国の森林で蓄積されている炭素は約10億トンCである。もしも化石燃料が入ってこない状況が生じたらこの森林蓄積の木材にエネルギーを頼るしかない。それは約3年でわが国の森林は丸裸になることを意味する。多量のエネルギー使用の削減が最大の命題であり，安直にバイオエネルギーに期待するのでなく，バイオエネルギーを無駄にしない仕組み，森林における再生可能を強調する必要がある。

11. 我が国の森林における木材の資源持続性

我国の木材資源の蓄積量の推移をみると図3に示すように人工造林木によって資源が増加している。問題はその内訳で，図4に示すように人工造林の樹齢を面積分布から戦後の拡大造林策による40〜50年生が多く，若い林齢が極端に少ない。「国際化」といわれて久しいが，刻一刻入ってくる金融市場や押し寄せる外国製品，食糧などの国際市場，すなわち国際競争を否応無しに国際化時代として受け取っている。木材資源，木質材料とてその例外ではない。わが国は木材に関しては1964年に輸入丸太の関税撤廃があり，高度成長期には旺盛な木材需要

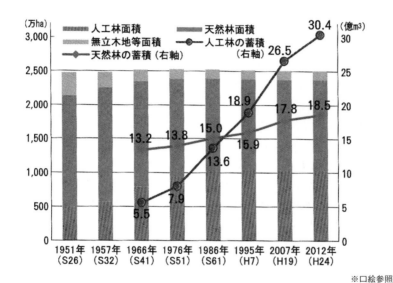

図3　我が国の森林面積と蓄積量

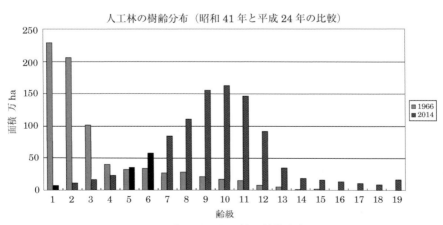

図4　我が国の人工林の林齢分布

量の増加を補足，追随するように輸入材の量が増していった。高度成長期の一つの区切りとなった1973年の為替変動相場制への参入，第一次オイルショック（石油危機）によって木材も住宅も本格的に国際化の波のなかにある。

いうまでもなく生物体として循環資源であるためには平準化，すなわち若い林齢があって健全である。国土の森林面積に制限がある以上，伐採更新しない限り，循環資源として機能しない。現在，わが国は先人たちの努力によって成熟した木材資源が存在するといわれているが，伐採搬出，それに関わる人材確保などに課題が多いが，木材利用の多様化によって分別など木材産業的な視点が重視されている。それと同時に森林は蓄えられた財産を生かしながら木材資源としての平準化への努力が重要である。林齢分布と径級分布などの地域に応じた取り組みが必要であり，一律でない視点がきわめて重要である。生育条件は土地，気象，人が絡むものであり，育樹作業は一本一本が対象であることを頭に置いた上でバックアップ体制が要求される。

一方，都市が認識すべきことは，伐採された木材は建築物などに姿を変え，都市にストックされ，伐採地には新たな資源生産が始まるという循環である。ここにスギなどの人工造林の循環するための伐採，利用，再造林する活力が必要とされ，天然林などの保護すべき森林との役割の違いがある。素朴に「国際化によって我々の生活やわが国土，わが地域，世界の将来が希望に満ちているのだろうか，将来の資源・エネルギーの確保に向けて自ら生産努力をしているのだろうか」と問う必要がある。

国際化は距離を縮めたとはいえ，本来の協調と色々な資源の補完が基本であり，地域活力や国土保全と対立するものではない。国際競争という名のもとに生じていることが地域の活性化や国土保全と相容れないとしたならば，今一度，刻一刻進みつつある資源戦争を見つめ，自らの資源，地域の資源との連携を見回す必要がある。

12. The Next One さてその次は

木材も建築物も資源循環型といったとき「空間的な拡がり」と「時間的な拡がり」の連携が最も重視されるべきものである。「空間的な拡がり」は，森林，林業，木材産業，建築，施主といった同世代間での連携であり，「時間的な拡がり」は親，子，孫といった世代を超えた連携である。

50年前を振り返ったとき，当時技術者が使っていた計算尺はすでになく，現在当たり前に使っている携帯やスマホは存在していなかった。森林，木材はそのときも存在したし，いまも存在している。そんな「木材」を進歩していないと見る人もいよう。しかしわれわれはいまだに木材の持つ可能性を活かしきっていないともいえるのである。あらためて木材という材料とその製品の存在意義の重さを認識したい。それに関わった人々の専門性を見つめ耳を傾ける謙虚さと次の可能性への試みが必要とされよう。

文　献
 1) 有馬孝禮：循環型社会と木材, 全日本建築士会(2002).
 2) 有馬孝禮：木材の住科学, 東京大学出版会(2003).
 3) 有馬孝禮：なぜ, いま木の建築なのか, 学芸出版社(2009).

第1編　資源としての木材とこれからの木質材料・木造建築

第1章　資源としての木材

第2節　樹木と木材の性質

東京大学名誉教授　岡野　健

1. 樹木とは

　生物を植物と動物に分けると，植物は細菌類・菌類・藻類から被子植物まで約35万7千種あって，その中で花を咲かせて種子を作るいわゆる種子植物が25万余種ある。種子植物は種子の構造で裸子植物と被子植物とに分けられ，裸子植物は700余でそのうちの540種が針葉樹であり，被子植物が現生種のほとんどを占めている[1]。広葉樹はすべて被子植物であり，その数は数万種と言われているが数は確定していない。

　種子植物は根，茎，葉の3つの器官を持っていて，根から供給された水は茎の木部を通して葉に到達して光合成に使われ，光合成産物は茎の師部を通って茎や根に分配・貯蔵される。

　樹木は木本植物であり，多年生で，幹と呼ばれる茎は枝分かれして，それぞれの先端にある分裂組織の活動によって伸長する。その分裂組織から作り出された新たな分裂組織が幹の内側に木部を，外側に師部を作り出し，木部を蓄積して年々肥大する。

　樹木の生育の場は森林であり，天然林もしくは人工林である。森林の物質生産，すなわちCO_2の還元は植物によってなされるが主体は樹木によっている。

　表1は天然林と人工林の物質生産量を調べた研究結果である。浅間山（せんげんやま，東大農学部付属千葉演習林）（図1）は鎌倉時代から木を伐らなかったとされている山で，極盛相の森林＝極相林（Climax forest）であり，CO_2を固定していない。世界自然遺産に登録された知床，白神，屋久島も極相林である。原生林はCO_2の固定という点では無力であるが，原生林が位置する場の固有の生態系を保っている貴重な場なのである。天然林のマカンバ林は東大農学部付属北海道演習林である。アテ林はアテ林業と呼ばれる富山県から石川県にかけての森林であり，アスナロの人工造林である。メタセコイア林は東大理学部付属の植物園内の植林であ

表1　森林の物質生産量（トン/ha·y）[2]

天然林	照葉樹林（千葉の浅間山）	0
〃	マカンバ林	5.5〜7.2
人工林	21年生カラマツ林（北海道）	15.1
〃	26年生カラマツ林（北海道）	14.5
〃	31年生アテ林（能登）	11.3
〃	44年生アテ林（能登）	19.2
〃	メタセコイア林（小石川植物園）	16.2

図1　浅間山（東大農学部付属演習林，中央の山）

る。本表では天然林の物質生産量すなわち樹木の成長量は、人工林の半分以下であるが、択伐生産が行われている熱帯降雨林では約20トン/ha·yともいわれている。

2. 樹木と木材

いわゆる高等植物である樹木は、根、幹、葉の3つの器官から成り立っていて、模式図（図2）に示したように幹は最外層に保護組織である樹皮があり、樹皮の内側には分裂組織である形成層がある。形成層の分裂によって、その内側に辺材が作り出され、辺材はやがて心材に変わる。幹や枝の中心には髄があり、髄は幹や枝の先端につながっている。

幹の生理的機能の1つは、根から供給された水や養分を葉に送ることで、模式図の辺材に上向きの→で示されている。他の1つは光合成産物（糖）を幹や根に分配することで、下向きの→で示されている。木材とは、幹や枝の樹皮の内側にあって、葉に水や養分を送っている、もしくは送っていた部分であり、木部という。木部を構成している細胞は紡錘形細胞と柔細胞である。

光合成は、葉緑体を持っている生物が行う生化学反応であり、光エネルギーによる二酸化炭素の還元である。反応の収支は下式で示される。

$$6CO_2 + 6H_2O \rightarrow C_6H_{12}O_6 + 6O_2$$

グルコース $C_6H_{12}O_6$ は木材やデンプンになり、さらに樹木が生きていくためのエネルギーとしても使われる。また、酸素 O_2 は樹木自身を含む生物の呼吸に使われる。したがって植物による光合成は、動物にとって必要欠くべからざるものである。樹木の成長は伸長成長と肥大成長によるもので、伸長成長は幹や枝の先端にある頂端分裂組織の、肥大成長は形成層の分裂活動による。

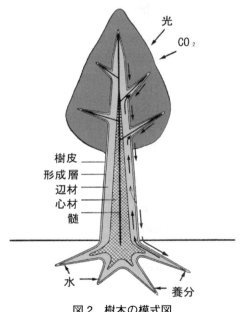

図2　樹木の模式図

3. 針葉樹材（Softwood）と広葉樹材（Hardwood）

針葉樹と広葉樹は字義通り葉の形が違う。身近な針葉樹であるスギ、ヒノキ、アカマツ、クロマツ、カラマツ、モミは、うろこ状の葉のヒノキ以外、いずれも針葉であり、サクラ、カエデ、ケヤキなど広葉樹の葉と比べれば違いは歴然としている。英文表記は字義通りではない。Softwoodにもカラマツのような硬い材（hard wood）があり、他方Hardwoodにもキリのような柔らかい材（soft wood）がある。したがって、hard softwoodやsoft hardwoodがあるわ

第1章 資源としての木材

図3 針葉樹材のSEM写真[4]

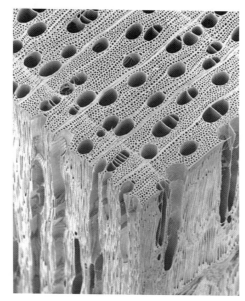

図4 広葉樹材のSEM写真[5]

けで，材の硬軟では分けられない。

　針葉樹が地球上に出現したのは古生代デボン紀（約4億1600万年前から約3億5920万年前）で，中生代ジュラ紀（約2億1200万年前～約1億4300万年前）に出現した広葉樹よりはるかに古い[3]。そのため材の構造も単純で，針葉樹材は約95%が仮道管（Tracheid）で占められている。残り約5%は柔細胞である。柔細胞は放射組織などの柔組織をつくり，グルコース由来のデンプン等を貯蔵・分配している。アカマツのSEM写真を示す（図3）。年輪界に近づくと細胞壁が厚くなり，密度が増してSEM写真では白くなる。中央部の穴は樹脂道である。

　針葉樹では樹液の通導機能を果たしているのは辺材の仮道管だが，仮道管は原形質を持たない死細胞である。広葉樹は水分通導を果たしている道管と樹体を支持する木繊維とがあって機能を分化し，現在の地球上で繁栄を極めている。

　道管は針葉樹材にはなく，広葉樹材にはあるので，針葉樹材と広葉樹材を見間違えることはない。道管の有無は肉眼では見にくい場合があるが，レンズ（ルーペ）で容易に見ることができる（図4）。針葉樹と広葉樹との分類学的な違いは種子にあって，針葉樹は種子が子房に包まれることがない裸子植物，広葉樹は子房に包まれている被子植物なのである。

　針葉樹材と広葉樹材とでは用途にも違いがある。大黒柱（ケヤキ）や床柱などを除けば製材のひき割類，ひき角類は針葉樹材である。木造住宅の主要構造材は針葉樹材である。広葉樹材の用途はフローリング，框など限られている。家具には針葉樹材も使われるが，広葉樹材が圧倒的に多い。日本の人工林で生産されているのはスギ，ヒノキ，カラマツなどの針葉樹である。

第1編　資源としての木材とこれからの木質材料・木造建築

4. 年輪，早材・晩材，散孔材，環孔材，放射孔材

　熱帯以外の地域に生育している樹木には分裂活動に休止期があるために年輪が形成される。針葉樹では分裂活動の早い時期にできた細胞（仮道管）の壁は薄く，遅い時期にできた細胞の壁は厚いので材に色の濃淡が生じる。色の薄い領域を早材，春材，濃い領域を晩材，夏材などと呼ぶ。晩材の幅や晩材への移行の緩急は樹種によって異なり，カラマツ，スギ，アカマツ，ベイマツなどは晩材の幅が広く，移行が急で，肌目が疎と言われる。ヒノキやエゾマツ，スプルースなどは逆で，肌目は精と言われる（図5）。

　広葉樹材は道管があることと発達した柔組織を持つ樹種があり，変化に富んでいる。広葉樹

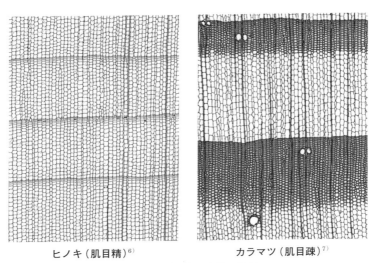

ヒノキ（肌目精）[6]　　　　カラマツ（肌目疎）[7]

図5　針葉樹材の肌目の精疎

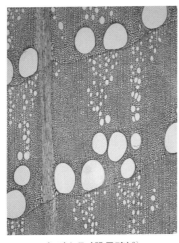 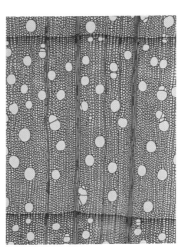

ミズナラ（肌目疎）[8]　　　　イタヤカエデ（肌目精）[9]

図6　広葉樹材の肌目の精疎

材は年輪内での道管の配列によって，環孔材，散孔材，放射孔材に分けられる。環孔材は早材部に大きな径の道管が出現する。ミズナラ，ケヤキ，タモ，ハリギリ，クリなどが典型的である。早材部を孔圏と呼ぶが，孔圏外の小道管の分布が樹種によって特徴的な分布を示す。

　散孔材は年輪内で道管の分布や径に差がない。カエデ類，カバノキ類，カツラ，ホウノキ，クスノキ，などが典型的である。東南アジア産の多くの材は散孔材である。環管孔材と散孔材の中間的な材もある。ブナはその1つである。道管の配列が半径方向に並ぶグループもあり，放射孔材と呼ばれる。シイノキ，カシ類である。大きな放射組織を持っているため柾目面や板目面に独特の文様を示す樹種がある。ミズナラやカシ類はその例である。

5．辺材と心材

　スギ丸太の横断面を見ると，樹皮（Bark）の内側に材があり，その材は外側の色の薄い辺材（Sapwood）と内側の色の濃い心材（Heartwood）に分かれていて，さらに心材の中心部には髄（Pith）がある（図7）。

　辺材と心材との間には，白っぽい部分があり，これを移行材（白線帯）という。樹皮と材の間には分裂組織（形成層）があるが，見ることはできない。

　抜倒直後の含水率（全乾重量に対する含有水分の百分率）は，辺材では200％を超える場合もあるが，心材では80％前後である。黒心では心材と差がない場合が多い。

　スギの辺材の幅は約4cmと言われている。スギは木の太る速さと心材に変わる速さが等しいということになる。

　辺材が心材に変ることを心材化と言うが，心材化によって，スギ固有の色になる（図8）。心材化を担っているのは辺材中に存在している柔細胞である。柔細胞は原形質を持っていて，ある時突然酵素が活性化し，心材化物質を作り出し，それを周辺の死んだ仮道管の壁に注入する。心材化によって強さやヤング率など，力学的な性質は変わらない。収縮率や熱伝導率などの物理的性質も変わらない。変わるのは外観の色であり，樹種に固有の色を持つ。

　心材化で劇的に変わるのは耐朽性，耐蟻性である。変わらない樹種もあるが，そのような樹種は心材化で色も変わらない。

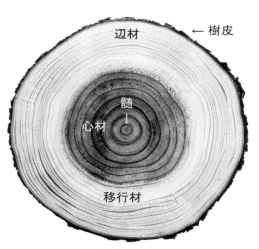

図7　丸太の横断面

図8　5年で辺材が腐った掘立小屋のスギ丸太

6. 心持ち材はなぜ干割れるか

　丸太を放置するとたいていは干割れる。心持ちの角材も同様に干割れる。干割れが生じる理由は単純明快で，丸太の接線方向（円周方向）の収縮率が半径（直径）方向の収縮率と著しく違うからである。収縮曲線の一例を示す（図9　左）。直線部の勾配が平均収縮率，最大収縮量をパーセントで表して全収縮率と呼ぶ。収縮率は密度に比例し，円周方向（接線方向）の収縮率は半径方向の収縮率の約2倍である。全収縮率は密度にほぼ比例する[10]（図9　右）。

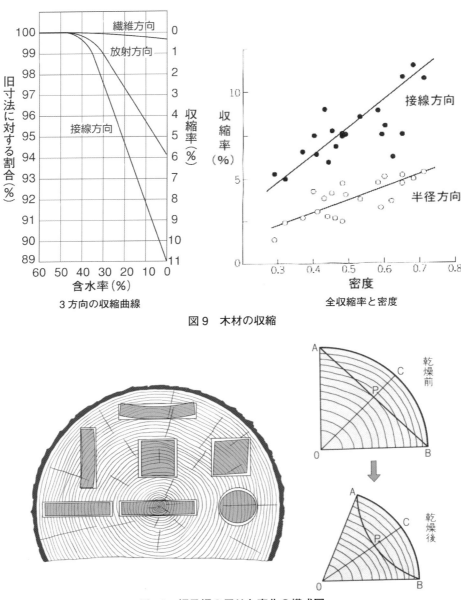

図9　木材の収縮

図10　板目板の反りと変化の模式図

四つ割の丸太を乾燥すると直角ではなくなる。干割れるのは，引張限界を超えたためである。

図10に示したように乾燥前の直線APBは，乾燥後には曲線に変わる。2本の平行な直線でできる板目板は，年間を通して反りの程度が周期的に変化することが理解できる[11]。乾燥に伴う変化を模式図に示す。製材は程度の差はあるが，平面を保っているのは正確な柾目板に限られる。

7. 木材の性質が繊維方向と繊維直角方向とで異なるのは何故か

木材はセルロース，ヘミセルロース，リグニンと呼ばれる3種類の分子（群）からできている。細胞（壁）は図11に示したようにラメラと呼ばれる薄い膜を何層にも貼り合わせた多層構造で，ラメラを竹のすだれに例えれば，竹ひごはセルロースミクロフィブリル，竹ひごを編んでいる糸はヘミセルロース，ラメラを貼り合わせている接着剤がリグニンである。細胞同士を接着しているのもリグニンである。セルロースミクロフィブリルの比強度（強度を密度で割った値）は鋼に匹敵する。すだれは竹ひごの方向に引っ張れば強いが，横に引っ張れば糸が切れてバラバラになる。細胞（壁）はすだれを巻いた構造なので，細胞（壁）の軸方向には強いが，横方向には強くない。湿気（気体状の水）が出入りするのも竹ひごの間なので，収縮膨潤は横方向に生じる。

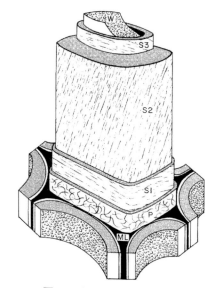

図11　仮導管細胞壁の構造

8. 木の密度と強さ

キリは国産材で最も軽く，なかには密度が 0.2 g/cm^3 以下の材もある。他方，最も重いのはイスノキで，密度が 1.0 g/cm^3 を超える材もある。ところが空隙を除いた場合の密度はキリもイスノキも約 1.6 g/cm^3 で，同じである。樹種や個体で密度が異なるのは一般で，空隙の量が違うためである。したがって，強さなどの力学的性質，収縮率などの物理的性質は樹種や個体によらず，密度に比例しているとして構わない。樹種や個体に依存するのは節やあてなどの存在やそれらの程度による。したがって未知の木に遭遇したら密度を知ることが大変参考になる。密度は含水率で変わるから，一定の含水率の密度，例えば気乾密度を算出して同じ密度の既知の材と比較すれば，おおよその見当をつけることができる。

9. 樹種が違うと何が違うか，木理，肌目，耐朽性は

　樹種によって価格が違う。ただし，製材では板類，ひき割り，挽き角などの材種の違いが大きく影響する。単板，チップ，パルプと形が小さくなれば，価格の違いは樹種によらなくなる。

　木理は樹種に固有であり，通直あるいは交走という。通直とは繊維の並び方が材内で揃っていることを言う。割った面が平らで割り取りが容易な木は"木理は通直"である。逆に年輪や成長輪と共に繊維の向きが変わったり，連続的に変わる場合はそれぞれ交錯木理，らせん木理といい，いずれも"木理は交走"である。

　肌目も樹種に固有である。肌目は精，疎という。針葉樹材では早材と晩材の密度差が小さい場合を"肌目は精"，大きい場合は"肌目は疎"という。広葉樹材では，道管径が大きい場合を"肌目は疎"という。したがって環孔材は"肌目は疎"であり，道管径が小さい散孔材は"肌目は精"である（図5，図6参照）。

　樹種による最大の違い，最も注意すべき違いは耐朽性である。耐朽性の試験方法は管理下で培養された木材腐朽菌を使う方法が一般的で，「木材の試験方法のJIS」，保存協会の試験法などがあり，耐朽性は大，中，小の3段階で表わす。さらに極大，極小を加えて5段階で表すこともしばしばである。他に「杭試験，Stake test」があり，杭を地面に埋めて5年毎に引抜いて，劣化の状態を調べるという方法である。耐朽性は樹種に固有ではあるが，材を使う場所によって違いがあり，南極大陸ではあらゆる材が耐朽性極大である。

10. 木材はどんなときに腐るのか

　木材腐朽菌は木材を分解し，その分解生成物によって生きている生物である。したがって，木材が腐朽するのは，木材腐朽菌が存在し，さらに木材腐朽菌が活動する場合に限られる。

　木材腐朽菌は胞子の状態で存在している。ある条件が整うと胞子は発芽して，菌糸を伸ばす。その条件は温度と水である。菌の種類によって発芽温度域は異なり幅があるが，適温は24℃～35℃が多く，夏期である。次いで必要なのは水である。水は発芽に不可欠である。

　木材の含水率は軒下で約15%，室内では約12%，床下でも約20%であり，30%を上回ることはない（図12）。木材腐朽菌が発芽する際に必要な水は液体状態の水であって，含水率では30%以上である。そのような水はどこから，どのように供給されるのであろうか？

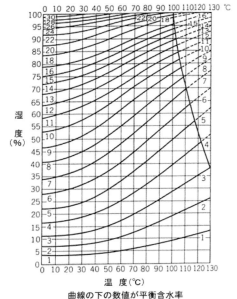

図12　木材の平衡含水率図表

第1章 資源としての木材

　住宅内で腐朽が発生する場所は決まっている。風呂場，トイレ，キッチンなどの水回り，とくに床下部材である。部材では，土台，床根太，床束が多い。同じ束でも小屋裏で腐朽した話は聞かない。

　水回りには水道管が走っている。水道水の温度は外気温より低いので夏場は結露することが多い。そのため水回りでは湿度は高いのが一般である。床下で空気の動きがない場合，湿度は極めて高くなるだろう。そのような環境下で土台は基礎に，床束は束石に接している。どちらも重くて熱容量が大きい。夏場に暖かい湿った空気が床下に吹き込むと，熱容量の大きい基礎や束石は結露を生じやすいのである。根太周辺は空気の動きが少ないことで結露を生じやすい。腐朽菌胞子の発芽に不可欠な水は結露によって供給される。

11. 材の変異，あて（材）

　樹木は，生育する環境によって材に様々な変異を生じることがある。環境とは場所や気象条件をいうが，例えば急傾斜の斜面だったり，特定の方向から強い風が吹く場であったり，低温が続く場であったりすると，材に異常を来たす。成長の過程でも，幼令期の材と成熟した後に形成された材とでは違いがある。

　あて（材）は樹木が傾斜地で生育した場合や大きな枝の付け根に形成される異常組織である。針葉樹では傾斜地の谷側の部分，枝の付け根の下側の部分に生じる。画面中央の上側で色の濃い部分が"あて"である（図13）。あては濃色で，収縮率が大きく，狂いの原因となる。

　広葉樹のあては，針葉樹のあてとまったく異なっていて，対照的である。

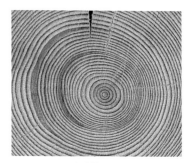

図13　針葉樹材の"あて"
（年輪の晩材の幅が広い部分）

文　献
1) 島地謙ほか：木材の組織, 森北出版(1976).
2) 佐藤大七郎：東京大学農学部演習林報告66号(1974)などから作成
3) 島地謙ほか：木材の組織, 森北出版(1976).
4)〜9) 森林研究・整備機構HP 木材データベース掲載写真を加工
10) 岡野健：木材のおはなし, 日本規格協会(1988).
11) 岡野健：木材のおはなし, 日本規格協会(1988).

第1編 資源としての木材とこれからの木質材料・木造建築

第1章 資源としての木材

第3節 遺伝子組換え技術による高強度木材の開発

国立研究開発法人産業技術総合研究所　光田　展隆

1. 背　景

1.1　社会的背景

　世界有数の地震国であり，また，木造建築大国であるわが国では建築材料としての高強度木材が求められてきた。しかしわが国の山林に多く植樹されているスギやヒノキは木材として比較的強度が低いとされており，高強度木材の開発は集成材（エンジニアリングウッド）の開発とも言える状況が続いてきた。

　一方で木材は建築資材としてだけでなく近年はバイオマス発電の燃料としても注目を集めつつあり，輸送効率などの観点から集成材ではない高強度木材すなわち容積重の大きい木材を有する樹木が開発されると大変好ましい。そのような木材は当然建築資材としても価値がある。つまり樹木自身を改良することが潜在的に求められているのである。しかし，樹木の長いライフサイクルを考えると容積重の大きいエリート系統を育種するのは容易ではない。また，選抜育種では所詮その種が自然界で取り得る範囲でしか変動せず画期的に優れた性質を短期間で付与することは不可能である。

　そこで筆者らが注目，注力しているのが遺伝子組換え技術による樹木の育種である。遺伝子組換え技術を用いれば，あらゆる生物種の遺伝子を樹木に導入することができ，画期的な高強度木材を有する樹木を開発できる可能性がある。遺伝子組換え植物はわが国において未だ消費者に受け容れられているとは言い難いが，危険性のないものを作る分には本質的，科学的になんら問題はなく，ましてや樹木は消費者の口に入れるものではないので普及する素地はあると考えられる。本稿では筆者らによる，遺伝子組換え技術を利用した高強度木材の開発について，これまでの成果と今後の展望を概説したい。

1.2　技術的背景

　そもそも木材とは生物学的には二次細胞壁の集積したものである。すべての生物は細胞が集まってできているが，植物は細胞壁と呼ばれる構造を外枠に持つ。細胞壁にはすべての植物細胞に見られる一次細胞壁と，強度が必要な組織の細胞にのみ形成される二次細胞壁とがある（図1）。

　二次細胞壁はセルロースやリグニンを豊富に含んでおり，リグノセルロースとも呼ばれる。樹木の幹や草本植物の茎を構成する細胞では二次細胞壁が厚く堆積し，そうした細胞が何層にも重なることで木材を形成している。針葉樹と広葉樹では二次細胞壁を蓄積する細胞の構成，構造に多少の違いはあるが，厚い二次細胞壁を蓄積するという観点では同じである。すべての

第1編　資源としての木材とこれからの木質材料・木造建築

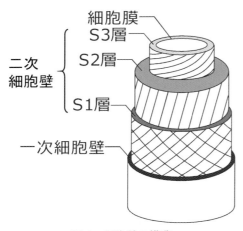

図1　細胞壁の構造
すべての植物細胞は薄い一次細胞壁を持つ。強度が必要な組織の繊維細胞では三層からなる厚い二次細胞壁が形成される。

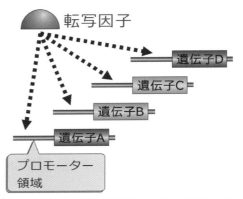

図2　転写因子は他の遺伝子の働きを制御する
全遺伝子の5～10%を占める転写因子遺伝子によってコードされる転写因子は他の遺伝子のプロモーター領域に結合して，その遺伝子が働くかどうかを制御している。

生物現象は遺伝子によって制御されていると言っても過言ではないが，二次細胞壁の蓄積も例にもれない。被子植物において二次細胞壁形成を根本的に制御している鍵遺伝子が筆者らが発見した *NST* 転写因子遺伝子群である[1]。転写因子遺伝子とは全遺伝子のおよそ5～10%を占める特別な遺伝子で，転写因子遺伝子の情報に基づいて作られる転写因子タンパク質は他の（ときには自分自身の）遺伝子の上流領域（プロモーター領域と呼ばれる）に結合して，遺伝子が特定の場面や組織で働く（＝遺伝子が発現するという）かどうかを制御している（図2）。モデル植物であるシロイヌナズナ（いわゆるペンペン草の仲間である）では *NST1*，*NST3*（*SND1* とも呼ばれる）という2つの転写因子遺伝子が茎における二次細胞壁形成を制御しており，これら2つの遺伝子を破壊すると二次細胞壁形成が起きなくなり，植物は自身の重さによって容易に倒伏する表現型となる[1]（図3）。当然茎の強度はきわめて弱く，簡単に破断してしまう。ということは，逆にこれらの転写因子遺伝子の働きを強めてやれば二次細胞壁形成が促進され茎の強度が高まると予想される。それがまさに遺伝子組換え技術による高強度木材開発の基本原理である。しかしその核心について詳しく説明する前に筆者らがどのような経緯で高強度木材の創製にたどり着いたかを述べておきたい。

2. 新しい木材の創製を目指して

2.1　開発プラン

二次細胞壁すなわちリグノセルロースは草本植物であっても乾燥重量の半分以上を占める主要な構成物である。そこで筆者らは二次細胞壁形成が完全に抑制された *NST1*，*NST3* 二重遺伝子破壊植物（以下 nst1 nst3 変異体と表記する）を空っぽの器のように捉え，そこに遺伝子組換え技術によってまったく別の遺伝子あるいは異なる種の NST 遺伝子を導入することにより天然にはないような新しい木質を形成させようと企図した[2]（図4）。

第1章 資源としての木材

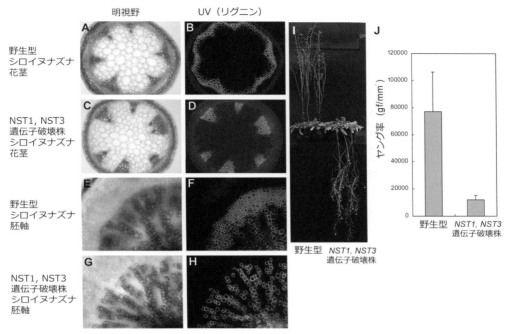

図3 NST1, NST3 二重遺伝子破壊株では二次細胞壁が形成されない[1]
野生型シロイヌナズナとNST1, NST3 二重遺伝子破壊シロイヌナズナとで花茎（A-D）や胚軸（E-H）の横断切片を比較した。UV照射下では二次細胞壁中のリグニンが自家蛍光で可視化される（B, D, F, H）。NST1, NST3 二重遺伝子破壊シロイヌナズナでは繊維細胞において二次細胞壁が形成されず，茎の強度が低下して（J）自立することができない（I）。
（www.plantcell.org Copyright American Society of Plant Biologists.）

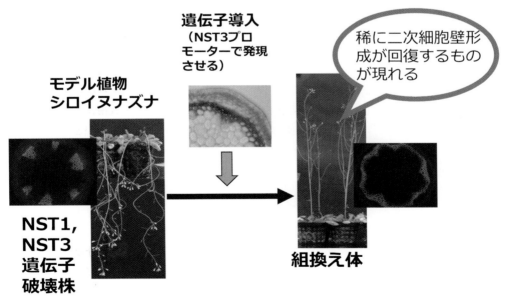

図4 NST1, NST3 二重遺伝子破壊株に別の遺伝子を発現させる
NST1, NST3 二重遺伝子破壊株は二次細胞壁を形成しないため空の容器のようなものである。そこにNST3プロモーターによって別の遺伝子を発現させて二次細胞壁合成系が部分的あるいは完全に回復する植物を探索した。

遺伝子を導入して植物内で働かせるためには，遺伝子だけでなく，その遺伝子がいつ働くかを制御するプロモーター領域もセットで導入しなければならないが，このプロジェクトでは二次細胞壁が形成される細胞での遺伝子発現を誘導する*NST3*プロモーター（*NST3*遺伝子のプロモーター領域）を用いた。これにより，二次細胞壁とは無関係の細胞で悪影響が出ることを防ぐことができる。導入する遺伝子はシロイヌナズナの様々な転写因子遺伝子や他種のNST転写因子遺伝子など計300個余りを選定した。これらの遺伝子のうち，とくに有望と想定される30遺伝子あまりについては，個別に*nst1 nst3*変異体に導入し，変化が起きるか検証した。残り270遺伝子あまりについては30遺伝子ずつまとめて*nst1 nst3*変異体に導入し，次世代で変化が起きるかを探索した。この実験の結果多数の転写因子遺伝子が*nst1 nst3*変異体において新しい細胞壁を形成させることがわかったが，本稿ではそれらのうち二次細胞壁が過剰に蓄積する結果をもたらしたイネの*NST*遺伝子の1つ（*OsSWN1*遺伝子と呼ばれる）について詳しく説明する。

2.2　イネ*NST*遺伝子による二次細胞壁の過形成

　イネ*NST*遺伝子である*OsSWN1*転写因子遺伝子はシロイヌナズナ*NST*転写因子遺伝子と高い相同性があり，おもに二次細胞壁が形成される組織の細胞で発現している[3)4)]。*OsSWN1*転写因子遺伝子はシロイヌナズナ*NST*転写因子と同じように，二次細胞壁形成が起きない細胞で強制的に発現させると，本来起きないはずの二次細胞壁形成を引き起こす[3)4)]。また，イネにおいて*OsSWN1*転写因子遺伝子の働きを阻害すると二次細胞壁形成が阻害され，垂れ葉形質，すなわち葉が自身の重みに耐えかねて垂れてしまう表現型を引き起こす[3)4)]。このように*OsSWN1*転写因子の機能はNST転写因子とほぼ同じであるから，この*OsSWN1*転写因子遺伝子を*NST3*プロモーターによって*nst1 nst3*変異体に発現させれば表現型が回復するのは当然期待されることである。

　しかし，期待以上のことが起きた。すなわち図5に示すようにこのシロイヌナズナ遺伝子組換え体（*NST3pro:OsSWN1 nst1 nst3*と表記する）では二次細胞壁形成が起きる繊維細胞だけでなく，通常木化が起きない茎の中心部（髄）でも異所的な二次細胞壁形成が起きた[5)]。二次細胞壁が形成される細胞での遺伝子発現を誘導する*NST3*プロモーターを用いているのにこのようなことが起こる理由としては，同プロモーターが髄においても微弱な活性を持っていることがあげられる[5)]。原理的にこの表現型は*nst1 nst3*変異体背景でなくても起きると考えられることから通常のシロイヌナズナ（野生型またはwtと呼ぶ）に同じプロモーター・遺伝子のセット（コンストラクトと呼ぶ）を導入したところ，期待通り*nst1 nst3*変異体に導入した時と同じような表現型，すなわち通常では木化が起きない髄での木化が観察された（図6）[5)]。二次細胞壁/リグノセルロース生産量が増加していることが期待されるため，細胞壁成分を抽出して通常の野生型のシロイヌナズナと比較したところ，約40％のリグノセルロース量の増加がみられた。しかしシロイヌナズナでリグノセルロースを増産しても実用的には意味がない。

　そこで筆者らは広葉樹のモデルでありバイオマス資源樹木の1つとして期待されている早生樹であるポプラ（ハイブリッドアスペン：*Populus tremula* L. × *Populus tremuloides*）の野

第1章　資源としての木材

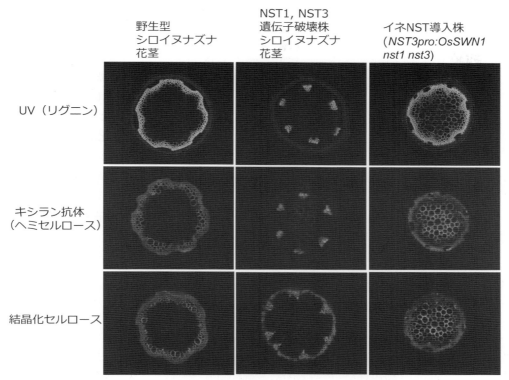

図5　NST1, NST3 二重遺伝子破壊株にイネ NST 遺伝子を発現させた結果[5]
NST1, NST3 二重遺伝子破壊株にイネ NST 遺伝子を発現させると，通常では木化が起きない花茎の中心部（髄）でも著しい木化が観察された．木化の進行は UV 照射によるリグニンの自家蛍光，LM10 抗体によるキシラン（二次細胞壁に豊富にあるヘミセルロース）の存在，結晶化セルロース結合タンパク質 CBM3a を使用した染色で確認した．

生型にほぼ同じコンストラクトを導入して効果を調べた．その結果シロイヌナズナでの結果と同じように通常では木化が起きない髄でも木化が見られたほか，本来二次細胞壁が堆積する木部繊維細胞でも（興味深いことに師部繊維細胞でも）二次細胞壁がより厚くなる現象が観察された（図7）[5]．具体的には壁厚が約50％増加しており，また容積重は約40％増加していた．さらに破断強度は約60％向上しており，弾性率も約2.6倍に向上していた．二次細胞壁は成長が止まった細胞に堆積することから，一般にこのように二次細胞壁/リグノセルロースを人為的に増加させると成長に悪影響があるとされているが，この遺伝子組換えポプラでは図7の写真及び生長曲線で示すように成長速度に影響はなかった[5]．成長に影響を与えずに二次細胞壁形成/リグノセルロース生産を向上させることができたのは実用性の高い成果であり，資材としての観点からは高強度木材の開発につながり，バイオマス発電，燃料への利用の観点からは輸送効率，燃焼効率の向上，あるいはより早いサイクルでの生産につながる．

　いったいなぜイネの NST 遺伝子（= *OsSWN1* 遺伝子）がこのように高い効果を持っているのであろうか．この点については未だ解明されていない点が多いが，これまでの実験でわかったことは，①イネの NST 転写因子（= *OsSWN1* 転写因子）がシロイヌナズナの *NST* 転写因

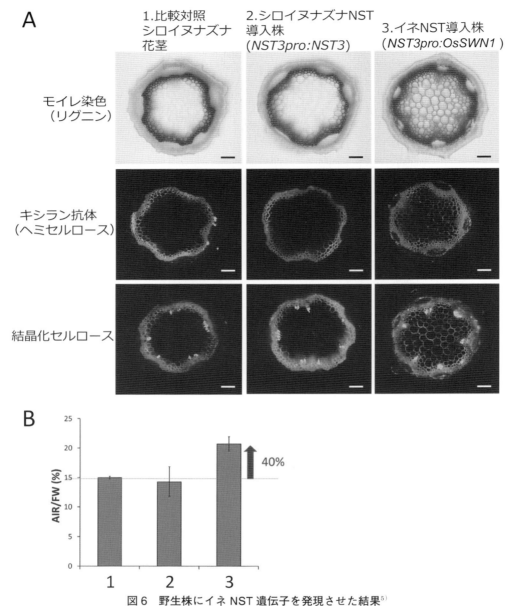

図6 野生株にイネNST遺伝子を発現させた結果[5]

(A) シロイヌナズナ野生株にイネNST遺伝子を発現させると，NST1, NST3遺伝子破壊株に発現させたのと同じように通常では木化が起きない花茎の中心部（髄）でも著しい木化が観察された。木化の進行はモイレ染色によるリグニンの存在，LM10抗体によるキシランの存在，結晶化セルロース結合タンパク質CBM3aを使用した染色で確認した。(B) イネNST遺伝子導入株（3）では比較対照（1），シロイヌナズナNST3導入株（2）に比べて約40％細胞壁生産量が向上した。AIR/FW＝Alcohol Insoluble Residue/Fresh Weight。

子に比べて高い転写活性化能力（＝制御している遺伝子を活性化する能力）を持っている，②イネのNST転写因子（＝OsSWN1転写因子）の方がシロイヌナズナのNST転写因子に比べて制御している遺伝子のプロモーターへの結合力が強いとみられる，ということである。つま

第1章 資源としての木材

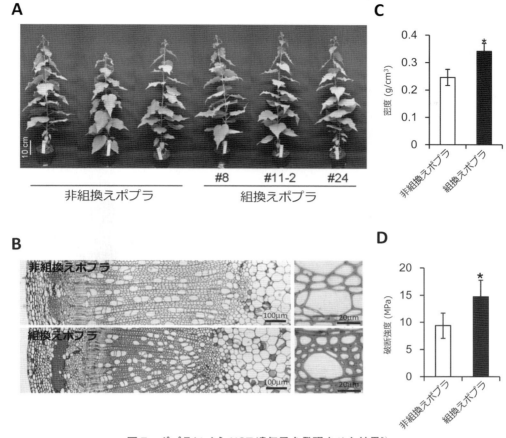

図7 ポプラにイネNST遺伝子を発現させた結果[5]
ポプラ野生株にイネNST遺伝子を発現させると，生育速度は野生株と同じだったが（A），シロイヌナズナのときと同じように通常では木化が起きない中心部（髄）でも木化が観察されたほか，木部や師部でもより厚い二次細胞壁が形成された（B）。結果的に密度（容積重）は約40％増加し（C），破断強度は約60％増しとなった（D）。

りこれらの相乗効果によってより厚い二次細胞壁を形成させられるのではないかと考えられる。では，なぜイネの*NST*転写因子はそのような性質を備えているのであろうか。筆者らはイネだけでなく他の複数の単子葉類の*NST*転写因子遺伝子を用いてもシロイヌナズナにおいてより多い二次細胞壁蓄積を引き起こすことを確認している。なかにはイネよりもさらに高い能力を持つものも含まれる（今後の研究が期待される）。一般に単子葉類は非常に成長が早く，たとえばイネは数か月の間に数センチから1m以上に成長し，重い稲穂を茎（稈）の先端に付ける。急速に重くなる葉や茎（稈）を支えるために二次細胞壁を素早く発達させることは必須であり，それに対応するために*NST*転写因子の能力を向上させて対応したとは考えられないだろうか。推測にしか過ぎないが筆者はそれほど荒唐無稽な話ではないと考えている。

2.3　遺伝子変異による二次細胞壁の過形成

筆者らの研究ではないが，シロイヌナズナやタルウマゴヤシ（肥料や牧草として使われるマ

— 33 —

第1編　資源としての木材とこれからの木質材料・木造建築

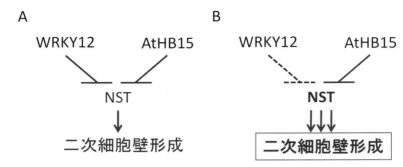

図8　NST転写因子遺伝子の制御
WRKY12やAtHB15転写因子はNST転写因子遺伝子が不必要に発現するのを抑えている（A）が，たとえばWRKY12転写因子遺伝子が働かなくなると，抑えが効かなくなってNST転写因子遺伝子が過剰に発現し，二次細胞壁の過形成が起きる（B）。

メ科の植物）において*WRKY12*転写因子遺伝子（タルウマゴヤシでは*MtSTP*遺伝子と呼ばれる）という*NST*転写因子遺伝子とはまったく異なる遺伝子が働かなくなると，前項で述べたイネ*NST*遺伝子を発現させたシロイヌナズナと類似した表現型，すなわち髄での木化を特徴とする二次細胞壁の過形成が観察される[6]。興味深いことにこの植物（=*wrky12*変異体）では*NST*遺伝子が過剰に発現しており，*WRKY12*転写因子は*NST*遺伝子を負に制御している*NST*遺伝子の上流に位置する転写因子であることが明らかになった[6]。言い方を換えると，この*WRKY12*転写因子は，*NST*転写因子遺伝子が過剰に発現してしまわないようにブレーキをかけている転写因子だと言える（図8）。ブレーキを解除すると*NST*転写因子が過剰に発現して，二次細胞壁の過形成が起きるというわけである。

他にもシロイヌナズナにおいて*AtHB15*転写因子遺伝子が働かなくなると，これまで述べたような二次細胞壁の過形成が起きることも知られている[7]。この植物（=*athb15*変異体）でも*NST*遺伝子が過剰に発現しており，*WRKY12*転写因子と同様に*NST*遺伝子の上流で働いていると推測される（図8）[7]。*WRKY12*やAtHB15による二次細胞壁形成の制御について樹木において同様のメカニズムが存在するかどうかは未だ明らかではないものの，これまでの経験から少なくとも広葉樹では同じような制御が存在している可能性は高いと思われる。すでにポプラにおいてポプラの*WRKY12*遺伝子（=*PtrWRKY19*）を過剰に発現させると二次細胞壁形成が抑制されることが示されており，これはポプラの*NST*遺伝子の働きが抑えられた結果であると解釈できる[8]。樹木において*WRKY12*やAtHB15に対応する遺伝子の働きを抑えることができれば，イネ*NST*遺伝子を発現させるのと同じように二次細胞壁の過形成が起きて高強度木材の開発につながる可能性は高いと思われる。

植物において遺伝子の働きを抑えるためにはRNAi法やゲノム編集技術による遺伝子破壊をあげることができる。とりわけゲノム編集技術は近年非常に脚光を浴びている技術であり，技術の詳細は他書を参照されたいが，簡単な遺伝子導入により任意の遺伝子に変異を入れて遺伝子が働かないようにする（=遺伝子破壊）ことができる。しかも，このために導入した遺伝子セットは戻し交配を行うか，特殊な除去技術を用いることで作成した遺伝子破壊植物から遺伝子破壊状態を維持したまま取り去ることができる。つまり結果的にできる遺伝子破壊植物は

通常の突然変異育種で得られる植物と同等であり，実質的，科学的には遺伝子組換え植物ではなくなる。今後の法規制がどのようになるかにもよるが，現在の社会情勢やパブリックアクセプタンスの観点からこれは大きなメリットになりうる。遺伝子組換え植物が決して危険なわけではないが，安全と安心は異なるわけで，遺伝子変異（＝遺伝子破壊）に基づいた育種は今後品種改良の鍵となる可能性は高いと思われる。

3. まとめと展望

　本稿では遺伝子組換え技術を利用して植物の二次細胞壁/リグノセルロースの生産性を高め，結果的に高強度の木材を開発する技術について概説した。しかし一口に遺伝子組換え技術と言っても前項で述べたようにゲノム編集技術で再現できるものは，ゲノム編集のために導入した遺伝子セットを後で抜くことにより，従来の非遺伝子組換え育種で作成した品種と実質的，科学的に同等とみなすこともできる。

　本稿で紹介した技術はいずれも最終的に *NST* 転写因子遺伝子という二次細胞壁/リグノセルロース形成を制御しているマスター転写因子の働きを強めることによって達成されている。この転写因子遺伝子は草本植物で発見されたものであるが，広葉樹でも同じ機能を持った転写因子が見つかっているほか，針葉樹でも類似した機能を持つと推測される転写因子遺伝子を見つけることができる。したがって *NST* 転写因子の働きを強化して高強度木材を開発するというストラテジーはあらゆる樹種に適用できる可能性が高いと考えている。ただし，針葉樹では木部の細胞構造が広葉樹のそれとは大きく異なっており，広葉樹での発見や技術がそのまま適用できるかどうかについては慎重な検討を要する。

　ゲノム編集による遺伝子破壊で *NST* 転写因子の働きを強化して高強度木材を開発するには *WRKY12* や *ATHB15* 遺伝子による *NST* 遺伝子の制御メカニズムが樹木でも共通して保存されている必要がある。広葉樹では *WRKY12* も *ATHB15* も同じ機能を持つと推測される転写因子遺伝子を容易に見つけることができるが，針葉樹では *ATHB15* に類似した遺伝子は見つかるものの *WRKY12* に相当する遺伝子がどれであるのか判然としない。そもそも針葉樹では遺伝子組換え技術やゲノム編集技術自体が未発達で，ライフサイクルの長さから研究にかかる時間も膨大であり，実用化までの道のりは長いと考えられる。しかしそれでも従来の育種よりははるかに短期間での目標達成が可能であり，子や孫世代のためにも研究開発は行っておくべきだと考える。将来は高強度木材を利用した木造ビルで仕事をする時代がやってくるかもしれない。

文　献

1) N. Mitsuda, A. Iwase, H. Yamamoto, M. Yoshida, M. Seki, K. Shinozaki and M. Ohme-Takagi : NAC transcription factors, NST1 and NST3, are key regulators of the formation of secondary walls in woody tissues of Arabidopsis. *The Plant Cell*, **19**(1), 270-280(2007).

2) S. Sakamoto and N. Mitsuda : Reconstitution of a secondary cell wall in a secondary cell wall-deficient Arabidopsis mutant. *Plant and Cell Physiology*, **56**(2), 299-310(2015).

3) R. Zhong, C. Lee, R.L. McCarthy, C.K. Reeves, E.G. Jones and Z.H. Ye : Transcriptional activation of secondary wall biosynthesis by rice and maize NAC and MYB transcription factors. *Plant and Cell Physiology*, **52**(10), 1856-1871(2011).
4) K. Yoshida, S. Sakamoto, T. Kawai, Y. Kobayashi, K. Sato, Y. Ichinose and M. Ohme-Takagi : Engineering the Oryza sativa cell wall with rice NAC transcription factors regulating secondary wall formation. *Frontiers in Plant Science*, **4**, 383(2013).
5) S. Sakamoto, N. Takata, Y. Oshima, K. Yoshida, T. Taniguchi and N. Mitsuda : Wood reinforcement of poplar by rice NAC transcription factor. *Scientific Reports*, **6**, 19925(2016).
6) H. Wang, U. Avci, J. Nakashima, M.G. Hahn, F. Chen and R.A. Dixon : Mutation of WRKY transcription factors initiates pith secondary wall formation and increases stem biomass in dicotyledonous plants. *Proceedings of the National Academy of Sciences*, USA, **107**(51), 22338-22343. (2010).
7) Q. Du, U. Avci, S. Li, L. Gallego-Giraldo, S. Pattathil, L. Qi and H. Wang : Activation of miR165b represses AtHB15 expression and induces pith secondary wall development in Arabidopsis. *The Plant Journal*, **83**(3), 388-400(2015).
8) L. Yang, X. Zhao, F. Yang, D. Fan, Y. Jiang and K. Luo : PtrWRKY19, a novel WRKY transcription factor, contributes to the regulation of pith secondary wall formation in *Populus trichocarpa*. *Scientific Reports*, **6**, 18643(2016).

第1編　資源としての木材とこれからの木質材料・木造建築

第2章　これからの木質材料・木造建築

第1節　構造用材料としての木材・木質材料と木造建築構造

東京大学　青木　謙治

1. はじめに

　本稿では，木材あるいは木質材料の主要な用途である建築用材（特に構造用材料）としての利用を想定し，各種木造建築とそこに使用される木材・木質材料の関係について概略を纏める。

　木質構造には様々な構造形式があり，その分類方法も人によりまちまちであるが，ここでは図1のように分類した[1]。これは杉山による提案であるが，主に構造の組立方法の面から分類したものである。例えば現在の木造住宅でいえば，軸組構法住宅と枠組壁工法住宅は地震等の水平力に抵抗するのは筋かい壁あるいは面材を張った壁が抵抗しており，壁が抵抗するといった観点では両者に差はほとんどないと言えるが，組立方式は全く異なる。本稿では，図1の中から，軸組構法，枠組壁工法，木質プレハブ構法（壁式），丸太組構法の4種を対象とし，そこに使われる木材・木質材料について概説する。更にその後に，近年増えつつある大型の木質構造物とそこに使われる木質材料についても簡単に触れることとする。

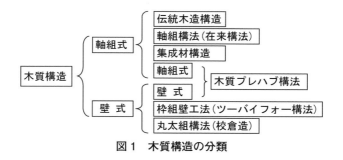

図1　木質構造の分類

2. 軸組構法住宅

　軸組構法住宅は，古くは中国から伝来し寺社建築などを経て武家屋敷として発展した構造形式で，日本では最も広く普及している構法である（図2）。近年ではプレカットの普及や各種木質材料の開発と利用，あるいは各種法令の改正などにより軸組構法住宅も様々な面で進化してきている。

　一般的な軸組構法住宅は，建築基準法施行令第3章3節（木造，第40条〜50条）に規定される仕様に従って建築される。ここには，軸組構法住宅が守るべき最低限のルールが定められ

第1編　資源としての木材とこれからの木質材料・木造建築

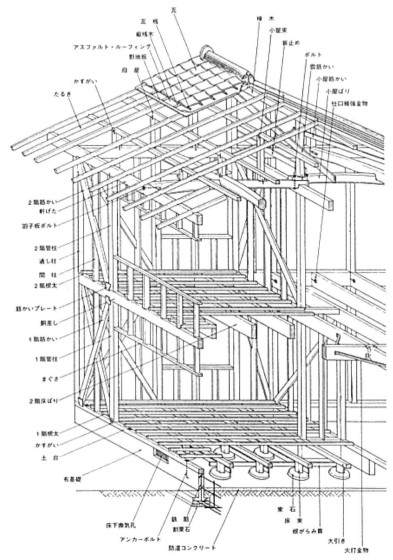

図2　木造軸組構法住宅の構成[2]

ているが，使用する木材に関しては施行令第41条に定められており，以下のような記述となっている。

　「構造耐力上主要な部分に使用する木材の品質は，節，腐れ，繊維の傾斜，丸身等による耐力上の欠点がないものでなければならない。」

　この条文以外に木材の品質を規定しているものはなく，欠点のない木材であれば何を使っても良いですよといっているのとほぼ同じである。これは，いわゆる製材品だけでなく集成材やLVLなどの木質材料も同様で，強度や耐久性等がきちんと担保されているかどうかは問われていない。

現在の木造住宅の建築においては，住宅メーカーや大手工務店を中心に，きちんと品質管理されたJAS製品や国土交通大臣の認定を取得した木材・木質材料を使うのが常識になりつつあるが，建築基準法の中では前記の通り非常に緩い規定となっている。そのため，現在でも時々新築住宅でクレームが発生して，その原因として粗悪な木材を使っていたという話が出てくることがあるが，戸建て住宅に使われる木材は強度的にはかなり余裕があるので，木材の強度が不足していたためにクレームが生じたということはまずないだろう。それよりも，施工がいい加減で不具合が生じたという事例の方が圧倒的に多い。

このような状況があるために，構造材としてJAS製品の構造用製材，構造用集成材，構造用合板などをきちんと使っている住宅メーカーもあれば，JAS製品ではなく大工棟梁の目利きで製材品を調達し，昔ながらの手法で家を建てている工務店も存在するのである。どちらがより優れていると判断するのは難しい点もあるが，様々な住宅の建て方が容認されているのが軸組構法住宅なのである。

ここまでの話は，いわゆる「四号建築物」といわれる戸建て木造住宅の話で，建築基準法第6条の四に分類される建築物を対象としたものである。四号建築物とは，2階建て以下，延べ床面積500 m² 以下，軒高さ9 m 以下，最高高さ13 m 以下の木造住宅を指し，この規模の木造住宅であれば，上記の施行令第3章3節に定められた仕様を守って建てていれば，行政に提出すべき建築確認書類を省略することができるのである。3階建てあるいは高さが13 m を超えた場合などのように四号建築物の規模を超えた場合，あるいは仕様規定の条文を満たさない部分がある場合（特殊な耐力壁を使っている）などは構造計算が必要になり，木材・木質材料に求められる性能・品質もまた一段高いランクに上がってくる。

特に多いのが，施行令第46条2項に定める構造計算を行った建築物，つまり，壁量規定を満たさないような特殊な耐震要素を使った木造住宅を建てる場合に構造計算を行って住宅を建てるというものである。施行令第46条には，地震あるいは台風に対し木造住宅が満たすべき耐震要素（耐力壁）の量が定められており，そこに用いる事のできる耐力壁も同条表1（あるいは関連告示）に定められているが，ここに書かれていないような特殊な耐力壁を用いる場合，あるいはラーメンフレームのような耐力壁をもたないフレームを使って住宅を建てる場合には，許容応力度計算などの構造計算が要求される。その際，使用できる材料は昭和62年建設省告示第1898号[3]に定められたものに限定されるのである（表1）。製材も含まれてはいるが，基準法で基準強度が定められているJAS製材に限定され，さらに含水率に関する規定もあるため，きちんと品質管理されたものでなければ使用できなくなるのである。

一方，耐力壁や床下地，屋根下地などに使われる面材料に関しては特に規定はなく，製材の板を使用することも可能であるが，現在では特に床下地材に関しては合板などの面材料を用いるのが主流となっている。中でも，厚さ24 mm 以上の厚物構造用合板を床下地に使い，床構面の剛性と安全性を向上させた住宅が圧倒的に多く見られるようになってきた。耐力壁に関しては未だに筋かい壁を使った住宅も多いが，構造用合板や構造用パネル（OSB），パーティクルボード（PB），中密度繊維板（MDF）といった各種構造用面材料を釘打ちした耐力壁も増加している。これらの面材料を使った耐力壁は，昭和56年建設省告示第1100号[4]に仕様と壁の強さ（壁倍率）が定められており，それに記載がないものについては国土交通大臣の認定を取

表1　昭和62年建設省告示第1898号[3]に定められた木材・木質材料

No.	材料の種類
1	集成材のJASに規定する構造用集成材または化粧ばり構造用集成柱
2	単板積層材のJASに規定する構造用単板積層材
3	国土交通大臣が基準強度の数値を指定した集成材
4	建築基準法第37条の大臣認定を受けた木質接着成形軸材料または木質複合軸材料
5	製材のJASに規定する目視等級区分構造用製材または機械等級区分構造用製材（含水率15％以下（20％以下，30％以下の例外規定あり））
6	国土交通大臣が基準強度の数値を指定した木材（含水率15％以下）

得して壁倍率の数値を得られれば広く使用することが可能になる。新しい木質材料を開発する側にとっても，住宅における利用を目指す上で参入しやすい分野とも言えるだろう。

3. 枠組壁工法住宅（ツーバイフォー構法住宅）

次に，枠組壁工法住宅についてである。枠組壁工法は，もともと北米で行われていたバルーン構法やプラットフォーム構法が日本向けに改良されて導入されたものであり，基本断面2インチ×4インチの枠組材を組み合わせて枠組みを作り，そこに合板等の面材料を釘打ちしてパネルを作り，そのパネルで壁や床を構成して家を建てていく工法である（部材断面から"ツーバイフォー構法"とも言われる）（図3）。昭和49年（1974年）に建設省の技術基準告示[5]が公布されてオープン化され，全国の工務店で建設が可能になった。その後徐々にシェアを伸ばしており，現在は新築住宅着工戸数（非木造を含む）の1割強，木造に限定すれば2割強のシェアを誇っている。

使用する材料は，平成13年国土交通省告示第1540号[5]で細かく定められており，枠組材にはJAS枠組壁工法構造用製材およびJAS枠組壁工法構造用たて継ぎ材やJAS構造用集成材，JAS構造用単板積層材など，製造方法や品質管理がきちんと規定されている材料しか使用することができない。また，面材に関しても構造用合板や構造用パネル等のJAS規格品あるいは繊維板やパーティクルボード，石こうボードなどのJIS製品のみが使用できるため，木材・木質材料に対する信頼性は非常に高い。住宅の施工方法等も告示で細かく規定されているため，枠組壁工法住宅の耐震性や安全性は非常に高く，また品質も高いレベルで安定している。住宅よりも規模の大きい建築物を建てるときも，基本的に使用される材料や施工方法は同様であり，軸組構法のように規模や仕様により使用できる材料が制限されるようなことはない。

また，軸組構法と違って新しい木質材料を積極的に採用しており，根太には軸材料と面材料を組み合わせた木質複合軸材料である"I型梁"を使ったり，屋根版には面材料で断熱材を挟み込んだ木質複合断熱パネルである"Rコントロールパネル"を採用したりと，住宅の居住性能や環境性能の目標値に合わせて最適な材料を採用している。これらの新材料は建築基準法第37条に定める指定建築材料の国土交通大臣認定を取得しており，材料強度の指定なども受け

第2章　これからの木質材料・木造建築

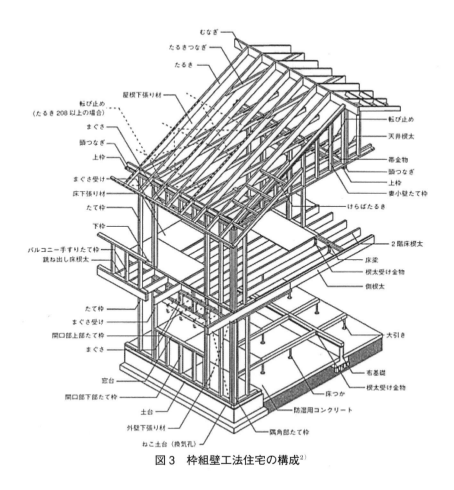

図3　枠組壁工法住宅の構成[2]

ているため構造計算にも用いる事ができる。

4. 木質プレハブ構法住宅

　プレハブ構法とは，専用の工場で予め作られた建築構成部材を建築現場に搬入し組み立てる構造方法のことをいい，構成部材を工場生産するため製造条件を一定化でき品質管理しやすいなどの利点がある。また，構造強度，居住性，生産数量などが一定水準以上であることを認められた住宅を工業化住宅という。木質プレハブ構法は昭和30年代半ば（1960年前後）から開発されたもので，構造用合板を枠材に接着したパネル（木質接着パネル）で建物を構成する壁式構造のことを指す（図4）。現在は，大手住宅メーカー2社が，この木質接着パネルによるプレハブ構法を展開している。ちなみに，前項の枠組壁工法で住宅を供給しているメーカーの中には，工場で枠組壁工法による壁面ユニットあるいは箱型ユニットを組み上げ，それを現場に搬入して組み合わせるだけという，まさにプレハブ構法的な建設方法を採用しているところもあるが，歴史的な背景もあって「木質プレハブ構法」とは言わない。

― 41 ―

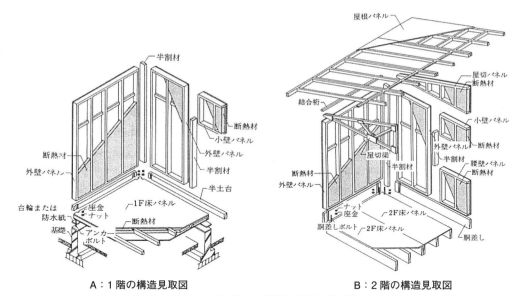

A：1階の構造見取図　　　　　　　　　B：2階の構造見取図
図4　木質プレハブ構法住宅の構成[6]

　使用する材料は枠材と面材が接着された"木質接着複合パネル"である。接着はその工程を厳密に管理することにより被着材同士を一体化させることが可能で，枠組壁工法の釘打ちパネルよりも小さい部材断面で高い剛性・強度を発揮させることが可能である。そのため，プレハブ構法に用いる枠材断面や面材厚さは一般的な枠組壁工法の枠組材や面材よりも若干小さい（薄い）ものを使用している。さらにこれらの木質接着複合パネルは建築基準法第37条の指定建築材料に該当するため，製造工程はもちろんその部材性能まで評価して材料強度の指定を受けており，部材品質は高度に管理されている。また，接着パネル以外にはパネル同士をつなぐための柱部材，あるいは床を構成するための梁部材としてJAS構造用集成材やJAS構造用単板積層材も使用されるが，製材はパネルの枠材以外には使われない。

　近年では，中大規模木造にも進出し始めているが，接着パネルに使用する部材断面を多少大きくしてパネル強度を高める改良などは行っているものの，基本的な使用材料は住宅と変わらない。

5. 丸太組構法住宅

　丸太や製材を横積みして作る構造を丸太組構法という（図5）。日本には，東大寺正倉院のように校倉の倉庫が残っており，東欧の古い民家が丸太組構法でできているなど，世界的に古くから利用されてきた構法である。丸太材等（校木，ログなど）は，かつては丸太が多かったが，現在は四角等に製材したものが多く，丸い断面のものであっても製材したものが多い。

　現在は，小規模な住宅（小屋裏利用2階建て程度）であれば構造計算をせずに平成14年国土交通省告示第411号[7]に従って仕様規定で建てることも可能であり，使用される材もJAS製材である必要はないが，総2階建て住宅以上になると許容応力度計算などの構造計算が必

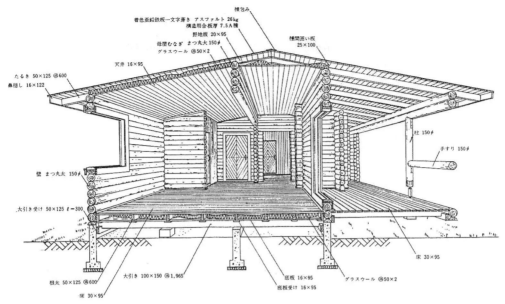

図5 丸太組構法住宅の構成[6]

要とされるため，使用される丸太材等も基本的には材料強度の指定のある JAS 構造用製材や JAS 構造用集成材，あるいは大臣の指定を受けた材料に限定されることになる。

6. 大型の木質構造物

　以上，木造住宅の代表的な構法と使用できる木材・木質材料について概観してきたが，これらとは別に，大規模木質構造という分野が存在する。特に構造用集成材という長大な木質材料が製造できるようになったことにより，それまで木造で作ることの難しかった体育館やドーム建築等も木造で建築できるようになったのである。

　大型の木質構造は，昭和30年代（1960年前後）を中心に1,000棟近くの集成材建築（約2/3が体育館）が建てられたが，法規制の強化や鉄骨造の普及等により昭和40年頃（1966年頃）をピークに集成材建築は激減してしまった。その後，昭和62年（1987年）の建築基準法改正によって燃えしろ設計が可能になったあたりから再び建築事例が増えてきており，大館樹海ドームや木の花ドームなどのドーム建築，あるいは愛媛武道館や府中体育館などの大型運動施設も大断面の構造用集成材を用いて建てられている（図6，図7）。

　一方，平成12年（2000年）の建築基準法改正による性能規定化，あるいは平成22年（2010年）の「公共建築物等における木材の利用の促進に関する法律」の公布・施行により，庁舎や学校，あるいは事務所ビルといった建物を木造化する気運が高まっている。これについての詳細は次節に譲るが，使用できる材料はJAS規格品の構造用製材，構造用集成材，構造用単板積層材，直交集成板，構造用合板，構造用パネル，あるいはJIS規格品の構造用PB，構造用MDFなど多岐に渡っており，多種多様な木質材料が建築物の要求性能に合わせて選択され，

第1編　資源としての木材とこれからの木質材料・木造建築

図6　大館樹海ドーム

図7　愛媛武道館

利用されるようになってきた。また，従来の用途とは異なり，幅広の構造用集成材や構造用単板積層材を製造してパネル的に利用したり，二次接着を利用して厚物化したりと，大型木質構造の高い要求性能に合わせた部材開発・改良も進められている。

　木材・木質材料側も，大型の木造建築物に安心して利用して貰えるよう従来用いられてきた構造用材料の材料強度の数値を見直したり，新たに開発された材料の強度を提案したりするのはもちろん，耐久性に関する措置や防耐火性能に関する技術開発，あるいは各種調整係数に関する技術的検討など，これまで以上に高い水準で材料性能あるいは品質を担保する必要が出てきている。木造建築物の普及・発展に向けて，まだまだやるべき課題は多い。

文　献
1）杉山英男編：木質構造 第4版, 共立出版, (2008).
2）木質構造研究会編：「新・木質構造建築読本」, NPO法人木未来, (2012).
3）昭和62年建設省告示第1898号：構造耐力上主要な部分である柱及び横架材に使用する集成材その他の木材の品質の強度及び耐久性に関する基準を定める件
4）昭和56年建設省告示第1100号：建築基準法施行令第46条第4項表1(1)項から(7)項までに掲げる軸組と同等以上の耐力を有する軸組及び当該軸組に係る倍率の数値
5）昭和49年建設省告示第1019号(現在は平成13年国土交通省告示第1540号：枠組壁工法又は木質プレハブ工法を用いた建築物又は建築物の構造部分の構造方法に関する安全上必要な技術的基準を定める件)
6）木質構造研究会編：「木質構造建築読本」, 井上書院, (1988).
7）平成14年国土交通省告示第411号：丸太組構法を用いた建築物又は建築物の構造部分の構造方法に関する安全上必要な技術的基準を定める件

第2章　これからの木質材料・木造建築

第2節　現代木造建築　～構造・耐火・仕上～

東京大学　腰原　幹雄

1. 構　造

1.1　大空間から多層へ

　新発田市体育館（1962年）に代表される集成材建築は，山型ラーメン構造などの合理的な構造の体育館が中心であったが，池原義郎による所沢聖地霊園（1973年），内藤廣による海の博物館（1992年），伊東豊雄による大館樹海ドーム（1997年）など建築家の参入により構造主体の建築から，屋根架構の架構美を活かす建築（図1）へと変化していった。葉祥栄による小国ドーム（1988年）では，全数検査をおこなうことにより，製材を用いた大規模木造建築を実現させた。

　製材を用いた大規模木造建築は，JAS構造用製材の登場によりさらに加速した。それまで，木材は自然材料として材料特性のばらつきが大きく，節や割れなどの欠陥などにより，工業製品と比べて構造解析しにくい材料として扱われてきたが，木質材料（エンジニアードウッド）が整備されることにより，ヤング係数，材料強度が明確になり，鉄筋コンクリートや鉄骨など他の建築材料と同様に構造計算を行えることができるようになったのである。この結果，大断面集成材，構造用LVL，住宅用流通規格材を用いた大規模木造建築では，大スパンを実現するために，アーチ，トラスはもちろん，折版，HPシェル，吊床版といったあらゆる構造形式をとりいれることが可能となった。

　また，木質材料を用いて構造解析ができるようになると，木質材料に限定した純木造建築だけではなく，鉄などの構造材料と組み合わせて用いる混構造の実現も容易になった。柱梁接合部に用いる金物接合から，圧縮材の上弦材を木質材料，引張材の下弦材に鋼材を用いた張弦梁

海の博物館

小国ドーム

図1　架構美を生かした建築例

牧野富太郎記念館　　　　　　　　　　　東部地域振興ふれあい拠点施設

図2　木質材料・鉄の混構造建築例

などの部材の混構造，鉄骨の大梁に集成材の小梁がかかる牧野富太郎記念館（1999年），大空間の下層を鉄骨構造，上層を木質構造とする東部地域振興ふれあい拠点施設（2011年）など建物内の部分ごとに構造材料を変えた混構造など，適材適所として他の構造材料と同等に木質材料を選択することができるようになった（図2）。

しかし，さまざまな構造形式の木造建築といっても，建物形式はドームや体育館といった大空間の大屋根，あるいは学校，庁舎などの2階建の建築が主流であり，高密度な都市に建つ多層の木造建築，都市木造は，2000年の建築基準法改正による木造建築に対する規制緩和をまつことになる。他構造の建築と同様の構造性能，防耐火性能，耐久性を満足することができれば，どこにでもどんな建物でも木造建築で実現できる可能性ができたのである。

構造は，平面的に広い大屋根の建築から，多層の積層された床の建築を実現する課題に変化することになる。屋根と床の構造の大きな違いは，構成する面が水平であるか否かである。大屋根を効率的に実現するためには，アーチやドームなどの構造形式が適しているが，凸型の空間，または外観になってしまう。多層の床を構成するためには，水平な部材構成と階高を確保するために低い梁せいが求められるようになる。トラスやアーチなどの軸力が支配的な構造的に合理的な構造形式から，曲げモーメントに抵抗する構造形式が必要となった。高い応力に対する梁の構成は，大断面部材だけでなく，住宅用流通規格材を組み合わせた重ね梁，平行弦トラスなどの組立材，細かい材を多く用いて抵抗するジョイスト梁や格子梁などが用いられるようになった（図3）。

多層化に対するもう1つの構造的課題は，耐震である。建物の規模が大きくなり，多層化されるとそれに応じて当然地震力も大きくなる。鉄筋コンクリート造では，応力が大きくなればコンクリート強度を上げたり鉄筋量を増やしたりすることで性能を向上することができる。鉄骨造も鋼材の種類を変えることで性能を向上させることができる。しかし，木質材料では，原料となる木材の性能に限界があるため材料性能を向上させようとしても限界がある。そこで，限られた性能の木質材料を使用して，高い応力に対して抵抗可能な接合方法，構造要素を整備して，建物の構造性能を向上させる工夫が必要となった。

1.2　線材と面材，フレーム構造と壁式構造

樹木を起源とする木材を用いた日本の木造建築は，線材である柱・梁を組み合わせた軸組工

第2章 これからの木質材料・木造建築

重ね梁

平行弦トラス

ジョイスト梁

格子梁

図3　各種タイプの梁

法が基本であり，軸組工法によるフレーム構造では，自重（固定荷重）や積載荷重などの鉛直荷重は，梁を介して柱が支持することになる。フレームの中に挿入される面材を用いた壁は，地震力，風圧力などの水平力のみを負担することになる。一方，北米で生まれた枠組壁工法では，柱の替わりに合板を用いた壁が鉛直荷重も支持し，鉛直荷重，水平力の両方を壁が支持する壁式構造が用いられている。床，屋根，壁といった空間を構成する部位は面であり，面材を用いて構成するのが合理的であり当然の選択といえる。しかし，日本古来の柱梁による開放的な空間に比べて，壁式構造ではどうしても閉鎖的になってしまい形成される空間のイメージは異なるものになる。現代木造建築でも大断面の集成材，LVL はフレーム構造として用いられてきたが，CLT の登場により，集成材，LVL を含めた木質厚板パネルを用いた壁式構造も大規模木造建築として登場することになった（図4）。

　自然の樹木から厚板で大判の面材を大量に入手することは困難であり，1000 年を超える日本の木造建築の歴史の中でも厚板の面材を用いた木造建築は，初めての経験であり改めて材料特性を生かした構造システムの整備が重要になってくる。また，これまでの木造建築に求められてきた空間を考えると，面材のみによる壁式構造だけでなく，軸組工法による開放的な空間と壁式工法による高耐震性の空間を併用した建物が求められるようになるはずである。線材と面材の特徴を生かした構造形式としては，壁柱やフラットスラブ＋独立柱などの構造形式が考えられる。

― 47 ―

第1編　資源としての木材とこれからの木質材料・木造建築

フレーム構造

壁式構造

壁柱

フラットスラブ＋独立柱

図4　面材・線材を生かした木造建築

1.3　接　合

　フレーム構造にしても，壁式構造にしても木造建築では部材を接合して組み立てる組立構造であり，接合部の性能が建築物の性能を大きく左右することになる。

　伝統木造建築の継手・仕口は，「釘や金物を使っていない。」と表現されるように，熟練の大工により緻密に加工され木と木のみの木組による接合が用いられてきた。こうした木組の継手・仕口を工学的に評価する試みは，「金堂構造の安全度判定に関する研究」（1941年：坂静雄）などによって行われてきたが，材料のばらつき，異方性を持つ木材通しの接合の評価には，複雑な解析が必要とされる。また，「柳のように揺れて地震力を逃がす。」と表現された伝統木造建築では，大きく変形するが壊れないことを特徴としていた。平屋で，損傷修復の容易な仕上材（土壁，紙障子などの建具）の伝統木造では，大きな変形を許容することができたが，現代木造建築では，多層化による床への高い要求性能，変形追従性の低い仕上材の使用などにより，高い剛性が要求されるようになった。その結果，大規模木造建築の当初の接合部の設計においては，まず工学的に評価しやすい金物接合が採用されるようになる。鋼板挿入型ドリフトピン接合など木部材を一旦金物で接合し，金物同士を接合することで，木材−金物，金物−金物，金物−木材という1対1の工学的に理解しやすい構造モデルとして構造計算を可能とした。柱梁接合部の曲げモーメント接合においては，すべての力に対して金物を介して接合するのではなく，引張力は金物で，圧縮力は木材同士のめり込みで抵抗する引きボルト型の接合により木材の特徴を考慮した接合方法も目指されることになる。さらに，近年は，実験による検証，

金物接合（ボルト）

工学的に評価された木組接合

図5　金物接合と木組接合例

計算機能力の向上により有限要素法などによる詳細解析を用いて，木材の特徴をさらに生かした木組接合を用いた現代木造建築も登場するようになってきた。

現代木造に要求される高剛性に対しては，初期がたや加工誤差を小さくするために，加工精度の向上，施工手順などによっても改良が行われ，住宅部材のプレカット加工やNC加工などを用いて，複雑な形状の接合部も精度よく仕上げることが可能となった。新興木構造の時代や，初期の集成材建築に用いられていたジベルなど，当時は加工精度不足によって普及しなかった接合具も，今後再評価してみる価値があるだろう。

日本の木造建築では，木材は構造と仕上げを兼ねるものであり構造体をそのままあらわしで魅せるという思想が根強くある。このため，金物接合では接合具を部材に内蔵可能な，LSB，GIR，引きボルトといった接合具を用いた接合が好まれるようになっている（**図5**）。

1.4　耐　震

これまでは木造建築といっても戸建ての木造住宅が中心であり，壁量計算と呼ばれる簡易な耐震性能検証法が主流であったが，現代木造建築では他の構造と同様に，構造計画，構造計算といった構造設計が必要となる。また，大規模な建築では大きな地震力に抵抗する必要があり，用いられる耐震要素の性能もこれまでに比べて高性能なものが要求されることになる。例えば，木造住宅で一般的に用いられている耐力壁は，厚さ9mm程度を用いた構造用合板の耐力壁は4.9kN/m（壁倍率2.5）程度のものであったが，大規模木造建築では，厚さ24mmの厚物合板を用いた30～40kN/m程度の高性能の耐力壁がないと構造計画上，壁だらけの建物になってしまうことになる。

建物の耐震設計は，中地震（建物の耐用年限中に2～3回発生する地震）と大地震（建物の耐用年限中に1回発生するかもしれない地震）の2段階で検討が必要で，中地震での非損傷性と大地震での倒壊防止が要求されている。木材自体は，明確な弾性域がなく引張，圧縮，曲げ，せん断ともに脆性的な破壊を生じやすい。唯一，めり込み変形のみが粘り強さを示し，木組接合ではこのめり込みを活用することになる。部材の靭性能が低い場合には，金物接合などを用いて接合部で建物の靭性能を確保する必要がある。フレーム構造では，柱梁の接合部の曲げモーメントに対して，曲げ引張側の鋼材の伸び，曲げ圧縮側のめり込み変形をうまく組み合

第1編　資源としての木材とこれからの木質材料・木造建築

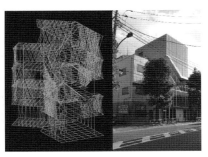

5階建CLTパネル工法振動台実験　　　　　　下馬の集合住宅の解析モデル
図6　木造建築の耐震設計例

わせて，架構の靭性能を確保することになる。壁式構造では，合板自体はほとんど剛体変形をするために，軸組に留めつける釘接合部の変形によって靭性を確保することになる。CLTなどの厚板耐力壁も同様で，厚板面材自体はほとんどせん断変形せず剛体変形をするために，周辺架構で靭性を確保することになる。剛体回転に対して，柱梁接合部と同様の仕組みが必要となる。

適切な構造計画がなされた木造建築では，工学的に評価されたさまざまな耐震要素と接合方法は，有限要素法などの解析モデルに適用することができるようになった。解析モデルの妥当性は，これまで実施された多くの実大振動台実験によっても検証されている（図6）。そして，汎用解析モデルでは，木構造も鉄筋コンクリート構造，鉄骨構造も同等な構造モデルの利用が可能となり，混構造建物の耐震性評価が可能になれば，当然，現代木造建築の可能性はさらに広がることになる。

2. 耐　火

現代木造建築では，耐震性能とともに高い防耐火性能も要求されることになる。2000年の建築基準法改正による性能規定化により，木造建築でも耐火建築物が実現可能となり現代木造建築の適用範囲はさらに広がることとなった。

新しい建築に新しい技術を導入する場合，材料特性を十分理解したうえでその特性を生かした技術開発を行うことが重要である。町家などの伝統木造建築の町並みは，その風景の魅力とうらはらに建物単体の防耐火性能としては現在の要求性能を満足できるものではない。近代の裸木造の町なみは，木造密集市街地として防災上さまざまな課題のある地域とみなされている。外壁に木材をあらわしで使用するため耐火性能が低いとみなされたため，木材が外部にあらわしででてこないようにモルタル塗り壁などで木材を被覆した防火木造が整備された。しかし，モルタル塗り壁は年月が経つとひび割れたり，汚れが目立ったりして見栄えや耐久性に問題が生じるようになった。防耐火性能だけでなく，耐久性を向上させるために窯業系サイディングが用いられるようになり，防耐火性能，耐久性は向上させたが，当初の木造建築の町並みとは大きく変化することになる。同じ耐火対策としての被覆でも，厚い土壁で被覆した土蔵造りでは，左官細工とともに防耐火性能を向上させるとともに個性的な町並みを実現することが

第 2 章　これからの木質材料・木造建築

町家の町並み

防火木造の町並み

窯業系サイディングの街並

現代木造の街並（矢吹町中町第一団地）

図 7　現代木造建築と街並み

できている（図 7）。

　建築物は，生活スタイルや社会システムとともに要求が変化していくため，現代木造建築の技術開発では，魅力的な街並を目指した技術開発が必要とされる。東日本大震災の震災復興にあたって，福島県西白河郡矢吹町では準耐火建築物を含めた現代木造建築による街並みが目指されており，これからの木造建築の街並みを垣間見ることができる。

　こうした新しい現代木造の街並を目指して，準耐火構造や耐火構造を実現するさまざまな技術開発が進められている。準耐火構造では，せっこうボードなどによる被覆型だけでなく，木材の特徴を生かした「燃えしろ設計」がある。木材の燃焼速度が爆発的ではなくゆっくり燃えるとともに，形成された炭化層が耐火被覆の役割をするという木材の材料特性を生かし，木材をあらわしで使用しながら準耐火構造を実現するように考案されたものである。燃える材料を用いて火災に対して安全にする材料特性にあった手法といえる。さらに高性能な木質系耐火構造は，発展途上の技術であり，さまざまな可能性が模索されている。一般被覆型，鉄骨内蔵型は既存の技術の延長線上にあり，いち早く木質系耐火建築とその空間を実現させた技術である。

　木材の特性を考慮した燃えしろ設計の思想を継承したのが燃えどまり型耐火部材であり，木材の燃焼時間を利用しながら，燃えしろ層による火災損傷低減と燃えどまり層によって自然鎮火をさせるような断面構成が用いられている。また，構造計画の工夫から木材をあらわしで使用することも試みられている（図 8）。自重や積載荷重といった火災後にも性能確保が必要な鉛直荷重を支持する部材と地震や風といった一時的な力に抵抗する部材を分けることにより，構造部材によっては要求耐火性能を軽減することができる。下馬の集合住宅では，常時荷重に

第1編　資源としての木材とこれからの木質材料・木造建築

燃えしろ設計による準耐火構造（谷中の住宅）

一般被覆型耐火構造（下馬の集合住宅）

鉄骨内蔵型耐火構造（金沢エムビル）

燃えどまり型耐火構造（大阪木材仲買会館）

図8　燃えしろ設計・燃えどまり型の耐火構造

抵抗する柱，床はせっこうボードなどで被覆して木材に触れることができないが，耐震要素の一部である外周の斜め格子は構造安全性を確保しながら燃えることを前提として木材があらわしで用いられている。

　内装という視点から見ると，木材がすべてあらわしで使用することが必要であるかどうかも考えてみる必要がある。構造，防耐火といった建物に求められる機能だけでなく，設備（空調，照明，給排水），環境（熱，音）などの計画，意匠を総合的に判断して木材の魅せ方を考えていく必要がある。

3. 仕　上

　都市の景観を形成する現代木造建築では，木を使った建築らしさも追及する必要がある。すべての構造材をあらわしで使用するという意味ではなく，要求性能を満足しながら魅力的な内観，外観を生み出すことを考えていかなければならない。

　近年の都市部に見られる木材を用いたファサードでは，町家の町並みの千本格子を思い浮かべる細い木材をたくさん並べたルーバー状の外装が多くみられる。こうした外装部材の耐久性を考えると，木材に特別な処理をしたとしても，いずれは部材交換のメンテナンスをしなければならない。特に高層部の外壁で交換が必要な場合には，仮設費用を考慮しておかなければならない。外装の木材自体は安価な材料だとしても，交換費用が高くなってしまうことがある。四条木製ビル（2008年）では，RC造に不燃処理した木材の外装材を使用しているが，メンテ

第2章 これからの木質材料・木造建築

日本圧着端子製造株式会社

四条木製ビル

図9 木造建築のファサード

外壁の経年変化（はまぐりプラザ）

外壁の経年変化（尾鷲小学校）

図10 木造建築と経年変化

ナンス用に1層に2段のメンテナンスデッキを兼ねた庇を設けており，機能がそのまま建物の外観を形づくっている。横に建ち並ぶビルのなかでも特徴的で，これまでのカーテンウォールのビルとは異なる個性的な外観を生み出している（図9）。

また，最近の日本では，素地の白木の木材が好まれ木材の塗装も木目を見せるクリア塗装が主流である。しかし，外部に用いられた木材は，紫外線，雨などにより当然色彩が変化し，白木から灰色，あるいは銀色へと変化していく。きれいに，経年変化をした木材は，銀色に光沢を増す場合もある。メンテナンスフリーを目指してきた工業製品に比べて，自然材料の木材では，経年変化を抑えることは木材では困難である。経年変化といっても，劣化という負の経年変化と味わいというよい経年変化がある（図10）。木材は，メンテナンスをすることにより魅力を増すことも可能であり，今後，木造らしい建物を普及していくためには，よい経年変化を楽しむような価値観を広めていく必要がある。

| 第2編 |

木材・木質材料の開発・難燃化と評価技術

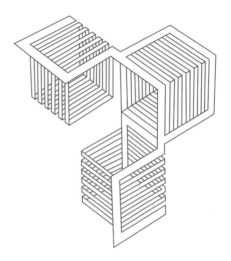

第2編　木材・木質材料の開発・難燃化と評価技術

第1章　複合化・圧縮による木質材料の開発・加工技術

第1節　複合接着による高強度化

東京大学　青木　謙治

1. はじめに

　本稿では，木造建築物の構造材として用いられる木質材料のうち代表的なものを取り上げるが，詳細は第2編の他の章・節にて解説されるので，ここ数年で起こった新しい動き，特に中層大規模木造建築物への適用を企図した材料開発および用途開発について概略をまとめる事とする。

2. 構造用集成材

　最初に取り上げるのは構造用集成材である。集成材は，原木の丸太から帯鋸等で生産されたひき板を元に，それをたて継ぎあるいは幅はぎを行ってラミナを作り，積層接着して任意断面の軸材料を作るものである。元々，大規模木造建築物の柱・梁等の構造材として広く使われてきており，近年は住宅用構造材としての需要も拡大している。一方で，後述するCLT（直交集成板）やB種構造用単板積層材などの厚板系材料の台頭により，従来とは異なる面材的な使い方への需要が高まっており，従来の集成材よりも積層数を増やした構成用集成材が開発された。これは通称，"厚板集成パネル"などと呼ばれているが，大規模木造用の大断面集成材を生産可能な一部の集成材工場ではなく，住宅用の部材を生産しているような小断面集成材・中断面集成材の工場にて，全国的に原料を調達可能なスギ材ラミナを使って同一等級構成集成材（等級：E65-F255）を製造するものである。板のサイズは幅1m程度，長さは3～4m程度で，厚さはラミナ幅でもある105mmや120mm程度となっている。元々JAS規格品[1]であることから既に国土交通省から材料強度の指定[2]も受けており，CLTのような新しい材料には必須の，建築基準法での位置付けや材料強度の指定が不要な点も大きなメリットとなっている。

　この厚板集成パネルを床版として軸組にビス留めした床構面の面内せん断性能やビス接合部の一面せん断性能の確認も行われており[3]（図1），中大規模木造用の設計情報を公開しているHP[4]にもこれらのデータは公開されていることから，実務設計ですぐに使用できる環境も整っている。実際の中大規模木造建築の床構面に使われている事例があり，東京の5階建て共同住宅である「下馬の集合住宅」や，宮崎県の「㈱ウッドエナジー新社屋（図2）」など，いくつかの採用例がある。

第2編　木材・木質材料の開発・難燃化と評価技術

図1　厚板集成パネルを張った床構面の実験

図2　厚板集成パネルが使われた床構面

3. 構造用単板積層材

　単板積層材（Laminated Veneer Lumber, LVL）は，丸太をかつら剥きして得られた単板（Veneer）をその繊維方向が平行になるように積層して接着した材料であり，集成材と同様，木造建築物の柱・梁等の軸材料として長く使われてきている。大規模木造はもちろん，住宅用構造材としても，特に応力負担の大きい梁材などに使われることが多く，強度性能に優れたばらつきの少ない材料として一定の需要がある。

　しかし，これも集成材と同様に厚板系材料の需要が高まってきたことで新しい展開が出てきている。工場で生産された構造用LVLを二次接着して厚板化し，厚さ120 mmや150 mmといった厚板LVLをそのまま壁柱として用いるものである。この厚板LVLは鉛直荷重を支えつつ地震等の水平力にも抵抗するため，いわゆる壁式構造を形成する。このような使い方をする場合は必ず構造計算を求められるので，既にJAS規格[5]があり国土交通省より材料強度も指定[2]されている構造用LVLは使い勝手の良い材料と言えよう。この厚板LVLを耐力壁として用いるときの耐力評価[6]や（図3），厚板LVLを使ってラーメン架構を作る試み[7]などが行われている。

　もう一つは，直交層を増やした新しいLVLの技術開発である。LVLを面材的に用いようとする場合，幅910 mmあるいは1000 mmといった幅広のLVLを使うことになるが，このようなLVLは反りやねじれを生じやすいため，それを防ぐために直交単板が必要になる。従来，構造用LVLは全ての単板が同一方向に積層されるか，最外層の一つ内側の層のみ直交単板を入れることがJAS規格の中で認められてきたが，新たに直交単板を増やしたLVLがJAS規格[5]の中に位置付けられた。これに伴い，従来のLVLがA種構造用単板積層材，新たなLVLがB種構造用単板積層材と名付けられた。そもそもLVLは単板を積層させて製造するため，

第1章 複合化・圧縮による木質材料の開発・加工技術

図3 150 mm 厚の厚板 LVL を使った耐力壁　　　図4 B種 LVL による真壁耐力壁

元々の製造サイズはある程度大判の状態で製造しており，幅は1m前後，長さは6mや8mといったものが製造されてきた。また，合板ではもともと直交単板を多数入れていることからLVL の直交単板を増やすことに技術的な課題は特になく，B 種 LVL の製造が可能だったのである。B 種 LVL は国土交通省の材料強度の指定[2]も既に得ており，現在は壁や床等で面的な利用をする際に使用することが可能である。図4は厚さ30 mm 程度のB 種 LVL を軸組内に落とし込んでビス留めした板壁で，壁倍率換算で15倍程度の性能を得る事が出来る[8]。このような新しい使い方が，全国 LVL 協会などを中心に様々に提案されている。

4. 直交集成板

続いて直交集成板（Cross Laminated Timber, CLT）である。CLT は元々ヨーロッパで開発され，それが徐々に世界的に広まって日本にも導入されたものであるが，日本では製造規格がないことや建築基準法上の位置付けがないために，建築物の構造材料として使用するには様々なハードルがあった。そのため，国土交通省や林野庁のプロジェクトとして大々的な研究開発が行われ，その成果によって2013年12月に JAS 規格[9]が，2016年3月および4月には国土交通省の技術基準告示[2)10)]が公布されて，ようやく日本における CLT の利用が軌道に乗り始めたところである。ヨーロッパでは5～7階建て程度のアパートが CLT により数多く建てられているし，イギリスやイタリアでは9階建てが建てられるなど（図5），中層木造建築物の実現に欠かせない材料となっている。この流れは北米やオセアニア地域にも波及し，カナダのバンクーバーでは2017年夏竣工予定で木造建築物としては世界一の18階建て学生寮の建築が着々と進められている[11]。

CLT はひき板を直交積層して作る材料であり，集成材と合板を掛け合わせたような材料で

— 59 —

第2編　木材・木質材料の開発・難燃化と評価技術

図5　ミラノに建つ9階建てアパート

図6　兵庫県三木市で行われた震動台実験

あるが，日本においては建築物の壁柱や床版・屋根版，あるいはまぐさなど全ての構造材をCLTが担う"CLT構法"の研究が急ピッチで進められた。前記の厚板LVLと同様に壁式構造となるため，各種材料実験から耐力壁の実験，躯体を用いた静加力実験・震動台実験に至るまで様々な研究が繰り広げられ（図6），その結果を基に国土交通大臣認定を取得して最初に建てられたCLT構法建築物が，高知県大豊町に完成した3階建ての共同住宅である（図7）。その後も大臣認定によ

図7　CLT構法による第一号物件の建て方

る建物がいくつも建てられ，また軸組構法や枠組壁工法とCLTの併用など様々な適用例が見られるが，耐震性能や防耐火性能の要求性能が高い日本では，まだ諸外国のような5階建てを超えるようなCLT建築物は出現していない。

今後は，海外で主流となっているポリウレタン接着剤の日本での使用や，各ラミナの厚さの自由度向上，複数樹種の複合，非構造用CLTの規格制定など，様々な検討すべき課題が残っているので，それらを一つ一つクリアしつつ，日本でCLTが一般的な材料として普通に利用できる環境が整備されていくことが期待される。

5. 構造用合板および木質ボード類

構造用合板は木質構造物の耐力壁あるいは床構面に欠かせない材料となっているが，特に中大規模木造ではJAS規格[12]に定められた厚さ24mm以上の構造用合板（厚物合板）を利用し

第 1 章　複合化・圧縮による木質材料の開発・加工技術

た事例が増えている。住宅と異なり大規模木造になると，用途の違いによる設計荷重の違いや多層化による自重の増加，一区画が大きくなる事による耐力壁線への伝達せん断力の増加などにより，一つの耐力壁に要求される性能は短期基準せん断耐力で 30 〜 40 kN/m ともいわれる（住宅では壁量計算で 10 kN/m 程度，許容応力度設計で 14 kN/m 程度が上限である）。この要求性能を満たすためには，一般的な 9 mm 厚や 12 mm 厚の構造用合板では難しく，厚物合板を CN75 釘などの太く長い釘を使って留め付ける必要が生じる。

そこで，この厚物合板を使った高強度耐力壁の研究開発が幾つか行われてきた[13]（図 8）。その結果，合板に用いる樹種や層構成の違い，軸組材として用いる集成材の等級などによっても性能は異なるが，目標とする 40 kN/m を超える性能を満足する仕様が開発され，中大規模木造用の設計情報を公開している HP[4] にもこれらのデータは公開されており，実務設計ですぐに使用できる環境も整えられている。そして実際の建物でもこの仕様を採用した物件が出始めており，中大規模木造建築の実現のために重要な耐力要素として普及し始めたところである。

また，木造校舎の構造設計標準を定めた JIS A 3301[14] の中にも 12 mm 厚構造用合板を両面張りした高強度耐力壁の仕様が掲載されたり，業界団体が中層木造建築用の技術開発として厚物合板を用いた高強度耐力壁の開発を行ったりするなど[15]，合板を用いた高強度耐力壁の仕様開発は同時並行的に幾つか行われている。同様に，床構面でも厚物合板は数多くの実物件で採用されており（図 9），高い面内性能を容易に確保できる構法として広く認知されている。

一方，構造用合板と同じように木造住宅の耐力壁用面材として使われている木質ボード類も同様の動きを見せている。構造用パネル（Oriented Strand Board, OSB）は構造用合板の代替としてよく使われている面材料であり，耐力壁に用いた際の性能も同等とされているが，合板の厚物化による成功を追うように厚さ 24 mm の OSB を製造し，床下地材として北米から輸入されている。そして中大規模木造の需要増加と合板の技術開発に合わせるように高強度耐力壁の開発を行っており，中大規模木造用の設計情報データベース[2] にもこれらのデータは公開されている。現時点での大規模木造への適用例は不明であるが，今後は現実的な選択肢の一つ

図 8　高強度耐力壁の開発実験

図 9　大規模木造建築物の床に張られた厚物合板

として上がってくるだろう。更に，JIS 製品であるパーティクルボード（Particleboard, PB）や中密度繊維板（Medium Density Fiberboard, MDF）も，厚物化した製品の開発を行っており，床下地材への利用や高強度耐力壁への適用ができるようになっている。これらの木質ボード類は，合板のように原木長さやロータリーレースの大きさに面材寸法が規制されることがなく，かなり大きな寸法の原板で製造している。そのため，住宅用の一般的な寸法よりも大判の面材需要にもすぐに対応できるというメリットがあり，合板とは違った部分で需要を掘り起こす可能性はあるだろう。CLT, LVL, 集成材の厚板系材料とは違った方向で，これら木質系面材料が様々に利用されることが期待される。

6. おわりに

　以上，複合接着による木質材料の高強度化について，特に中大規模木造建築物の構造材として用いられているものについて概略を紹介した。木質材料は何れも木材由来のエレメントを接着剤を用いて再構成するものであり，材料の基礎物性や強度特性は原料となる木材の特性を引きずったものとなる。そのため，中大規模木造建築物のような木質材料に高い性能を要求する使い方をした場合，住宅レベルでは見られなかった木質材料の脆性的な破壊（割裂破壊やせん断破壊）を引き起こす危険性も十分に考えられる。木質材料の可能性を拡げるという意味では様々な用途に適用していきたいところだが，その前に材料の特性をきちんと把握し，剛性や強度の余裕率，各種調整係数の妥当性，耐久措置などを良く考慮した上で使っていくことが重要であろう。

文　献

1) 平成 19 年農林水産省告示第 1152 号：集成材の日本農林規格（最終改正：平成 24 年農林水産省告示第 1587 号）
2) 平成 13 年国土交通省告示第 1024 号：特殊な許容応力度及び特殊な材料強度を定める件
3) 青木謙治他：集成材厚板パネルをビス留めした床構面の面内せん断性能評価，第 64 回日本木材学会大会研究発表要旨集（CD-ROM），H15-07-1030，(2014)．
4) 中層大規模木造研究会　設計支援情報データベース Ki　<http://www.ki-ki.info/>
5) 平成 20 年農林水産省告示第 701 号：単板積層材の日本農林規格（最終改正：平成 25 年農林水産省告示第 2773 号）
6) 日高敏郎，落合陽他：LVL 厚板壁 2 層鉛直構面水平加力試験　その 1, その 2, 第 61 回日本木材学会大会研究発表要旨集（CD-ROM），H20-04-1015, H20-04-1030，(2011)．
7) 西野祐介他：LVL を用いたストレストスキンパネルおよび厚板壁によるラーメン構造の実験研究，日本建築学会大会学術講演梗概集，C-1, pp.129-130, (2011)．
8) 落合陽，宮田雄二郎他：LVL 面材を用いた高強度耐力壁の開発　その 1, その 2, 日本建築学会大会学術講演梗概集，C-1, pp.3-6, (2014)．
9) 平成 25 年農林水産省告示第 3079 号：直交集成板の日本農林規格
10) 平成 28 年国土交通省告示第 611 号：CLT パネル工法を用いた建築物または建築物の構造部分の構造方法に関する安全上必要な技術的基準を定める件
11) P. Fast, R. Jackson, 麓英彦：カナダブリティッシュコロンビア大学 18 階建て学生寮 Brock Commons, *Journal of Timber Engineering*, Vol.**30**, No.1, 17-24, (2017)．
12) 平成 15 年農林水産省告示第 233 号：合板の日本農林規格（最終改正：平成 26 年農林水産省告示第

303 号）
13）青木謙治他：厚物構造用合板を用いた高強度耐力壁の開発, 日本建築学会技術報告集, 20(44), 111-114, (2014).
14）JIS A 3301-2015：木造校舎の構造設計標準, (2015).
15）平成 27 年度 地域の特性に応じた木質材料・工法の開発・普及支援事業「木造軸組工法による高耐力な耐力壁, 高耐力な接合金物の開発」報告書, (一社)日本木造住宅産業協会, (2018).

第2編　木材・木質材料の開発・難燃化と評価技術
第1章　複合化・圧縮による木質材料の開発・加工技術

第2節　圧縮木材の製造原理・評価とその利用

秋田県立大学　足立　幸司　　東京大学　井上　雅文

1. 軟質針葉樹の高付加価値化

　スギに代表される国産軟質針葉樹材は，主に1990年代以降，資源面での量的優位性が強まると同時に質的劣位性も認識され，高付加価値化に向けた機能性付与および性能改善を目的として，圧密化，乾燥技術の改良，合板への利用最適化やカラマツなど硬質針葉樹との複合化等といったハード面での取り組みや，地域の固有技術と組み合わせた特産品化や地域材としてのブランド化等といったソフト面での取り組みなどあらゆるアプローチが試みられ，市場規模が発展してきた。本稿では，これら軟質針葉樹の高付加価値化に向けた取り組みの中で実用化事例が増えてきた木材の横圧縮加工技術を取り上げる。

2. 圧密木材

2.1　圧密木材・圧縮処理木材・横圧縮加工

　圧密木材とは，「繊維と直角方向に圧縮し緻密化された」木材[1]のことであり，圧縮木材とも圧密化木材とも呼ばれ，正式名称として明確に統一されていない。また，英語ではDensified woodあるいはCompressed woodと表記され，いずれの表記法も論文等で使用実績が多い。また，圧縮あて材がCompression woodと表記されるため混同に注意を要する。本稿では，圧縮変形が固定されて緻密化した加工材を圧密木材（Densified wood），圧縮変形させるがその形状固定が目的ではない加工材を圧縮処理木材（Compression processed wood）と区別する（表1）。また，木材科学では，繊維方向に対して垂直方向（放射方向あるいは接線方向）に圧縮することを，横圧縮（Transverse compression）と呼び，圧密木材と圧縮加工木材の加工技術を総称して，横圧縮加工と定義する。

2.2　圧密木材研究の進展

　圧密木材の製造には，木材の形状を制御するための圧縮加工技術と形状安定化技術が必要と

表1　本稿における圧密木材と圧縮処理木材の定義

名称	英語表記	圧縮変形	変形固定	加工目的
圧密木材	Densified wood	○	○	緻密化
圧縮加工木材	Compressed wood	○	×	木材乾燥 薬液注入

第2編　木材・木質材料の開発・難燃化と評価技術

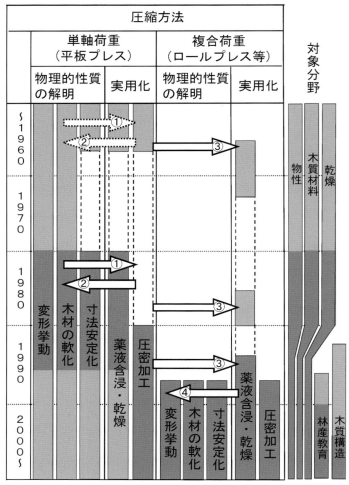

①研究成果の加工技術への応用，②実用レベルでの課題・新たな問題点の提起，③工業化への更なる取り組み，④新規加工法に関する詳細な検討の必要性

図1　木材の横圧縮加工に関する研究の推移

され，技術開発が盛んに取り組まれてきた。図1に，1940年代から現在までの木材の横圧縮加工に関する研究の推移を示す。1960年代までの研究で，横圧縮加工が実用化に至らなかった主な理由として，横圧縮加工技術の開発を支える木材物理学上の基礎的な知見の不足が挙げられる（図中，破線矢印①②）。1980年代に入り，研究開発が再燃したが，この背景には国産材の用途拡大や環境問題への関心の高まりはもちろんであるが，何よりも水熱条件下における木材の軟化および単軸圧縮応力下における変形挙動，ドライングセットに代表される変形固定化に関する現象や機構に関する学理的な研究成果が蓄積されたことが大いに寄与したことが挙げられる[2,3]。なかでも熱処理・水蒸気処理による木材の寸法安定化は，環境低負荷型の加工技術として広く注目を浴びることとなった。以降，本加工技術は，木材の物理的性質への理解

を踏まえた加工技術への応用（矢印①），技術開発で生じた問題のフィードバック（矢印②），というように基礎的分野と応用分野が密接に関係しながら進歩している。1990年代半ばに入り，工業化に向けた加工技術として，ロールプレスのような連続加工技術[4)-6)]，多軸圧縮[7)]および異形断面加工のための静水圧圧縮技術[8)]，深絞り加工[9)]等への応用が試みられている（矢印③）。その後，連続加工技術に対応した木材の変形挙動に関する基礎的な研究[10)]も取り組まれ，加工技術の最適化が図られている（矢印④）。

圧密木材の用途としては，フローリングや家具天板等の表面材への適用事例が多く，文教施設への利用が盛んとなり，実用例が年々増加している。また，近年，住宅解体時における木質系部材の再資源化率の向上や楔や栓を用いた伝統構法の見直しを背景として，圧密技術を活用した木質接合具の開発やそれらを用いた接合部の性能評価[11)12)]に関する取り組みも認められる。

2.3　圧密木材の特徴

スギの柱梁・床材の表面が人力程度の負荷で凹んだり傷ついたりするように，繊維方向に対して直角に負荷する圧縮（以下，横圧縮）によって，木材は比較的容易に変形することは理解される。この現象が生じる最大の理由は，木材が中空状細胞の集合によって成る多孔性材料であることに起因する。図2に木材（スギ）と圧密木材の細胞壁を木口面から観察した写真を示

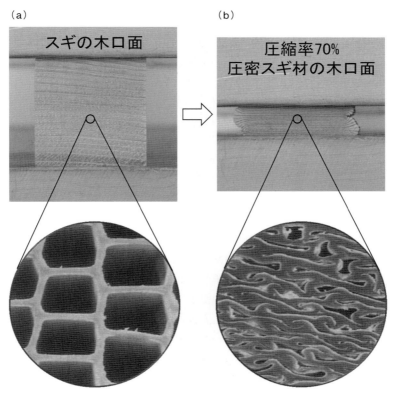

図2　木材の圧密加工

す。図2(a)のように，木材は細胞壁実質と空隙から成り，細胞壁で囲まれた1つの細胞（針葉樹の主構成細胞は，仮道管）は樹幹方向に長いストロー状となっている。横圧縮（図2では上下からの圧縮）によって，薄板状の細胞壁が自身の持つ強度以下の荷重で局所的に座屈し，さらに周囲に伝播する。そのため，一旦，圧縮降伏が生じると圧縮力が作用する限り大変形が生じる。空隙が減少する変形域において単位断面積に占められる細胞壁実質量が増加するため，弾性率，強度，硬さ，熱伝導率などの諸物性が増加することが圧密木材の大きな特徴であり，圧縮荷重が十分であれば，図2(b)に示すように空隙が消失するまで細胞壁を座屈変形させることが可能である。細胞壁実質は金属のように延展性を示さないため，空隙消失後の細胞壁の圧縮は破壊をもたらすため，過度な圧縮荷重の付与は避ける必要がある。被加工材の理論的な最大圧縮率 CD_{max} は，当該材の全乾比重 d_0 および細胞壁の真比重 1.50 から算出される下式の空隙率 C_0 が目安としてよく用いられる。

$$CD_{max} = C_0 = (1 - d_0/1.50) \times 100(\%)$$

例えば，空隙率は，0.33 kg/cm³ のスギで 78％，0.53 kg/cm³ のカラマツで 65％，0.20 kg/cm³ のバルサでは 87％ となる。針葉樹材で，CD_{max} を運用する場合の注意点は2点ある。1つ目は，板目材の横圧縮（放射方向への圧縮）に対して有効である。理由として，早材層と晩材層が厚さ方向に積層する板目材に対して，柾目材は晩材層が圧縮力に対して抵抗し，早材との間で破壊や面外変形が生じやすく，付加した変形量と実際の空隙減少量との値の誤差が大きくなる傾向が強いためである。なお，余談になるが，道管と木繊維，放射組織から成り，環孔材，散孔材等の年輪構成パターンにバリエーションのある広葉樹材には，上記のような明確な傾向はなく，ホオノキやカツラなどの樹種は板目材・柾目材に因らず横圧縮加工ができ，ブナやバルサのように放射組織が目立つ樹種では板目材よりも柾目材が適する場合もある。

CD_{max} の運用上の注意の2点目として，加工対象となる針葉樹材の細胞壁形状がある。圧密木材の製造に適している細胞壁とは，「座屈させやすい細胞壁＝細長比の大きな細胞壁」であるため，細長比の小さい，すなわち，肉厚円筒の細胞壁＝高密度の針葉樹材は，座屈変形に移行する前に細胞間層での剥離や細胞壁自体の破壊が生じ　緻密化に至りにくい。したがって，図3に示すように，密度の増加に伴い，C_0 から算出される CD_{max} の計算値と実測値が離れてゆく傾向が針葉樹材の放射方向圧縮には観察される。木材利用の観点からは，低密度の樹種ほど大きな材料損傷を生じることなく木材の真密度に近い値までの圧密が可能であり，したがって，軟質材であるスギは圧密木材向けの材料と捉えられ，実際に木材の熱軟化や木取りを十分に配慮すれば，計算値とほぼ近い圧縮率までの横圧縮加工が可能である。

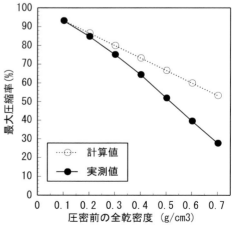

図3　針葉樹材の全乾密度と放射方向への最大圧縮率の関係の代表例

2.4 横圧縮部位のコントロール

横圧縮加工では，密度 $1.0\,\mathrm{g/cm^3}$ を超えた水に沈む重い圧密木材を製造することも可能であるが，特定の部位のみの密度を向上させる，例えば，表面のみを選択的に圧密化させることも可能であり，選択的圧密化技術と呼称される。これら技術の中では，図4に示すロールプレス機を用いた横圧縮加工が容易である。ロールプレス機は，ロール径を小さくすることでロール接触面付近に木材の変形が増大する傾向がある[4]。ロール径が小さくなるほど，部分圧縮によるせん断応力が大きくなり，セル構造体である木材は座屈変形がしやすくなることが主原因である。逆に，ロール径が大きくなるほど，全面圧縮に近づくため，圧縮応力が及ぶ範囲で座屈しやすい部分が先に変形を生じる。また，圧縮量の少ない場合は，必ずしも表層部分が変形されるわけではないため，ロール径と変形量の関係に注意する必要がある。図4下は，材料側面に格子模様が施された木材のロール変形過程であり，ロール接触面近傍の木材のみが圧密されていることが観察される。

2.5 横圧縮変形の固定化

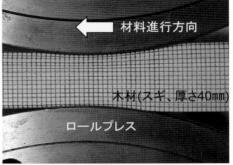

図4 ロールプレスによる木材の表層圧密加工

通常，木材に横圧縮変形を付与するだけでは，荷重を除いた木材は変形回復（弾性回復）し，その程度は回復時の木材含水率や温度と比例する。また，木材は圧縮後，変形を拘束した状態で乾燥すると，付与した変形は固定され，この現象はドライングセットと呼ばれる。ドライングセットによって固定された圧縮変形は，乾燥状態では比較的安定であるため，平板プレス等で横圧縮した木材を，圧密木材として利用する場合には，含水率を十分に低下させ（全乾状態が理想）かつ熱軟化の程度が低い温度域（少なくともリグニンの熱軟化温度の目安である85℃以下）で，脱型する必要がある。濡れてしわが入った洗濯物が，そのまま乾いてしわくちゃになっても，スチームアイロンでそのしわがのばせるように，圧密木材でも，単に濡らして乾かしたままのドライングセット材では，利用環境における水分の吸脱着によって変形回復が生じ，その程度は水分ポテンシャルに比例する。したがって，圧密木材として利用する場合には，水熱変化に対して寸法を安定化させる処理が必要となる。具体的には，「変形回復力」と「木材の軟化」の抑制あるいは除去を可能とする加工処理を行う。適切に変形固定化された圧密木材は，繰り返し煮沸処理をしても変形回復は生じず，その半永久的に効果が持続する。

圧縮変形の固定には，熱処理・水蒸気処理[13]と樹脂含浸硬化処理[14]が主に挙げられるが，昨今は環境や健康への配慮から前者が選択されるケースが多い。

熱処理では，180℃以上のホットプレス機で木材を圧縮変形し，5～20時間加熱圧縮すると変形は永久固定される。著しい材色変化が生じることも特徴である。一方，水蒸気処理では，プレス機を内蔵した耐圧容器の中で180℃以上の水蒸気を供給しながら木材を圧縮するが，わずか1～10分間の処理で変形は永久固定され，材色変化も少ない。水蒸気処理は装置が複雑で管理も困難な点が課題とされたが，従来のホットプレス機を用いた簡便な処理によって永久固定を行う密閉熱処理が提案されている[15]。

3. 圧縮加工木材

3.1 木材の変形回復

十分な（ほぼ全乾状態まで）ドライングセットによって圧密固定された木材は，水がかりのしない場合，生活環境の温湿度条件では比較的寸法が安定する。一方で，水分との接触や高温・高湿度条件下で，ほぼ変形前の形状に回復することが知られている。この水熱条件に対する寸法不安定性は，圧密木材を利用する上では欠点とされていたが，逆に，変形回復することを活かした木材加工法が提案されている。そのコンセプトを端的に示す例として，図5の圧密釘の使用例を示す[16]。ドライングセットのみで変形固定した圧密釘を製造し，打ち込み後に部材からの吸湿による変形回復を利用して長期の締め付け力の向上および嵌合力の保持を達成する（図5a）。さらに，釘先端を意図的に部材から打ち抜けさせ，水蒸気をあてるなどして変形回復させることで釘引き抜き抵抗を向上させる（図5b）。

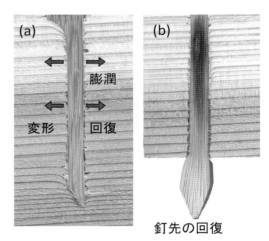

図5　木材の変形回復を利用した加工例

3.2 木材乾燥

木材は多数の空隙から成る多孔性材料であり，高含水状態において内腔は水分で満たされている。そのため，横圧縮すると内腔の水は木材外部に押し出されることは想像できる。この作用を利用して，図6に示すように高含水木材の水分を機械的に押し出して乾燥の前処理をすることが可能である。この技術は，従来の加熱乾燥に比べて，エネルギー的に有利になるばかりでなく，圧縮変形による細胞構造の微小破壊によってその後の乾燥性が改善され，落ち込みや反りなどの乾燥不具合も緩和される。また，湿潤材をプレスするため，懸念される圧縮に伴う強度低下も抑制される。加えて，横圧縮後の含水率が平準化され，その後の乾燥スケジュールの制御が容易となる。図7に示すようにスギ単板（平均密度0.32 g/cm^3）では圧縮率60％

第 1 章　複合化・圧縮による木質材料の開発・加工技術

で約 400 〜 450 kg/m³ の自由水が一様に除去され，圧縮後の含水率は平準化される。そのため，その後の乾燥スケジュールの制御が容易となる。木材を圧縮する加工装置については，平板プレス法[17)]で先に取り組まれ，次いで異形断面に対応した静水圧圧縮法[18)]や長大材に対応したロールプレス法[19)]が検討された。ロールプレス法による湿潤木材からの水分除去の事例として，スギ材のロータリーベニヤ（厚さ 4 mm）について，含水率が 270 % から 15 % の乾燥加工において試算すると，ロールプレスを用いて圧縮率 60 % の水分除去処理を行うことによって，乾燥時間が通常の熱気乾燥（60 ℃）の約 3 分の 2 に短縮され，消費エネルギーは約 65 % 削減される。

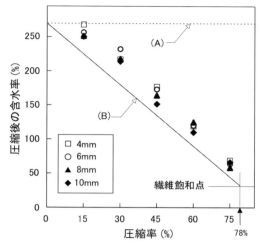

図 6　横圧縮変形による高含木材の脱水
（A）はスギ材（密度 0.32 g/cm³）の飽和含水率

　実際の乾燥工程に採用するためには，効率よい横圧縮加工が求められ，前述のロールプレスが最適である。横圧縮加工の欠点として，圧縮方向に節が通っている場合は縦圧縮となり，座屈による材料破壊によって良好な加工が成立しない点がある。解決策として，

① ローラーあるいはプレスを肉厚のゴム製とし，さらにその弾性を，湿潤木材の横方向圧縮弾性率より高く，かつ，縦方向圧縮弾性率より低くすることで，木材は圧縮できるが

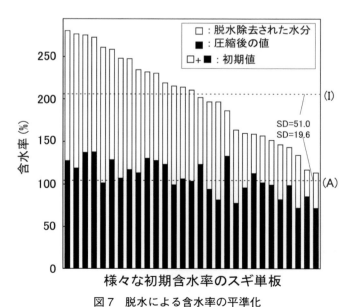

図 7　脱水による含水率の平準化
（I），（A）はそれぞれ圧縮前後のスギ単板の平均含水率

― 71 ―

節はつぶれないという選択性を付与すること。
② たとえ節が圧縮座屈して材料を割裂させようとしても，許容変形量の範囲に収まる程に材料を薄板にすること。

が考えられる。現に後者は，レース単板のような裏割れが存在して板幅方向の許容変形量が大きな材料に有効である。

3.3 木材への薬液注入

木材の横圧縮変形によって，細胞壁は微少破壊され液体浸透性が向上するため，防腐剤や難燃剤などの薬液注入処理において注入量が向上する[20]。また，握り潰したスポンジを水中で開放して多量の水を吸わせるように，横圧縮した木材を液体中で変形回復させることで液体の吸引も可能であり，長大材に適用したロールプレス加工法[21)-23]が提案されている。ロールプレス加工法の加工概念を図8に示す。

スポンジに多くの水を含ませるためには圧縮と変形回復を繰り返すように，一度の圧縮・浸漬処理で目標注入量に達しない場合は，木材の変形回復を待って再処理することで注入量の改善を図ることが可能である。また，除荷後の木材の変形回復速度は，気乾状態よりも湿潤状態で速いため，例えば，製材直後の生材を用いる方が注入効率は高い。図9に，筆者が提案しているロータリー単板を対象にした，ロールプレスを活用した薬液注入処理の連続システム案を示す。従来の薬剤注入処理は，積層接着後の合板に薬剤注入するために加圧注入する方式が主流であるが，ここでは，合板製造工程の前に，ロールプレスによる薬液注入工程を組み込むことが想定されている。特徴として，工程①では，生材単板を予め脱水処理することで，含水率の平準化や心材成分を含む水分放出による薬剤槽の汚染を防ぎ，工程②では，薬剤槽中でロールプレスによって単板を圧縮することで，変形回復に伴って薬剤を吸引させ，工程③にお

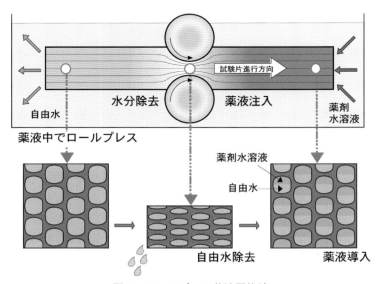

図8　ロールプレス薬液置換法

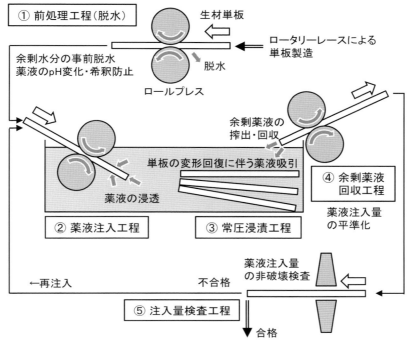

図9 ロールプレスを用いた薬液注入処理システム案

いて一定時間浸漬して薬剤注入量の増加を促す。工程④では，薬剤コストの低減および接着不良の低減を目的として，単板から過剰な薬剤を絞出する。最終的に，工程⑤において，近赤外線分光器等の非破壊検査[24]を用いて薬剤注入量をオンラインで検査し，合格した単板は乾燥工程へ，不合格の単板は再注入を施すことに特徴がある。

4. 今後の展望

　木材の横圧縮加工技術は，加工目的や加工方法が細分化され，利用分野も徐々に広まっている。一方で，個々の研究を見渡すと，実用化重視のケース・バイ・ケースの製品開発・性能評価が多いのが現状である。また，圧縮木材を二次利用した製品開発や建築工法において，圧縮木材の加工法や材料選定が曖昧とされている場合が多い。加工技術の信頼性を確立し，汎用化を進める上で，体系的な研究の蓄積とそれを基にした明瞭な性能評価法および規格の制定が必要と考えられる。

　横圧縮加工技術は，早生樹や低比重未利用材の利用への関心が世界的に高まる中で，海外でも取り組みが進んでいるが，本技術は我が国が先駆的な立場にある。この点を活かして，実用化に近い道を重点的に検討することも有効であろう。合板，LVLのように，単板として木材乾燥，薬液処理，圧密加工等を工程化し，高い生産性を確保しつつ，スギ材の用途拡大を達成できる分野は多いと思われる。さらなる加工技術の開発，基礎研究の充実が期待される。

文　献

1) 井上雅文 : *APAST*, **17**, 5-9(1995).
2) 則元京 : 木材学会誌, **39**(8), 867-874(1993).
3) 師岡淳郎 : 木材工業, **56**(12), 604-610(2001).
4) 金山公三 : 木材工業技術短信, **16**(2), 1-9(1998).
5) 井上雅文他 : 木材学会誌, **51**(2), 104-109(2005).
6) 塩崎宏行他 : 塑性と加工, **42**(486), 35-39(2001).
7) 棚橋光彦 : 木材工業, **53**(12), 589-594(1998).
8) 小林好則他 : 日本木材学会大会研究発表要旨集, **52**, 536(2002).
9) 中村晋平他 : 木材学会誌, **57**, 178-185(2011).
10) 足立幸司他 : 木材学会誌, **51**, 234-242(2005).
11) 鄭基浩他 : 木材学会誌, **53**, 306-312(2007).
12) 森拓郎 : 森林技術, **761**, 32-33(2005).
13) Me. Inoue et al.: *Wood and Fiber Science*, **25**, 224-235(1993).
14) 井上雅文他 : 木材学会誌, **37**, 227-233(1991).
15) 井上雅文他 : 木材研究・資料, **29**, 54-61(1993).
16) 井上雅文他 : 日本建築学会学術講演梗概集 C-1 構造 3, 43-44(2003).
17) 飯田生穂他 : 木材工業, **50**(3), 112-116(1995).
18) 小林好紀他 : 日本木材学会大会研究発表要旨集, 536(2002).
19) K. Adachi et al.: *J Wood Science*, **50**. 479-483(2004).
20) U. Watanabe et al.: *J Wood Science*, **44**. 158-162(1998).
21) 西岡久寛他 : 日本木材保存協会年次大会論文集, **16**, 33-38(2000).
22) 伊藤貴文他 : 木材学会誌, **43**, 52-60(1997).
23) 足立幸司他 : 木材学会誌, **49**, 416-422(2003).
24) 谷川信江他 : 木材工業, **67**(6), 248-251(2012).

第2編　木材・木質材料の開発・難燃化と評価技術

第1章　複合化・圧縮による木質材料の開発・加工技術

第3節　LVLの特徴とその利用例

株式会社キーテック　成田　敏基
株式会社キーテック　李　元羽
株式会社キーテック　朴　智秀

1. はじめに

　単板積層材（Laminated Veneer Lumber，以下，LVL）の歴史は，もともとはI-joistのフランジ用途で開発したのが契機である。アポロ11号が月に着陸した1969年に，Trus Joist Corporationは製材をフランジにするI-joistを商業生産し始めた。その2年後の1971年にアメリカ人のArthur Troutnerによって商品名がMicrollamであるLVLが紹介され，また，1977年にLVLをフランジにするI-joistを商業生産し始めた[1]。LVLの見た目は合板と同じであるが，繊維方向がほぼ平行であることが大きな違いである。連続プレスを採用することであれば，理論上無限に長い材料が作れるし，欠点が分散されることから高い強度と剛性が得られやすい[2]。

　LVLは強度選別された単板を平行に重ね合わせた構造材料であり，成熟材部分を多く使うことから，木質材料の中でも高い曲げ性能を持つ。標準で生産されているLVLの等級区分は，スギで60E・ヒノキで80E・ラジアータパインで100E・スプルースで110E・カラマツで120E・ダフリカカラマツで140Eである。日本のマーケットでは，主に梁部材等として利用されてきたが，本来の特長である薄くて幅広の面材，分厚い厚板としても利用が可能である。他の部材と比べて簡単に，長尺材が製造可能なことから，住宅のみならず非住宅の大スパンの空間を構成することができる。本稿では，梁部材等の利用を含め，近年の利用方法である寸法の自由度を活かした根太・梁部材として使われた事例と，特有の積層面のデザインを内装として積極的に使用した事例も合わせて紹介する。

2. 製　造

　先ず，一般的なLVLの製造工程の概略を紹介する。近年は，製造方法に関しても多様化されており，紹介する方法と違うやり方も多いと思われる。丸太（図1）をかつら剥きにし，厚み3.5mm前後の単板を切り出す。単板を乾燥させ，1枚ずつ超音波伝播速度の測定を行った上で，強度・表面性能・品質等で選別する。測定の様子を図2に，選別されて分けられた単板の山を図3に示した。フェノール樹脂等の接着剤を単板表面に塗布した後，ずらしながら重ね合わせる。重ね合わせて圧縮する前の様子を図4に示した。30分から50分ほどホットプレスで熱をかけながら圧力をかけ，厚み30mmから50mmのLVLができ上がる。

　図5に製品の一例を示した。この時点での単板の積層数は10層から17層程度である。中断面から大断面の材料が必要な時は，製造したLVLを接着剤を塗布した後に重ね合わせ，常

第2編　木材・木質材料の開発・難燃化と評価技術

図1　原料の丸太

図2　単板強度の測定

図3　強度選別された単板

図4　接着剤を塗布し重ねた単板

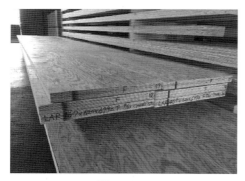

図5　LVL

図6　2次接着中のLVL

温で圧力をかけて接着する。この工程を2次接着と呼ぶ。図6に圧縮中の様子を示した。この工程で使用する接着剤は，レゾルシノール樹脂，レゾルシノール・フェノール樹脂及び水性高分子イソシアネート系樹脂が用いられる。工場出荷時のLVLの含水率は10％前後である。

厚みと比較して幅が広いLVLを使用する際は，幅方向の寸法安定性を高めるために繊維方向を90度回転させた直交単板を2層以上入れることができる。現行の日本農林規格では，直交層を入れられるのは全体の層数の30％以下である。

第1章　複合化・圧縮による木質材料の開発・加工技術

3. 軸材としての利用

　日本での一般的な木造住宅の主要工法である枠組壁工法や軸組構法において，LVLは梁としての利用が多く，製材や集成材と併用されることが多い。断面寸法は枠組壁工法，軸組工法の規格に準じた製品が生産されている。6M以上の空間を構成する場合は個々の案件に対応した製品を生産することができる。
　一例として，図7にコンビニエンスストアとしての採用事例を示した。この事例では，10Mのスパンを構成するために断面が幅120×せい600のLVLが採用されている。前にも述べたように，成熟材を多用するLVLは高い強度特性を出せることができる。高いヤング率を有することから，この様な梁部材等の利用が多いことは当然のことである。メリットとしては，断面を小さく設計できることから，天井高さの確保・部材のボリュームを減らすことによる建物の重さ軽減などが挙げられる。

図7　木造コンビニエンスストアの架構

4. I形ジョイスト

　LVLの紹介でも述べたように，1969年にランバーをフランジにした商業生産が始められ，LVLをフランジに採用し始めたのは1977年である。ウェブをOSBとし，上下フランジをLVLとしたI形ジョイストは，床や屋根を構成するのに軽量な根太・垂木である。フランジに継ぎ目がなく曲げ強度・引張強度が安定しており，配管用の孔開けも可能である。
　図8には，軸組構法住宅での採用例を示す。全世界で考えると北米とヨーロッパが使用量が多く，それに比べると日本ではまだ使用量が少

図8　軸組構法でのI形ジョイスト根太

ないのが現状である。日本国内において主な用途は，枠組壁工法の床根太としての採用が多い。近年は，軸組工法でも採用されており，今後普及が期待できる構造材料である。

5. LVLの合せ梁

　LVLの梁（ウェブ）の上下左右に補強材（フランジ）を使用してI形またはBOX形としたLVLの合せ梁は，軽量かつ高い曲げ剛性を持ち，配管用の孔開けもできる構造材である。図9に，三菱地所ホーム渋谷モデルハウス（設計：三菱地所ホーム株式会社）をあげた。6.3Mス

― 77 ―

図9　LVL合せ梁を455mmピッチで配置した床架構

図10　LVL合せ梁を2.7Mピッチで配置された屋根架構

パンの床を構成する軽量な根太部材として振動性状・歩行感の評価を行った上で，採用された。LVLの合せ梁を用いた床架構は1時間耐火床構造の大臣認定を取得しており，耐火構造での採用も可能である。

図10に東京ゆりかご幼稚園（設計：渡辺治建築都市設計事務所）をあげた。屋根梁として採用され，1本の部材で9Mの大スパンと2.5Mのはねだしを構成している。この様な利用の特徴は，高い曲げ剛性を利用し，大スパンと長いはねだしを実現することである。例えば，I形の梁せい356mmを用いると，約1.8mのはねだしが設計できる。

6. LVLストレストスキンパネル

LVLストレストスキンパネルは，幅広で薄いLVLの面材（フランジ）とLVLの梁（ウェブ）で構成された床パネル・屋根パネルである。大断面集成材で構成された床架構に比べて軽量であり，基礎のコストダウンが可能である。またパネル化されていることで施工時間を短縮することができる。図11に，すずのき台保育園（設計：リンテック）をあげた。その建物で使ったパネルの基本寸法は，幅1.2M×せい650mm×長10Mである。夏季限定で設置される子供用のプールを載せるために積載荷重3800 N/m²に対応できる床を兼ねる屋根パネルとして採用された。150 m²の床の施工にかかった時間は，実働1日であった。

図12には，下関ゴルフ倶楽部クラブハウス（設計施工：清水建設株式会社）をあげた。その建物で使ったパネルの基本寸法は，幅1.8M×せい327mm×長12Mである。RC造の柱梁，鉄骨の棟木にかける軽量な屋根として採用

図11　長さ10MのLVLストレストスキンパネル

図12　タワークレーンで施工中のストレストスキンパネル

（提供：清水建設）

された。現場での設置手間を省くため，2階梁への住宅用の接合金物と鉄骨梁への接合金物が組立工場で取り付けた上で現場に納入された。1200 m² の切妻屋根の施工期間は2週間であった。ストレストスキンパネルの特徴を最大限に活かした混構造での設計事例である。このパネルには，内装・塗装・電気工事に一部までを工場で行うことで，現場での生産性を最大化しようとしたものである。現場での作業効率化は，建築物のコストに直結することから，工期短縮・省力化・基礎の簡略化等は今後も追及する部門である。

7. 厚板としての利用

LVL は幅広の板を生産できることから，そのまま壁柱・床部材として使用することは製造上効率がよい。日本国内において，LVL の壁柱としての利用は，ここ数年のことである。壁柱をあらわしにする場合，板目面を見せる場合と LVL に特徴的な積層面を見せる場合の2種類がある。積層面を見せる厚板の場合は，LVL の端材を 90 度回転させて積層接着して製造する。

図 13 に，製造直後の積層面厚板を示した。柱脚柱頭の接合方法は，GIR（Glued In Road，グルードインロッド）や LSB（Lag Screw Bolt，ラグスクリューボルト）が意匠性，構造性能の面で採用されている。両者の引張性能は短期許容応力で1本あたり 100 kN 〜 200 kN と高い性能を有している。

図 14 に，みやむら動物病院（設計：ATELIER OPA ＋ビルディングランドスケープ）をあげた。板目面と積層面の2種類の LVL 厚板壁を使用している。接合具として LSB と GIR が両方使用されている。内装および外装のデザインとしても LVL の積層面を積極的に見せている。図 15 に，神奈川大学国際センター（設計：鈴木アトリエ）をあげた。積層面を見せた LVL 厚板壁が壁柱として採用され，LVL の厚板壁の耐震壁としての性能は柱脚に埋め込んだ

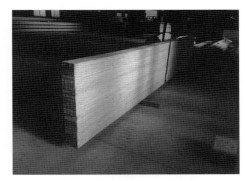

図 13　製造後の積層面厚板

図 14　みやむら動物病院の LVL 壁柱

図 15　神奈川大学の LVL 壁柱

第2編　木材・木質材料の開発・難燃化と評価技術

LSBのみで構成されている。部材寸法や利用形態を見るとCLT（直交集成板）と同じであるが，テキスチャーが違うこと・接合部の性能や強度的な優位性などがあることで違いがある。今後は，多用な木質材料が，1つの物件で適材適所で利用されると期待する。

8. 内装材としての利用

　LVLの積層面の意匠は木質材料らしくないデザインとして意匠設計者が近年注目し，独特のデザインとして内装に採用されている。内装材として利用しやすいように厚みと幅，長さを規格化し，設計者に提供している。都市部での内装制限対策としては同じ材料で準不燃材料認定を取得することで，内装材としての利用を可能にしている。この内容に関しては，第2章5節で詳しく説明する。図16は，さとう歯科（設計：アーキテクトカフェ　撮影：浅川敏）の内装である。規格化されたLVL（厚15mm×幅150mm×長4M）をR状に曲げた軽量鉄骨に接合し，曲面のデザインが実現されている。図17は，南青山の店舗（設計：吉原組）の内装であり，商業施設での代表的な設計事例である。

　以上，商業生産としてのLVLの誕生と，近年の使用事例を中心にしてLVLを紹介した。LVLの日本でのシェアは製材・集成材に比べてまだまだ小さいが，設計者・施工者・施主・研究者等にその特徴を理解していただくことでLVLが世の中に広がっていくことを願う。

図16　さとう歯科
（撮影：浅川　敏）

図17　南青山の店舗

文　献

1) Poetic Engineering and Invention : Arthur Troutner, Architect, and the Development of Engineering Lumber, Jonathan Reich, California Polytechnic State University, San Luis Obispo. The Green Braid, pp.199-211（2007）．
2) The Evolution of Engineered Wood I-Joists, Paul Fisette-（© 2000）．
https://bct.eco.umass.edu/）

第2編　木材・木質材料の開発・難燃化と評価技術

第1章　複合化・圧縮による木質材料の開発・加工技術

第4節　CLTの特徴・JAS規格とその強度評価

国立研究開発法人森林研究・整備機構　宮武　敦

1. はじめに

　Cross laminated Timber：クロス・ラミネイティド・ティンバー，略称：CLT（シー・エル・ティー），和名：直交集成板は，従来の木造建築の範疇を超えた中層建築や大規模建築を可能にすること，また，床面積当たりの木材使用量が多いことなどから，国産材の新しい利用法として期待が高い。"木の家づくり"から林業再生を考える委員会（国土交通省住宅局）第4回（平成22年6月30日）においてCLTが紹介されたのを一つの契機とし[1]，それ以降産学官が連携して材料規格や構造設計法などの整備に向けた取り組みが急ピッチで進められてきた。これらの成果を通して材料規格である「直交集成板の日本農林規格（以下JAS規格）」[2]が2013年12月に制定された。そして，「CLTパネル工法による構造方法・構造計算に関する技術基準」[3)-5)]が2016年3月，4月に国土交通省から施行された。

2. CLTの特徴

　木材製品の中で建築向け市場への供給量が最も多いのは製材であるが，製材では得られない断面が大きく長い部材や品質の安定性などを求めて接着技術を基盤とした木質材料が開発されてきた（表1）。ひき板（ラミナ）を原料としてその繊維方向を長手方向にそろえて積層接着す

表1　各種再構成材料の原料と繊維配向

原料＼繊維配向	平行 	直交 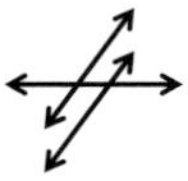
ひき板 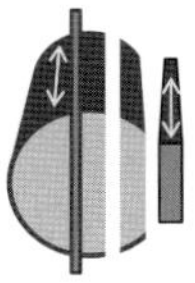	集成材	CLT
単板 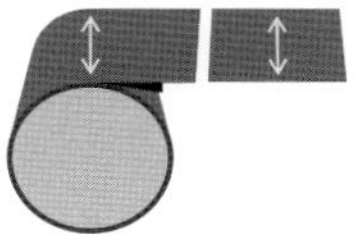	LVL	合板

る集成材とロータリー単板（ベニア）を原料としてその繊維方向を直交させながら積層接着した合板（ごうはん）がその代表格で，いずれも開発されて100年ほどの実績を持つ。単板積層材（LVL）は，ロータリー単板の繊維方向を平行にそろえて積層接着した材料で開発・実用化されて50年近くになる。この様な状況の中，ひき板を用いた合板状の製品として開発されたのがCLTである。近代以降の木質材料開発の歴史の中でCLT状の製品開発がなかったわけではないが，この20年ほどの一連の技術開発の新規性は，中大規模の建築用構造材料を目標としたことであろう。

　CLTは木質構造では従来考えなかったような建築を実現しようとするきっかけともなっている。ロンドン市内に建設された9階建ての共同住宅は壁，床，屋根の主要な構造材としてCLTを利用した象徴的な建物の1つである。また，ウィーン郊外のショッピングモールは屋根材としてのみCLTが利用されているが，材積にしておよそ8,000 m^{3}というその量が注目に値する。最近では，カナダのバンクーバーに，集成材の柱・梁と組み合わせた18階建て（高さ53 m）の学生寮が完成した[6]。

　国内的には，2015年に時刻歴応答解析等の高度な構造設計に基づいて高知県大豊町に3階建ての社員寮が建てられたのを皮切りに，徐々に建築数を伸ばしている。2016年に施行された「CLTパネル工法」に関する告示に基づいて設計された建物も2017年には竣工の予定である。

　CLTの大きく長い部材が成立する上で寸法安定性が重要であると考えられる。木材は濡れたり乾いたり水分が出たり入ったりすることで寸法変化する特徴を持っている。木材に含まれる水の重量比を含水率と呼ぶが，雨がかからない軒下に木材を置いて含水率を測定すると年間を通じて増えたり減ったりする。一辺3 cmほどの立方体の木材小片なら含水率変化の幅は4％〜6％ほどになる。含水率変化に伴う木材の寸法変化率は，含水率1％あたり繊維方向で0.04％，繊維に直交する方向でその10倍の0.4％ほどである。

　これ自体は小さな数値に感じられるが，幅3 m，長さ12 mといった従来にない長大な木質材料であるCLTでは重要となる。例えば，繊維直交方向に幅3 mの木材の板があったとして，その含水率が1％増加すると12 mm（3000 mm×0.004）も寸法が増加する計算になる。建物の部材が使用中に12 mmも膨らんでしまっては，建物への影響は計り知れない。木質材料の代表格である合板で既に長年の実績がある繊維方向を直交させながら積層して接着する方法で繊維直交方向の寸法変化を大幅に抑制するものである。繊維直交方向の寸法変化を寸法変化率の小さな繊維方向で拘束することで，寸法変化を抑制するもので，単板だけではなくひき板でも同様の効果が期待できることが確認されている[7]。

3. CLTとは

　製品の定義について言葉でのみ説明することはCLTに限らずなかなか難しいものである。製品規格の多くは規格が対象とする製品仕様をまず規定しているので，それを引用することが多い。しかしながら，国際規格（ISO規格）以外の規格は特定の地域内で効力を発揮するものであることから，似たような製品であっても地域によって製品の定義や製品名などが異なるこ

ともある。CLTの製品認証を可能にする海外の規格としては，欧州にはCUAP[8]と欧州規格（EN規格）[9]，また，北米にはANSI/APA規格[10)11)]がある。また，成案までには時間がかかるとみられているが，国際規格（ISO規格）の検討も進められている[12]。我が国には，冒頭で述べたようにJAS規格[2]がある。また，建築基準法第37条に基づく指定建築材料として直交集成板が満たすべき品質基準と同品質基準を確認するための測定方法が追加された[13]。

3.1 欧　州

　CLTの実用化がスムーズに進行したのは構造用建材としての製品認証を可能にしたCommon understanding of assessment procedure（CUAP）という制度によるところが大きいと考えられる。ETA（European technical approval）と呼ばれる規格のない材料などを対象として定める材料評価の手順書があり，European Organisation for Technical Approvalsという組織が監督・運用している。建物の設計に必要な材料の各種性能値の評価方法と表示方法を定める性能表示型の規格である。

　CLTについて，CUAPの名称は'Solid wood slab elements to be used as structural elements in buildings'で，対象とする製品の仕様は「製材（solid wood）を接着したものであること，交差の角度は基本的には90度とするが45～90度の間の任意の角度とすることもできること」が最低守られるものとされており，「床としては多方向に荷重を伝達できるもの」となっている[8]。この範囲において製造業者には製品仕様を決める自由が与えられる一方，ユーザーである建物の設計・施工業者は，設計に必要な数値が得られる。

　しかしながら，様々な仕様の様々な性能を示す製品が多数あることは，設計上，製品調達の面での煩雑さが増すことから，欧州地域における規格としてEN16351 "Timber Structures-Cross laminated timber-Requirement"[9]が2015年に発効した。ひき板の樹種，接着剤が満たすべき性能について参照すべき規格，製品の各種強度試験，接着性能試験と基準値等々が書かれている。また，ひき板ラミナの他木質材料を利用するもの，平板のみならずわん曲したもの，製品自体をフィンガージョイントしたものなどこれまで利用されてきた幅広い製品仕様の多くを包含している。

3.2 北　米

　2011年にANSI/APA PR320が制定され[10]，その翌年若干の改正が加えられた[11]。APA（The Engineered Wood Association）のホームページには，規格検討会議の議事録が公表されている[14]。この規格は製品性能の認定対象を強度性能と接着性能に関する部分に限定するとともに，最小限の製造基準も織り込みながらもメーカーの製品仕様に一定の自由度も持たせる性能規定型の規格となっている。適用の範囲は，「工場生産された厚い板・版状のエンジニアードウッドをいい，製材ひき板もしくは構造用木質材料などの原材料を長さ・厚さ・幅の3方向に接着で一体化したものである。これらの原材料を長手方向とその直交方向に並べ，構造用接着剤を用いて積層接着した直方体の曲りのない平板状の木質材料であり，屋根，床，壁に用いられるもの」となっている。

3.3　日　本

　2013年に「直交集成板の日本農林規格」[2]が制定された。JAS規格では，CLTを「直交集成板」と呼び，品名，強度等級，接着性能等の表示事項及び表示の方法，格付け検査の方法と基準，原料としてのひき板（ラミナ）の品質や接着剤を規定している。適用範囲は「ひき板又は小角材（これらをその繊維方向を互いにほぼ平行にして長さ方向に接合接着して調整したものを含む）をその繊維方向を互いにほぼ平行にして幅方向に並べ又は接着したものを，主としてその繊維方向を互いにほぼ直角にして積層接着し3層以上の構造を持たせた一般材」である。また，製品寸法としては厚さが36～450 mmの範囲で幅300 mm以上，長さ900 mm以上のものを適用範囲としている。なお，原案作成過程の議論については農林水産消費安全技術センターのホームページに公開されている[15]。

4.　JAS認定品に表示する事項

　具体的な表示の例を表2に示す。

【品名】直交集成板を構成する最も外側の層とそれ以外に用いるラミナの品質が同じものを同一等級構成（記号：S），異なるものを異等級構成（記号：Mx）という。なお，外層とはCLT表面の層，内層は外層以外の層をいう。

【強度等級】ラミナ品質の組み合わせ，構成の区分および使用するラミナの種別を記号で表したものである。構成の区分を表3に示す。JAS規格に特有な定義として，ラミナをその繊維方向を互いにほぼ平行にして幅方向に並べ又は接着したものを「プライ」と呼ぶ。そして，「プライ又はプライをその繊維方向を互いにほぼ平行に積層接着したもの」を「層」と呼ぶ。1つの層であっても繊維方向を同じに積層接着した2つのプライから成ることがある。なお，外層の繊維方向をCLTの強軸方向，これに直交する方向をCLTの弱軸方向という。そして，強軸方向に平行な層を平行層，直交する層を直交層という。製品の強度性能に関連して，ラミナの曲げB試験（目視区分ラミナの曲げヤング係数測定），ラミナの曲げC試験もしくはラミナの引張試験（たて継ぎラミナおよびMSR区分ラミナの強度試験），曲げ試験（製品の曲げ性能

表2　JAS認定された直交集成板の表示項目と表示例

品　　　名	異等級構成直交集成板
強　度　等　級	Mx60-5-5（外層：M60A，内層：M30A）
種　　　別	A種構成
接　着　性　能	使用環境C（API）
樹　種　名	ス　ギ
寸　　　法	150×2,700×6,000（mm）
幅はぎ評価プライ	幅はぎ評価プライ
ホルムアルデヒド放　散　量	F☆☆☆☆
製　造　業　者	◇株式会社　○県□市

試験），せん断試験（ラミナの幅厚さ比が JAS 規格に定める数値以下である場合，面外方向のせん断強度を確認するため）が規定されており，それぞれ基準値が設けられている。

【種別】機械等級区分されたラミナのうち曲げヤング係数の範囲を定めたラミナのみを用いる構成を「B種構成」，曲げヤング係数の下限値のみ規定し上限を定めないラミナ又は目視区分されたラミナを用いる構成を「A種構成」とし表示する。

【接着性能】「使用環境A」，「使用環境B」，「使用環境C」と接着剤の種類が表示される。使用環境の定義と使用環境に応じて使用できる接着剤の種類は構造用集成材のそれと同じで表4に示す通りである。燃えしろ設計を行う場合，「使用環境A」，「使用環境B」の表示がされている場合でも，接着剤の種類によって直交集成板の炭化速度が異なることから，接着剤の種類を確認する必要がある。接着の程度を確認する試験として，浸せき剥離試験，煮沸剥離試験，減圧加圧剥離試験およびブロックせん断試験が規定されている。各種剥離試験の適用条

表3　構成の区分

構成の区分	
3層3プライ	=⊥=
3層4プライ	=⊥⊥=
5層5プライ	=⊥=⊥=
5層7プライ	==⊥=⊥==
7層7プライ	=⊥=⊥=⊥=
9層9プライ	=⊥=⊥=⊥=⊥=

= ：平行層
⊥ ：直交層

表4　接着の程度に関する表示

表示	定義	使用可能な接着剤の種類*
使用環境A	直交集成板の含水率が長期間継続的に又は断続的に19%を超える環境，直接外気にさらされる環境，太陽熱等により長期間断続的に高温になる環境，構造物の火災時でも高度の接着性能を要求される環境その他構造物の耐力部材として，接着剤の耐水性，耐候性又は耐熱性について高度な性能が要求される使用環境をいう。	積層用 RF, PRF たて継ぎ用 RF, PRF, MF
使用環境B	直交集成板の含水率が時々19%を超える環境，太陽熱等により時々高温になる環境，構造物の火災時でも高度の接着性能を要求される環境その他構造物の耐力部材として，接着剤の耐水性，耐候性又は耐熱性について通常の性能が要求される使用環境をいう。	積層用 RF, PRF たて継ぎ用 RF, PRF, MF
使用環境C	直交集成板の含水率が時々19%を超える環境，太陽熱等により時々高温になる環境その他構造物の耐力部材として，接着剤の耐水性，耐候性又は耐熱性について通常の性能が要求される使用環境をいう。	積層用 RF, PRF, API たて継ぎ用 RF, PRF, API, MF, MUF
略号	RF：レゾルシノール樹脂 PRF：レゾルシノール・フェノール樹脂 MF：メラミン樹脂 API：水性高分子イソシアネート系樹脂（JIS K6806 1種1号） MUF：メラミンユリア供縮合樹脂 *これら以外にあっても接着性能の同等性が確認されたものは表記できる	

件および処理条件は構造用集成材と同様であるが，剥離率の基準値は直交接着層について緩和されている。また，直交接着層におけるブロックせん断試験では木部破断率のみが試験対象となる。

【樹種名】使用した樹種名を表示する。複数の樹種を用いた場合は，「樹種名」(外層)，「樹種名」(強軸内層)，「樹種名」(弱軸内層)と表示する。

【寸法】製品の厚さ，幅及び長さを単位とともに明記して表示する。JAS 規格では外層の繊維方向の辺長を長さ，繊維直交方向を幅と定義している。

【幅はぎ評価プライ】接着剤の項に規定する接着剤を用いてラミナを幅方向に接着するとともに，その性能が基準を満たすことが確認されたプライについては，「幅はぎ評価プライ」と表示できる。

【ホルムアルデヒド放散量】ホルムアルデヒド放散量試験において測定された数値に応じて，その等級を「F☆☆☆☆」もしくは「F☆☆☆」で表示する。なお，非ホルムアルデヒド系接着剤もしくは非ホルムアルデヒド系塗料を使用している場合はその旨表示することができる。

5. 材料強度

　CLT が実際の構造物で受けることになると考えられるいくつかの荷重に対応してどの様な挙動をするのか明らかにする必要がある。CLT は強度異方性を持つひき板をその繊維方向を直交させながら積層接着した材料であるため，表 5 に示すように荷重を受ける面や方向の組合せにより力学的挙動が異なる複雑な材料である。

　製品の強度性能を確認するにあたっては強度試験が実施されるが，それは限定された断面寸法や試験条件下で行なわれるものである。様々な荷重条件下において構造設計をする上での CLT の強度性能を把握するためには，原料ラミナの強度性能とその構成から CLT の強度性能をより正確に推定する手法が必要である。

　これらの研究成果について，欧州地域における 2015 年までの状況については Brandner らの報告に詳しい[16]。EN 規格の制定に至るような統一的な考え方は示されていないものの，オーストリアにおいては国内で統一した考え方が示されている[17]ようである。北米では，CLT 建築技術の導入を目的として FPInnovations が編纂した「CLT Handbook」[18]に，それまでの欧州の研究成果がとりまとめられている。PRG 320-2012 に例示された各種強度はこれらの成果に基づくものである[19]。最近の CLT を用いた建築の設計に関する北米事情は Pei[20]らの報告に詳しい。

　我が国では，海外での研究成果を調査して強度性能の特徴をはじめとして強度性能の決め方，強度性能の評価手法について明らかにした[21]。そして，製造条件の異なる実大規模の試験体を用いた強度試験を行うとともに，CLT を構成する原材料のラミナの強度から製品の強度推定手法の確認を行ってきた[22)-28]。これらの成果に基づいて，CLT の基準強度に関する国土交通省告示は定められた。

　積層方向の曲げ性能は，構造材として製材品や木質材料を用いる際の品質を確認する項目として一般的に用いられている。梁として曲げ荷重を負担する場合はもちろん，柱材として座屈

表5　荷重の種類と方向

荷重の種類	荷重の方向	
	積層方向 面外方向	幅方向 面内方向
曲げ	強軸／弱軸	強軸／弱軸
圧縮	めりこみ	強軸／弱軸
引張	横引張り	強軸／弱軸
せん断	強軸／弱軸	

荷重を負担する場合にも曲げ性能が必要であること，試験が比較的簡易であることなどが理由である。CLTの特徴の1つは直交層があることである。通常，製材の梁の曲げ変形を考える場合，繊維方向の弾性係数と柾目面あるいは放射面のせん断弾性係数を考慮することになるが，CLTではこれらに加えてこの直交層の変形に関わる木口面における放射方向あるいは接線方向の弾性係数と木口面のせん断弾性係数を考慮する必要がある。これらを考慮する手法としてはEurocode 5のAnnex Bに基づく「機械的接合梁理論：γ（ガンマ）法」，Kreuzingerが提案した「Shear Analogy method：せん断解析法」，合板で利用される「複合理論」などが紹介されている。SteigerらはCLTパネル内の曲げヤング係数のバラツキについて理論と実験から明らかにしている[29]。Okabeらは，モンテカルロシミュレーションを用いてCLTの積層方向の曲げ強度について実験及び解析を行っている[30]。また，面外曲げ性能を考える上でローリングシアーの強度や剛性が重要だと認識されており多くの研究がなされている。

6. おわりに

我が国におけるCLT研究開発の歴史は浅く，国産材を用いて製造されたCLTの特性は引き続き研究により明らかにされると考えらえる。また，CLTを起爆剤とした新たな木質材料，木質構造の研究開発が進展することを祈りたい。

文献

1) 中島浩一郎：CLT-1993年以来の欧州からの衝撃を追い風に，*Journal of Timber Engineering*, **25**(1), 25-30(2012).
2) 農林水産省：平成25年農林水産省告示第3079号(2013).
3) 国土交通省：平成28年国土交通省告示第611号(2016).
4) 国土交通省：平成28年国土交通省告示第612号(2016).
5) 国土交通省：平成28年国土交通省告示第613号(2016).
6) The University of British Columbia, https://news.ubc.ca/2016/09/15/structure-of-ubcs-tall-wood-building-now-complete/
7) 藤原健他5名：スギ異等級構成CLTの強軸・弱軸方向の寸法変化，第65回日本木材学会大会研究発表要旨集，B17-P-S18(2013).
8) European Organisation for Technical Approvals: CUAP 03.04/06(2005).
9) European Committee for Standardization: EN16351-2015(2015).
10) American National Standards Institute: PRG 320-2011(2011).
11) American National Standards Institute: PRG 320-2012(2012)
12) 井道裕史：ISO/TC 165（木質構造）第30回国際会議報告（2016年，メルボルン），木材工業，**72**(3), 105-107(2017).
13) 国土交通省：平成28年国土交通省告示第561号(2016).
14) The Engineered Wood Association(APA)：http://www.apawood.org/level_b.cfm?content=pub_psd_320_clt
15) 農林水産消費安全技術センター：http://www.famic.go.jp/event/sakuseiiinnkai/kekka.html
16) R. Brandner et al.：Cross laminated timber (CLT): Overview and development, Eur. J. Wood Prod., 74: 331-351(2016).
17) Austrian Standards Institute: ONORM B 1995-1-1(2014).

18) Sylvain Gagnon, Marjan Popovski : CLT Handbook Chapter3 (2010).
19) Borjen Yeh, et al. : THE Cross-Laminated Timber Standard in North America, WCTE15 (2012).
20) Shiling Pei, et al. : An Overview of CLT Research and Implementation in North America, WCTE16 (2016).
21) 長尾博文, 宮武敦, 宮林正幸 : *Journal of Timber Engineering*, **25**(4), 170-175, (2012)
22) 平成25年度　林野庁補助事業　CLTの普及のための総合的データの収集・蓄積および検討成果報告書 http://clta.jp/wp-content/uploads/2015/04/2361bfa5ce1fb49702fc6ba4b25e30fc.pdf
23) 平成25年度補正　林野庁委託事業　CLT等新製品・新技術利用促進事業のうちCLT実用化促進（強度データの収集・分析）成果報告書 http://www.ffpri.affrc.go.jp/pubs/various/documents/h25clt-kyoudo.pdf
24) 平成25年度補正　林野庁委託事業　CLT等新製品・新技術利用促進事業のうちCLT実用化促進（長期挙動データの収集・分析）成果報告書　http://www.ffpri.affrc.go.jp/pubs/various/documents/h25cltchouki.pdf
25) 平成26年度　林野庁委託事業　CLT等新たな製品・技術の開発促進事業のうち中高層建築物等に係る技術開発の促進　（CLT強度データの収集）成果報告書　http://www.ffpri.affrc.go.jp/pubs/various/documents/h26cltkyoudo.pdf
26) 平成26年度　林野庁委託事業　CLT等新たな製品・技術の開発促進事業のうち　中高層建築物等に係る技術開発の促進　（CLT長期挙動データの収集）成果報告書　http://www.ffpri.affrc.go.jp/pubs/various/documents/h26cltchouki.pdf
27) 平成27年度　林野庁委託事業　CLT等新たな製品・技術の開発・普及事業　（CLT強度データ収集）成果報告書 http://www.ffpri.affrc.go.jp/pubs/various/documents/h27cltkyoudo.pdf
28) 平成28年度　林野庁委託事業　都市の木質化等に向けた新たな製品・技術の開発・普及事業　（CLT強度データ収集）成果報告書　http://www.ffpri.affrc.go.jp/pubs/various/documents/h28cltkyoudo.pdf
29) R. Steiger et al. : Comparison of bending stiffness of cross-laminated solid timber derived by modal analysis of full panels and by bending tests of strip-shaped specimens, Eur. J. Wood Prod., 70 : 141-153 (2014).
30) M. Okabe, M. Yasumura and K. Kobayashi : Prediction of bending stiffness and moment carrying capacity of sugi Cross-Lamainated timber, *J. wood Sci.* **60**(1), 49-58 (2014).

第2編　木材・木質材料の開発・難燃化と評価技術

第1章　複合化・圧縮による木質材料の開発・加工技術

第5節　高周波を用いた木質材料の製造技術

山本ビニター株式会社　山本　泰司

1. はじめに

　木材や木質材料の製造や加工工程において，加熱処理は欠くことのできない重要な工程である。熱源としては，主に蒸気・熱板・熱風などが利用されている。単板などの薄い木質材料は，蒸気・熱板・熱風でも容易に加熱することができるが，厚みや容量の大きな木質材料の場合，熱伝導率がきわめて低いために時間がかかり効率が悪い。このため古くより短時間で急速加熱が可能な高周波を利用した誘電加熱（以下，高周波加熱という）が利用されてきた。1949年発刊の『最新の高周波應用』[1]には木・竹材の高周波加熱による接着や乾燥について詳細な記述があり，高周波加熱が木材分野に利用されるようになって既に70年近くが経過している。ここでは，高周波加熱による木材や木質材料の製造技術としての接着や乾燥，およびその代表的な加工装置について紹介する。

2. 木材の高周波加熱

　高周波（周波数3～300 MHz）は，テレビ・ラジオなどの放送，携帯電話などの通信に使われている電波の一種である。金属のように電流を通しやすい物質を導電体，通しにくい絶縁物を誘電体という。プラスチックやセラミック，ゴム，木材などは誘電体である。誘電体を高周波の電界作用により加熱することを誘電加熱（Dielectric heating）という。高周波は，図1のように被加熱物の表面から入り，徐々に熱エネルギーに変換され減衰されながら内部に浸透していく。

　このとき熱に変換される単位体積当りの電力（P）は，次式で示される。電力は，周波数や電界の強さ，損失係数に比例する。損失係数は，それぞれの物質がもっている固有の電気的特性であるが，周波数や温度などによって変化する。

$$P = 5/9 \times 10^{-10} \times \varepsilon_r \cdot \tan\delta \cdot f \cdot E^2 \,(W/m^3)$$

　　$\varepsilon_r \cdot \tan\delta$：損失係数
　　　　f：周波数（Hz）
　　　　E：電界強度（V/m）
　　　　P：電力

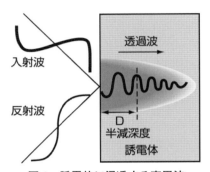

図1　誘電体に浸透する高周波

木材や木質材料は，プラスチックやセラミック，ゴムなどと比べて損失係数が大きく高周波加熱により発熱しやすい。表1に示すように木材接着に使われる接着剤樹脂は，乾燥木材より損失係数が大きく，高周波加熱により効率的に木材接着ができることがわかる。また，木材は含水率が高いほど加熱されやすい。

表1 各種物質の損失係数（周波数 1 MHz）

物質	損失係数
木材（含水率15%）	0.02 ～ 0.2
木材（含水率60%）	0.3 ～ 3
フェノール樹脂	0.068 ～ 0.15
ユリア樹脂	0.18 ～ 0.22
メラミン樹脂	0.15 ～ 0.42

3. 加熱方式

高周波加熱は，2枚の対向する電極板の間に木材や木質材料をおいて加熱する。代表的な加熱方式を以下に示す。

3.1 全体加熱方式

平行平板電極に対して，木材（単板やひき板）と接着層が水平になる。電極に挟まれた被加熱物全体が均一に加熱される。接着剤は損失係数が高いため，木材より速く発熱する。合板や湾曲積層材，LVL などに利用されている（図2）。

3.2 選択加熱方式

平行平板電極に対して，木材（単板やひき板）と接着層とが垂直になる。全体加熱方式に比べて，接着層に高周波電界が集中するため木材自体をあまり加熱することなく，接着層のみを効率的に加熱できる。接着層加熱（Glue line heating）ともよばれる代表的な接着方式であり，集成材や家具部材の幅はぎ接着などに利用されている（図3）。

3.3 多層加熱方式

乾燥炉など限定された空間内により多くの木材を入れて処理能力をあげるために，木材を立体的に高く積み上げ，その間に電極板を挟み込む。全体を同時に加熱する場合と，1対の電極ごとに高周波給電を切り替えて加熱する場合がある。木材の減圧乾燥，高周波蒸気複合乾燥などに利用されている（図4）。

図2 全体加熱方式

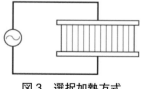
図3 選択加熱方式

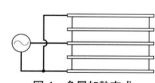
図4 多層加熱方式

3.4 部分加熱方式

電極の形状やサイズを変え，組み合わせることで，加熱したい部分に高周波電界を集中させて部分加熱する方式である。箱組，枠組み，単板スポット仮留などに利用されている（図5）。

3.5 表面加熱方式

グリッド電極とよばれる導体棒状の電極を被加熱物の表面に沿って格子状に配置し，グリッド電極間に強い電界を生じさせることで，被加熱物の表面や表層部を効率よく加熱できる。扉など枠組み材への表面材接着に利用されている（図6）。

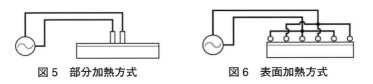

図5　部分加熱方式　　　　図6　表面加熱方式

4. 高周波加熱による木材接着

高周波加熱による木材接着において，高周波出力を大きくするほど接着層の温度上昇は速くなり，硬化時間が短縮され短時間での接着が可能となる。しかしながら出力が大きすぎると電極間でのスパークの発生や木材部からの水蒸気噴射によるパンクなどのトラブルが発生する。また，接着剤と木材部とに極端な温度差が生じたり，接着層内部に温度差が生じやすくなったりするため，均一な接着が行われず接着性能がでない。安定した接着性能を確保するためには，高周波加熱の加熱方式，接着剤の種類，木材部の含水率などを適切な条件に整える必要がある[2]。

4.1 全体加熱と選択加熱の違い

図7は，全体加熱と選択加熱における接着層と木材部の温度上昇を示したものである。選択加熱の場合は，木材部をあまり加熱せず，接着層を効率的に加熱していることがわかる。

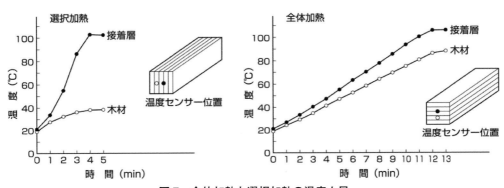

図7　全体加熱と選択加熱の温度上昇

4.2 接着剤の種類

高周波加熱に適した接着剤とは，発熱性が高く，スパークの発生が少ないことである。図8は，2種類の代表的な木材接着剤の温度上昇を測定したものである。水性高分子イソシアネート樹脂接着剤（API）の方が，ユリア樹脂接着剤（UF）より20％程度温度上昇が速い。ただし接着剤の種類により硬化温度が異なるので注意が必要である。

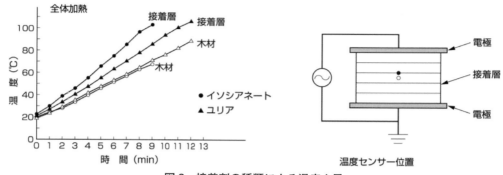

図8　接着剤の種類による温度上昇

4.3 含水率の差

高周波加熱よる接着加工の際には，人工乾燥などにより含水率を調整する必要がある。乾燥が不十分な木材を高周波加熱により接着する場合，木材部の加熱にエネルギーを奪われて，接着剤を効率的に加熱できなくなる。また，加熱により水分が接着層に移行し，パンクが発生するなど接着性能を落とす。含水率の調整が非常に重要であり，通常は10％±3％に調整する。図9は，含水率の違いによる木材部と接着層の温度上昇の差を示している。

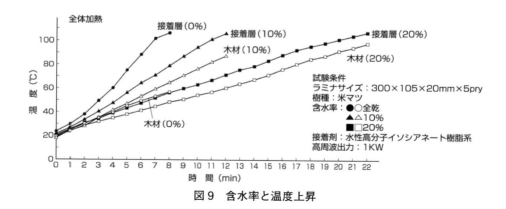

図9　含水率と温度上昇

4.4 高周波加熱による接着プレス

木材接着は，接着剤を塗布した木材同士を密着させ，接着剤が硬化するまで圧縮する必要があり，圧縮にはプレスが使われる。高周波接着プレスは，プレス定盤に高周波電極板を組み合

わせたもので，圧縮しながら高周波加熱することができるため，効率のよい接着を行うことができる。周波数は 13.56 MHz が多く使われ，高周波出力はハンディタイプのスポット接着機の 400 W から，大型高周波プレスの 300 kW クラスまで様々である。

4.4.1 集成材接着プレス

集成材とは，ラミナとよばれるひき板を互いに平行にして，長さ，幅および厚さ方向に集成接着したものである。一般の住宅で使用される柱は，105 mm 角，120 mm 角で長さ 3 m，4 m であるが，大型木造建築で使われる大断面集成材は，短辺 300 mm 以上，長さが 10 m を超えるものもある。フェノール樹脂接着剤（PF），レゾルシノール樹脂接着剤（RR），メラミン樹脂剤（MR）などの熱硬化型接着剤の場合はホットプレスが，水性高分子イソシアネート樹脂接着剤（API）の場合はコールドプレスが使われるが，接着時間に 20～60 分程度かかり生産性が悪い。高周波加熱を使った接着プレスでは，6～9 分のサイクルで接着加工することができる。**表2**に高周波集成材接着プレスの概略仕様，**図10**に外観を示す。自動搬送装置にて連続的に接着剤が塗布されたラミナは，反転され接着面を縦に垂直方向に並べられ上下 2 枚の電極内に投入される。電極内いっぱいにラミナが配置されると，電極板で上下圧をかけながら，接着面に対して側圧プレスにより強く加圧し選択加熱方式にて高周波加熱する。上下の電極板は，蒸気や電熱ヒータにより 80～100℃ に加熱されており，放熱を防ぎ加熱温度の均一性を高めている。接着層温度 80～120℃ まで高周波加熱されると 30 秒～1 分間圧縮養生され，接着硬化した集成材となる。

表2 高周波集成材接着プレスの概略仕様

高周波出力	60 kW
周波数	13.56 MHz
プレス圧力	上下圧 30 ton，側圧 135 ton
電極サイズ	幅 1.05 m×長さ 6.2 m

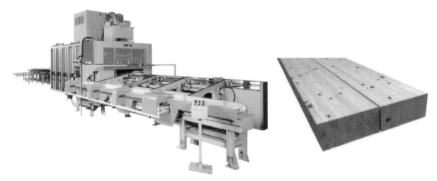

図10 高周波集成材接着プレス

4.4.2 CLT 接着プレス

CLT とは，ラミナを繊維方向が直交するように積層接着した厚板パネルである。厚み 270 mm，幅 3 m，長さ 12 m という巨大なパネルも製造されている。断熱性，遮音性，耐火性や強度に優れ，構造躯体として中・大規模の集合住宅や商業施設などに利用される。通常の

表3　高周波CLT接着プレスの概略仕様

高周波出力	150 kW
周波数	13.56 MHz
プレス圧力	上下圧 780 ton，前後側圧 10 ton，左右側圧 60 ton
電極サイズ	幅 2.3 m×長さ 8.2 m

図11　高周波CLT接着プレス

CLTは，ラミナを幅はぎ接着することはないが，高周波加熱を利用するとラミナ同士が幅はぎ接着されたCLTを効率的に生産することができる。ラミナの側面と上面にレゾルシノール樹脂系（RF），またはイソシアネート系樹脂系（API）の接着剤を塗布して，その後に強軸と弱軸を直行して積層する。高周波プレス内にて全体を2枚の対向する電極板で挟んだ後，前後，左右方向の側圧と上下圧を3方向から加圧して高周波加熱する。ラミナの幅はぎ部は，接着剤層と電極が垂直となり選択加熱され，積層部は平行となり全体加熱され，10分から15分という短時間で全ての接着層が同時に高周波加熱され接着硬化する。表3と図11に高周波CLT接着プレスの概略仕様と外観を示す。

4.4.3　フラッシュドア接着プレス

横桟や枠材などの骨材の両面に合板などの化粧板を接着し，内部にペーパーハニカムなどを組み込んだ構造の扉をフラッシュドアという。軽量化されているため住宅の扉だけでなく，家具などの収納扉に広く利用されている。接着剤は，主に酢酸ビニル樹脂エマルジョン接着剤（PVAc）や水性高分子イソシアネート樹脂接着剤（API）が使われている。接着剤は，枠や桟材に塗布されるため接着層は1～2 mmの薄い化粧板の下にある。この接着層に対して，効率的に高周波加熱するためにグリッド電極を用いた表面加熱方式が使われている。

表4と図12にフラッシュドア接着プレスの概略仕

表4　高周波フラッシュドア接着プレスの概略仕様

高周波出力	40 kW
周波数	13.56 MHz
プレス圧力	上下圧 20 ton
電極サイズ	幅 1.4 m×長さ 2.7 m

第 1 章　複合化・圧縮による木質材料の開発・加工技術

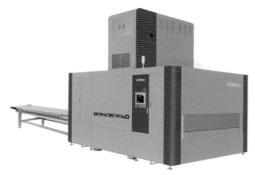

図 12　高周波フラッシュドア接着プレス

様と外観を示す。上下のプレス盤面にはそれぞれグリッド電極が配置され，化粧材，枠材，化粧材の順に積層されたフラッシュドアをプレス加圧しながら上下の2つの接着層を同時に高周波加熱する。30～45秒程度で接着層温度80～100℃まで加熱することができ，効率的な短時間接着が可能である。

5. 高周波加熱による木材乾燥

　乾燥の迅速化と割れ防止を目的として，高周波加熱による木材乾燥は古くより使われている。1970年代後半には，真空下で高周波加熱する高周波真空乾燥機が実用化された。本機は，40～60℃の低温で乾燥ができ，主に銘木の突板，単板の乾燥に使用された[3]。2000年頃には，乾燥の難しい国産材，特に心持ちのスギ・ヒノキ柱材の乾燥を対象として，一般的な蒸気式熱気乾燥に高周波加熱を組み合わせ複合化した高周波・蒸気複合型乾燥機が実用化された[4]。

5.1　乾燥のメカニズム

　高周波・蒸気複合型乾燥は，一般的な蒸気式熱気乾燥に高周波加熱を併用し，お互いの利点を組み合わせたものである。使われる周波数は，13.56 MHzである。乾燥機内は，80～90℃程度の蒸気式熱気乾燥を進めながら，同時に高周波加熱により水分の多い材心部を選択的に100℃以上に加熱する。外部の熱気温度と木材内部温度に温度勾配が発生することにより，内外面に有意な圧力差を生じ，材心部の水分が外層に向かって積極的に押し出される（図13）。この結果，乾燥の迅速化が進められ，水分傾斜が比較的容易に解消される。省エネ化のため，高周波加熱は材心部を加熱することに集中的に使われ，熱量消費の大きな蒸発潜熱は蒸気が使われている。

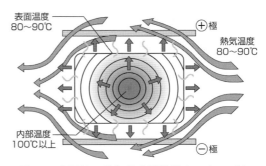

図 13　高周波・蒸気複合型乾燥のメカニズム

5.2 高周波・蒸気複合型木材乾燥機

表5と図14に高周波・蒸気複合型乾燥機の概略仕様と外観を示す。蒸気式熱気乾燥を効率よく行うため，桟積み間に高周波電極板を挟み込み高周波加熱する（図15）。一度に積み込む乾燥材全体を4つのグループ（1台車2グループ，2台車/1炉体）に分け，1台の高周波発振装置でグループごとに順次切換加熱する方式を採用している。つまり初期重量により大まかに重量材グループ，中量材グループ，軽量材グループと重量選別を行いグループごとに積み込み，グループごとに推定される初期含水率と，目標とする仕上含水率より計算された乾燥水分量に合わせた高周波電力量（出力×時間）を与える。軽量（低含水率）グループには少ない高周波電力量を，重量（高含水率）グループにはより大きな高周波電力量をかけることで，初期含水率の大きなばらつきにも関わらず，仕上含水率をそろえることを可能とし，かつエネルギーコストを削減している（図16）。従来の蒸気式熱気乾燥機では，梁や桁材などの大断面材は乾燥が困難であるが，高周波・蒸気複合型乾燥機では乾燥日数の短縮，水分傾斜の解消，省エネルギー化などで優位である。

表5 高周波・蒸気複合型乾燥機の概略仕様

高周波出力	50 kW×2台
周波数	13.56 MHz
電極サイズ	幅2 m×長さ4.2 m
積み込み容量	42 m^3×2室

図14 高周波・蒸気複合型乾燥機

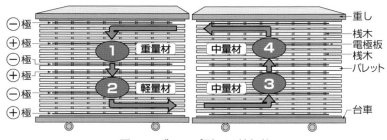

図15 グループ別の切替加熱

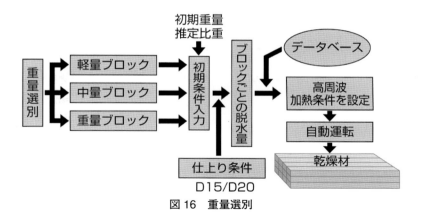

図16　重量選別

6. おわりに

　木材や木質材料の製造や加工において，加熱のための熱源は，蒸気，熱板，熱風など様々な手段が用いられているが，熱伝導率が悪く，厚みや容量の大きい木材や木質材料を急速に均一に加熱できる熱源としては，高周波による誘電加熱に勝る熱源はないと言える。古くより木材，木質材料の効率的な製造技術の1つとして，高周波加熱が利用されている。接着や乾燥における生産性の高い高周波加熱装置の普及と共に，今後もその位置づけは変わらないであろう。

文　献
1) 山本勇：最新の高周波應用，CQ出版社，p.74-82(1949).
2) 滝欽二ほか：木材工業，**34**(8), 18(1979).
3) 寺澤眞他：木材の高周波真空乾燥，海生社，p.83-103(1998).
4) 山本泰司：木材工業，**56**(11), p.519-521(2001).

第2編　木材・木質材料の開発・難燃化と評価技術

第1章　複合化・圧縮による木質材料の開発・加工技術

第6節　熱処理による木材の耐久性と寸法安定性向上

越井木材工業株式会社　山口　秋生

1. はじめに

　最近，木造建築物に限らず，RC構造，S構造の建築物の外装材に熱処理木材が利用されているのが多く見受けられるようになってきた。木製ルーバー（図1），外断熱材（図2）などとして使われている。

　屋外で木材を使用する場合，木材腐朽菌，シロアリなどの生物劣化に対する対策，長期間使用することによる，木製品の狂い，反りなどへの対策が課題となる。生物劣化に対しては，木材保存剤による加圧注入処理が主流であった。しかし，加圧注入処理では，樹種により薬剤の浸透性に差があり，樹種を選択する必要がある。また，表層に薬剤を浸潤させるために，木材表面に傷を付けるインサイジング加工が必要となる。熱処理木材は，樹種を選ばず，インサイジング加工を必要とせず，耐久性と寸法安定性が付与されているために，木製外装材として，現しで使用されている。

　木材の熱処理の方法としては，窒素ガス雰囲気下での処理，フィンランドの水蒸気雰囲気下でのサーモウッド処理，オランダのPLATO処理，フランスのレティフィケーション処理，ドイツのオイル熱処理など，各国で熱処理技術が開発され，寸法安定性のみならず，耐久性の向上も図れることが確認されている[1]。

　本稿では，熱処理の中でも世界的に多く流通している，サーモウッド処理木材の性能について説明する。サーモウッド処理は，常圧，水蒸気雰囲気下で，180～220℃の温度領域で熱処理する方法で，その技術的基礎は，1990年代にフィンランドのVTT，YTIにおいて確立された。The International Thermowood Associationによれば，サーモウッド処理木材の年間生

図1　木製ルーバー
信州大学松本キャンパス中央図書館

図2　外断熱材
ナセBA（市立米沢図書館・よねざわ市民ギャラリー）

産量は，2001年の 18,799 m³ から 2016年には，179,507 m³ と大きく伸びている[2]。

2. 熱処理木材の性能

2.1 寸法安定性能・防腐性能・曲げ強度

スギを表1に示す処理温度，処理時間で熱処理し，寸法安定性試験，防腐性能試験，曲げ試験を実施した結果を示す[3]。

表1　処理温度，処理時間

処理温度 (℃)	処理時間 (h)
185	1
195	1.5
210	2
220	2.5
230	3
237.5	5

(1) 寸法安定性

温度40℃，相対湿度90％で調湿後，全乾状態まで乾燥したときの各処理材の収縮率を図3に示す。処理温度が上がるにつれて収縮率は減少し，熱処理木材の主な性能の1つである，寸法安定性の向上が確認された。

(2) 防腐性能

防腐性能試験は，JIS K 1571 木材保存剤の性能試験方法及び性能基準に準じて行った。結果，処理温度220℃，230℃で，腐朽による質量減少率が無処理材の半分程度となり，220℃以上の処理で防腐性能の向上が確認された。また，237.5℃の処理では質量減少率が3％以下となり，JIS K 1571 に規定される木材保存剤の性能基準を満たし，高い防腐性能が確認された（図4）。

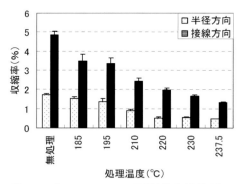

図3　40℃，90％RH で調湿後全乾状態まで乾燥したときの収縮率

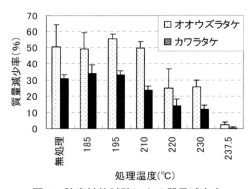

図4　防腐性能試験による質量減少率

第1章　複合化・圧縮による木質材料の開発・加工技術

（3）曲げ強度

曲げ試験は JIS Z 2101 木材の試験方法に準じて行った。処理温度210℃以上で，処理温度が上がるにつれて，曲げ強さが低下する傾向があったが，曲げヤング係数は220℃までは大きな変化はなかった（図5）。

2.2 防蟻性能

処理温度を一定にして処理時間を延長した条件，処理時間を一定にして処理温度を上昇させた条件で処理した材の防蟻性能試験結果を示す[4]。

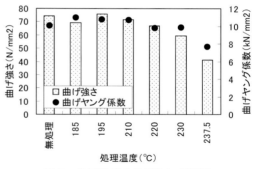

図5　曲げ強度と曲げヤング係数

JIS K 1571 木材保存剤の性能試験方法及び性能基準に準じて実施したイエシロアリを用いた防蟻性能試験の結果，食害による試験体の質量減少率，死虫率は処理時間を変化させても大きな変化はなかったが，処理温度を変化させると，処理温度が上がるにつれて質量減少率は低下し，死虫率は増加する傾向が見られた（図6）。ヤマトシロアリによる防蟻性能試験では，処理温度の上昇，処理時間の延長のいずれにおいても，明らかに質量減少率は低下する傾向が認められた（図7）。

また，230℃以上で処理した材で，JIS K1571 の試験に準じて防蟻性能試験を行い，同時に対象として，イエシロアリの食蟻と兵蟻のみを投入し，試験体を設置しない試験区（スタベーション）についても同様に死虫率確認を行うと，死虫率は，スタベーションは3週間目から，熱処理材を与えたものは5週間目から急激に増加し，11週間目には両者とも100％に達した。このことから，イエシロアリは初期においては，熱処理木材を食害するが，栄養分としては利用できないと推測された[5]（図8）。

すなわち，防蟻試験においてシロアリに熱処理木材だけを強制的に与えると初期段階は食害するが，無処理の木材と違い栄養分として利用できないので，時間の経過とともに死虫率は上昇する。実際に建築物で使用される熱処理木材は，各種の建築材料が周囲にある環境下で使用

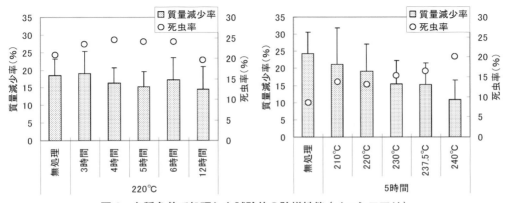

図6　各種条件で処理した試験体の防蟻性能（イエシロアリ）

第2編　木材・木質材料の開発・難燃化と評価技術

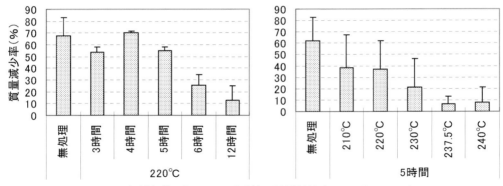

図7　各種条件で処理した試験体の防蟻性能（ヤマトシロアリ）

されることになり，使用部位，使用方法によっては防蟻効果も期待できる可能性がある。

3. 熱処理木材の第三者機関による認証（AQ認証）

比較的新しい技術である熱処理木材の耐久性，寸法安定性能の評価基準がJIS化，JAS化されていない中，熱処理木材を安全・安心に使用するために，第三者機関による性能評価が要望されていた。この動きの中で，（公財）日本住宅・木材技術センターでは，製材品に防腐性能及び寸法安定性能を付与することを目的として，蒸気を併用した熱処理木材製品を対象に，熱処理壁用製材の優良木質建材等認証基準（AQ認証）を制定した。現在，1製品が認証されている。

加圧式保存処理木材では，使用用途別に保存薬剤の吸収量が決められているが，熱処理木材は，外部からの薬剤注入などによる効果ではなく，木材成分が高温環境下で

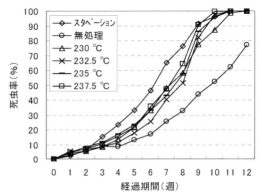

図8　各種処理条件の1週間毎の死虫率変化

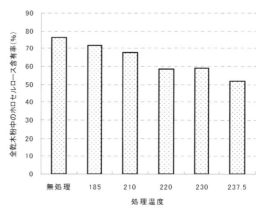

図9　全乾木粉中のホロセルロース含有率の変化

変化をして，耐久性，寸法安定性が付与されている。熱処理による全乾木粉中のホロセルロース含有率の変化は，処理温度が上がるにつれて減少する傾向にあり，この変化は，防腐性能試験による各処理材の質量減少率の変化と同様の傾向を示し，ホロセルロースの減少が耐久性向上の一因となっていることが示唆している[6]（図9）。

そのため，信頼性の高い熱処理木材を製造するために，AQ認証の評価項目として，ホロセルロース含有率の基準値が決められている。

4. 熱処理木材の用途開発

4.1 木製外装材

これまで，ルーバー，フェンスなどに木質材料を使用したくても，経年変化による腐れ，反り，割れのなどの心配がありなかなか使用しづらかったが，耐久性，寸法安定性に優れた熱処理木材を利用することで，木材を使用できる範囲が広がった。国産材の利用促進から，各地域の地域産材を用いた熱処理木材が外壁やルーバー，木製デッキとして地元の役所，病院，文教施設で使用されている。

これまで木材を熱処理する目的は，耐久性，寸法安定性の付与のみであり，屋外で使用することによる褪色への対策が課題としてある。軒の出を深くする，雨掛かりを少なくするなどの設計上の納まりの工夫，塗料，塗装方法の改良の取り組みが行われている。

4.2 木製サッシ

木製サッシの部材性能としては，耐久性と寸法安定性が求められ，熱処理木材を使用した木製サッシが開発されている。木材を熱処理することで，木材の空隙率が増加し熱伝導率が低下することが，明らかになった[7]。このことから熱処理材は，高い耐久性，寸法安定性能のみならず，断熱性能も無処理材よりは優れ，省エネ部材としての価値も見出されてきた。

2020年から住宅での新省エネ基準の義務化が予定され，建築部材に求められる性能として断熱性能が重要なポイントとなってきている。住宅において特に熱損失の大きい，窓回り開口部分の断熱性向上が大切である。金属よりも熱伝導率の低い木材を，さらに熱処理することで熱電動率が下がり，木製サッシに必要な耐久性と寸法安定性が付与されている熱処理木材は，木製サッシ部材として適している。また，木製サッシは住宅だけでなく，学校，幼稚園の文教施設，病院，老人ホームなどの医療，福祉施設でも利用されている（図10）。

図10 熱処理木材木製サッシ
島前研修交流センター「三燈（さんとう）」

第 2 編　木材・木質材料の開発・難燃化と評価技術

文　献
1) 桃原郁夫：熱処理と耐久性：木材保存, **31**, 3-11(2005).
2) Thermowood production statistics 2016, The International Thermowood Association(2017).
3) 森田珠生, 荘保伸一, 山口秋生：第 12 回木質構造研究会技術発表会要旨集, 33-34(2008).
4) 森田珠生, 荘保伸一, 山口秋生, 今村祐嗣, 桃原郁夫：(社)日本木材保存協会第 25 回年次大会研究発表論文集, 2-7(2009).
5) 森田珠生, 荘保伸一, 山口秋生：(社)日本木材保存協会第 24 回年次大会研究発表論文集, 36-37(2008).
6) 森田珠生, 荘保伸一, 山口秋生：(社)日本木材保存協会第 23 回年次大会研究発表論文集, 32-36(2007).
7) 豊野まなみ, 斉藤幸恵, 信田聡：第 59 回日本木材学会大会研究発表要旨集, 20(2009).

第2編 木材・木質材料の開発・難燃化と評価技術

第1章 複合化・圧縮による木質材料の開発・加工技術

第7節 スギ積層接着合わせ梁の開発

静岡県農林技術研究所　池田　潔彦

1. はじめに

　静岡県では，スギ・ヒノキ人工造林は，他県よりも約10年早く始まり，10齢級（林齢46年生）以上の林分が70％を占めるなど成熟期を迎えていることから，今後それらの森林から中・大径材の生産増が見込まれる。木造住宅用の梁桁など主要な建築用材の原料として，量的に十分に供給できる状況である上，静岡県産のスギは，材質や強度が全国と比べて優れているという特徴・利点があり，中・大径材から梁桁など大断面の建築材の生産増が期待できる。

　しかし，現状では，国（県）産材は外材と比べ，製品の生産効率化・安定供給や，原料特性を活かし品質・性能向上が図られた新たな製品等の開発が不十分であるなど，建築・消費者側ニーズへの対応が遅れている。このため，木造建築用材に占める県産材の使用比率は低位な状況にあり，特に，木造建築に使用される部材で材積割合が高い梁・桁では93％と外材の使用比率が極めて高い状況にある（図1）。県内の住宅メーカ・工務店でも，高い強度が求められる木造住宅の梁桁用部材へのスギ等の県産材使用率は5％と低く，北米産のベイマツ製材（54％）や欧州産輸入集成材（42％）が使用されている。近年では，特に，プレカット加工過程での不良率削減と施主からのクレーム回避の観点から，無垢製材よりも集成材の使用率が高くなっている。これは，集成材が無垢製材と比べて，乾燥性能や寸法安定性等の信頼性が高いことが主因と思われる。

　これまで，木造住宅の梁桁部材にスギ材の利用が進まなかった主要因として，①原料となる中・大径原木が少なかったこと，②外材のベイマツや輸入集成材と比べて，特に，強度が不明確，乾燥が難しいなど，製品の品質・性能面で，プレカット加工側，設計・施工者側に懸念のあったことが挙げられる。このため，今後，梁桁部材へのスギの利用を促進するには，強度性能や乾燥性能など信頼性の高い製品を製造する必要がある。梁桁部材など木材製品の強度及び乾燥性能は，原木の材質が大きく影響する。スギは，外材のベイマツや国産のヒノキなどと比べて，原木の強度（ヤング率）や含水率（水分量）のばらつきが大きなことが知られている（図2）。このため，スギ無垢平角材の梁・桁を製造する場合，割れや狂いの発生により製品歩留まりが悪くなる問題点がある。特に，高含水率

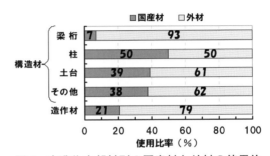

図1　木造住宅部材別の国産材と外材の使用比率

― 107 ―

の原木から製材した無垢平角材は，乾燥に多くのエネルギーを要するとともに，材内部の含水率傾斜を抑制し均一に乾燥することは極めて困難である。

このため，森林・林業研究センターでは，新成長戦略研究「木造建築用材を外材から県産材に転換する製品創出技術の開発：平成23〜25年[1]」において，原木段階で強度が高いものを選別後，含水率（水分量）の低いもので平角製材梁を，含水率の高いもので積層接着した梁を製造するなど，原木の材質評価・製品用途選別により製材と乾燥のコスト低減，不良材の抑制で製品歩留まり向上が図れる技術や，品質・性能の確かな新たな梁桁用製品の開発を行った。

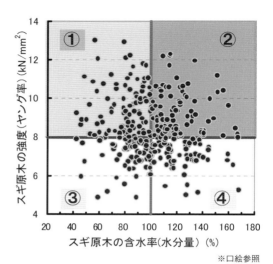

図2　スギ原木の含水率（水分量）と強度（ヤング率）

2. 積層接着合わせ梁とは（製品の特徴）

積層接着合わせ梁は，中・大径原木から製材したひき板を，材内部まで所定の含水率に乾燥した後，プレナー等で厚30〜60mm，幅180〜390mmに仕上げ，それら板2〜4枚を従来（輸入）の集成材と異なる方向に積層・接着した，木造住宅等の梁桁部材として利用できる新しい構造材である（図3）。

積層接着合わせ梁は，現行の集成材JASに適合する規格（同一等級構成と異等級対称構成）がある。このため，JAS工場認証を取得することで，積層接着合わせ梁をJAS集成材製品として製造・販売することができる。しかし，これまで原料となる幅広ひき板を歩留まり良く採

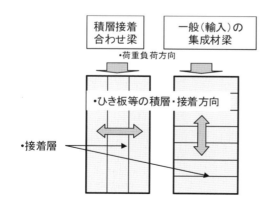

図3　積層接着合わせ梁と一般（輸入）の集成材梁の違い

— 108 —

材できる国産針葉樹の中大径の原木が少なく製材・乾燥技術も確立していないことから，企業での製品化が行われていなかった。

以下に，積層接着合わせ梁の特徴を記す。
① 今後，供給増が予想される中・大径原木から，歩留り良く採材できる幅広板を原料とし，特に，高含水率の原木でも品質・性能の確かな製品が製造できるなど，原木の材質を選ばずに製造できる。
② ヤング率により機械等級区分したひき板を組み合わせることで，製造する合わせ梁の強度性能を調整することが可能である。3～4枚積層した材では，内側に節等が多いひき板を，外側にそれらが少なく意匠性の優れた板を用いることで，製品の歩留りを高めることが可能である。
③ 乾燥した幅広厚板は，幅が30 mmや45 mmのサイズによってそれ自体が，間柱・胴縁等の製品として転用が行える。
④ 一般の集成材と比べて，接着面（接着剤使用量）が少なく，縦継ぎをしないなど製造工程が短く，特に化粧梁（見掛かり材）として使用する際には，質感（見た目：意匠性）も無垢材に近いことが特徴である[2]。

3. 積層接着合わせ梁の製造技術

積層接着合わせ梁（以下，合わせ梁）の主な製造工程は，ひき板の製材，乾燥，積層接着，圧締，仕上げ加工と従来の集成材とほぼ同じである（図4）。異なる点は，ひき板の幅が広い

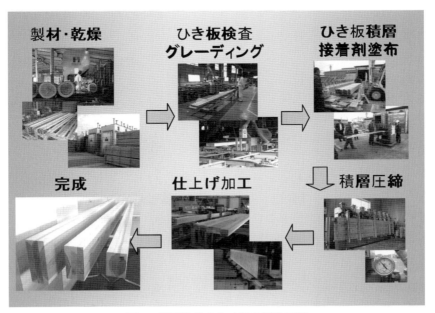

図4　積層接着合わせ梁の製造工程

ため材面の節等の部分を切除した後に縦継ぎ(フィンガージョイント等による)の加工が不要である。

また,合わせ梁の製造上の特徴として,ひき板の積層枚数が少ないため,集成材と比べて接着面積(接着剤の使用量)の少ないことが挙げられる。例えば,120 mm×240 mm×4 mの製品で比較すると,従来の集成材の接着面積は3.5 m²であるのに対し,合わせ梁ではその54%の2.0 m²となる。

3.1 原木からの幅広ひき板の木取り(製材歩留まり)

原木の形状や品質に応じて,材積歩留まりや価値歩留まりを高める幅広ひき板の木取りが必要である。幅広ひき板の仕上がり厚さは,原木から主材である柱を製材した残部から製材する場合には,間柱,造作材への利用も可能な30 mm又は45 mmとする。一方,原木の材積歩留まりを重視する場合,原木より同厚の40 mm又は30 mmの幅広ひき板を製材する。実際に原木末口径16～30 cmから幅広ひき板を製材した場合の歩留まり(主材のみ)を調査した結果では(図5),末口径28 cm以上で40%を上回る結果となった。

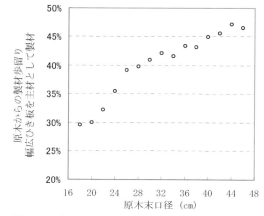

図5 原木末口径別の幅広ひき板の製材歩留まり

また,原木から木取りする際の荒挽き寸法は,乾燥による収縮や狂いの発生や,ひき板の接着時や接着後に材面の平滑仕上げを行うプレナーやモルダー処理によって部減りするため,厚さ方向では約15 mm,幅では約10 mm程度,仕上がり寸法に対して大きく製材する必要がある。

3.2 幅広ひき板の効率的な乾燥手法

県産スギ原木(高含水率材を含む)から製材した幅広ひき板について,低コストでかつ効率良く乾燥する技術を確立するため,天然乾燥と人工乾燥を組み合わせた手法解明に取り組んだ。

スギ原木末口径に応じて,幅200～320 mmの幅広ひき板を3枚(厚さ45,30,45 mm,粗挽き寸法50,35,50 mm)を屋根下に桟積みして天然乾燥を行い,重量減少率で30%前後を目標とした。その後,蒸気式乾燥機を用いて乾球温度80～95℃,相対湿度84～57%,合計147時間(6.1日)のスケジュールで人工乾燥試験を行った(表1)。乾燥末期に,調湿処理(乾球温度88℃,相対湿度76%,平衡含水率9%)を行い,個体間の乾燥仕上がり程度の均質化を図った。幅広ひき板の乾燥により含水率の平均値は,製材直後で79%であったものが,天然乾燥(55日)により19%まで低下し,人工乾燥後には10%以下になった。また,全ての試験体で含水率が15%以下に,うち93%は目標含水率である12%以下になり(図6),合わ

表1 スギ幅広厚板の天然乾燥後の人工乾燥スケジュール

乾球温度 (℃)	湿球温度 (℃)	乾球湿球温度差 (℃)	相対湿度 (%)	平衡含水率 (%)	乾燥時間 (時間)
85	85	0	100	–	3
80	76	4	84	13	12
82	76	6	77	10	12
85	77	8	71	9	12
88	78	10	66	8	18
89	78	11	61	7	18
93	80	13	59	6	24
95	81	14	57	6	24
95	88	7	76	9	24
					147

せ梁原料として適した乾燥性能に仕上げられることがわかった。

3.3 幅広ひき板のグレーディング（等級区分方法）

構造用集成材は，グレーディングマシンを用いてヤング率を評価・等級区分したひき板を原料とするが，同一等級構成では，例えば3層でE75－F255（Eはヤング率，Fは曲げ強度を示す）の強度等級を製造する場合，機械等級ではL80（ヤング率：8 kN/mm²），目視等級では1等以上のひき板を使用する[3]（表2）。そこで，合わせ梁原料として積層方向や断面形状が異なる幅広ひき板のヤング率を評価や製造する強度等級の製品製造を行う際に，集成材ひき板用グレーディングマシンが利用できるのか検討した（図7）。

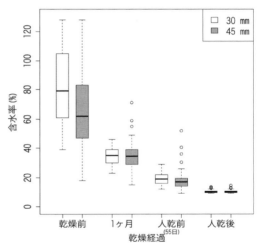

図6 スギ幅広ひき板の乾燥に伴う含水率（高周波容量式含水率計）変動

幅広ひき板（厚40〜70 mm，幅195〜315 mm）300枚のヤング率をグレーディングマシン（荷重載荷式，縦振動式）で計測し，2層〜4層に積層した幅広ひき板のヤング率平均値と，

表2 JAS同一等級構成集成材に使用するひき板の等級

| ひき板の等級 || ヤング率
(kN/mm²) | 同一等級構成集成材の強度等級 |||
目視等級	機械等級		2層	3層	4層
1等	L90	9	E85-F255	E85-F270	E85-F300
2等	L80	8	E75-F240	E75-F255	E75-F270
3等	L70	7	E65-F225	E65-F240	E65-F255

それらひき板から製造した合わせ梁のヤング率を実大曲げ試験により調べた。その際，3層の合わせ梁では荷重の負荷方向を違えた場合についても調べた。その結果，両者間に高い相関関係が認められ，合わせ梁ヤング率は，それらを構成する幅広ひき板をグレーディングマシンで計測したヤング率の平均値から精度良く推定できることがわかった（図8）。また，幅広ひき板のヤング率は，グレーディングマシンでは縦振動式による荷重載荷式と比べて，厚さが45 mm，60 mmでは低く評価されることから，補正係数による調整が必要である。

図7　グレーディングマシン（荷重載荷式）

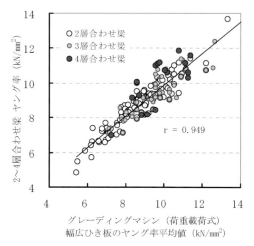
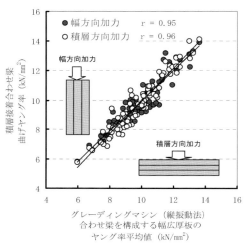

図8　合わせ梁のヤング率と合わせ梁を構成するひき板のヤング率平均値との関係

3.4　幅広ひき板の積層接着技術（合わせ梁の接着性能とせん断性能）

一般の構造用集成材の製造に使用されている，レゾルシノール樹脂又は高分子イソシアネート樹脂の接着剤を用いて，塗布量200〜250 g/m²，プレス圧縮圧力2.5〜3 kgf/cm²以上，閉鎖堆積時間40分，圧縮時間と温度を10℃で24時間以上又は20℃以上で4時間として，3層の合わせ梁を試作した。それらの接着性能（浸漬はく離試験，煮沸はく離試験，ブロックせん断試験）をJAS集成材に準じて評価した。その結果，浸漬，煮沸処理による接着層のはく離は何れの試験体ともに皆無であり，ブロックせん断試験でも基準値を上回った。

一方，合わせ梁の接着層付近にはせん断力が作用することから，常態時と接着性能（浸漬はく離，煮沸はく離）評価後の試験体について，実大いす型せん断試験[4]でせん断性能を調べた。その結果，せん断強さは，常態時と煮沸後又は浸漬後との明確な差異がみられず，いずれも，国土交通省告示の集成材のせん断基準強度以上を有していた（図9）。

第1章　複合化・圧縮による木質材料の開発・加工技術

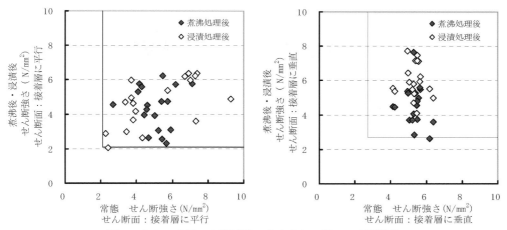

図9　実大いす型せん断試験による合わせ梁のせん断性能

4. スギ積層接着合わせ梁の各種性能の解明

4.1　曲げ性能

　ひき板積層数が2層，3層，4層の同一等級構成のスギ合わせ梁20体の実大曲げ試験を行った結果，各試験体ともにJAS集成材等級に対して国土交通省告示による基準材料強度を上回ることが確認された（図10：左図）。なお，現行の基準材料強度はひき板の積層数が異なる場合，同じヤング率の2層に対して4層の基準材料強度が大きく規定されているが，本試験結果では積層数の違いによる曲げ強度の差は認められなかった（図10：右図）。

　3層合わせ梁で外層2枚に用いた幅広ひき板の機械等級（ヤング率）より下位等級のひき板を用いた異等級対称構成の合わせ梁を製造し，幅方向加力による実大曲げ試験を行った結果でも，基準材料強度を十分上回るとともに，より基準材料強度の大きな積層方向についても上回

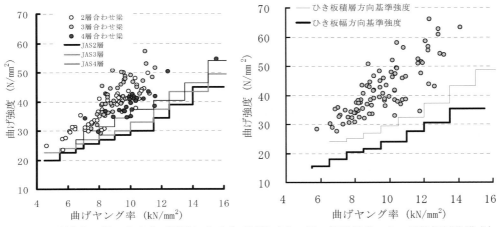

図10　スギ合わせ梁の実大曲げ試験による曲げ性能（左：同一等級構成，右：異等級対称構成）

— 113 —

ることがわかった。

4.2 クリープ性能

梁桁に積載荷重等が長期間負荷された場合に、時間経過とともに梁桁のたわみ（変位）が増加するクリープが生じる。集成材では既往の実験から相対クリープ（建設省告示第1495号の変形増大係数）を2としている[5)6)]。そこで、合わせ梁の相対クリープを調べるため、3層合わせ梁2試験体について2年間、実大クリープ試験を行った。

合わせ梁の相対クリープ（初期たわみに対するその後のたわみの比）は、含水率20%の試験体2では大きく、負荷後2年経過時でもクリープ変位が増加しているが、含水率12%の試験体1では荷重負荷後約半年で安定し、その後は温湿度の変化に伴いたわみが増減する変形がみられた（図11）。2年間のデータから、10～50年後におけるクリープたわみの予測値と相対クリープを求めた（表3）。相対クリープは、試験体1が2.0、試験体2が1.7となり、集成材の2と同値であることがわかった。

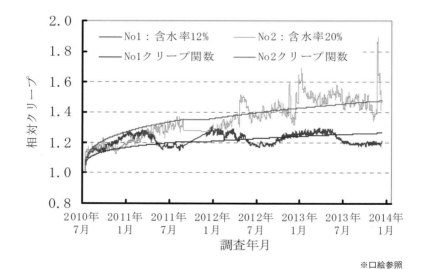

※口絵参照

図11 スギ3層合わせ梁の実大クリープ試験の様子と相対クリープ

表3 クリープ変位と相対クリープ

		No 1	No 2
クリープ変位（mm）	10年後	11.2	21.6
	20年後	11.7	23.5
	50年後	12.5	26.9
相対クリープ	10年後	1.4	1.7
	20年後	1.4	1.8
	50年後	1.5	2.0

4.3 形状安定性（曲がり，反り）

合わせ梁の製造後における形状安定性を評価するため，製造後2年経過時の曲がり・反りを調べた。その結果，合わせ梁の梁背の違いでの差異がみられず，大半が集成材 JAS 基準の 1 mm/長 1 m を下回っていることがわかった（図12）。

4.4 スギ積層接着合わせ梁を住宅の横架材として活用に向けて（スパン表の活用）

合わせ梁の普及に向けて，製造手法と各種性能及び木造住宅の梁部材として使用する際に必要な断面寸法を明示したスパン早見表（表4）により構成した普及ガイド[7]と製品特徴等をわかりやすく解説したリーフレットを作成した（図13）。

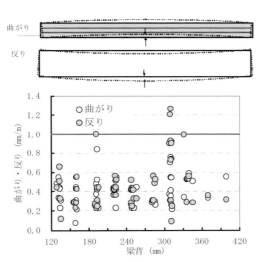

図12　製造後2年経過時の3層合わせ梁の曲がりと反り

図13　スギ合わせ梁の木造住宅梁桁利用向けて作成した普及用ガイド

表4　スギ積層接着合わせ梁（3層同一等級構成）の梁桁スパン表（床小梁の例）

床小梁スパン[mm]	床小梁間隔[mm]	材料等級・材せい[mm]							
		材幅 105mm				材幅 120mm			
		3層同一等級			異等級対称	3層同一等級構成			異等級対称
		E65-F240	E75-F255	E85-F270	E105-F300	E65-F240	E75-F255	E85-F270	E105-F300
1820	910	105	105	105	105	120	120	120	120
	1820	150	150	120	120	150	120	120	120
	2730	150	150	150	150	150	150	150	150
2730	910	180	150	150	150	150	150	150	150
	1820	210	210	180	180	210	180	180	180
	2730	240	240	240	240	240	210	210	210
3640	910	210	210	210	180	210	210	180	180
	1820	270	270	240	240	270	240	240	210
	2730	300	300	300	300	300	270	270	270
4550	910	270	270	240	240	270	240	240	210
	1820	330	330	300	300	330	300	300	270
	2730	390	390	390	390	360	360	330	330

異等級対称：E105-F300の材背より　　30mm増し　　60mm増し

5. 今後の課題と対応

　スギの合わせ梁は，共同研究した民間企業において平成24年からモニター生産（生産量100 m³/年）が行われており，静岡県内と近県を併せて年間30棟の長期優良等の木造住宅の梁桁部材としての利用が進んでいる（図14）。これまでの製品の販売額が約5500万円となっている。今後，合わせ梁の本格的な木造住宅等への利用・普及をするためには，JASや地域の公的製品認証が必要です。また，更なる製造コスト削減や県内の製材工場等での本格生産と製品の安定供給や，木造住宅への利用促進に向けた取組みを，行政施策等と連携して行う必要がある。一方，合わせ梁の品質，性能面では，現行の集成材JASでは接着性能等の評価に適応してない点があること，強度性能（国土交通省の告示値）が実際と比べて過小に低い値になっている点があることから，今後，それらに関連するスギ以外の樹種（カラマツ，ヒノキ等）についてもデータや情報を整理して，JAS改正に向けた働きかけが必要と思われる。

図14　プレカット加工したスギ3層合わせ梁とそれを用いた木造住宅（静岡県浜松市内）

文　献
1) 静岡県農林技術研究所　森林・林業研究センター：静岡県新成長戦略研究報告書, pp.130 (2014).
2) 大熊幹章：木材工業, **67**(1), 23-26 (2012).
3) 日本農林規格：構造用集成材のJAS
4) 井道裕史：木材工業, **69**(1), 40-43 (2014).
5) 日本建築学会：木質構造設計規準・同解説, pp.352 (2003).
6) 木構造振興：木材の強度等データおよび解説, pp.152 (2011).
7) 静岡県農林技術研究所森林・林業研究センター：木造住宅の梁桁部材への静岡県産スギ利用ガイド, pp.56 (2014).

第2編　木材・木質材料の開発・難燃化と評価技術

第1章　複合化・圧縮による木質材料の開発・加工技術

第8節　強化 LVL 接合板とその特性評価

奈良県森林技術センター　中田　欣作

1. はじめに

　ドームや体育館などの大規模な建築物が，集成材を用いた木質構造で建てられることが多くなった。これらの木質構造物では，集成材同士をつなぐ，いわゆる接合方法が重要となる。現在では，金属製接合具を用いる方法が一般的であるが，現場での施工性や接合精度の課題が指摘されている。

　そこで，図1および図2に示すように，スギ材ロータリー単板を樹脂含浸および積層圧密処理して製造した強化 LVL を接合部材として用いる建築方法を提案した。この接合方法では，集成材と接合板である強化 LVL の同時穴あけ加工が容易に行えるため，現場での施工性および加工精度の向上を図ることができる。また，鋼板に比べて重量が大幅に軽くなるため，取り扱いの面でも有利である。そのほか，接合板に鋼板を用いたときの課題とされる，火災安全性や結露に対する性能の向上が期待でき，建築物としての審美性が優れているとともに，建築物の解体，再利用の際にも有利である。

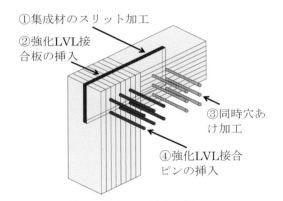

①集成材のスリット加工
②強化LVL接合板の挿入
③同時穴あけ加工
④強化LVL接合ピンの挿入

図1　強化 LVL 接合の模式図

集成材と接合板の同時穴あけ

接合ピンの挿入

強化 LVL 接合

図2　強化 LVL 接合の特徴

2. 強化 LVL の製造方法

　図3に強化 LVL の製造方法を示す。直径約 300 mm のスギ丸太から得られた厚さ 3 mm の

− 117 −

図3 強化LVLの製造方法

ロータリー単板を乾燥させ，加減圧注入缶を用いてアルコール可溶性フェノール樹脂を樹脂含浸し，再度乾燥させた後，積層して温度140℃の多段式ホットプレスで元の厚さの1/3まで圧縮して強化LVLを製造した。

積層方法は，積層数20枚の平行積層と全体の約1/4に当たる4層に直交層を配置した積層数19枚の直交積層とした。平行および直交積層した強化LVLは，それぞれ寸法が幅220 mm×厚さ22 mm×長さ650 mmおよび幅330 mm×厚さ22 mm×長さ650 mmであり，直径20 mmの接合ピンと厚さ22 mmの接合板として用いた。

3. 強化LVLの強度性能

表1に強化LVLの強度特性[1]を示す。平行積層強化LVLは，圧縮前のスギ材と比べると，密度，曲げヤング係数および曲げ強さはそれぞれ，3.4，3.6および4.2倍となった。平行積層強化LVLの曲げヤング係数および曲げ強さは，密度0.7 g/cm^{3}のカバ材から製造された平行積層Compreg[2]と同等であり，密度がその半分程度のスギ材であっても，圧縮度を高めることにより，Compregと同等の優れた強度性能を有した材料になると言える。直交積層強化LVLは，直交積層Compregより直交層の比率が低いため，それより曲げヤング係数および曲げ強さが大きくなった。

図4に強化LVL接合板のモーメント加力試験[3]を示す。厚さ9 mm×幅200×長さ420 mmの平行および各種の積層方法の直交積層強化LVLと厚さ9 mmの鋼板4枚を直径12 mmの

第1章　複合化・圧縮による木質材料の開発・加工技術

表1　強化LVLの強度特性

項目	単位	スギ材	強化LVL 平行積層	強化LVL 直交積層[a]	強化LVL 直交積層[b]	Compreg 平行積層	Compreg 直交積層[a]
積層数[c]	（枚）	−	20/20/0	19/15/4	19/15/4	17/17/0	17/9/8
直交層の比率	（％）	−	0	21.1	21.1	0	47.1
厚さ[d]	（mm）	20	22/60	22/57	22/57	16/27.2	16/27.2
圧縮度	（％）	−	63.3	61.4	61.4	41.2	41.2
重量増加率	（％）	−	41	41	41	25～30	25～30
密度	（g/cm^3）	0.38	1.31	1.29	1.29	1.3	1.3
含水率	（％）	12.0	6.7	6.3	6.3	5	5
曲げヤング係数	（kN/mm^2）	7.4	26.4	20.7	10.6	25.4	17.1
曲げ強さ	（N/mm^2）	62.4	264.4	188.9	73.2	250.3	157.2
圧縮強さ	（N/mm^2）	28.7	−	149.6	110.2	180.0	164.8

a：表層単板の繊維と平行方向の強度特性，b：表層単板の繊維と直交方向の強度特性，c：積層数：全層/平行層/直交層，d：厚さ：仕上がり厚さ/元の積層厚さ．

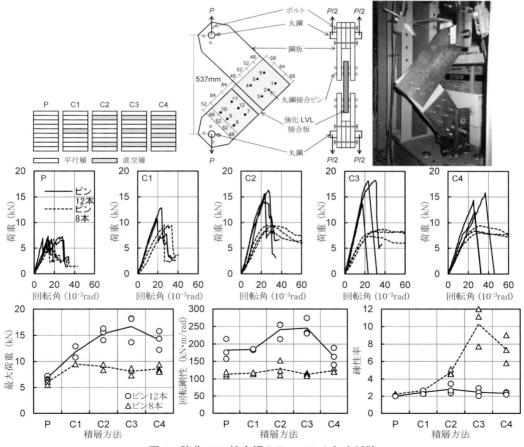

図4　強化LVL接合板のモーメント加力試験

− 119 −

丸鋼接合ピンで接合した。接合ピンは接合部全体で12本および8本とした。接合ピン12本の場合，すべての試験体において，最大荷重を示した直後に破壊が生じたが，積層方法の違いにより破壊形態が異なった。平行積層および直交層1および2層では，表層単板の繊維方向と平行方向に割裂破壊した。直交層3および4層では，繊維と直交方向の破壊が生じ，試験体が2つに破断した。接合ピン8本の場合，平行積層および直交層1層では，接合ピン12本の場合と同様の割裂破壊を生じた。直交層2，3および4層では，最大荷重を示した後に，接合ピンのめり込みにより荷重が低下したが，その後もめり込みが継続する粘り強い破壊形態を示した。

　直交層は強化LVLの割裂破壊を抑制する効果が高く，接合板には直交積層が適していた。直交層2層は，接合性能は直交層3層よりも劣るが，このような破壊形態を加味すると，柱梁接合部等の角度を持つ接合部に用いる接合板に適していると言える。

4. 強化LVL接合部の強度性能

　図5に強化LVL接合部のせん断試験[4]を示す。幅105，120および150×厚さ148×長さ168 mmの6樹種の集成材に幅24 mm×長さ90 mm×奥行き168 mmのスリットを加工し，

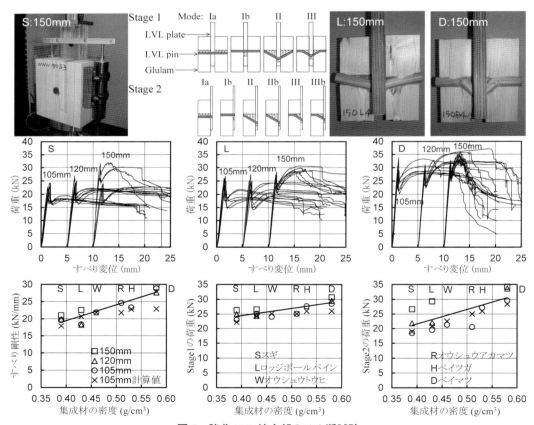

図5　強化LVL接合部のせん断試験

第1章 複合化・圧縮による木質材料の開発・加工技術

集成材と厚さ22 mmの強化LVL接合板を直径20 mmの強化LVL接合ピン1本で接合した。

すべての試験体において，まず，接合ピンが長さの中央で曲げ降伏して一旦荷重が低下し（Stage1），その後，接合ピンが木材にめり込みながら荷重が回復および増加した（Stage2）。強化LVL接合部のすべり剛性および降伏耐力は集成材の密度の増加とともに増加した。

接合モデルは，Stage1では木材の主材および側材よりなる2面せん断接合，Stage2では接合板の中央で仮想的に2分割した木材と木材による1面せん断接合とした。接合部幅105 mmの場合，Stage1の降伏モードは強化LVL接合ピンが中央曲げ降伏するModeⅡ，Stage2の降伏モードは集成材および強化LVL接合板がめり込み降伏するModeⅡbとなった。接合部幅120および150 mmの場合，Stage1の降伏モードはModeⅡ，Stage2ではModeⅡbおよび強化LVL接合板がめり込み降伏および強化LVL接合ピンが側材中で降伏するModeⅢbとなった。Stage1では，弾性床上の梁の曲げ理論式で得られる接合部のすべり剛性および接合ピンの降伏耐力の計算値は実験値と良く一致した。Stage2では，ヨーロッパ降伏理論式で得られるファスナーの降伏耐力の計算値は実験値と良く一致した。

図6に強化LVL接合部のモーメント加力試験[5)6)]を示す。柱土台および柱梁接合部では，直径20 mmの強化LVL接合ピンおよび厚さ22 mmの強化LVL接合板を用いて，幅150×厚

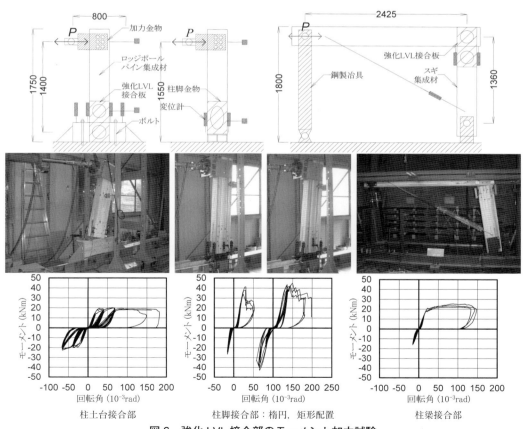

図6 強化LVL接合部のモーメント加力試験

表2 強化LVL接合部の強度特性

接合部	モーメント M				回転角 δ				回転剛性 K		塑性率	構造特性係数
	M_{max}	M_y	M_u	M_{120}	$δ_{Mmax}$	$δ_y$	$δ_u$	$δ_v$	K_0	K_s	$μ$	D_s
	(kNm)				(10^{-3} rad)				(kNm/rad)			
柱土台	20.1	13.0	18.3	5.9	64.2	16.4	157.6	23.1	800	1010	6.97	0.28
柱脚楕円配置	37.6	31.3	25.7	3.7	28.4	21.1	31.8	17.3	1490	2480	1.84	0.61
柱脚矩形配置	43.3	38.9	35.3	3.3	42.8	32.0	72.3	29.2	1220	1690	2.50	0.51
柱梁	23.7	16.8	22.5	9.1	80.5	16.6	140.4	22.2	1010	1200	6.34	0.29

注）添え字：max：最大，y：降伏，u：終局，v：降伏点，0：初期，s：割線，120：1/120 rad 時。

さ 300 mm のロッジポールパインおよびスギ集成材を接合ピン 8 本の円形配置で接合した。柱脚接合部では，直径 20 mm の強化 LVL 接合ピンおよび直径 16 mm の丸鋼接合ピンを用いて，厚さ 9 mm の接合金物にスギ集成材を接合した。ピン配置は，それぞれ接合ピン 12 本の楕円配置および接合ピン 9 本の矩形配置とした。

柱土台および柱梁接合部では，回転角 0.02 rad において接合ピンの曲げ破壊が生じ，回転角 0.06 ～ 0.09 rad において最大モーメントを示した後も，接合ピンが集成材にめり込む粘り強い破壊形態を示し，柱土台接合部では回転角 0.13 ～ 0.17 rad で集成材の割裂破壊が生じた。

柱脚接合部では，接合金物の穴径がピン直径よりも 1.5 mm 大きいためあそびが非常に大きくなった。楕円配置では回転角 0.02 ～ 0.03 rad で最大モーメントを示すとともに集成材が割裂してモーメントが大きく低下した。矩形配置では回転角 0.04 ～ 0.05 rad で最大モーメントを示した後は集成材が徐々に割裂してモーメントが低下した。

表2に強化 LVL 接合部の強度特性を示す。

5. 強化 LVL 接合を用いた木質構造フレームの強度性能

図7に箱型および門型ラーメン架構の水平加力試験[5)6)]を示す。箱型ラーメン架構では，柱梁および柱土台接合部を強化 LVL 接合とし，幅 150×厚さ 300 mm のロッジポールパイン集成材を用いてスパン 2730 mm とした。門型ラーメン架構では，柱梁接合部は強化 LVL 接合，柱脚接合部は楕円配置および矩形配置の金物接合とし，幅 150×厚さ 300 mm のスギ集成材を用いて，それぞれスパン 2730 および 4850 mm とした。

箱型ラーメン架構では，変形角 0.03 rad で接合ピンの曲げ破壊が生じ，変形角 0.06 ～ 0.14 rad で最大荷重を示した後も，接合ピンが集成材にめり込む粘り強い破壊形態を示し，変形角 0.09 ～ 0.15 rad で集成材の割裂破壊が生じた。門型ラーメン架構では，変形角 0.03 rad で柱梁接合部の接合ピンの曲げ破壊が生じたが荷重は増加し，楕円および矩形配置ではそれぞれ変形角 0.03 ～ 0.04 rad および変形角 0.04 ～ 0.05 rad で最大荷重を示し，柱脚接合部の集成材が割裂破壊した。

表3に木質構造フレームの強度特性を，表4に短期基準せん断耐力を示す。門型ラーメン架構は箱型ラーメン架構と比較すると，最大耐力は 1.3 および 1.8 倍，初期剛性は 1.5 および 1.7 倍に向上した。また，門型ラーメン架構では，短期許容せん断耐力は箱型ラーメン架構の

第1章　複合化・圧縮による木質材料の開発・加工技術

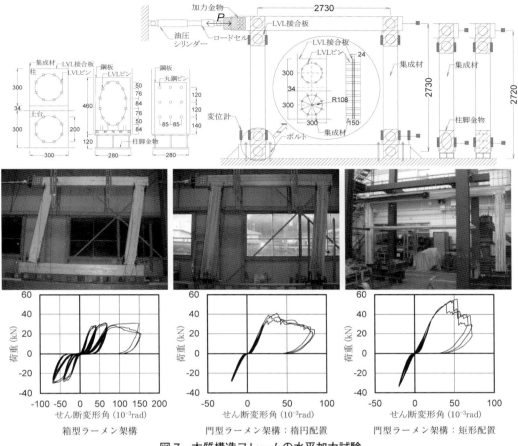

図7　木質構造フレームの水平加力試験

表3　木質構造フレームの強度特性

ラーメン架構	P_{max}	P_y	P_u	P_{120}	δ_{Mmax}	δ_y	δ_u	δ_v	K_0	K_s	疎性率 μ	構造特性係数 D_s
	\multicolumn{4}{c|}{荷重 P （kNm）}	\multicolumn{4}{c|}{せん断変形角 δ （10^{-3} rad）}	\multicolumn{2}{c|}{剛性 K （kNm/rad）}		
箱型	30.4	20.8	27.6	6.2	90.7	22.4	132.5	29.6	940	1090	4.53	0.36
門型楕円配置	38.1	32.6	33.6	8.6	33.1	23.2	55.3	24.0	1400	1610	2.32	0.54
門型矩形配置	53.4	40.4	47.8	12.1	46.7	25.8	55.2	30.4	1570	1650	1.81	0.62

注）max, y, u, v, 0, s, 120：表2参照。

表4　木質構造フレームの短期基準せん断耐力

ラーメン架構	$2/3 P_{max}$ (kN)	P_y (kN)	$0.2 P_u / D_s$ (kN)	P_{120} (kN)	P_a (kN)
箱型	19.9	19.6	14.5	5.7	5.7
門型楕円配置	24.3	31.2	11.9	8.0	8.0
門型矩形配置	34.8	38.7	15.3	11.9	11.9

注）P：荷重，max, y, u, 120：表2参照，P_a：短期許容せん断耐力。

第2編　木材・木質材料の開発・難燃化と評価技術

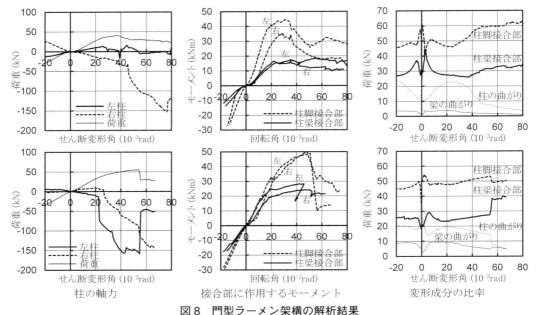

図8　門型ラーメン架構の解析結果
上側：楕円配置，下側：矩形配置

1.4および2.1倍と大幅に向上したが，構造特性係数は箱型ラーメン架構よりも大きくなり，接合部の粘り強さが低下した。

　図8に門型ラーメン架構の解析結果を示す。接合部に作用するモーメントは，各柱のせん断力の分担率および反曲点高さを基にして算出した。楕円および矩形配置では，柱梁接合部のモーメントはともに回転角0.02 radでほぼ一定になり，柱脚接合部のモーメントはそれぞれ回転角0.03および0.05 radで最大値を示した。これらは柱梁および柱脚接合部のモーメント加力試験におけるモーメントと回転角との関係とほぼ一致した。このように，門型ラーメン架構の水平加力試験では，柱梁接合部と柱脚接合部の回転剛性の比によりそれぞれにモーメントが分配され，柱梁接合部が降伏耐力に達した後に柱脚接合部が降伏耐力に達した。門型ラーメン架構の最大耐力および破壊形態は柱脚接合部により決定され，楕円および矩形配置の門型ラーメン架構の短期許容せん断耐力はそれぞれ8.0 kNおよび11.9 kNとなった。これは，柱梁接合部に用いた強化LVL接合が降伏耐力に達した後もほぼ一定の耐力を保持するため，柱脚接合部が持つ性能を十分に引き出していると言うことができる。また，門型ラーメン架構の耐力および変形状態は，柱梁接合部と柱脚接合部のそれぞれの接合性能を基にして予測可能であった。

　図9に強化LVL接合を用いた門型ラーメン架構のシェルターを示す。シェルターは高さ2720 mmでスパン4850 mmとスパン3600 mmの門型ラーメン架構が各4体の合計8体で組み立てられた床面積83 m²，高さ3975mmの建物である。門型ラーメン架構は図7に示すように，柱梁接合部は強化LVL接合，柱脚接合部は矩形配置の金物接合とした。門型フレームの作製では，集成材のスリット加工の後，柱脚接合部の穴あけ加工を行った。柱梁接合部

第 1 章　複合化・圧縮による木質材料の開発・加工技術

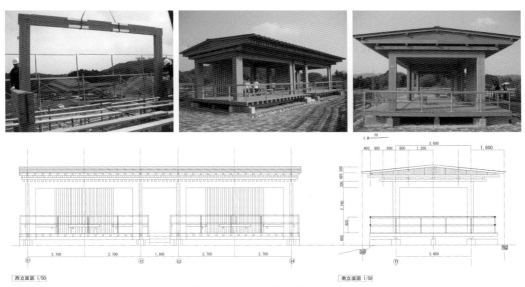

図 9　強化 LVL 接合を用いた木質構造フレームのシェルター

は，柱部分の集成材と接合板の同時穴あけ加工および接合ピンの挿入を工場内で行い，残りの梁部分の加工を図 2 に示すように建築現場で行った結果，作業効率も接合精度も良好であり，この方法が十分に実用可能であることが分かった。

6. 強化 LVL 接合の耐火性能

図 10 に載荷曲げによる耐火試験[7]を示す。梁梁接合部を想定し，幅 150×厚さ 300×長さ 4200 mm のベイマツ集成材の梁の中央を強化 LVL 接合および鋼板丸鋼接合で継手接合した試験体を用いた。強化 LVL 接合では，直径 20 mm の強化 LVL 接合ピンを矩形および楕円状に配置し，それぞれ厚さ 17 および 34 mm の強化 LVL 接合板を用いた。鋼板丸鋼接合では，直径 12 mm の丸鋼接合ピンおよび厚さ 9 mm の鋼板を用いた。耐火試験では，耐火炉の上部に試験体の梁をセットし，荷重を負荷した後，ISO 834-1 に準じて加熱し，梁が破壊するまでの時間を測定した。載荷荷重は，静的な曲げ破壊試験で得られた強化 LVL 接合の最大耐力を約 1/2 にした 10 および 20 kN とした。

矩形配置の場合，強化 LVL 接合では，75 分加熱後も荷重およびたわみに急激な変化が認められず試験を終了した。鋼板丸鋼接合では，65 分後に集成材が破壊した。楕円配置の場合，両者ともに集成材が割裂破壊した。

強化 LVL 接合では，荷重点のたわみが少なく，耐火時間が長く，優れた耐火性能を有していた。また，試験体内部の温度上昇が極めて遅く，試験終了時での接合部内部における接合板，接合ピンおよび集成材の炭化は認められなかった。なお，鋼板丸鋼接合では，接合板および接合ピン部分での燃え込みが著しく，炭化速度が大きくなった。

第2編　木材・木質材料の開発・難燃化と評価技術

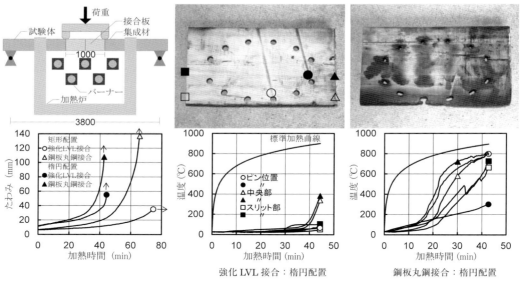

図10　強化 LVL 接合の耐火試験

文　献
1) 中田欣作:奈良県森林技術センター研究報告, **36**, 1(2007).
2) Forest Products Laboratory : Wood Handbook, pp.19 : 4-9, Forest Products Laboratory, Madison (2010).
3) 中田欣作, 杉本英明, 井上雅文, 川井秀一:木材学会誌, **46**(3), 203(2000).
4) 中田欣作, 小松幸平:木材学会誌, **53**(6), 313(2007).
5) 中田欣作, 小松幸平:木材学会誌, **55**(3), 155(2009).
6) 中田欣作, 小松幸平:木材学会誌, **55**(4), 207(2009).
7) 中田欣作, 杉本英明, 上杉三郎, 原田寿郎, 井上雅文, 川井秀一:木材学会誌, **48**(4), 249(2002).

第2編 木材・木質材料の開発・難燃化と評価技術

第2章 木質材料の難燃化技術

第1節 建築用木材の難燃化技術

国立研究開発法人森林研究・整備機構　原田　寿郎

1. 木材の燃焼発熱性と難燃性の付与

　木材の欠点は，「狂う」，「腐る」，「燃える」と言われ，とりわけ，建築物の多くが木造であったわが国においては，「燃える」ことへの畏怖はなまなかではない。しかし，一言で「燃える」といっても木材の燃焼は，樹種により，形状により千差万別である。

1.1　木材燃焼のメカニズム

　燃焼にもさまざまな形態がある。天然ガスのような気体燃料は，空気と混合して可燃性混合気体を形成させ，また，灯油のような液体燃料は，加熱により温度を上げて液体を蒸発させて空気と混合させ，ここに電気スパークなど着火に必要なエネルギーを供給すると引火する。固体である蝋燭の場合は，溶けたパラフィン等が芯を通って炎の熱で気化し，燃焼の維持に必要な空気が炎の外から供給されて燃焼する。天然ガスや灯油，蝋燭はそれ自身が燃料となり，空気と混合して燃焼しているが，木材の燃焼はこれらとはメカニズムが異なる。木材はセルロース，ヘミセルロース，リグニンを主体とするリグノセルロースであり，それ自体が加熱により溶融し，気化するわけではない。セルロースやヘミセルロース，リグニンは加熱されると，熱分解し，熱分解生成物中の可燃成分が空気と可燃性混合気体を形成して燃焼するので，分解燃焼とも呼ばれる。このため，厳密には木材が燃焼するわけではなく，木材の熱分解生成物が燃焼していることになる。

　木材の熱分解は150℃くらいから始まり，200℃を超えるとさらに速度を増し，CO_2などとともに，CO，メタン，エタン，水素，アルデヒド・ケトン類，有機酸などの可燃性ガスを発生するようになる。260℃を超えるとこの速度が急激に高まり，ここに着火に必要なエネルギーが火炎などから与えられると着火することになる。日本の建築行政において，木材の火災危険温度が260℃とされているのはこのことによる。ひとたび燃焼が開始すると，燃焼によって生じる熱エネルギーが供給され，木材の熱分解が進行して燃焼するという連鎖が生まれ，発炎燃焼が継続することとなる。

1.2　木材の着火性

　口火がある場合，木材は，熱分解が急速となる260℃以上に加熱されると着火しやすくなると上述したが，着火に至るまでの時間（着火時間）は樹種によって異なる。図1はコーンカロリーメータを用い，電気スパークによる口火を近づけながら，入射熱強度$50\,kW/m^2$で厚さ10 mmの木材の板目面またはまさ目面を加熱した場合の木材の密度と着火時間を示したもの

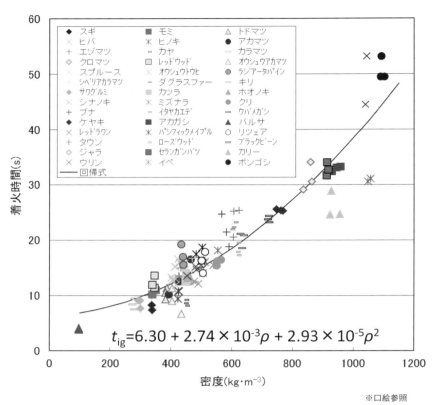

図1 コーンカロリーメータ試験における木材の密度と着火時間の関係[3]
（入射熱強度：50 kW/m², 口火あり, 試験体の厚さ：10 mm）

である[1]。木材の着火時間は木材の密度と相関が見られる。「桐は燃え難い」と巷間言われるのを耳にするが, 着火性からはむしろ, 燃えやすい木材といえる。着火のしやすさが木材の密度に影響を受けることは, 入射熱を受ける半無限固体の熱伝導方程式の解より求められる次の理論式より明らかである[2]。ここで, t_{ig}：着火時間（s）, k：熱伝導率（kW·m^{-1}·K^{-1}）, ρ：密度（kg·m^{-3}）, c：比熱（kJ·kg^{-1}·K^{-1}）, T_{ig}：着火時の表面温度（K）, T_0：室温（K）, δ：表面での放射吸収率, I：入射熱強度（kW·m^{-2}）である。

$$t_{ig} = \pi k \rho c \left(\frac{T_{ig} - T_0}{2\delta I} \right)^2 \tag{1}$$

板目面加熱とまさ目面加熱では, 着火時間は変わらないが, 木口面を加熱した場合は, 板目面, まさ目面加熱の場合よりも着火時間が1.6〜1.7倍遅くなる[3]。これは, 木材の熱伝導率には異方性があり, 繊維方向の熱伝導率が繊維直角方向に比べて大きいことによると考えられる。

木材が着火する限界入射熱強度は, 10 kW/m²程度と言われているが, 入射熱強度が小さくなると, 着火時間は遅くなる。菊地[4]の実験によれば, この際の着火時の木材の表面温度は, 20〜40 kW/m²の入射熱強度で加熱した場合, 300〜400℃で, 入射熱強度が小さいほど,

着火時の木材表面温度は高くなる傾向が見られるとしている。したがって、口火がある場合の木材の着火温度は必ずしも一定というわけではない。

1.3 燃焼発熱性

厚さ10 mm、20 mm、40 mmのヒバ材の板目面またはまさ目面をコーンカロリーメータを用いて入射熱強度50 kW/m² で加熱した場合の発熱速度の推移を図2に示す。一定の入射熱強度で加熱した際の木材の発熱速度は、着火直後に第一ピーク値を示した後、炭化の進行とともに低下し、やがて一定の速度で推移する。その後、再び増加に転じて第二ピークを示して発炎燃焼を終了し、熾火状態での燃焼が継続する。

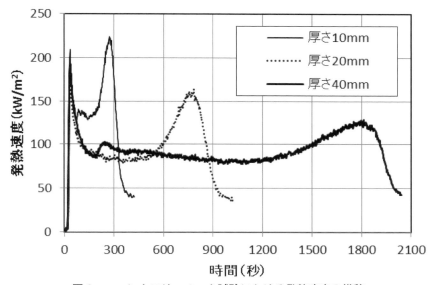

図2 コーンカロリーメータ試験における発熱速度の推移
（入射熱強度：50 kW/m²、試験体：ヒバまさ目材または板目材）

国産針葉樹10樹種、広葉樹12樹種の厚さ10 mmのまさ目または板目材を入射熱強度50 kW/m² で加熱した際のコーンカロリーメータ試験の結果を表1に示す。第一ピーク値には大きな差はないが、第二ピーク値は樹種による差が大きい。当然のことながら、総発熱量は密度の大きな樹種ほど大きくなる。有効燃焼発熱量は木材が燃焼する際の単位質量減少量当たりの発熱量で、表1のコーンカロリーメータ試験結果では、12～16 MJ/kgの値となっている。この値は木材の成分による影響が大きい。セルロース、マンナン、キシラン、リグニンの有効燃焼発熱量の平均値はそれぞれ、13.8 MJ/kg、12.4 MJ/kg、10.7 MJ/kg、14.7 MJ/kgとされており[2]、木材の有効燃焼発熱量は、一般にリグニン含有量の高い針葉樹の方が広葉樹よりも値が大きい。

表1 樹種別のコーンカロリーメーター試験結果一覧

	樹種	密度 kg/m³	着火時間 s	発熱速度 第1ピーク kW/m²	発熱速度 第2ピーク kW/m²	有効燃焼発熱量 MJ/kg	総発熱量 5分 MJ/m²	総発熱量 10分 MJ/m²
針葉樹	スギ	338	8.3	167	176	15.1	34.4	47.1
	モミ	339	10.2	193	174	15.3	34.1	48.7
	トドマツ	383	10.5	165	173	15.3	31.8	54.2
	ヒバ	402	13.2	177	198	14.9	36.3	57.4
	ヒノキ	427	10.7	186	179	14.1	32.6	57.5
	アカマツ	427	12.5	147	228	16.1	31.6	58.0
	エゾマツ	427	13.5	215	169	14.6	31.6	56.9
	カヤ	446	9.1	214	260	15.9	47.5	66.3
	カラマツ	496	14.8	169	170	13.7	30.5	58.3
	クロマツ	508	15.6	185	296	14.9	44.1	72.8
広葉樹	キリ	279	7.4	190	141	15.1	32.3	43.4
	サワグルミ	299	9.0	190	178	15.2	37.1	48.3
	カツラ	449	14.1	197	213	13.8	39.4	56.1
	ホオノキ	455	13.1	199	227	14.8	40.8	62.5
	シナノキ	491	12.1	216	355	15.5	59.8	72.8
	ミズナラ	540	15.5	213	303	14.5	47.7	73.4
	クリ	552	16.2	221	210	12.6	34.3	60.8
	ブナ	567	24.7	184	373	14.4	38.7	64.4
	イタヤカエデ	597	21.9	204	425	13.9	50.8	73.6
	ウバメガシ	722	24.3	208	338	12.9	41.9	80.1
	ケヤキ	762	25.3	208	396	13.1	40.4	87.2
	アカガシ	957	33.2	210	454	12.7	38.9	102.3

1.4 木材難燃化のメカニズム

　木材が着火し，燃焼を継続するには，①木材が加熱されて熱分解し，②熱分解生成物と空気からなる可燃性混合気体が着火に必要な濃度になり，そこに③着火に必要なエネルギーが供給されて着火・燃焼し，④その燃焼時の発熱によりさらに木材が熱分解して可燃性混合気体が継続的に生成される必要がある。木材の難燃化はこの流れをどこかで遮断する，あるいは遅延させることにより達成されることとなる。

　物理的な手法としては，木質材料表面への熱を遮断する方法がある。せっこうボード等の無機材料による被覆，加熱により発泡層が形成される塗料の塗布やシートの貼り付けがこれにあたる。

化学的な手法としては，木片セメント板や木毛セメント板のようにセメント等の無機材料と複合化することで熱分解ガスの生成を遅延させる方法や，難燃薬剤を木材中に含浸・注入し，燃焼時にセルロースに作用して水素を水に変化させ炭化を促進して可燃性混合気体の生成を遅らせたり，アンモニアガス，炭酸ガス，窒素系ガスなどの不燃性ガスを発生させて可燃性混合気体の濃度を希釈したり，あるいはハロゲンラジカルの働きで発炎の連鎖反応を停止させることで消炎させたりする方法がある。

2. 防火材料の種類と建築用材で木材の難燃化が求められる場所

　空襲で多くの市街地が焼け野原となった戦後に制定された建築基準法では，不燃都市建設への強い思いを背景に，防火地域・準防火地域内での木造建築物建設や木質材料使用が著しく制限される内容となり，木質材料は耐火構造や不燃材料から排除されていた。その後，木質材料の使用が徐々に緩和され，2000年に施行された改正建築基準法により，木質材料であっても所定の性能を満たせば，耐火構造や不燃材料として認められるようになった。しかし，木材が可燃物であることには変わりがなく，火災による危険性そのものがなくなったわけではない。建築基準法では防火材料は，不燃材料，準不燃材料，難燃材料に区分されている。防火性能の評価方法については，次項で詳しく述べる。

　難燃処理木材の使用が求められるのは，劇場，病院，ホテル，共同住宅，百貨店，地階，車庫，調理室，ボイラ室，大規模建築物など主に特殊建築物の内装制限を受ける場所である。内装制限といっても緩和措置が設けられており，居室であれば，床から高さ 1.2 m を超える壁や天井は難燃材料とされているが，天井を準不燃材料にすれば，壁の仕上げは無処理の木材でも可となる。特殊建築物における内装制限の概要を**表2**に示す。この表から，準不燃材料の性能があれば，かなりの場所に内装材料として木質材料を使用することが可能であることがわかる。

3. 難燃性の評価手法

　防火材料は不燃材料，準不燃材料，難燃材料に分類され，それぞれ20分間，10分間，5分間の不燃性という性能基準が示されている。不燃性の定義は，①燃焼しないものであること，②防火上有害な変形，溶融，亀裂その他の損傷を生じないものであること，③避難上有害な煙またはガスを発生しないものであること（外部仕上げ用は除く）となっている。2000年の建築基準法の改正にあわせ，評価手法についても改正が行われ，発炎燃焼性についてはISO5660-1に規定されるコーンカロリーメータを，ガス有害性については昭和51年建設省告示第1231号（廃止）のガス有害性試験に準じた試験を行うのが一般的である。従来は試験方法や評価基準が建設省告示に定められていたが，現在は性能評価機関が建築基準法などに示された性能が担保できる試験方法や評価基準を業務方法書の中で定めている。その評価手法の一例を**表3**に示す[2]。

表2　内装制限が適用される特殊建築物

用途等	対象となる構造 耐火建築物	対象となる構造 準耐火建築物	対象となる構造 その他	内装材料（壁・天井）居室	内装材料（壁・天井）通路
①劇場，映画館，演芸場，観覧場，集会場等	客席≧400 m²	客席≧100 m²	床面積の合計≧200 m²	難燃材料（1.2 m 以下の壁を除く）3階以上の天井は準不燃材料	準不燃材料
②病院，診療所，ホテル，共同住宅等	3階以上の合計≧300 m²	2階以上の合計≧300 m²	^	^	^
③百貨店，マーケット，展示場，カフェ，飲食店等	3階以上の合計≧1000 m²	2階以上の合計≧500 m²	^	^	^
④地階，地下工作物内の①～③の用途	すべて			準不燃材料	^
⑤自動車車庫，修理工場	すべて			準不燃材料	^
⑥排煙上無窓の居室	すべて			準不燃材料	^
⑦調理室，浴室，ボイラ室，作業室等	－	階数2以上の住宅の最上階以外の階，住宅以外の建築物			^
⑧大規模建築物	・階数3以上で延面積＞500 m² ・階数2で延面積＞1000 m² ・階数1で延面積＞3000 m²			難燃材料（1.2 m 以下の壁を除く）	^

表3　不燃材料，準不燃材料，難燃材料の試験方法

区分	不燃材料	準不燃材料	難燃材料
要求性能	20分間の不燃性	10分間の不燃性	5分間の不燃性
基準	①燃焼しないものであること ②防火上有害な変形，溶融，亀裂を生じない ③退避上有害な煙・ガスを発生しない（除 外部仕上）		
コーンカロリーメータ試験	50 kW/m² で 10 cm×10 cm の試験体を加熱 ・加熱時間の総発熱量が 8 MJ/m² 以下 ・裏面まで貫通する亀裂，穴，著しい収縮を生じない ・発熱速度が 10 秒以上継続して 200 kW/m² 超えない		
ガス有害性試験	22×22 cm の試験体を 6 分間加熱。煙を 8 匹のマウスを入れた室に引込み，行動停止時間を計測。平均の行動停止時間が 6.8 分以上ならば合格		

4. 難燃薬剤の注入による木材の難燃化技術

4.1　難燃薬剤の注入方法

主な難燃薬剤とその作用は**表4**の通りである[5]。

木材に薬剤を含浸させて，所定の防火性能を付与するには，難燃薬剤を表層だけでなく，内部まで可能な限り均一に注入する必要がある。このため，難燃薬剤を溶解した水溶液に木材を浸し，減圧したのち加圧して薬剤を含浸させる減圧・加圧法が一般的である。溶解度の低い薬

表4　主な難燃薬剤のその作用

薬剤	薬剤の作用	薬剤例
リン酸系薬剤	・脱水炭化作用の促進による炭化層の形成とそれによる酸素及び熱供給の阻止 ・炭素のガス化阻止 ・熱伝導率，熱拡散率の低減と比熱の増大 ・窒素との併用による炭化促進効果	リン酸，ポリリン酸，リン酸＋メラミン樹脂，リン酸アンモニウム，リン酸アンモニウム＋硫酸アンモニウム，リン酸アンモニウム＋尿素，リン酸アンモニウム＋グアニジン，リン酸アンモニウム＋ジシアンジアミド，リン酸アンモニウム＋ポリエチレングリコール，リン酸グアニジン，リン酸グアニル尿素，リン酸メラミン，ポリリン酸アンモニウム
ホウ素系薬剤	・防じん作用 ・不活性な炭化層の形成による酸素及び熱の供給遮断 ・アルカリ金属，アルカリ土類金属との作用による脱水炭化作用の促進 ・酸化ホウ素の溶融による活性炭素の酸化抑制	ホウ酸，ホウ酸ソーダ（ホウ砂），ホウ酸＋アンチモン，ホウ酸＋水ガラス，ホウ酸＋ホウ酸ソーダ＋リン酸アンモニウム，ホウ酸ソーダ＋リン酸アンモニウム＋塩化アンモニウム，ホウ酸ソーダ＋リン酸アンモニウム＋リン酸ナトリウム
ハロゲン系薬剤	・ハロゲンが原子状態で燃焼に関与して燃焼の連鎖反応を阻止 ・燃焼速度の低減 ・火炎温度の低下	臭化アンモニウム，塩化カルシウム，塩化亜鉛＋アンモニア，塩化アンチモン，塩化パラフィン＋酸化アンチモン

剤を使用する場合は，薬液そのものを加温して注入する場合もある。薬液に常温・常圧で浸漬させる方法や木材を水で煮沸してから常温の薬剤溶液に移して薬液を浸漬する温冷浴法なども行われるが，減圧・加圧法に比べて，薬剤注入量が少なく，注入量のばらつきも大きくなる傾向があることに留意する必要がある。難燃薬剤は水溶性の薬剤が一般的であるが，非水溶性の薬剤を注入するため，溶媒を利用する乾式法が採用される場合もある。

　木材への薬剤注入性は，樹種により，辺材・心材により，また，注入する木材の寸法により異なる。スギ辺材は比較的薬剤を注入しやすいが，カラマツやベイマツは難注入性である。スギであっても心材は薬剤が入りにくい。木材が厚くなると，また，長さが長くなると，薬剤は木材の中心まで含浸しにくくなる。同じスギ辺材であっても，極端に注入量が少ないこともあり，同じ樹種を同一条件で処理する場合であっても，注入性に差が生じる場合があることには十分注意が必要である。難燃処理木材の製造に当たっては，個々の処理木材について，注入前後の重量を測定するなどして，薬剤注入量の管理を行う必要がある。また，非破壊で木材中の難燃薬剤の分布状況を把握できる技術の開発が望まれる。

4.2　薬剤注入量と防火性能

　薬剤の注入量が多いほど，防火性能が向上する。ポリリン酸系の難燃薬剤の注入量を変えた厚さ15 mmのアカマツ試験体のコーンカロリーメータ試験による発熱速度の推移を図3に，5分または10分間の総発熱量を図4に示す[6]。この試験体の条件では，総発熱量の基準からは，薬剤注入量（乾燥時の薬剤固定量）が80 kg/m³程度あれば難燃材料，120 kg/m³程度あれば準不燃材料レベルの防火性能を有することになる。不燃材料の場合は加熱時間が20分と

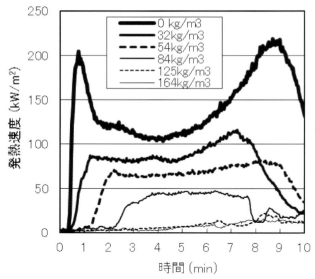

図3 コーンカロリーメータ試験における難燃処理木材の発熱速度の推移
（凡例の数値は薬剤固定量）

長いことから，たとえ着火しなくても総発熱量が 8 MJ/m² を超える場合も多く，薬剤の注入量のみならず，酸素消費法により計測される未着火時の発熱速度の少ない薬剤の選択が重要となる。

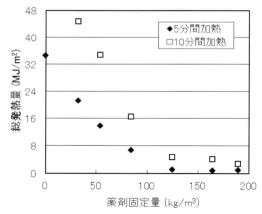

図4 コーンカロリーメータ試験における難燃処理木材の総発熱量

5. 難燃処理木材の課題

5.1 白華

街のあちこちで難燃処理した木材が内装等に使用されている事例を見かけることが多くなった。しかし，よく観察すると，表面に結晶が析出していたり，汗をかいたような状態になったりしているのを見かけることもままある。

難燃処理木材は水溶性の薬剤を木材に注入するのが一般的であるので，湿度の高い場所で使用されると，吸湿して表面に薬剤が析出する場合がある。これらは「白華」と呼ばれ，見た目

も悪く，ザラツキを生じるなどのクレームの原因となっており，製造業者はその対応に苦慮している。対応策としては塗装によって析出を抑える方法や析出しにくい薬剤の開発があげられる。塗装は簡易な方法であるが，防火材料の認定では，塗装を行う場合は塗装を施した材料での試験が義務付けられているので有機系の塗料では塗膜が燃焼して総発熱量が増加することへの留意が必要である。析出しにくい薬剤開発の事例としては，ホウ酸やリン酸グアニジンを主剤とし，溶解度を高める助剤に炭酸アンモニウムや炭酸水素アンモニウムを用いることで難燃処理木材の吸湿性を抑制するものや，コハク酸などの有機酸によってリン酸グアニジンの溶解度を改善することにより吸湿性を改善する試み，ヘキサメタリン酸ナトリウムに酸化ジルコニウムを配合し，溶出率を低減させる取組み[7]-[9]が挙げられる。また，梅雨時の施工や，コンクリートが十分に乾燥しない状態での難燃処理木材の施工などで予想外の白華が起こる場合もあるので，施工管理にも十分配慮すべきである。

5.2　屋外使用時の薬剤の溶出

難燃処理した木材を外壁など屋外にも使用したいとの要望も多く聞かれる。しかし，前述の通り，難燃処理木材は水溶性の薬剤を木材に注入するのが一般的であることから，雨に曝されると表面から薬剤が溶脱し，性能が低下することが懸念される。図5は厚さ18 mmのスギ辺材に難燃薬剤を注入し塗装を施した試験体を屋外で暴露した際の薬剤残存量の推移を示したものである[10]。図中の薬剤Aは変性カルバミルポリリン酸を主体とする薬剤，薬剤Bはリン酸グアニジンを主成分とする薬剤である。また，①等の数字は塗装の種類を示し，①は含浸・半透明型塗料（茶色系），②は半造膜・半透明型塗料（茶色系），③は造膜・隠蔽型塗料（白色

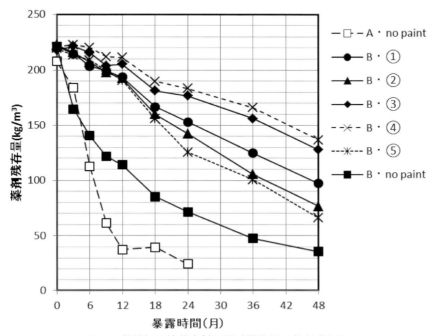

図5　難燃処理塗装木材の屋外暴露後の薬剤残存量

系），④は造膜・透明型塗料，⑤は造膜・隠蔽型塗料（白色系）を示す。この事例では，薬剤Bの方が薬剤Aに比べて溶脱が少なく，塗装によっては4年後も準不燃材料レベルの薬剤が残存しているものもあるが，溶脱を防止するには至っていない。

屋外での難燃処理木材の使用に当たっては，溶脱しにくい薬剤と塗装の組合せを採用して屋外耐久性の検証を行うとともにメンテナンス方法の検討も行う必要がある。

6. 木質構造材料への難燃処理木材の利用

難燃処理木材は防火性能が求められる内外装用に用いられるのが一般的であるが，耐火構造の木質の柱や梁などの開発が進む中で，構造上必要とされる断面の周りを難燃処理木材で被覆して材料の燃え止まりを実現し，耐火性能を付与する手法が実用化されている。1時間耐火構造についてはすでに国土交通大臣の認定を取得し，実物件が建設されているほか，2時間耐火構造についても開発が進められ，同様の手法での耐火性の付与が可能であることが確認されている。詳しい説明は第3章に譲るが，被覆に用いるスギラミナには準不燃材料レベルの処理が必要である。

文 献
1) 原田寿郎：木材工業, **59**(10), 454-457(2004).
2) 日本建築学会編：構造材料の耐火性ガイドブック, pp.203-262, 日本建築学会(2017).
3) 原田寿郎：木材学会誌, **43**(3), 268-279(1997).
4) 菊地伸一：木材学会誌, **50**(1), 37-42(2004).
5) 日本木材保存協会編：木材保存学入門, pp.126-127, 日本木材保存協会(2012).
6) T. Harada, S. Uesugi and H. Taniuchi：*Forest Products Jounal*, **53**(6), pp.81-85(2003).
7) 伊藤貴文：吸湿性を抑えた不燃木材の開発と事例紹介, 木材工業, **70**(11), pp.517-520(2015).
8) 伊藤貴文：木材学会誌, **61**(3), pp.105-110(2015).
9) 津司知子, 阿部健一, 平井賢治：徳島県森林林業研究報告 No.6, pp.5-8(2010).
10) 原田寿郎, 片岡厚, 松永浩史, 上川大輔, 亀岡祐史, 木口実：木材保存, **39**(1), pp.16-23(2013).

第2編　木材・木質材料の開発・難燃化と評価技術

第2章　木質材料の難燃化技術

第2節　木材の難燃処理と難燃処理部材の品質管理

地方独立行政法人北海道立総合研究機構　菊地　伸一

　防耐火構造や防火設備の部材，内装材料として木材を使用する場合，木材の燃焼を抑制する難燃薬剤による処理，すなわち難燃処理が必要とされることがある。本稿では，まず建築物火災の成長段階に対応する材料の燃焼特性について述べ，次いで，難燃処理に用いられる薬剤の種類，難燃処理木材の用途，品質管理方法等について述べる。

1. 火災の成長段階と対応する燃焼特性

　木材のような可燃性材料が内装材料として使用される居室のような区画化された空間内における火災は，図1に示すように，出火源となる可燃物の燃焼，火源から内装材料や収納可燃物への着火，内装壁面から天井面にかけての火炎伝播による燃焼拡大，区画全体の激しい燃焼・他区画への火炎の噴出，のような拡大過程をたどる[1]。火災初期の部分的な燃焼から区画内部全体に燃焼が拡大する境界現象がフラッシュオーバーで，これ以降，火盛り期または盛期火災と言われる状態に移行する。盛期火災以降の展開は，内装材料だけではなく収納可燃物を含めた区画内の可燃物量（火災荷重）や，空気の供給経路となる開口部および区画を構成する壁・天井の耐火性能に左右される。区画が防火的に強ければ区画内の可燃物が消失して火災は徐々に減衰する。一方，火災が継続すると開口部からの火炎や燃焼ガスの噴出，区画が破壊されて建築物全体への火炎や燃焼ガスの拡大，構造材の損傷による建築物の倒壊，周囲の建築物への延焼等が起きる。

　火災初期段階での区画内の温度上昇は緩やかで，酸素濃度の変化も小さい。一方，フラッシュオーバー以降，盛期火災段階の室内温度は高温状態が続き，室内の酸素濃度は急減するとともに一酸化炭素・二酸化炭素濃度は急増する[2]。室内温度が高温になること，および酸素濃度が低下することから，フラッシュオーバー以降，火災室で人間は生存することができない。このように，出火からフラッシュオーバーまでの初期火災段階と，フラッシュオーバー以降の盛期火災段階とでは区画の火災性状は大きく異なっている。

　このような火災進展過程に対応し，建築材料に求められる火災安全上の性能も初期火災段階とフラッシュオーバー以降の盛期火災段階とでは異なったものとなる。すな

図1　室内火災の拡大過程

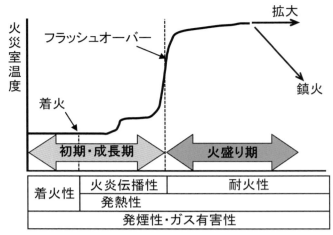

図2 火災の成長段階と対応する燃焼特性

わち，初期火災段階では燃え広がりを遅らせ，出火室からの避難時間を長くするための内装材料の難燃性能や煙・有害ガスの発生量の少ないことが，盛期火災段階では区画の破壊や建築物の倒壊を防止するための構造材料の耐火性能が必要となる[3)4)]。

図2[5)]は区画火災の成長段階とそれに関係する材料の燃焼特性を模式的にあらわしたものである。これによると，火災初期段階は2つの領域に分けられ，火災開始には着火性が，フラッシュオーバーに至る成長過程では火炎伝播性と発熱性が，そして発煙性・ガス有害性が両方の領域に共通に係わる燃焼特性として示されている。

また，火炎伝播が着火によって生成する火炎で加熱された未燃焼部分に着火が連続して起きる現象であり，火炎による加熱の強さは発熱速度に依存する，といったように着火性，発熱性，火炎伝播性は相互に関連の深い燃焼特性である。

盛期火災段階における建築構造に対する主要な性能評価項目は，遮炎性，遮熱性および構造安定性となる。その評価方法としては，日本のJIS A 1304[6)]，米国のASTM E 119[7)]など各国が独自に定めている規格およびISO 834[8)]などの国際規格があるが，どれもほぼ類似した加熱温度曲線が用いられている[9)]。

2. 防耐火性能の評価

建築物の構造や内装には用途や規模に応じて備えるべき防耐火性能が定められている。これらの構造や材料は，国土交通大臣が定めた仕様（告示仕様）と，告示仕様に当てはまらず個別の申請に基づいて国土交通大臣が認定する仕様（大臣認定）に大別される。大臣認定されている仕様の中で，広く普及しているものを告示仕様として定めることも行われている。

大臣認定を申請するための概略の手順を**図3**に示す。性能評価機関は，各機関が定める防耐火性能試験・評価業務方法書[10)]に基づいて性能評価試験を行う。試験を経て，所定の防耐火性能が認められ，大臣認定を受けた仕様は，国土交通省のホームページ[11)]に掲載される。そこ

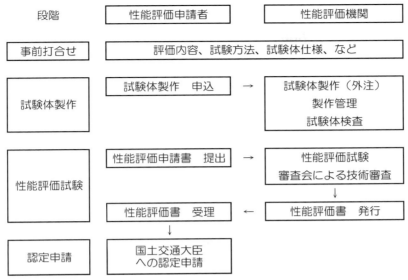

図3 防耐火構造，防火材料等の大臣認定申請までの流れ

に示されているのは，認定を受けた構造方法等の名称，申請者の氏名又は名称・住所，指定性能評価機関又は承認性能評価機関の名称，認定番号，認定年月日である。仕様のより具体的な内容については，大臣認定を受けた者の判断によって，他の資料等で示されることがある。

3. 防火木材の種類

防火材料は発熱量や燃焼ガスの有害性が少ない材料で，燃えにくさの順に不燃材料，準不燃材料，難燃材料の3種類がある。木材は難燃材料に該当せず，内装材料として使える範囲が限られていることや木造耐火構造や木製防火設備の部材として使用するため，難燃薬剤で処理をして燃えにくくした木材が開発・製造され，大臣認定を受けている。

本項では，難燃薬剤で燃焼性を抑制し，大臣認定を受けた不燃木材，準不燃木材，難燃木材を総称して防火木材とした。木材と薬剤処理された防火木材とでは燃え方に大きな違いがあり，たとえば，準不燃木材の場合，10分間の燃焼中に発生する熱量は木材の1/10程度にまで減少する。

現在の認定制度では，既認定の仕様と異なれば新規として取り扱われる[12]。なお，既に認定を受けた構造方法等の軽微な変更で，国土交通大臣が安全上，防火上及び衛生上支障がないと認めるものについての認定を受けようとする場合には，性能試験を伴わない性能評価が可能であるが，防火木材については仕様の違いが防火性能に及ぼす影響に関する知見の蓄積が乏しいことから，仕様が異なる場合には性能評価試験および認定申請が必要とされる。

不燃処理木材の防火性能基準については，建築基準法や品確法に係わる技術的な提案を受けるコンタクトポイントにおいて検討が行われている（受付番号070004，平成28年4月1日現在）[13]。

4. 防火木材に用いられる難燃薬剤

　不燃木材，準不燃木材に使用されている難燃薬剤の種類および量を，『新耐火防火構造・材料等便覧』[14]から抜粋し，表1に示した。なお，表中の難燃薬剤の分類は便宜的なものである。また，薬剤量が空白なものは，便覧に未掲載等の理由で不明なことによる。近年大臣認定を得た防火木材は，難燃薬剤の種類および薬剤量が明らかにされていないことが多い。

　表1によると，難燃薬剤の化合物名等の詳細は明らかではないものの，多様な難燃薬剤が用いられていることが示唆される。また，難燃薬剤量も異なっている。このように難燃薬剤の

表1　防火木材に使用されている難燃薬剤

級別	難燃薬剤の分類	難燃薬剤の種類	固形量 (kg/m^3)
不燃木材	リン・窒素系	りん酸系 無機リン酸・窒素系 無機りん酸・メラミン系	200
不燃木材	リン・ホウ素系	含水ホウ素塩，無機リン酸系 ほう酸・リン酸アンモニウム系 ポリりん酸・ほう酸系	135 380
不燃木材	ホウ素系	ほう素系 ホウ砂，ホウ酸塩系	240
不燃木材	グアニジン系	りん酸グアニジン系 りん酸グアニジン・硫酸アンモニア系	
準不燃木材	リン・窒素系	リン酸系 リン酸アンモニウム系 ポリリン酸カルバメート系 カルバミルポリリン酸アンモニウム リン酸・メラミン系 無機リン酸・窒素系 りん酸アンモニウム・りん窒素系	160 125 203 80～96 150
準不燃木材	リン酸・ホウ酸系	ホウ酸・リン酸アンモニウム系 ホウ酸・ポリリン酸系 含水ほう酸塩・無機りん酸系 含水ホウ酸塩，無機リン酸系 リン酸系，ホウ酸塩系	380 150 75 90～115 250
準不燃木材	グアニジン系	グアニル尿素系 無機酸塩・グアニル尿素系 リン酸アンモニウム・リン酸グアニジン系 りん酸グアニジン・硫酸アンモニウム系	100 130 150
準不燃木材	その他	シラノール酸，ホウ酸，リン酸系 シリカゾル，リン酸系 ポリりん酸・けい酸ソーダ系 硫酸アンモニウム，リン酸アンモニウム系 りん酸アンモニウム・臭化アンモニウム系 ほう砂・ほう酸系	220～300 100+100 150

種類，量に広いバリエーションがあるのは，木材の種類や厚さ，塗装の有無によって防火材料の基準を満たすために要する薬剤量が異なること，防火性能以外の諸性能，例えば，吸湿性，溶出性，鉄腐食性等に対する要求レベルが想定する使用環境や使用方法によって異なること等が理由として考えられる。

5. 防火木材の用途

　防火木材は，木造耐火構造や準耐火構造などの部材，木製防火設備（ドアや窓等）の部材，内装材料などに使われる（**表2**）。このうち，耐火構造や防火設備は，構造や設備としての要求性能を満たせば良く，構成材料は制限を受けない。そのため，断面の付加，無機材料との組み合わせなど，多様な方法による性能付与が可能で，必ずしも防火木材を要しない。

　木造耐火構造（柱，はり）について，構造材表面に木材があらわしとなる構成例を**表3**，**図4**に示す。構成1は木材と木材の組み合わせ，構成2は木材と防火木材の組み合わせ，構成3は木材と無機材料の組み合わせによって，所定の耐火性能を実現した耐火構造の例である。構成1，構成3が示すように，木造耐火構造に用いる木材が防火木材でなくても，所定の性能を発現させることが可能である。このことは，防火設備についても同様である。また，防

表2　防耐火構造，防火材料等の性能と木材に対する難燃処理の必要性

使用部位	構造，材料等	要求性能	難燃処理の必要性
壁，柱，梁，等	耐火構造 準耐火構造 防火構造	炎を遮ること 熱を遮ること 有害な変形を生じないこと	断面の大きさ，他材料との組み合わせによっては，難燃処理を要しない
開口部	防火設備	炎を遮ること	同上
内装	防火材料 不燃材料 準不燃材料 難燃材料	燃焼しないこと 防火上有害な変形等の損傷を生じないこと 避難上有害な煙，ガスを生じないこと	防火材料の級別に応じた難燃処理が必要

表3　木材をあらわしとした木造耐火構造（柱，はり）の構成例

		構成	
	心材（荷重支持部）	燃え止まり層	燃えしろ層
1　木材＋木材	カラマツ集成材	ジャラ集成材	カラマツ集成材
2　木材＋防火木材	スギ集成材	難燃処理スギ集成材	スギ集成材
3　木材＋無機材料	木材	強化石こうボード	木材
	木材	耐火シート＋ 強化石こうボード	木材
	カラマツ集成材	モルタル＋ カラマツ集成材	カラマツ集成材
	スギ集成材	モルタル＋ カラマツ集成材	スギ集成材

耐火構造や防火設備を構成する部材の1つとして防火木材を使用する場合，部材単体での性能評価が行われることはない。

これに対し，内装制限を受ける部位に使用する内装材料については，表2に示す要求性能を満たすことが必要とされる。2001年から2015年7月末までに認定された100件程度の準不燃木材のうち，スギとヒノキの板材が約6割を占めている[15]。これらは，地域材を建築物の内装に使用したという要望に応えたものである。

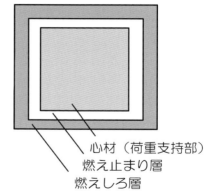
図4　木造耐火構造（柱，はり）の構成例

外装材料（外壁の屋外側材料）については，内装制限のような規制はない。しかし，木材を使用するにあたっては，地域の実情に応じて，不燃化の薬剤処理を行ったものの使用が求められている[16]。これは，出火建築物の開口部から噴出する火炎や隣棟火災からの火炎にさらされた外装木材が着火し，上方向に火炎延焼することを防ぐための措置である。現在，外装材の上方火炎伝播を防ぐために必要な防火性能の程度は明らかではなく，検討課題となっている。

6. 防火材料の品質管理

防火材料の認定にあたっては，形状，密度，材料構成，難燃薬剤の種類・量，塗装の有無・種類など，詳細な仕様が定められる。また，防火性能の評価を行う性能評価機関では，試験体仕様の確認，試験体製作への立ち会いや試験体管理などについて，厳格に行っている。一方，認定された仕様の製品が安定的に製造・供給されているか，大臣認定を得た製品が認定仕様に合致するものであるかについては，平成20年度から国土交通省がサンプル調査[17]を実施しているが，制度として評価，確認を行う仕組みになっていない。これは，JISマークの認証を受けた工業製品が，3年に1回以上の認証維持審査（定期審査）を受け，規格に適合しているか確認を受ける仕組みとの大きな違いである。現状，個々の製品が所定の防火性能を有していることの証明は，一部，第3者認証制度が設けられている製品を除き，製造者自らが行う必要がある。

このように，現行の認定システムでは性能評価および認定までのルールは明示されているが，実際に製造された製品が認定された仕様に合致しているかどうかは，製造者の自己管理に委ねられている。そのため，製品製造者は製造基準および品質管理基準を自ら作成し，それに沿った管理を行うことが必要である。このため，これから防火木材の認定取得に取り組む際には，製造品の品質管理基準，製造工程の管理方法，施工後の維持管理方法などについて説明できる何らかの技術資料が必要とされる。

防火木材に類似する木製品として，耐久性の向上を目的とする保存処理木材があり，いくつかの規格・基準が整備されているが，それらは目的・対象によって表4に示すような，薬剤，

第 2 章　木質材料の難燃化技術

表 4　保存処理木材の規格・基準

対象	規格・基準
薬剤	JIS K 1570　木材保存剤 JIS K 1571　木材保存剤 – 性能基準及びその試験方法
製造方法	JIS A 9002　木質材料の加圧式保存処理方法
製品	JAS　製材の日本農林規格 AQ　保存処理材
品質検査	JAS　製材の日本農林規格 AQ　保存処理材

AQ：優良木質建材等認証

製造方法，製品，品質検査の 4 つに区分することができる。これら保存処理木材に関する基準は，防火木材の品質管理を検討する上で 1 つの参考になると考えられる。

製材 JAS には性能区分に応じた薬剤の種類および量が規定されている。このような薬剤の基準は，防火木材の開発や認定取得の効率化に有用であると考えられる。しかし，難燃薬剤は表 1 に示したような多様な組み合わせが可能であり，さらに，木材を防火木材の規格値に合致させるために要する薬剤の量といったものを定めるには，薬剤の性能に関する知見が不足しており，難燃薬剤の性能に関する知見の蓄積を図ることが，まずは必要である。

防火木材の製造方法として，水溶液を木材中に注入する加圧式保存処理を用いることは，妥当であると考えられる。保存処理木材の製造方法を規定する JIS A 9002 において，製品の性能を左右する薬剤水溶液の注入量は，「必要な注入量を達成しなければならない」と規定されるだけで，具体的な数値およびその設定方法は示されていない。材料の性状（樹種，厚さ，塗装の有無など）や用いる難燃薬剤によって性能付与に必要な水溶液注入量は異なることから，個別的な数値を基準として定めるのではなく，製品の仕様に応じた目標注入量の決め方を示すことが必要と考えられる。また，木材を JIS A 9002 に沿った方法で処理する場合，材内，材間に薬剤分布の不均一性が生じることは避けがたい。製品のどの部分から切り出しても所定の防火性能が保たれていなければならないことから，薬剤の木材内での分布状態を把握した上で，防火木材の製造基準，より具体的には薬剤量の目標値を設定する必要がある。しかし，現在のところ木材内での薬剤の分布状態を把握する方法は確立されておらず，技術開発が進められている段階にある。

製品の基準，すなわち防火木材の性能基準は，すでに防耐火性能試験・評価業務方

表 5　防火木材に関する規格

	白華抑制塗装木質建材
規格	HW-AQ004-2016　N-1
制定	（公財）日本住宅・木材技術センター
適用範囲	難燃薬剤を注入した木質建材に，工場内で白華を抑制するための塗装をした製品
試験体	1 荷口から 4 本（枚）を抽出
試験項目	乾湿繰返し試験（屋内用） 促進耐候性試験（屋外用） 発熱性試験（屋外用）
判定基準	白華の程度 防火材料の判定基準への適合
認定品	2 件（2016 年 4 月 1 日　現在）

第2編　木材・木質材料の開発・難燃化と評価技術

法書に明示されていることから，別途，設ける必要はない。

　保存処理木材では，製品の基準の中に品質検査方法も併せて示されており，その方法は基本的に製品数に応じたサンプリングによる薬剤量分析となっている。サンプリング方法として，製品数ではなく，期間を基準に置くことも考えられる。例えば，AQでは品質の安定度を評価するため，2週間に1回の試験・検査を3回行い，連続して判定基準に適合することを認定の要件としている。防火木材の品質検査に参考となる規格として，**表5**に示した優良木質建材等認証（AQ）の白華抑制塗装木質建材[18]）がある。現行の性能試験に準拠した品質管理規格であり，今後の認定動向が注目される。なお，認証の期間はJISと同様，3年間とされている。

文　献

1) 若松孝旺, 長谷見雄二：建築安全論, pp.157-158, 彰国社（1983）.
   eneral requirements",
2) 田中哮義：建築火災安全工学入門, pp.195-196,（財）日本建築センター（1993）.
3) 菅原進一, 中村賢一：建築生産, **12**(12), 25(1972).
4) 平野吉信：火災, **46**(1), 1(1996).
5) ISO/TR 3814 : "Tests for measuring "reaction-to-fire" of building materials - Their development and application", (1989).
6) JIS A 1304 : "建築構造部分の耐火試験方法", (1994).
7) ASTM E119 : "Standard methods of fire tests of building construction and materials", (1983).
8) ISO 834-1 : "Fire-resistance tests - Elements of building construction - Part 1: G(1999).
9) 中村賢一：火災, **40**(6), 13(1990).
10) たとえば,
    https://www.hro.or.jp/list/building/research/nrb/support/pdf/gyoumuhouhousyo_h280601.pdf
11) 国土交通省："構造方法等の認定に係る帳簿
    http://www.mlit.go.jp/jutakukentiku/build/register.html
12) 仲谷一郎：火災, **55**(1), 61(2005).
13) (一財)建築行政情報センター：http://www.icba.or.jp/cp/cp_003.htm
14) 国土交通省住宅局建築指導課, 新耐火防火便覧編集委員会編：新耐火防火構造・材料等便覧, 新日本法規出版
15) 菊地伸一：木材工業, **70**(11), 486(2015).
16) 国土交通省大臣官房官庁営繕部
    http://www.mlit.go.jp/common/000160680.pdf
17) 国土交通省住宅局建築指導課
    http://www.mlit.go.jp/report/press/house05_hh_000602.html
18) (公財)日本住宅・木材技術センター：優良木質建材等の品質性能評価基準, N-1 白華抑制塗装木質建材, 149(2014).

第2編　木材・木質材料の開発・難燃化と評価技術

第2章　木質材料の難燃化技術

第3節　木質用難燃剤とその難燃メカニズム

丸菱油化工業株式会社　亀岡　祐史

1. はじめに

　平成12年建築基準法の改正により，一定の性能を満たせば多様な材料や工法を採用できる規制方式（性能規定）が導入され，今まで認められていなかった木質材料による準不燃化・不燃化が可能となった。それにより木質系材料でも準不燃材料・不燃材料としてより多くの防火材料認定が取得されることとなった。さらに，平成22年「公共建築物等における木材の利用の推進に関する法律」が施行され，木材の需要拡大が期待されている。また，同時に公共建築物や特殊建築物等は内装制限にかかる場合も多く，難燃処理した木質系材料の需要拡大も期待されている。もちろん，内装材料だけではなく，柱・梁等のような構造材料においても，難燃処理材を使用することにより，無機系材料を使用することなく，耐火構造建築材料としての認定を取得することが可能となる。

　当社では，昭和40年代より木質系用難燃剤の研究開発を行っている。その中でも定番となっている木質系用難燃剤「ノンネンW2-50」「ノンネンW-200」を使用し，内装材料の準不燃材料や不燃材料に合格すべく検討した結果について解説する。

2. 難燃剤と難燃メカニズム

　難燃剤は，様々な用途で使用されている。特に，熱可塑性樹脂に添加する難燃剤は，市場規模は大きい。その他，熱硬化性樹脂，ゴム，繊維，壁紙，接着剤，木材等に使用されている。大きく分類するとビス（ペンタブロモフェニル）エタン等に代表されるようなハロゲン系難燃剤（塩素系難燃剤，臭素系難燃剤），ポリリン酸塩類や赤燐に代表されるようなリン系難燃剤，三酸化アンチモンや水酸化アルミニウムに代表されるような無機系難燃剤の3つのタイプに分類される。難燃剤の効果としては，ハロゲン系難燃剤は，気相にて効果を発揮するタイプで，ラジカルトラップ効果による，活性OHラジカルの安定化と酸素の遮断効果が期待できる。リン系難燃剤は，主に固相にて効果を発揮するタイプで，炭化を促進し，断熱層を生成することにより，酸素の遮断効果が期待できる。無機系難燃剤は，難燃剤の脱水反応による吸熱効果と発生する水蒸気による燃焼ガスの希釈の効果が期待できる。このように難燃剤の種類によって，その難燃化の機構が異なってくる。

　木質系材料は，リン系難燃剤を使用することが多く，弊社でも，木質系材料向けに，リン系難燃剤を中心に研究開発を行っている。

　次に，図1により一般的な燃焼サイクルを示す[1]。この燃焼サイクルに則って解説する。

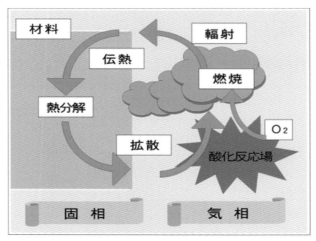

図1　一般的な燃焼サイクル[1]

① 固相では，材料に熱源が伝わると材料自身の熱分解が始まる。
② 同時に可燃性ガスなどの分解ガスが発生する。
③ 可燃性ガスが，材料表面に拡散され，特定の温度で可燃性ガスの燃焼が見られる。
④ 気相では，空気中の酸素が酸素供給源となり，さらに燃焼が進む。
⑤ この燃焼時の輻射熱によって，材料自身の表面温度が上昇し，それにより，さらに熱分解が促進される。

このサイクルが繰り返されることにより，延焼が続くことになる。したがって，どこかのタイミングで難燃剤の効果によりこのサイクルを止めることができれば，燃焼も止めることができる。

このサイクルを木材に当てはめてみると，一般的に木材は，火源に暴露された場合，約100℃までに水蒸気として水分を放出する。その後，約250℃まで木材の変色と可燃性ガスなどの分解ガスの発生が見られる。約250℃を超えたところで可燃性ガスに引火し，木材表面での着火が見られる。その輻射熱により木材の熱分解が進む。木材は有機質であり，有機質がある限りこのサイクルを繰り返すこととなる。

このサイクルを止めるためには，難燃剤を使用することが有効である。一般的に，石油系素材にはハロゲン系難燃剤を使用するケースが多いが，木質系などのセルロース系素材にはリン系難燃剤やホウ素系難燃剤が多く使われている。

弊社では，木質系用途の難燃剤としてリン系難燃剤を推奨しており，さらに，チッソ成分を付加させることによりチッソの相乗効果が期待できるリン－チッソ系難燃剤として組み立てている。「ノンネンW2-50」「ノンネンW-200」等がそれにあたり，非常に高い難燃性能を示す。特徴は，**表1**に示す通りである。

これらの難燃剤は，約200～250℃で薬剤自身が熱分解し，リン化合物の酸化によってリン酸（Phosphoric acid）→メタリン酸（Metaphosphoric acid）→ポリメタリン酸（Polymetaphosphate）の生成が起こる。

表1　ノンネンの特徴

ノンネン W2-50	主成分	：リン酸カルバメート系
	固形分	：50%
	pH	：6.0（代表値）
	分解温度	：約200℃
	特徴	：コストパフォーマンスに優れている。
		水溶性であり，低温でも任意に希釈ができる。
ノンネン W-200	主成分	：リン酸グアニジン系
	固形分	：50%
	pH	：5.8（代表値）
	分解温度	：約240℃
	特徴	：白華・溶脱が比較的少ない。
		接着性能・塗膜性能を阻害しづらい。
		水溶性であり，低温でも任意に希釈ができる。

　この過程で強い脱水作用を起こすと共に，吸熱反応を起こす。この時，木材の炭化を促進し，炭化層を生成する。さらに，チッソの相乗効果により炭化発泡層が見られ，強固な炭化断熱層を生成する。これにより空気中からの酸素の供給を遮断することが可能となる。また，燃焼時に窒素ガスやアンモニアガス等の不活性ガスを発生させ，気相中の可燃性ガスを希釈する効果も見られる。このように木材の燃焼温度よりも早いタイミングで炭化発泡層を生成することにより，また，相乗的に起こる気相中での可燃性ガスの希釈効果により，表面での着火を押さえることが可能になり，高い難燃性能が得られる。

3. 木材の難燃化基準

　木材を内装制限の適用される部位に使用する場合には，予め防火材料の認定を取得している材料を使用しなければならない。その防火材料には，不燃材料・準不燃材料・難燃材料の3区分が設定されている。不燃材料は，不燃性試験，もしくは発熱性試験，およびガス有害性試験，準不燃材料は，発熱性試験，もしくは模型箱試験，およびガス有害性試験，難燃材料は，発熱性試験，もしくは模型箱試験，およびガス有害性試験に合格した場合に認定される。
　弊社では，発熱性試験機（㈱東洋精機製作所製コーンカロリーメータC3）を使用し，難燃性能の検証を行っている。

3.1　発熱性試験における合格基準

　発熱性試験は，コーンカロリーメータ試験機（図2 CCM イメージ）によって実施され，これは，燃焼において発生する熱量とそこで消費する酸素の量の関係が有機材料の種類によらず，酸素1kgあたり13.1MJの発熱があるという酸素消費量測定法に基づいた装置であり，酸素消費を高精度に測定し，各種材料の火災の危険度を予測する重要な要因である発熱速度を計算している[2]。
　発熱性試験は，それぞれの区分によって加熱時間が異なるだけで，合格基準は同じである。

— 147 —

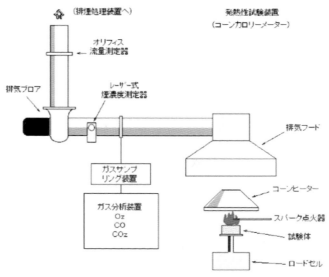

図2 コーンカロリーメータ試験機[2] イメージ

その加熱時間内での合格基準は，以下の3点が挙げられる。
① 総発熱量が，8 MJ/m² 以下であること。
② 防火上有害な裏面まで貫通する亀裂および穴がないこと。
③ 発熱速度が，10秒以上継続して200 kW/m² を超えないこと。
　なお，各材料基準の加熱時間は，難燃材料で5分間，準不燃材料で10分間，不燃材料で20分間である。

3.2　木質系材料の準不燃化

　ここでは，準不燃化の例として30 mm単板積層材（10プライ）を基材とし，難燃剤を減圧・加圧注入処理し，準不燃化を検討した結果を示す。使用難燃剤は，「ノンネンW2-50」であり，水にて希釈し，固形分濃度を20％に調整した。減圧・加圧注入の条件としては，減圧処理として−0.098 MPaで2時間，さらに加圧処理として0.49 MPaで3時間以上とし，難燃剤固定量の目安として150 kg/m³ とした。燃焼性能は，発熱性試験（コーンカロリーメータ試験）を使用し，検証した。
　燃焼試験の結果を図3に示す。減圧・加圧注入処理により，平均約140 kg/m³ の難燃剤固定量が得られ，総発熱量の平均値は，5.37 MJ/m² であり，最高発熱速度も15 kw/m² 以下である。燃焼試験中，単板積層材表面での着火は見られず，収縮などの変形も見られない状況である。加熱終了後の確認で，表面での亀裂は見られるが，貫通することもなく，準不燃認定に合格するレベルであることがわかる。図4に難燃剤処理をしていない単板積層材の発熱性試験の結果も示す。未処理の単板積層材は，開始直後に着火が見られ，発熱速度も200 kw/m² を超える。しばらくすると炎は小さくなるが，試験終了まで燃え続けている。総発熱量も45.95 MJ/m² を示している。

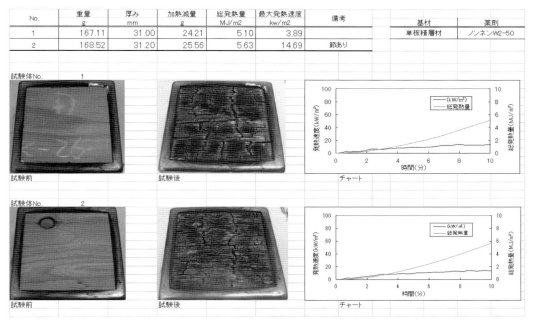

図3　発熱性試験結果　10分加熱

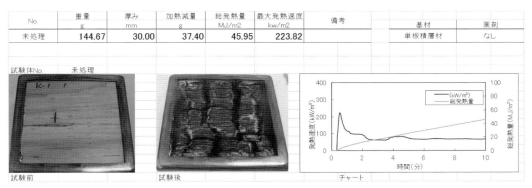

図4　発熱性試験　10分加熱　未処理

3.3　木質系材料の不燃化

　ここでは，不燃化の例として15 mmスギの製材を基材とし，難燃剤を減圧・加圧注入処理し，不燃化を検討した結果を示す。使用した難燃剤は，「ノンネンW-200」であり，水にて希釈し，固形分濃度を30％に調整した。減圧・加圧注入の条件としては，減圧処理として-0.098 MPaで2時間，加圧処理として0.49 MPaで3時間以上とし，難燃剤固定量の目安として250 kg/m^{3}以上とした。燃焼性能は，発熱性試験（コーンカロリーメータ試験）を使用し，検証した。

　燃焼試験の結果を図5に示す。減圧・加圧注入処理により，平均約266 kg/m^{3}の難燃剤固定量が得られ，総発熱量の平均値は，4.35 MJ/m^{2}である。発熱速度も11 kw/m^{2}以下である。

第2編　木材・木質材料の開発・難燃化と評価技術

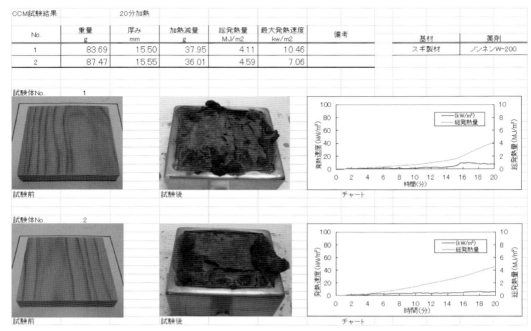

図5　発熱性試験結果　20分加熱

　この試験体も，加熱中の基材表面への着火は見られず，収縮などの変形も見られない状況である。準不燃に比べ難燃剤固定量が多いということもあり，木質系表面での発泡層がより多く見られる。不燃認定に合格するレベルであることがわかる。

4. 今後の課題

　このように，木質系材料に減圧・加圧処理にて難燃剤を注入処理することにより，準不燃や不燃の規格をクリヤーさせることは可能になってきている。しかし，課題も残っている。難燃剤処理した木質系材料の使用環境が，高湿度の条件下になってしまい，吸湿や乾燥を繰り返すことにより，経時的に白華や溶脱の発生が見られる場合がある。これは，もともと水溶性の難燃剤を使用しているため，乾燥後も薬剤自身が湿気を呼び込んでしまい，含水率が高くなることが原因である。現時点では，表面を溶剤系ウレタン塗料等で塗装することにより，白華や溶脱を抑えている状況ではあるが，それでも条件によっては発生する可能性がある。早急に，白華や溶脱の見られない薬剤の開発もしくは工法の開発を進めていく必要がある。

文　献
1) 日本難燃剤協会(FRCJ)　HPより
2) 株式会社東洋精機製作所　カタログより

第2編　木材・木質材料の開発・難燃化と評価技術

第2章　木質材料の難燃化技術

第4節　セルフネン® による不燃木質材料

株式会社アサノ不燃　浅野　成昭

1. セルフネンとは

1.1　セルフネン概要

　主に植物資源を不燃化する技術を独自開発（ホウ素系薬剤を高濃度化し木材などのそれぞれの素材に適合させリサイクル可能とした）し，植物のセルロースの「セル」と不燃化技術の「フネン」から「セルフネン®」（以下，® マーク省略）と名付けた不燃化環境事業ブランド名である。

　"植物資源"は人と環境にやさしく再生可能で持続性の高い，化石資源，鉱物資源に代る"資源"である。この植物資源を不燃化することにより，これまでの有限である化石，鉱物資源由来素材に依存したこれまでの社会から，より安全で安心な，素材，商品，環境づくりが可能な社会となる。人にやさしい環境づくりや自然派志向，防災意識，地球温暖化等の環境問題への意識が世界的にますます向上しており，この要望をかなえる1つが「植物資源の不燃化」と考えている。

　世界的に問題となっている CO_2 排出量の低減，地球温暖化防止にも大きな貢献が可能である。また，生活空間に使用している間は燃えにくく，腐りにくく，防虫防蟻性，防菌性の効果を確保しリサイクルを可能にした。そして様々な不燃性能基準をクリアし通常燃焼せず自己消火し，炭化により火災から守り，避難上有害な煙，ガスを抑える事で生命を守ることができる（図1）。

　セルフネン不燃化技術を活かして，地域の産業や伝統文化，生命，財産を守り，より安全で安心な素材（植物由来素材の代表は木材，紙，繊維等，石油由来素材の代表は発泡スチロール，発泡ウレタン等），環境を発信して「新しい不燃文化の構築」を目指し更なる技術開発と商品開発を進めている。

第 2 編　木材・木質材料の開発・難燃化と評価技術

（a）不燃木材燃焼比較実験

（b）セルフネン繊維の施工例

（c）発泡ウレタンの比較燃焼実験

（d）

（e）

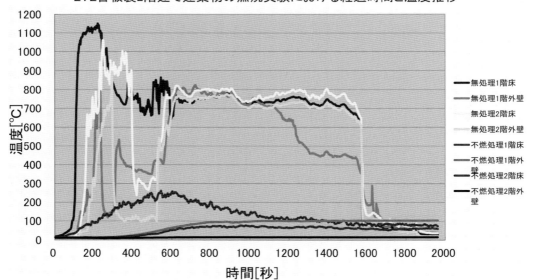

図 1　燃焼比較実験の写真と温度の推移グラフ

無処理と不燃処理の簡易的な建物での燃焼比較試験
開始 4 分（240 秒）くらいに 1 階外壁の熱電対が外れたと考えられる
開始 5 分（300 秒）くらいに 2 階外壁の熱電対が外れたと考えられる
開始 6 〜 7 分（400 秒前後）くらいに 2 階床の熱電対が外れたと考えられる
開始 8 〜 9 分（500 秒前後）くらいで倒壊
開始 25 分（1500 秒）くらいにバケツにて消火
不燃処理建物
開始 32 〜 33 分くらいで火種がほぼ燃焼しつくしたが延焼なし。2 階の温度変化もわずか。また建物への立ち入りにつき測定終了

2. 木　材

2.1　不燃化木材

　セルフネン木材は，ホウ酸塩を主体とした薬剤を木材に含浸させた不燃材料として，建築基準法の大臣認定を取得している。ホウ酸やホウ砂は古くから刺激が少なく静菌作用を持つ防腐剤として利用されており，現在も防腐や防蟻の薬剤としてJISやJASに規定化されている。

　一方，木材における建築基準法上の不燃材料の基準を満たす性能を持たせるために必要な不燃薬剤量は一般的に木材中に約150～220 kg/m³以上必要であり，そのためには高濃度の水溶液での含浸が必要となる。セルフネンは，ある特定の薬剤混合組成にすることで高濃度の水溶液を作り出す方法を見出し，国内で最初にこの薬液を用いた不燃木材の製造方法として国際特許を取得している（図2）。

　セルフネンの薬剤は，他の不燃薬剤と比較し燃焼時に発生する煙やガスが少ないことが特徴となっており，燃焼時の二酸化炭素の発生量は通常の木材の2割程度となり，残りの8割分の炭素は炭化残留する。このことは，火災の大きな死亡原因となる窒息を防ぐことや避難時の視界の確保にも大きなメリットとなる。

　セルフネンの難燃機構としては，以下の3つの作用が考えられている。

① 薬剤が溶融発泡することで，燃焼の為の酸素を遮断する。
② 脱水炭化促進により表面に炭化層が生成されることで，燃焼の為の酸素を遮断する。
③ セルロースとの脱水縮合による水の生成や結晶水含有による水分により，水の潜熱が木材の温度上昇を抑え熱分解を遅らせる。

　またセルロース，ホウ酸塩はともに多くの水酸基を持つため，お互い水素結合により定着化しやすいことも大きな特色である。木材は，生育場所や生育条件により個体差が大きく，不燃木材の製造においては，多くの管理基準を設けて製造を行っている。

　また，不燃性能を満たす薬剤量の管理は，1本毎にマイクロ波を用いた測定機にて測定を行い，基準量を満たしているか判別を行っている。

2.1.1　不燃木材

　不燃材料の大臣認定（認定番号 NM-0168，NM-0692，NM-0761，NM-0762，NM-3839，NM-3840，NM-3841）樹種は，スギ，ヒノキ，アカマツで，厚みは15 mmから50 mmである。

　含有薬剤量は240 kg/m³以上で認定を取得しており，デザインも古材仕上げや立体仕上げ

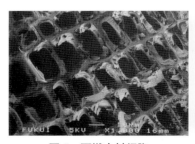
図2　不燃木材細胞

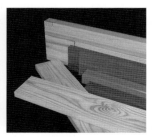
図3　不燃木材

も可能となっている（図3）。

2.1.2　準不燃木材

準不燃材料の大臣認定（認定番号QM-0775，QM-0776，QM-0777）は，樹種はスギ，厚さ12〜15mmとなっている。

2.2　鉄道車輌用不燃性木材

鉄道車輌材料として，天然木12mm材で不燃性認定を取得している。

昨今，JR九州をはじめとし，各鉄道会社は豪華観光列車を続々と投入しており，西武鉄道「旅するレストラン」などで使用されている。

3.　構造被覆材

3.1　2時間耐火建築物用ハイブリット構造材（認定番号FP120CN-0543）

3.1.1　セルフネン薬剤処理LVLを用いた2時間耐火部材
（官庁施設における木造耐火建築物の整備指針の鋼材内蔵型）

ここでは，セルフネンの薬剤で処理した単板積層材（LVL）を使った2時間の耐火性能を有する木質系耐火構造部材について，その耐火性能試験で明らかになった性能について述べる。

この耐火構造部材（図4）は，2時間の耐火性能が必要とされる鉄骨造建物の柱への適用を想定する。ここで鉄骨造を想定したのは，5階建て以上の建物では一本の柱が支持する荷重が大きく，木造の柱では現実的な断面にすることは難しいと考えたためである。また，中高層建物に対する現行の耐震設計法は，鉄骨造か鉄筋コンクリート造を想定しており，木造では構造設計そのものが難しいというのも，その理由の一つである。構造材となる鉄骨は，10階建程度の建物の低層部の柱として，H形鋼のH-300×300×10×15から最大H-498×432×45×70を想定した。このH形鋼の外側に厚さ80mmの薬剤処理LVLを図5に示すように設置して，これを鉄骨の耐火被覆材と考える。使

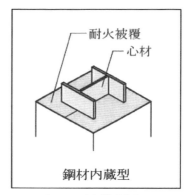

図4　耐火構造部材

用する木材は，H形鋼ウェブの内側も含め，全て薬剤処理LVLである。荷重は全て鉄骨で負担させ，木材には力がかからないようにする。構造計算上は完全な鉄骨造として取り扱うことができる。

3.1.2　2時間耐火性能試験

薬剤処理LVLを用いた耐火部材に対して，2時間の加熱載荷試験を実施した。試験体の全長は3.3mで，中心鋼材のH形鋼は上述の2種類とした。H-300×300×10×15の試験体

第 2 章　木質材料の難燃化技術

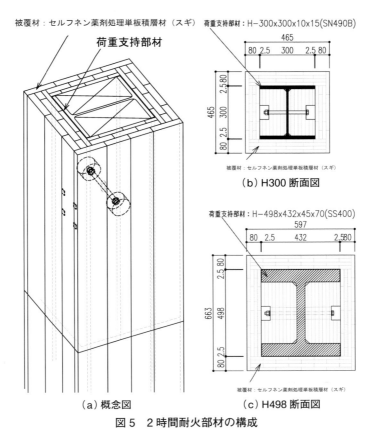

(a) 概念図　　(c) H498 断面図

図5　2時間耐火部材の構成

(a) H300 試験体　(b) H498 試験体

図6　加熱前の試験体外観

図7　加熱中の試験体

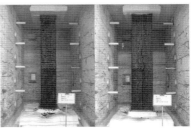

(a) H300 試験体　(b) H498 試験体

図8　試験終了後の試験体外観

（以下，H300 試験体）には，柱の座屈長さを試験体全長の 3.3 m としたときの長期許容圧縮軸力に相当する 2,209 kN を軸力として載荷した。なお，H-498×432×45×70 の試験体（以下，H498 試験体）は，試験機の載荷能力の都合で軸力を載荷していない。試験前の試験体の外観を，図6に示す。外見上は全くの木造柱である。

試験体の内部には，試験中の温度を測定するために熱電対を設置した。H498 試験体では荷重を載荷しないため，鉄骨表面の温度が規定値以下にあることで，荷重保持能力を有していることを確かめる。その他に，試験体軸方向の変形も計測する。

加熱は，ISO834 標準加熱温度曲線に従って2時間行った。2時間後の炉内最高温度は1,049℃となる。加熱終了後もそのまま24時間放置し，その間も計測を継続した。

加熱中の試験体の状況を図7に示す。試験体は炉内の温度の上昇により赤熱するが，木材から火炎が噴き出ることはなく，燃焼反応が抑制されていることが外観からもわかる。加熱終了後24時間で加熱炉を開いたところ，試験体は図8に示すように完全に炭化して黒くなっているが残り火はなく，完全な燃え止まりを確認することができた。

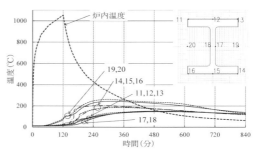

図9　H300　試験結果

試験体の温度測定結果を図9，図10に示す。鋼材表面の温度は，加熱終了後5〜7時間で最高温度に達した後，緩やかに低下に転じ24時間後には全ての計測点で100℃以下となった。最高温度はH形鋼の角部で最も高く，一部の測定点では312℃まで上昇したが，大部分の測定点では230℃以下に止まり，鋼材の性能に影響を与える温度に達することはなかった。

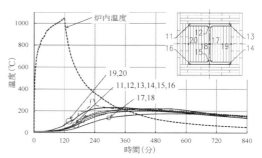

図10　H498　試験結果

H300試験体で測定した軸方向変位を図11に示す。鋼材の温度変化にほぼ比例した伸縮が見られたことから，温度による熱収縮の影響が出ているが，荷重支持機能は火災によって全く損なわれていないことを確認した。

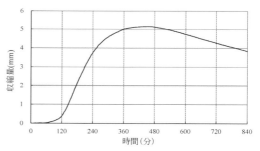

図11　試験体　軸方向変形

3.2　2時間耐火建築物用木造建築構造用耐火被覆材
（官庁施設における木造耐火建築物の整備指針のメンブレン型）

「公共建築物等における木材の利用の促進に関する法律」（平成22年法律第36号）が成立し，木材の積極的な活用と需要の拡大が図られてきた。

それに伴い木造建築物としての需要も高まってきており，木造による耐火構造が期待される。以下，セルフネン薬剤処理LVLを被覆材として用いた木造2時間耐火について述べる。

3.2.1　性能基準と検証方法

試験体は全長1mの柱で，支持加重部となる心材は200×200mmのLVLとした。耐火被覆部は30mmのセルフネン薬剤処理LVLを3層にした計90mmとし，試験体内部には試験中の温度を測定するための熱電対を設置した。

第 2 章　木質材料の難燃化技術

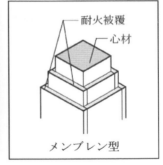

（a）メンブレン試験体　　　　（b）メンブレン型
図 12　メンブレン型試験体およびメンブレン型

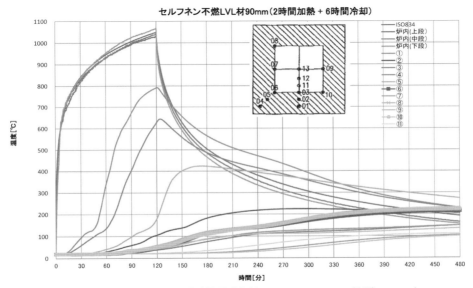

図 13　2 時間耐火試験の試験結果（心材 200 × 200 mm，被覆 90 mm）

　試験は ISO834 の標準加熱温度曲線加に従って 2 時間加熱を行い，その後 6 時間の冷却を行った。

3.2.2　検証結果と考察
　性能の評価としては変形の基準などはあるが，支持加重木材が炭化により損傷等を受ける事が最も影響を与える。そこで本試験においては温度と目視による確認にて性能を検証した。
　2 面加熱を受け耐火上最も不利となる角部（06，08，10）において炭化は見られず，各点の最高温度は 06 で 215℃，08 で 221℃，10 で 225℃であった。この温度は木材が炭化し始める約 260℃を下回っており，2 時間耐火の性能を満足する結果が得られた（図 13）。

4. 壁　材

4.1　不燃紙（不燃材料認定 NM-0996）

　一般的に紙には洋紙と和紙があり，ともに最も顕著な木質材料である。

　いずれの紙においてもセルフネン不燃液で処理することにより，紙の不燃化が可能である。紙の主成分であるセルロース繊維は有機物であり，燃やせば水と CO_2 になり本来何も残らない。セルフネン不燃液にて不燃処理を施された紙を燃焼させた場合，この不燃紙は燃焼ガス希釈・酸素遮断，さらに炭化を促進させることにより CO_2 を削減させ，炭素の発生を固定化させる。長尺状で供給される洋紙はパッドドライ等連続処理法で，和紙は吹付け等によって不燃処理される。セルフネン不燃成分は液状で紙の組織・セルロース繊維フィブリル段階までに注入され，乾燥によって結晶化し付着される。また用途により強度，その他柔軟性等が要求される。

　不燃性の基準は不燃成分の付着率に左右される。不燃性能を堅持し，かつ柔軟性を提示させる不燃成分の配合，並びに他助剤の選択が重要でありセルフネン洋紙・和紙ともに既にこれら強度・柔軟性を保持している。

　ダンボール，並びに板紙にて形成された立体構造物，いわゆるハニカムペーパー（図 14）は比較的軽量で強度を保持できるため幅広く襖・ドアやビルの内外装パネル，軽量家具，自動車内装パネル等に利用されている。

図 14　サントリー美術館

4.2　木ぬり壁（不燃材料認定 NM-3138）

　セルフネン不燃木材は不燃薬剤含浸後，その寸法制度を上げるため，また表面の平滑性を付与するために木工が施される。即ち，不燃木粉が発生する。この不燃木粉をリサイクルにより有効活用したいと考えた。不燃木粉はシックハウス関連の有害物質を含まず健康に害を与えない。不燃木粉の平均粒径は 55 μm，更に粒径の均一性は 70％以上を示し，単純表面積は 0.3 m^2/g であって安定した不燃物質である。

　不燃木粉に水・糊剤を配合して，微細粒径並びに比較的大きな表面積を活用することにより，木粉同士の接着力を強化して塗り壁として

図 15　木ぬり壁純和風

使用される。

この塗り壁は万が一の火災に際して延焼を抑制し、煙や有害ガスの発生を抑え生命の安全を図るものである。

セルフネン木ぬり壁(図15)は粉体自身が多孔質で全体表面積は活性炭のように大である。また防黴性・防菌性・調湿性・保湿性に優れ、特に消臭性は公的検査機関による検定結果から見ても優れた値を示している。

各色顔料の配合により消費者の嗜好にあった色合いの塗り壁が得られるとともに、素材の風合いや木の香りが楽しめて安全安心かつ柔らかな空間に仕上げることが可能である。塗布が比較的簡単であり、消費者自身がコテを使用して斑なく塗布することができ汚れや傷も上塗りで補修できる。

5. 木製防火戸

（20分間の遮炎性能を有する防火設備認定 EB-0334）

防火戸は、防火設備としては、20分間の遮炎性能が求められている。木製防火戸は公共建築物の木造化が進められる中において、地震・災害に対して有効と考えられる（図16）。

図16　防火ドア

第2編　木材・木質材料の開発・難燃化と評価技術

第2章　木質材料の難燃化技術

第5節　難燃薬剤処理 LVL

株式会社キーテック　成田　敏基
株式会社キーテック　李　元羽
株式会社キーテック　朴　智秀

1. 開発経緯と認定試験（模型箱試験で認定をもらった第一号）

　単板積層材（Laminated Veneer Lumber，以下，LVL）の積層面は，近年，その意匠性に注目が集まっている素材である。図1に，厚み15 mmと30 mm・幅150 mmの代表的な材料であり，難燃処理したものと無処理材は見た目ではほぼ区別がつかないくらいである。最近は，その優れた意匠性を発揮し，多様な建築の内装や外装で需要が高まっている。LVLの製造工程からできるストライプ柄を意匠用途にすることで，内装や外装に活用しようとした。厚みが約15〜30 mmで，この厚みの差を活用して凹凸を演出する事例や曲面に施工した事例などもある。LVL積層面の構造部材と一緒に，内装材を併用することで，LVL積層面特有のぬくもりのある空間が，さらに高い完成度で実現できると考えられる。図1〜図4は，内装のLVLを使った事例紹介である。

　その中で，特殊建築物等の不特定多数が利用する建築物などについては，内装制限がかかるケースが多く，使いたくても法的な問題で諦めたことが多々あった。このような用途や需要に応えるべく，難燃薬剤処理によって不燃性を付与しようとしたのが，開発に至った経緯である。内装制限の度合いによって，無処理材と難燃処理材を混用することで，デザインの統一性を上げ

図1　LVLの積層面を利用した準不燃材料

図2　LVLの積層面を利用した建築事例
（R形状天井　さとう歯科　撮影：淺川　敏，設計：アーキテクトカフェ）

— 161 —

図3　LVLの積層面を利用した建築事例
（神奈川大学　横浜キャンパス29号館，設計：鈴木アトリエ）

図4　LVLの積層面を利用した建築事例
（ポラリス保険看護学園メグレズホール，設計：日建設計）

ると共に，経済設計が可能になる。

　認定作業は，一般社団法人全国LVL協会を中心に行われ，会員会社としてその作業に参加した。認定までに至ったことの一部を紹介すると，製品加圧注入・製品塗布・単板注入の3パターンで研究開発が進められ，作業性・経済性・認定取得可否などの観点から，製品加圧注入が選ばれた。難燃薬剤は，丸菱油化工業株式会社のりん・窒素系薬剤（ノンネンW-200）を使用しており，準不燃性能を満たす材料として大臣認定を受けている。認定試験は，模型箱試験を選択しており，より現実の火災に近い状況で確認できるように努めた。この試験によって不燃性を認めてもらったことは，一般財団法人日本建築総合試験所においては，初めてであることも聞いている。10分加熱試験を行なった結果，防火性能の評価基準（発熱速度：140 kW以下，総発熱量：50 MJ以下）より大幅に下回る（発熱速度：70 kW以下，総発熱量：25 MJ以下）優れた防火性能が確認できた。図5は，試験時の発熱速度と総発熱量を表している。図6と図7は，準不燃性能評価試験の様子と試験後の試験体である。

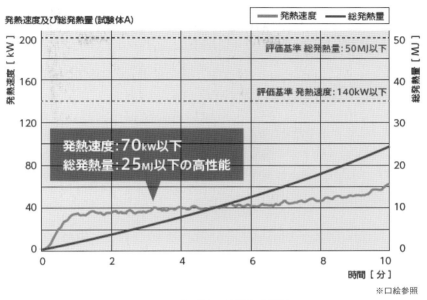

図5　認定試験の基準と実測値

図6　模型箱試験の様子

図7　模型箱試験後のLVL試験体

2. 性能目標と特徴（不燃ではなく，準不燃にこだわった理由）

　難燃薬剤処理 LVL の目標性能を，不燃ではなく準不燃にした理由は，薬剤の溶脱による白華現象の抑制はもちろん，防火区画の一部以外にはほとんど使える範囲として，準不燃を選択した。

　白華現象を抑えられるということは，現状の不燃認定木材は概ね薬剤を 1 m^3 あたり 200 〜 250 kg 程度注入するものが主流である。準不燃認定の LVL では，約半分くらいしか薬剤を注入せず，薬剤の量が少ないことから溶脱を抑えることを考えた。また，コストも抑えられる効果があり，供給者と生産者が互いに無理をせず，木質化や高い品質を実現できる近道だと考えている。

　準不燃認定にしたことは，用途区分の特殊建築物と建築物の規模等によって制限されている居室と通路・階段等にも使えるからである。その内装制限一覧表は，建築基準法の解説書やインターネット上でも簡単に閲覧することができる。過去，木材を利用した準不燃材料が少なかった際には，簡単に不燃材料として統一しておけば，設計の手間が省けることの慣習が未だに続いているように感じる。もちろん，行政指導・社内規定・地域条例等で不燃材料の縛りがあることは否めないが，今後，設計者や関係機関等には理解を求めて準不燃材料が普及することに力を注ぎたい。

3. 品質管理と注意点等

　準不燃認定は，一般社団法人全国 LVL 協会が取得しており，会員会社が製造できる仕組みで管理をしている。全国 LVL 協会内部で，第 3 者で構成される審査委員会を設置し，注入量確認・任意のサンプルによる性能試験の実施・品質管理体制確認等を行い，生産会社に対して製造許可を与える仕組みをとっている。認定書に書いている，品質基準・製造基準などを厳格に通過したものだけが，販売できるシステムであり，このような難燃処理木材の安全性を高める役割を担っている。ただし，この部分で注入材料に多くの手間がかかる理由にもなることで，コストアップがあることも否めない。この品質管理をもっと簡便でかつ，確実にできるシステムが要求される。

　また，この材料を内装用途で使う際，注意していただきたい点が，大きく分けて 2 つある。

　1 つ目は，塗装であり，溶脱を防ぐことを主体に考える必要がある。難燃薬剤の溶脱は，白華現象で外見上を損なうことはもちろん，薬剤が木材と分離することで，準不燃性能にも影響するからである。りん・窒素系薬剤は水に弱い特性があるため，雨がかり，結露等による薬剤の溶出を防ぎ，所定の防火性能が維持されるように，屋外や乾湿が繰り返されたり高湿の状態が続いたりすることが想定される屋内環境での使用に関して注意が必要である。また，白華現象を抑えるために，適切な塗料による塗装管理が必要である。

　2 つ目は，目地処理である。難燃薬剤処理 LVL は，難燃薬剤を加圧注入による製品処理で製造するため，サネなどを設けていない。その為に，所定の防火性能が損なわれないように材料端部および目地部の処理を適切に行なう必要がある。使う材料に関しては，アルミ等を含む

金属板で目地処理が必要である。ただし，下地がケイ酸カルシウム板や石こうボードなどの場合に燃えぬけが想定されない場合の考え方の整理などが必要になる。この部分に関しては，行政を含め，包括的な検討が急務であると考えられる。

4. 用途および発展可能性（耐火部材としての用途拡大）

難燃薬剤処理 LVL は，耐火被覆としても使われることが可能であり，第 3 章 6 節にも解説がある話に繋がる。現状，木造の耐火建築は，石こうボード等を利用するメンブレン構造として 2017 年 3 月現在，約 5,000 棟以上が供給されてきた。主に，強化石こうボードを 2 枚貼る事で，1 時間ないしは 2 時間の耐火性能を有するものが多い。耐火被覆としての利用に関しては，第 3 章 6 節で詳しく説明することにし，ここでは考え方だけ述べることにする。

考え方が，単純で被覆で使われる石こうボードの変わりになるようにすることである。難燃薬剤処理 LVL が同じ厚さで，石こうボードと同じ耐火性能を出せるかの質問に対しては，薬剤の量の問題はあるが，厳しいと思われる。ただし，厚みを少し増して使うことで，約 60 mm の難燃薬剤処理 LVL が，21 + 21 mm の強化石こうボードと同様の耐火性能を有することを証明した。単純な置き換えは効かないものの，考え方として成立することを検証した。難燃薬剤処理 LVL のさらなるコストダウンや機能追加と施工の簡便さが可能であれば，大きな用途開発が見込めると考える。

5. 実例と今後の課題

図 8 と図 9 は，準不燃 LVL を内装材料として使った事例の写真である。15 〜 30 mm までが生産できることから，その凹凸のデザインを利用するケースが多く見られる。事務所の内装や商業施設・公共建築物などにもその用途が広がっている。図 8 の下関ゴルフクラブクラブハウスに関しては，内装全般に積層面 LVL を基本テーマとして利用することで，内装制限が

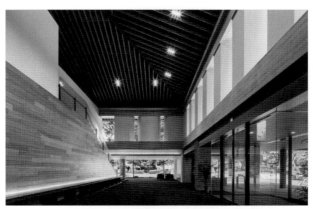

図 8　難燃薬剤処理 LVL を利用した事例
（下関ゴルフクラブクラブハウス，設計・施工・写真提供：清水建設）

図9　難燃薬剤処理LVLを利用した事例
(事務所の内装)

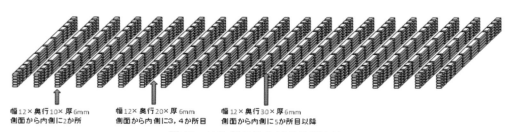

図10　LVL製品注入材の分割方法

かからない部分には，無処理LVLを使い，内装制限がある部分には難燃薬剤処理LVLを併用することで質感・経済性を両方満足する形になった。

今後の課題としては，難燃薬剤と炭化速度の関係と白華現象の解明があげられる。

難燃薬剤の製品注入では表層から内側にかけて薬剤固定量に差があると考えられるが，火災時に各単板層の炭化速度に違いがあるかどうか不明である。薬剤固定量の多い表面の単板の炭化速度が遅く，内側に入るにしたがって早くなるのか，その過程を検証する必要がある。また，難燃薬剤注入製品は，湿気により表面が白華現象を起こすことが多く，表面付近の固定された薬剤と水分の関係を長期に明確にしなければならない。また，その試験方法を構築し，施工後の製品の安全性を証明することが必要である。

材料のLVLの難燃薬剤の製品注入（長さ4 m，幅30 cm，厚さ3 cm）では，平成25年度林野庁委託事業CLT等新製品・新技術利用促進事業のうち耐火部材開発において，図10のように小試験片に分けて薬剤固定量を測定した結果，図11の表層厚6 mmでは平均181 kg/m^3，図12の表層の下の6 mm層では94 kg/m^{3}と約2倍の薬剤固定量差であった。表層の単板2枚，次の層の2枚のなかで，どのように薬剤が浸透していったのか，単板の側面から入ったのか，接着層に微細な亀裂がありそこから入ったのか，その薬剤浸透経路が不明である。このため，浸透経路をミクロ的に調査検討する必要がある。

第 2 章　木質材料の難燃化技術

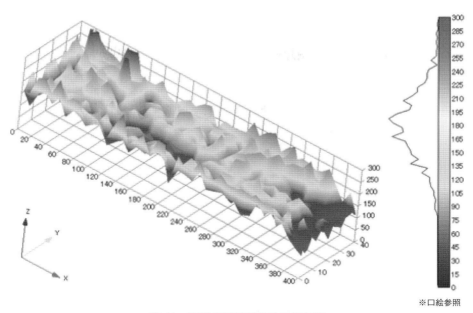

※口絵参照

図 11　表層の薬剤固定量の分布例

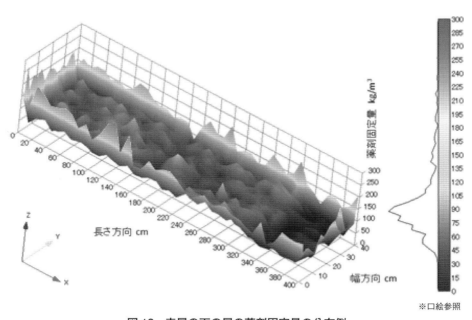

※口絵参照

図 12　表層の下の層の薬剤固定量の分布例

第2編　木材・木質材料の開発・難燃化と評価技術

第3章　木質材料の耐火技術

第1節　構造用耐火木材

東京農工大学名誉教授　服部　順昭

1. 背　景

　わが国の人工林の面積，総蓄積量，総年生長量は，『森林・林業統計要覧2016[1]』から試算すると，それぞれ1,130万ha，22億8千万m^3，3千2百万m^{3}弱となり，2014年の国産材供給量は2,365万m^{3}であった[2]ことから，この年は年生長量の7割程度利用したことになる。人工林の総蓄積量を年間の伐採量で割ると可採年数が求められ，2014年の実績で計算すると97年となるが，毎年950万m^{3}の蓄積が上積みされるので，枯渇の心配はない。ただ，木材需要を全て国産材で賄おうとすると，年生長量を加えたとしても，可採年数は52年と短くなる。間伐などの管理・施業が林齢に合わせて適宜行われている林地での蓄積量の増加は歓迎すべきことであるが，図1に示した齢級構成[3]から，戦後の拡大造林は由として，次の問題が顕在化してくるものと思われる。例えば，今から4年前になる2012年で8齢級の面積は85万haであるが，伐期適齢期を45年になる9齢級とすると，その面積は約半分となり，蓄積量は202 m^3/haが採用されていることから，国産材の供給量に少なからず影響が出てくるものと思われる。この傾向は今後も続き，後50年もすれば9齢級の材が植わっている面積が図の右端に来る。京都議定書で言うところの吸収源も先細りになることやダーバンで開催のCOP17で認められた伐採木材の炭素貯蔵量にも影響がでるものと思われる。

　この対策には，適齢級を超えた森林の積極的な伐採と再造林をセットで行うこと，齢級分布を平準化するために必要な面積を確保するために場合によっては適齢期前の森林も伐採・再造

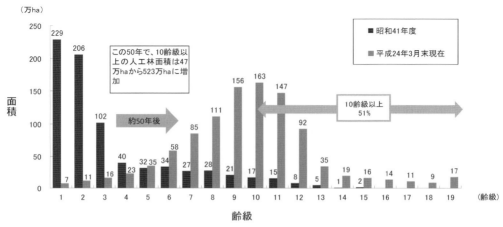

図1　人工林齢級分布の変化[3]

第2編　木材・木質材料の開発・難燃化と評価技術

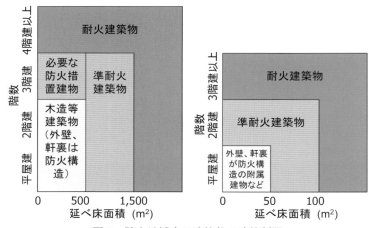

図2　防火地域内の建築物の建築制限

林すること，伐採された材の廃棄寿命が長く設定されている用途への積極的な利用を心掛けることである。積極利用の方向としては，住宅や家具も含めた建設分野での利用になるが，戸建て住宅での伸びはそれほど期待できないことから，2010年に施行された「公共建築物等における木材の利用の促進に関する法律」（木促法）[4]に謳われる戸建て木造住宅以外の建物の木造化になる。この推進には鉄骨造や鉄筋コンクリート造が林立している規制の厳しい防火地域や準防火地域での木造建物の建築が効果的である。しかし，**図2**のように，準防火地域では延べ床面積が1500 m^{2}を超える建物や4階建て以上の建物と，防火地域では延べ床面積が100 m^{2}を超える建物や3階建て以上の建物は，原則として耐火建築物でなければならない。さらに，耐火建築物の主要構造部には，規模や用途により，1, 2, 3時間の耐火性能が求められる。2000年の建築基準法改正以降，木材も使えるようになったとは言え，基準を満たした構造部材は少なく，自給率目標達成の点からは，国産材を用いた耐火建築物の開発を進めなければならない。防火地域などでの木造建築物の建築制限や耐火木材開発の歴史などについては原田が詳述しているので参考にされたい[5]。

2. 耐火性付与の方法

　荷重を支持する部材が鋼であれ木材であれ，熱的に弱いことから，耐火建築物を建てるには，その主な構造部材を耐火構造にしなければならない。それには，荷重を支持する部材への熱伝達を防ぎ，所定の加熱試験において部材温度が基準値を超えないように，断熱などの工夫を施さなければならない。

　加熱試験は，**図3**の右〔左：加熱前〕に示したように試験体を炉内に設定し，炉内を**図3**の左に示したISO834-1の標準加熱曲線に従って加熱（**図3**の右〔中：加熱中〕）し，加熱終了後に加熱時間の3倍時間炉内放置（**図3**の右〔右：加熱後〕）し，完全に鎮火すれば合格となる。木材などの可燃物の試験で3倍時間放置しても鎮火しない場合は，阪神淡路大震災で消防車が現場に来られないことがはっきりしたので，2000年の建築基準法の改正により，所定時間

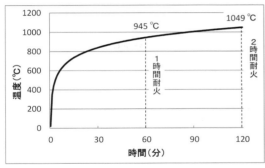 

左：加熱前，中：加熱中，右：加熱後
図3　炉の加熱曲線（左）と加熱試験（右）

後に放水で消火するのではなく，自然鎮火するまで炉内放置し，非損傷性等が評価され，問題なければ合格となる。1時間耐火の場合は常温から炉内温度が上がり始め，加熱終了時には945℃に達する。2時間耐火の場合はさらに加熱し続け，ボイラーの火を消す時には1049℃に達している。対策をしない木材や鉄骨はこの状態には耐えられず，それまで用いられていた加熱試験終了までに燃えてしまう厚さを燃え代として加えた設計法は耐火部材には使えなくなった。

耐火部材とは別に，建築基準法施工令で定められている不燃材料，準不燃材料，難燃材料と呼ばれる材料がある。文字上ではこちらの方が耐火部材より耐火性能が高いように見えるが，コーンカロリーメータという加熱装置で20分，10分，5分間それぞれ加熱し，燃焼せず，有害な損傷がなく，有害な煙やガスが出ないとそれらの名称で呼ばれる材料に認定されるので，異なるジャンルの材料である。これらの材料の合否判定は，告示等では規定されず，性能評価機関に任されているので，事前にその機関の評価業務方法書を確認しておく必要がある。

これまでに開発された耐火1時間の性能規定を満たして国土交通大臣に認定された木質系の構造部材を，図4に例示したように，荷重支持部の熱的保護の観点から断面構造で分類すると，大きく3通りに分けられる。すなわち，荷重支持部であるH形鋼等の周囲に集成材を配置した図4a.[6]の集成材被覆型，不燃材料である複数枚の強化石膏ボードで集成材を被覆した図4b.[7]の被覆型，集成材の表面から少し内側に入ったところに断熱・吸熱性のある部材を配置した図4c.[8]とd.[9]の燃え止まり部挿入型がある。

集成材被覆型はハイブリッド型や鋼材内蔵型として知られているし，被覆型には石膏ボードの上に化粧板を貼って木造と見えるようにしたものがある。挿入型には，熱的に弱い箇所に高密度材やモルタル板あるいは石膏と言った材料を所定の間隔で配置したものと，集成材表面から少し内側に入ったところ（図4d.[9]の点線で囲まれた部分）に難燃薬剤をインサイジング穴から均一に注入したラミナ部材を挿入したもので火を止めるものが提案されており，これからも様々な構成が開発されてくるものと思われる。これらのタイプの中で木材だけで構成されているものは1つしかなく，加熱試験に合格するのがいかに大変なことかがわかる。挿入型は一般に消火機構を主張する点から燃え止まり型と呼ばれるが，ハイブリッド型も燃え止まりで鋼材を保護していることと名称の概念を被覆型と合わせるには，挿入型という表現の方が望まし

第2編　木材・木質材料の開発・難燃化と評価技術

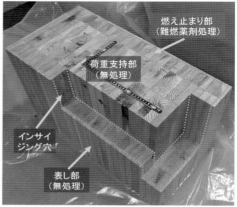

図4　耐火集成材のタイプ

いし，英語表記でも統一が取れることから，ここでは，いくつかの分類方法があるけれども，この様な名称を用いる。部材毎の概要は次の通りである。

　ハイブリッド集成材は，構造上は鉄骨造であるが，鉄骨を被覆している集成材が鉄骨への熱伝達を適度に防ぐ一方で，鉄骨に熱伝達することで集成材が鎮火するという双方の部材が助け合って燃え止まる部材で，木が現しで見える柱や梁であることから，この種の部材の先鞭をつけた。使える集成材の樹種はカラマツかベイマツで，ハイブリッドの由来は鋼と木材を材料的にも熱的にも組み合わせたことによる。これを用いた第1号のビルは金沢に建てられた[10]。

　被覆型集成材は，JASに規定の構造用集成材を複数枚の強化石膏ボードで覆った部材で，外観上は木造と見えないが，使い易さとCO_2固定量が評価される物件でこれからも使われていくものと思われる。被覆は，柱・梁のみならず，壁・床・屋根にも適用できることから，在来工法のみならず枠組壁工法にも採用され，利用件数が飛躍的に伸びている。図4 b. はCOOL WOOD[11]という最外層の被覆材をさらに木材で覆う構造になっており，認定されたことから，木材が見えないという短所は解決されている。

　挿入型は，製造工程が複雑で加工精度もそれなりに求められ，高価になるという短所はあるものの，CO_2固定量に加えて木材が文字通り現しで使えることから，その様な用途には有望である。挿入型の主な商品は燃エンウッド[8]とFRウッド[12]で，基本構成は荷重支持部となる

― 172 ―

表1　耐火部材のタイプ別特徴と建築実績

型	荷重支持部	燃え止まり材料	外観	外観の樹種	建設棟数*	名称
集成材被覆型	鋼	集成材と鋼	集成材	カラマツ	7	ハイブリッド
不燃材被覆型	木材	強化石膏ボード	強化石膏ボード		1,919	
			板	板	8	COOL WOOD®
燃え止まり部挿入型	集成材	モルタル板	集成材	カラマツ	7	燃エンウッド®
	集成材	難燃薬剤注入ラミナ	集成材か板	スギ	3.5	FRウッド®, 木ぐるみFR®
	集成材	圧縮木材	集成材か板	JAS規格品	0	

＊2017年3月現在（建築中も含む）

一般の集成材の外側に燃え止まり部を配置し，その外側を無処理材で覆っている。特に，後者については，4社で申請していた第2段の大臣認定が降りたことから，柱はスギのみで，梁はカラマツとスギで構成できることが特徴である。

　集成材被覆型，被覆型，挿入型の特徴を比べると，表1のようになる。石膏ボードで被覆した耐火建築物の棟数が圧倒的に多く，他のタイプは数えるほどしか実績がないことがわかるが，複数枚の石膏ボード被覆で容易に耐火建築物に仕上げられる方法が告示で示されたことから，従来の軸組工法や2×4工法の建築物で多く採用されることとなり，この実績となっている。この様な木材を用いた耐火部材の開発が盛んになったのは木促法[4]の寄与が大きい。

3. 耐火木材の実使用

　耐火木材を構造材に用いた建物の主な事例を外観とその内観のセットで図5〜図8に示した。

　ハイブリッド集成材を用いた建物は金沢エムビル（石川県金沢市），丸美産業株式会社本社ビル（名古屋市瑞穂区），ポラテック本社ビル（埼玉県越谷市）など6件と現在工事中の国分寺フレーバーライフ社本社ビル（東京都国分寺市）の合計7件になっている。

　図5はウッドスクェアと名付けられたポラテック株式会社の本社ビル[13]で，延べ床面積約6,600 m²，地上4階，地下1階建て，カラマツハイブリッド集成材造で，2012年2月に竣工した。

　COOL WOODを用いた竣工済みの建物は，りゅうせん幼稚園（広島県安芸郡），IKKビル（東京都板橋区），高槻荘地域密着型サービス施設（大阪府高槻市），南陽市文化会館（山形県南陽市），京都木材会館（京都市中京区），Gビル自由が丘01B館（東京都目黒区）の6件と，現在工事中のイニエ南笹口（新潟市中央区）と平成26年度小林駅周辺地区都市再生整備事業のうち駅前観光交流センター（宮崎県小林市）の合計8件に上っている。図6は南陽市文化会館[14]で，COOL WOODを用い，延べ床面積5,900 m²，地上3階，地下1階建てで，2015年4月に竣工した。この建物は最大の木造コンサートホールとしてギネス世界記録に認定されている。因みに，ギネスに認定されている世界最古の木造建築物は法隆寺である。

図5　ハイブリッド集成材造の例
ポラテックの本社ビル（左）とホール（右）

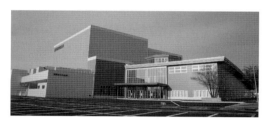

図6　石膏ボード被覆型集成材造の例
南陽市文化会館の外観（上）と交流ラウンジ（右）

図7　モルタル板挿入型集成材造の例
大阪木材仲買会館の外観（左）と大会議室（右）

　燃エンウッドを用いた竣工済みの建物はサウスウッド（横浜市都筑区），大阪木材仲買会館（大阪市西区），イオンタウン新船橋（千葉県船橋市），ATグループ本社・北館（名古屋市昭和区），横浜商科大学高等学校・実習棟（横浜市旭区），中郷会新柏クリニック（千葉県柏市）の6件と，現在工事中のものが（仮称）第二有明小中学校（東京都江東区）の合計7件に上っている。図7は大阪木材仲買会館[15]で，燃エンウッドを用い，延べ床面積約1,000 m²，地上3階建てで，2013年3月に竣工した。
　難燃処理ラミナを挿入したスギ耐火1時間集成材を用いた建物は，スギだけで作られてい

第3章　木質材料の耐火技術

図8　難燃薬剤注入ラミナ挿入型集成材造の例
野菜倶楽部 oto no ha Café（左）と内部（右）

図9　FRウッドとRC混構造の神田神社文化交流会館（仮称）パース

るという特徴を活かしてシンボル的に用いた建物も含めて，3棟と建築中の2棟の合計5棟である。近々着工する2棟を含めると7棟になるが，シンボル的な建物を合わせて0.5棟と数えると，3.5棟になる。何れもスギが現しとなっている。図8は野菜倶楽部 oto no ha Café で，FRウッドを用い，延べ床面積約250 m²，地上3階建てで，2013年3月に東京都文京区に竣工した[12]。場所は東京カテドラルの向かいで椿山荘の隣にあり，コーヒーを注文することで建物内に入れるので，耐火木造建築物の現しが実感できる。このタイプの耐火部材は，4社で申請したコストダウン仕様の大臣認定が出たことから，公共建築物への使用も可能となり，長崎県庁行政棟の最上階にも使われている。

　東京都は2016年度から多摩産材をにぎわい施設でアピールすることで需要拡大をねらう事業を始めており，初年度に採択された提案の1つが，パース絵しかないが，2018年11月に完成予定の図9に示したFRウッドとRCの混構造の建物である。

4. 耐火木材の今後

　荷重支持部となっている集成材は，上限の260℃よりかなり低いとは言え，それなりに材温が上昇すること，燃え止まり部の集成材はかなりの高温に曝されていることから，耐熱性の高い接着剤を使う必要がある。特に2時間耐火の加熱試験では炉内が1時間加熱後に945℃に達しており，その後の1時間で1049℃に達することから，それに耐えうる集成材で構成しなければならない。2時間耐火木材の開発も各タイプで進められており，挿入型でも技術的な目処は付いている[16]。これによって，中高層ビルが多い防火地域で，2時間耐火が求められる下層階やエントランスにも耐火集成材が使えることになる。ただ，使えるとはいえ，現しの耐火木材は自然鎮火するまでは発熱・燃焼することから，火災時の安全な避難路を確保する上で，使用量には自ずと上限があると思われる。

　耐火木造建築物を実現するには，柱や梁という構造材のみならず，木質面材も必要になる。これまでに認定され多用されている1時間耐火の木質面材は被覆型である。従来から木造住宅の外壁には窯業系などのサイジングが用いられていたが，そこに強化石膏ボードを貼るという被覆型の技術が移転されたことになる。しかし，他のタイプでの面材開発は難しく，**図10**の試験時の様子と**図11**の試験中の各部の温度経緯に例示したように，僅かに難燃薬剤注入ラミナ2層と無処理化粧板のセットを中心層の両面に被覆したCLTで性能が確認された段階[17]であり，この分野での技術開発も今後進むと思われる。

　集成材はそれなりの加工精度で仕上げなければならない。特に，モルタル板を挿入する型では異種材料であるモルタルと木材の物性の違いを考慮した組立精度が求められるだろうし，難燃薬剤を所定量注入する型では注入通路からの繊維方向と繊維直交方向の浸潤度が異なることから，それを反映したピンホール加工の穴あけ位置の精度が求められる。後者については，植物肥料の3大要素の1つであるリン酸の高分子を用いており，注入薬剤のラミナ表層部での析出結晶部を鉋削するとアブレーシブ摩耗が生じる可能性があるので，耐磨耗性の高い工具を

試験前の裏面　　試験中の加熱面　　試験後の加熱面　　試験後に目視検査

図10　CLTの加熱試験

第 3 章　木質材料の耐火技術

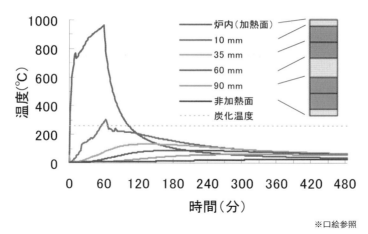

図 11　スギ 1 時間耐火 CLT の加熱試験における温度経緯[17]

使う必要があるが，これらの課題は基本的には解決されている。CO_2 固定量が所定の期間評価され，木が現しとなる集成材被覆型と挿入型での今後の普及は複雑な製造工程のさらなる改善とコストダウンが鍵となる。

　以上，近年急速に研究・開発されてきた耐火木材の概要を述べたが，それぞれ特徴があるとはいえ，国産材のさらなる利活用に向けて普及が進み，防火地域などでランドマークとなる木造建築物が街区のあちこちで見られるようになることを願っている。

文　献

1) 森林・林業統計要覧 2016：3 森林の有する多面的機能の発揮並びに林産物の供給及び利用に関する目標（森林・林業基本計画の概要），5(2016)．
http://www.rinya.maff.go.jp/j/kikaku/toukei/attach/pdf/youran_mokuzi-7.pdf，2017 年 3 月 15 日参照．
2) 平成 27 年度森林・林業白書：第Ⅰ章第 1 節　森林資源の充実と国産材需給の現況，9(2016)．
http://www.rinya.maff.go.jp/j/kikaku/hakusyo/27hakusyo/pdf/5hon1-1.pdf，2017 年 3 月 15 日参照．
3) 平成 27 年度森林・林業白書：第Ⅰ章第 2 節　我が国の森林整備を巡る歴史，10(2016)．
http://www.rinya.maff.go.jp/j/kikaku/hakusyo/27hakusyo/pdf/5hon1-1.pdf，2017 年 3 月 15 日参照．
4) 林野庁：公共建築物等における木材の利用の促進に関する法律
http://www.rinya.maff.go.jp/j/riyou/koukyou/，2017 年 3 月 15 日参照．
5) 原田寿郎：日本における木質耐火構造開発のあゆみ．木材学会誌 **55**(1)，1-9(2009)．
6) 遊佐秀逸：各論Ⅲ　木質ハイブリッド部材の耐火性能．月刊建築技術(666)，100(2005)．
7) (一般社団法人)日本木造住宅産業協会：1 時間耐火構造，
http://www.mokujukyo.or.jp/kensetsu/，2017 年 3 月 15 日参照．
8) 岡日出夫，大橋宏和，山口純一，堀長生：モルタルを内蔵したスギ集成材の燃え止まりに関する研究．日本火災学会論文集 **58**(1)，13-20(2008)．
9) 原田寿郎，服部順昭，安藤恵介，西岡悠樹，宮林正幸，塩崎征男：耐火集成材の開発(その1)シェル型難燃層による集成柱材の燃え止まり．2006 年度日本建築学会大会学術講演梗概集，関東，A-2，85-86(2006)．
10) 遊佐秀逸：金沢エムビル．月刊建築技術(666)，152(2005)．
11) 日本初の木造耐火大ホール建設．日刊木材新聞(17649)，平成 26 年 9 月 5 日，1 面(2014)．
12) 塚本平一郎，森徹，比留間基晃：野菜倶楽部 oto no ha Café．新建築(6)，138-145，191(2013)．
13) ポラテック㈱本社ビル『ウッドスクエア』竣工報道発表サイト，

http://www.polus.co.jp/LxGHg/mk/newsmrpdf/708.pdf, 2017 年 3 月 15 日参照.
14）南陽市文化会館施設案内, http://nanyoshi-bunkakaikan.jp/guide/, 2017 年 3 月 15 日参照.
15）福本晃治, 大野正人, 熊谷孝文, 西崎隆氏：大阪木材仲買会館の構造設計. 2013 年度日本建築学会大会建築デザイン発表梗概集, 北海道, 230-231（2013）.
16）上川大輔, 原田寿郎, 宮林正幸, 抱憲誓, 西村光太, 宮本圭一, 大内富夫, 安藤恵介, 服部順昭：難燃処理ラミナを用いた耐火集成材の開発スギ集成材柱の 1 時間および 2 時間耐火性能. 日本建築学会環境系論文集 **75**(657), 929-935（2010）.
17）服部順昭：スギ CLT への 1 時間耐火性能の付与について. 木材工業 **68**(11), 494-495（2013）.

第2編　木材・木質材料の開発・難燃化と評価技術

第3章　木質材料の耐火技術

第2節　木質ハイブリッド耐火集成材

齋藤木材工業株式会社　齋藤　潔　　株式会社スタジオ・クハラ・ヤギ　久原　裕

1. はじめに

　接着集成材は，1901年ドイツ人のオットー・ヘッツァーによって考案され，1901年にスイスで，1906年にドイツで特許を取得し，スイス・ドイツを中心に北欧に広がった。1920年代になると，アメリカに技術が伝わり，以後アメリカ中心に発展してきた。日本で初めて接着集成材が使用されたのは，1951年，日本林業技術協会が東京四谷に建てた森林記念館であり，湾曲集成材によるスパン9mの円形アーチで2階会議室の屋根に使用された。その後，1987年の建築基準法の改正により，「大断面木造」が生まれ，集成材建築が脚光を浴びる事になった。1980年代は公共建築物が地域振興のシンボルとして建てられることが多くなってきており，木造建築物の急速な大規模化の系譜を生むことになった。1997年竣工の「大館樹海ドーム」(秋田県)が，長径178m，短径157m，建築面積約22,000 m^2 で日本最大はもちろんのこと，世界最大級とも称され，スギ集成材が用いられているが，使用量は4,000 m^3 を超えている。最近では，保育園など中規模の建物から一般住宅の柱や梁など多岐にわたって集成材を用いた建築物が建設されるようになってきている。

2. 木質ハイブリット集成材

2.1　開発の背景

　「都市に森をつくろう」を合言葉に，木質系ハイブリッド部材(耐火部材)の開発を行い，今まで使用できなかった中層建物の躯体に採用されてきている。戦後，建築物は都市の不燃化を目指し木造建築は排除されてきた。しかし，1987年以降の一連の建築基準法などの改正により，木造建築物に対する防火規制にかかわる部分の緩和措置がとられ木材利用の拡大につながった。さらにその後の1998年の建築基準法改正(2000年施行)による性能規定化により，木造建築利用の可能性が広がった。そうした中，国土交通省総合技術開発プロジェクト(以下，木質ハイブリッド総プロ)が立ち上げられ，その中で木質材料による耐火建築物の実現を目指し，1時間耐火性能を有する部材の開発が進められた。

　日本集成材工業協同組合(以下，日集協)は，集成材の製造・施工をする業界として木質ハイブリッド総プロに参画し，1時間耐火性能を有する部材の大臣認定取得を行った。日集協は造作用集成材・構造用集成材などの集成材を製造・設計・施工する企業で構成する団体であり，大断面木造建築の技術を持つメンバー(施工部会)が木質ハイブリッド集成材の実用化開発に取り組んでいる。

— 179 —

2.2 開発について

　開発の目標としては，構造用集成材が構造としての役割を持ち，さらに集成材が室内から見えることが理想的な部材であることを目標とした。総プロの成果から鋼材内蔵型の燃え止まり型が実用化の至近距離にあると判断し，なかでもH型鋼が構造・熱容量的にも有効だとして開発を進めた。木質ハイブリッド集成材は，鋼材を内蔵した集成材で，集成材部分は鋼材に対する耐火被覆の役割を担っており，火災によって一定のスピードで燃焼するが，燃え尽きることなく，ある段階になると耐火構造の条件である「燃え止まり現象」が起こり，内蔵された鋼材が守られて建物の安全を確保する。また，集成材が表しとなる為，そのまま仕上げ材として用いることができるため，見た目に美しい木の耐火建築物を造る事が可能である（図1）。

　ここで，「燃え止まり現象」とは，木材は可燃物であるため一度着火すれば燃え尽きるまで燃焼が継続するが，着火している材が燃え尽きる事なく自然に鎮火して火種がなくなる現象を示す（図2，図3）。

　開発にあたり，課題になったことは，内蔵される鋼材と集成材を一体化する方法であった。鋼材を内蔵するためにあらかじめ集成材に精度よく加工を施すが，鋼材の製品精度と集成材の加工精度の違いにより鋼材と集成材の境界面には隙間が必要となる。この隙間の処理をどうするかといった問題を解決する為に，モルタルを充填する方法と充填しない（隙間を設けた状態）方法の2種類の製造方法で耐火試験を行った。結果，充填しない方法で燃え止まりが確認でき，木質ハイブリッド部材の実用化

図1　木質ハイブリット集成材

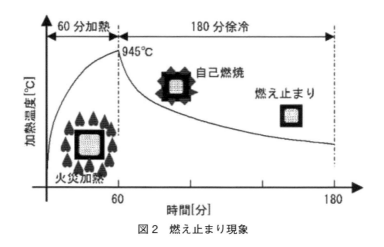

図2　燃え止まり現象

は大きく前進することになった。耐火性能については一応の目安がついたが，構造的な木質ハイブリッド部材の開発には時間的，技術的な制約から断念し，以降，耐火性能のみに絞って開発することとした。

開発当時は，性能評価試験も木質系材料を想定していないため，評価基準も確定していない状況にあった。また，実験データも鉄鋼系と比べると非常に少なく，耐火構造の認定も鉄骨系と異なるため，手探りでの開発であった。

※口絵参照

図3　燃え止まり状況

2.3　大臣認定の範囲について

木質ハイブリッド集成材は，表1に示す1時間耐火大臣認定を取得している。

柱，梁について認定を取得しており，内蔵する鋼材の形状は，「平鋼」「角鋼」「H鋼」の3種類がある。平鋼・角鋼の寸法は1種類に限定されているが，H鋼は比較的広範囲の寸法まで大臣認定の取得をしている。樹種は，カラマツとベイマツに限定されている。

現状の認定の範囲では，集成材被覆の構造耐力の評価はできず，構造耐力は鋼材のみの評価となる。このため，通常の鋼構造の建築と同じように構造設計が行えるメリットがある。

表1　大臣認定取得範囲

名称	角鋼内臓型 柱	平鋼内臓型 梁	H鋼内臓型 柱	H鋼内臓型 梁
断面図				
認定番号	FP060CN 0174	FP060CN 0121	FP060CN 0179	FP060CN 0155
鋼材サイズ	65角の鋼材限定	22×300の鋼材限定	H125×125 ～H400×400	H150×75 ～H600×200
木材サイズ	200角の限定	200×330の限定	250×250 ～525×525	212.5×200 ～662.5×320
認定樹種	カラマツ・ベイマツ	カラマツ・ベイマツ	カラマツ・ベイマツ	カラマツ・ベイマツ

2.4　納まりについて

実際の建築物は，木質ハイブリッド集成材に壁や床等が接合され，さらには鋼材の継手部分などにボルト接合がなされる。これらの施工条件にあっても，燃え止まりにより耐火性能が発

第2編　木材・木質材料の開発・難燃化と評価技術

現される部材の耐火性が確保されなければならない。日集協では各種取り扱いに関する実験を行い性能を確認している。表2に示す木質ハイブリッド集成材と接合部（梁継手，柱継手）（図4）1），壁（外壁及び間仕切壁），床の取り合いについて1時間加熱試験を実施し性能を確認している。

実験にて性能が確認された納まりは「木質ハイブリッド耐火建築物主要構造部の納まり」としてマニュアル化されており，日集協のホームページ（http://www.syuseizai.com/）上にて公開されている。ホームページ上には，集成材に関する他の有益な情報も多数掲載されている。

表2　主要構造部の納まり

部位	仕様
接合部	総プロ仕様
	セラミック耐火被覆仕様
間仕切壁	木材下地仕様
	鋼製下地仕様
	非耐火構造壁
外壁	ALCパネル仕様
	木材下地仕様
床	ALCパネル仕様
	コンクリート　フラットデッキ仕様
	木材下地仕様

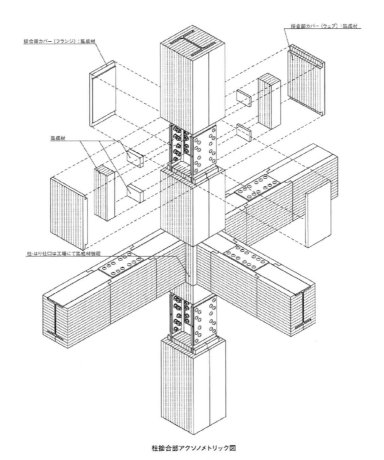

柱接合部アクソノメトリック図

図4　柱接合部

1）日本集成材工業協同組合：木質ハイブリッド耐火建築物主要構造部の納まり

3. 木質ハイブリッド集成材を用いた物件事例

(1) エムビル

木質ハイブリッド集成材を用いた国内初の建築がエムビル（2004年竣工）である。5階建の各種学校で，1階がRC造，2〜5階が木質ハイブリッド造の耐火建築物となっている。エムビルで使用されたのは角鋼内蔵型の柱と平鋼内蔵型の梁で，木が表しとなった構造フレームがそのままデザインの特徴となっている。外観で印象的なファサード面のブレースには，角鋼内蔵型の柱と同じ部材が使用されている（図5）。

(2) 丸美産業本社ビル

鉄筋コンクリート造の構造体をコアとして，2〜5階の外周柱に木質ハイブリッド集成材を用いた混構造の建築が丸美産業本社ビル（2008年竣工）である。ダブルスキンのカーテンウォールに，木質ハイブリッド集成材の柱と，集成材のマリオンが挟み込まれており，木の美しさをそのまま外観の表現とすることで，都市に建つ木造建築のデザインの可能性を追求している（図6）。

(3) ポラテック本社ビル

主要構造部にH型鋼内蔵型の柱，梁を用いた最初の事例が，ポラテック本社ビル（2012年竣工）である。地下1階，地上4階建，延べ床面積6,000 m² 超の事務所ビルで，木質ハイブリッド造の耐火建築物である。使用されている部材は526 mm角の柱と幅232 m，せい563 mmの梁で，12.8 mスパンの大空間を実現するために，3.2 mスパンと併用することによって，柱が2本で1組となるように考えられている。外観はLow-Eペアガラスのカーテンウォールで，木材が表しになった部材をそのまま見ることができる（図7）。

図5　エムビル

図6　丸美産業本社ビル

図7　ポラテック本社ビル

（4） 福島県国見町庁舎

木質ハイブリッド集成材を用いた初めての公共建築が，福島県国見町庁舎（2015年竣工）である。地下1階，地上3階建，延べ面積4,833 m²の耐火建築物で，東日本大震災で被災し使用不可能となった庁舎の新築計画。地場産材を多く用いた木質ハイブリッド集成材を大部分に採用し，木質化された内装，外装の木ルーバーと共に用いることで「町民が集う未来に向けた森の庁舎」が実現されている（**図8** 写真提供：株式会社ジェイアール東日本建築設計事務所）。

図8　福島県国見町庁舎

（5） 大分県立美術館

外観に印象的に木質ハイブリッド集成材が用いられているのが，大分県立美術館（2015年竣工）である。地下1階，地上3階（一部4階）建で鉄骨造，鉄筋コンクリート造の美術館で，3階部分の外壁に木格子が張り巡らされており，柱・梁に木質ハイブリッド集成材が用いられ，ブレースにスギ無垢材が重ねられた耐火構造となっている。竹細工をイメージした繊細な構造体のパターンが印象的な建築である。

（6） 国分寺フレーバーライフ社本社ビル

木質ハイブリッド集成材の普及を目指し，さまざまな改良を加えた国内初の7階建事務所ビルが国分寺フレーバーライフ社本社ビル（2017年竣工）である。1〜3階が鉄骨造（2時間耐火），4〜7階が木質ハイブリッド造（1時間耐火）で，鉄骨内蔵型のメリットを活かすため，建築全体の構造形式をシンプルな鉄骨造としているのが特徴である。

もう1つの特徴は，ノンブラケット工法としている点である。これまでの木質ハイブリッド集成材は，一般的な鉄骨造と同じくブラケット工法によりジョイントしていたが，複雑な形状の柱梁仕口に合わせて集成材を製作する必要があり難易度がきわめて高かった。改良型は，鉄骨の接合にノンブラケット工法を用いており，複雑な仕口は現場施工で被覆してカバーすれば良いため，集成材の形

図9　国分寺フレーバーライフ社本社ビル

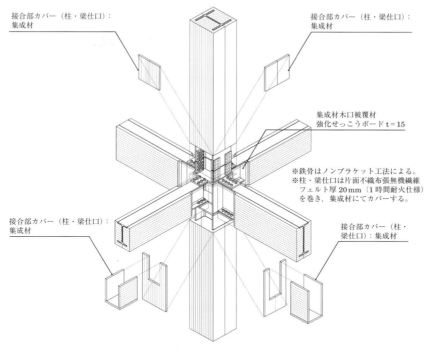

図 10　ノンブラケット工法の柱・梁接合部

状はほぼ一定で製作が簡略化できる。部材搬送の効率化，ジョイント数の減などプロジェクト全体の合理化も見込まれる（図 9，図 10）。

4. おわりに

　我が国の人工林の状況は，今後 10 年間で約 7 割が利用可能な高齢級の森林に移行する見込みである。木材利用全体の内，建築用材としての割合が約 4 割と高く，建築用材の需要拡大がさらなる木材自給率アップにつながる。木材産業は息の永い，奥行きの深い産業であり，木材の年輪が示す如く，一年一年「輪」を刻みながら確実に成長してゆく産業であると確信している。木材の高度利用開発は，木材の価値を高め山に利益を還元し，次の世代に大切な緑の山を伝えることができると信じている。

第2編　木材・木質材料の開発・難燃化と評価技術

第3章　木質材料の耐火技術

第3節　燃エンウッド®

株式会社竹中工務店　小林　道和　　株式会社竹中工務店　大橋　宏和

1. はじめに

　竹中工務店では，新たな価値を創出する未来に向けた「まちづくり」で社会的な役割を果たせるように建設市場とその周辺領域での事業に取り組んでいる。その1つの取り組みとして「森林グランドサイクル」を提言し，その実現に向けて活動を推進しているところである。森林グランドサイクルとは，建設分野で国産木材を積極的に使用することで，その需要を喚起し，森林サイクルの維持拡大と建設分野での富の循環から地方創生・地域の林業再生，次の森林サイクルの拡大といった森林資源と地域経済の循環を表すものである。

　これまで大規模建築や都市部での建築において，その防火・耐火規制のため木材利用に制約があったが，建築基準法改正（2000年）により木造による耐火構造への道が開かれ，さらに，それ以降の法改正により木材が利用しやすい環境になりつつある。建設分野内でも多くの新しい木材利用技術が実用化され，国産木材利用の新しい段階に入っている。

　ここでは木構造で耐火建築物を実現する構造部材「燃エンウッド®（以下，®省略）」を紹介する。耐火構造部材としての国土交通大臣認定を受けた柱および梁部材である。加えて燃エンウッドを建築の構成部材として適用するための周辺技術の開発・実用化の取り組みについても紹介する。

2. 技術開発の概要

　木造化が困難であった市街地において木造現しの大規模建築を実現するために2001年より2層構造の耐火被覆層を有する耐火集成材燃エンウッドの研究開発をスタートし，2012年に現在の断面構成により耐火構造部材（1時間）として国土交通大臣認定を取得した。燃え代層および燃え止まり層からなる耐火被覆層で当初は樹種カラマツに限定されていたが，現在ではスギやヒノキも使用できるようになっている。

　実際に建築プロジェクトで使用するにあたって，いくつかの課題を解決する必要があった。ここでは主な課題として，一般に柱および梁の耐火構造部材の認定範囲外となる①柱梁接合部の耐火性能実現に向けた開発，②梁貫通孔部分の耐火仕様の検証と③防火区画の壁が固定される部分の燃え代層の「燃え抜け」を防止する取り付けディテールの開発について紹介する。

3. 耐火集成材燃エンウッドの概要

3.1 木の構造体を燃やさない仕組み

3.1.1 "燃え止まり"現象と260℃の境界線

　試験管の中に木片を入れてアルコールランプで熱し，試験管口から出てくる白いガスにマッチで火をつける実験が小学校の理科資料に掲載されている。この実験は熱による木材成分の分解と可燃ガスの発生を確認するための実験であるが，この実験の見方を変えれば，熱を与えなければ可燃ガスが発生しないことを示している。焚火でくべる一部の木片が燃え残るのは，燃焼による熱と可燃ガスの発生に必要な熱のバランスが崩れて，発熱の方が小さくなると燃焼が継続できなくなるからである。キャンプファイアのように井桁に組まれた木は良く燃えるが，無造作に置かれた木片は意外と微妙なバランスで燃えていて，このバランスを崩してしまえば燃え止まるのである。

　建築の耐火分野において，加熱された木材がガスを発生させ，燃焼により木材自体が炭になる温度はおよそ260℃とされている。燃える木材の温度が低下し，260℃を十分に下回る状態となって，燃焼が停止する現象を"燃え止まり"と呼んでいる。燃エンウッドの開発・実用化では，火災を想定した環境下において荷重を支持する部分の温度を260℃以下に抑制して燃焼・炭化を防ぐ方法，すなわち"燃え止まり"現象を確実に再現させる仕組みづくりが重要な開発課題となった。

3.1.2 木造部材としてのコンセプトと熱吸収材料の配置

　燃エンウッドの特長は，木材が建物の荷重を支えると同時に，建物の室内から柱・梁の木材表面が見て，触れて感じ取れるところにある。したがって，部材表面が木材であることから火災時には，部材表面の一部の炭化は免れないが，荷重を支持する構造体の温度上昇と炭化は防がなくてはならない。火災環境下において木造部材に耐火性を付与する方策として考案したのが，耐火被覆層に熱吸収材としてモルタルやせっこうを配置し，その吸収能力により温度上昇の抑制と炭化を防ぐ仕組みである。

　図1は燃エンウッドの柱をモデルにした構成図である。構造体となる荷重支持部を囲むように2層の耐火被覆層を設けている。火災時には炭化し遮熱層となる燃え代層（最1層），熱吸収材のモルタルなどが配置されている燃え止まり層（第2層）から構成される。これまで燃え代層や燃え止まり層を構成する材料はカラマツとモルタルに限定されていたが，現在ではカラマツに加えてスギやヒノキ，熱吸収材としてモルタルだけでなくせっこうも使用可能となった。

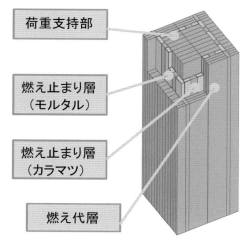

図1　耐火集成材　燃エンウッド（柱）

3.1.3 燃え代層の遮熱層としての役割

燃エンウッドの耐火被覆層を構成する熱吸収材は燃え止まり層内に離散的に配置している。木造部材として燃え代層や燃え止まり層，荷重支持部の全断面で一体性を確保することを開発条件としたことによるものである。また，モルタルなどの熱吸収材が直接に火炎に接すると急速に温度が上昇することを確認していることから，燃え代層の存在は燃え止まり層の機能を発揮させるために不可欠な要素であると考えている。

3.2 部材断面の構成と技術開発，性能検証
3.2.1 部材断面の構成と技術開発

図2に燃エンウッドの部材断面構成図を示す。1時間耐火仕様の耐火被覆層厚さは85 mmで，熱吸収材にモルタルを使用する場合の燃え代層厚さは60 mm，燃え止まり層の厚さは25 mmとしている。木材の炭化速度は一般に0.6 mm/分とされ60分の火災環境であれば40 mm程度の燃え代層厚さと算定されるが，遮熱層としての燃え代層の残余と部材断面角部からの入熱を考慮して定めた寸法である。また，燃え止まり層を構成する木材とモルタルの厚さと幅は，それらをパラメーターとした実験より導出した寸法である。木材部分の幅

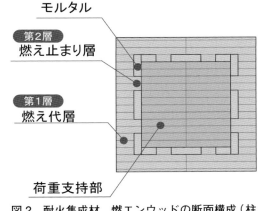

図2　耐火集成材　燃エンウッドの断面構成（柱の例）

が大きすぎると部材内部へ炭化が進行し，狭すぎると部材製造時の生産性に影響を与える。実験[1)2)]により確認した耐火仕様と生産性を考慮して設定したものである。

3.2.2 部材製作時の生産性向上を目的とした二つ目の熱吸収材

熱吸収材にモルタルを採用する場合にPC工場にてモルタルバーとして成型したものを集成材工場にて組み立てる製造方法を採用していた。この場合，耐火被覆層を構成する木材部品とモルタルバーに高い部品精度および組み立て精度が求められることから部材製造時の生産性向上のボトルネックとなっていたが，流動性の高いせっこうを燃え止まり層の材料として代替・適用する製造方法とすることで生産性の課題を解決した。図3に示す通り耐火被覆層厚さはモルタルを熱吸収剤としたものと同じ85 mmとし，燃え代層を45 mm，燃え止まり層を40 mmとした。燃え止まり層でせっこうが適切に成型され，衝撃での損傷を防止するため従来のモルタルタイプのものよりも厚くした。

3.3 部材の製作方法

図4に示す通りモルタルを熱吸収材に採用する場合の製造では，モルタルバーとして製造されたものを荷重支持部に取り付け，そのあと工程で燃え代層・燃え止まり層を取り付ける方法

第２編　木材・木質材料の開発・難燃化と評価技術

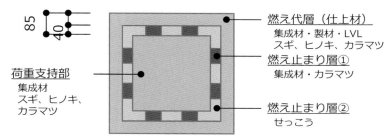

図３　熱吸収材をせっこうとした燃エンウッド断面構成（柱）

を採用していた。流動性の高いモルタルを流し込んだ製作・施工試験で充填性のバラツキが見られたことからモルタルバーによる組み立て方法を採用した。

また，前述の通り新たな認定では熱吸収材にせっこうを採用している。試験体製造時の作業性データから部材製造時の高い生産性の確保が期待できる。従来のモルタルバーを使った燃エンウッドの製造では材積487 m³，170部材の燃エンウッドを原木発注から約10ヵ月で製作していたが，20～40％程度の製造期間の短縮を見込んでいる。

図４　製造工程（モルタルバーの取り付け）

4. 柱・梁接合部の開発

4.1　柱梁接合部の構成と耐火性能の確保

図5に燃エンウッドの柱梁接合部の模式図を示す。柱側にアンカーボルトで固定されたガセットプレートを梁端部スリットに挿し込み，ドリフトピンで固定する。梁底の耐火被覆層にスリットが貫通しないよう梁上側にスリットを設けている。

図6のとおり建方工事を行う際に柱と梁にクリアランスを設けなければならず，当社ではそのクリアランスを25 mmとした。しかし，その部分は耐火被覆層が途切れる部分でもあることから，耐火構造としての弱点とならないようロックウールと木栓を用いた仕様を考案して耐火実験[3]にて性能を確認したうえで，これまでのプロジェクトに適用している。

4.2　性能検証試験の結果

図7に柱梁接合部の耐火実験の試験体，図8に実験後の梁側仕口部の断面図を示す。ロックウールと木栓により外部からの熱の進入が抑制され，内部の炭化が防止されている。また試験中，梁への載荷も合わせて行うことで，仕口部の回転変形によりロックウール挿入部の開き

第3章　木質材料の耐火技術

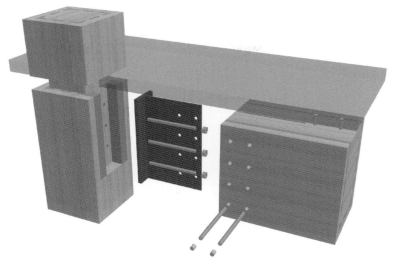

図5　柱梁接合部と構成部材

図6　建方状況

や脱落のないこともあわせて確認した。

5. 梁貫通孔技術の開発と実用化

　大規模建築では建築計画の合理性確保のため構造計画や設備計画との融合が求められ，鉄筋コンクリート造や鉄骨造では，その1つの手段として梁に設備用貫通孔が設けられる。しかし，耐火構造の集成材梁に開口を設けることは耐火上の弱点になることから，貫通孔技術の実

図7　柱梁接合部　耐火試験体

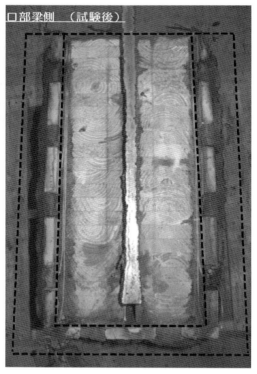

図8　試験後の部材断面

用化は燃エンウッドの普及・展開上での課題となっていた。

　そこで図9に示す貫通孔部分の耐火仕様を考案した。梁貫通孔内部にモルタル製のパイプと熱発泡性材料等を挿入し，孔部内側からの熱の進入を防止するものである。実大サイズの梁試験体による構造試験および耐火試験[4]を各々行い，その耐火仕様による効果等を検証し，サウスウッド（横浜市，2013年竣工）で適用した。

6. 防火区画の壁を固定するディテールの検証

　大規模な建築物では火災を局所的なものにとどめるため，火災の拡大防止のための防火区画の壁に関する規定が設けられている。建築計画上，防火区画の壁は柱および梁の架構内に設けられることが多いため，燃エンウッドの柱・梁に壁を固定することとなるが，火災時には燃え代層の炭化，すなわち燃え代層の体積減少により壁が取り付く部分に隙間が発生し，防火区画が成立しない可能性が発生する。

　そこで壁が取り付く部分の燃え代層の炭化を抑制するために，燃え代層と壁の間に強化せっこうボードを挿入する方法を考案し，その性能を耐火試験[5]により検証して開発・実用化した。

第3章　木質材料の耐火技術

図9　燃エンウッド梁の貫通孔

せっこうボードに含まれる水分が蒸発することで燃え代層の入熱・温度上昇を抑制させるものである。図10に示す試験では、従来の防火区画の壁を直接取り付ける固定方法では燃え抜けが発生したが、強化せっこうボードを挿入したもので燃え抜け防止を確認した。

7. 耐火集成材燃エンウッドを採用した建築モデルでの各種試算結果

従来のRC造建築物を木造化・木質化することで、その木材利用を通じた二酸化炭素の削減効果や建設工事費の増減について試算を行った。試算の対象としたのは図11に示す4階建てオフィスビルである。建物外壁3面をRC造の耐力壁とし、延床面積 2850 m² の55%を燃エンウッドの柱梁で支える計画とした。燃エンウッドの材積は約 300 m³ となる。

まず、全て鉄筋コンクリート造で建設した場合に一般的な仕上げ材を含めて約 3,500 t の CO_2 が竣工までに排出されると試算した。RC造建築モデルに対し削減効果の1つ目として、部材製造時の CO_2 排出量削減があり 173 t-CO_2 と試算した。2つ目として部材内に CO_2 が蓄積されることで放出されなくなることから 110 t-CO_2 が削減されると評価した。3つ目として購買した木材の費用が新たな植樹につながり、新たな森林サイクルにより同量の木材が成木する50年間で 440 t-CO_2 を吸収すると考えた。これら3つの効果で 723 t の CO_2 が削減され、約20%の削減効果が発揮されることとなる。

また、2012年に実施したコスト比較では燃エンウッドを採用したモデルはRC造モデルに比べて20～30%程度の工事費増加が見込まれたが、それ以降の建設資材や賃金・人件費が高騰する一方で、燃エンウッドおよび周辺技術の開発によるコストダウン効果により10%前後の工事費増加で実現が可能と試算している。ただし、室内仕上げの木質化は含まれないことに留意いただきたい。

第2編　木材・木質材料の開発・難燃化と評価技術

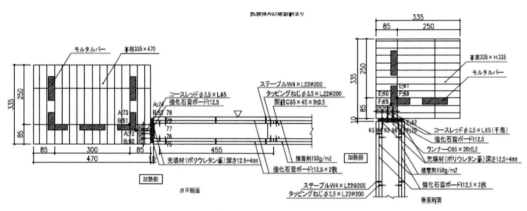

図10　防火区画壁の取り付け部耐火試験

8. 今後の大規模木造建築の実現・普及に向けた取り組みについて

　国産木材の利用を通じた森林資源の活用と循環の拡大は我が国の喫緊の課題であり，その利用分野として非住宅の建築分野での木造化・木質化が期待されている。燃エンウッドおよび実用化のための周辺技術の開発について述べたが，さらなる利用範囲を拡大するための課題も多く残っている。現在1時間耐火仕様の構造部材を2時間耐火仕様への認定範囲の拡張，さらにCLTをベースにした壁や床の耐火構造部材の開発と実用化などがある。また，特に国内プロジェクトにおいて木造・木質化を進める際に木の素材が目に見えるかたちで利用する"現し（あらわし）"が強く求められることから，避難経路等での内装制限に対応する木質仕上げ材料の開発などがある。

第 3 章　木質材料の耐火技術

図 11　燃エンウッドを採用した事務所モデル

　欧州やカナダでは高層木造建築の提案や計画が多く見られる。建築に関する法令や気候・風土，文化の違いもあるが，近い将来，我が国でも高層・大規模木造建築を実現できるように取り組みを進めたい。

文　献
1) 大橋宏和, 永盛洋樹, 五十嵐信哉, 大野正人, 長岡勉：耐火木造部材の耐火性能に関する研究：その 1 部材断面積が耐火性能に与える影響：実験計画, 2012 年度日本建築学会大会学術講演梗概集, 東海, 355-

356(2012).
2) 永盛洋樹, 大橋宏和, 五十嵐信哉, 大野正人, 長岡勉：耐火木造部材の耐火性能に関する研究：その2 部材断面積が耐火性能に与える影響：実験結果, 2012年度日本建築学会大会学術講演梗概集, 東海, 357-358(2012).
3) 大橋宏和, 永盛洋樹, 長岡勉, 大野正人, 五十嵐信也, 遊佐秀逸, 吉川利文, 金城仁：耐火木造部材の耐火性能に関する研究：その3 柱梁接合部の載荷加熱実験, 2013年度日本建築学会大会学術講演梗概集, 北海道, 141-142(2013).
4) 永盛洋樹, 大橋宏和, 長岡勉, 大野正人, 小林道和, 五十嵐信也, 楠寿博：耐火木造部材の耐火性能に関する研究：その5 貫通孔を有する梁の載荷加熱実験, 2013年度日本建築学会大会学術講演梗概集, 北海道, 145-146(2013).
5) 永盛洋樹, 大橋宏和, 長岡勉：耐火木造部材の耐火性能に関する研究：その7 耐火木造部材と乾式耐火壁の取り合い部に関する遮熱性・遮炎性, 2014年度日本建築学会大会学術講演梗概集, 近畿, 355-356(2014).

第2編　木材・木質材料の開発・難燃化と評価技術

第3章　木質材料の耐火技術

第4節　FR ウッド®

鹿島建設株式会社　抱　憲誓

1. はじめに

　国内では，炭素固定化による CO_2 削減といった環境対策や低炭素社会の実現，木材の有する多面的機能（生物多様性の保全，土砂災害の防止，水源の涵養など）の発揮，国内林業や地域経済の活性化，木材自給率の向上等を目的に，2010年10月に「公共建築物等における木材利用の促進に関する法律」が施行され，木造建築へのニーズが高まり，内装材や構造体への木材利用が進んでいる。一方で，可燃物である木材を内装材や構造体に利用するには，燃えやすい材料を燃えにくく対処するという困難な課題があり，従来の耐火性能を担保する木質耐火部材は石膏ボードにより表面を覆い，木が見えない仕様となっている。木が持つ本来のぬくもりや優しさを活かすためにも，木がそのままあらわれる新しい木造耐火技術の開発が期待されている。

　このような背景のもと，1時間耐火構造を目指して木材のみを利用した耐火集成材「FR ウッド®」（以下，® は省略）を開発し，柱および梁部材の国土交通大臣認定を取得した。「FR ウッド」は，図1に示すように荷重を支持する「荷重支持部」，燃えないように火から「荷重支持部」を守る「難燃処理層」，表面で人の手に触れる化粧層の3層で構成している。「荷重支部部」および「化粧層」は一般的な木材であり，「難燃処理層」は一般的な木材に難燃処理薬剤を含浸させている。

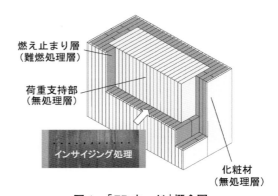

図1　「FR ウッド」概念図

　「FR ウッド」の特長を示すと以下のようになる。
① 木材を多く利用した純木質耐火構造部材（柱，梁）
② 木材を被覆せずに「あらわし」で，かつ内装材ではなく「構造部材」として利用可能
③ 荷重支持部の周囲に難燃薬剤を注入した燃え止まり層を配置し，耐火性能を確保
④ 薬剤注入前にドリルによりインサイジング処理（孔あけ処理）を行い注入量と注入分布を確保
⑤ 「薬剤注入が容易」というスギの特徴を活かした部材で，日本各地のスギ材利用が可能
⑥ 燃え止まり層は石膏ボードなどの不燃材ではなくスギ材のため，より多くの木材利用が可能

― 197 ―

④に関しては，一般的に天然の素材である木材は素材のバラツキが大きく，難燃処理薬剤を均一に含浸させることが困難であった。含浸することが難しい（難燃処理薬剤が入りにくい）部位では，耐火的に弱点となり，部分的に燃え込みが生じる可能性がある。部分的であったとしても，荷重支持部に燃え込みもしくは変色が確認されることで耐火構造としての性能を満足することができない。そこで，難燃処理薬剤を均一に含浸させるためにインサイジング処理（孔あけ処理）を行い板内の難燃処理薬剤分布を均一となるように工夫を行った。

「FRウッド」の耐火試験中の写真を図2に，耐火試験前後の断面を図3に示す。図3のように，加熱終了後に脱炉して断面を切断すると，加熱前の断面から炭化により断面が小さくなっているものの，荷重支持部の外側，難燃処理層内で炭化が止まっていることがわかる。

※口絵参照

図2　耐火試験前後の柱部材

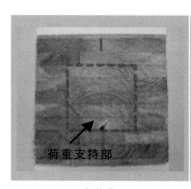

加熱前　　　　　　　　　　　加熱後

図3　耐火試験前後の断面

2. 第一段階断面

「FRウッド」は大きく分けて2段階で開発を行った。基本的な構成は，図1に示すように三層構造（荷重支持部，難燃処理層，化粧層）である。第一の開発段階の特長は，

① 樹種はスギである
② 燃え止まり層厚さは60 mmおよび75 mmである
③ インサイジング密度は1600 孔/m²である
④ 荷重支持部は最小120 mm×120 mm，最大210 mm×530 mmである

である。断面の概念図を図4に示す。大断面および小断面とも燃え止まり層厚さは同じであり，荷重支持部は最小から最大断面の中で自由に断面設定を行うことができる。

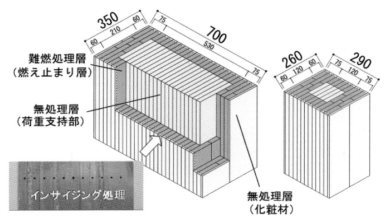

図4 「FRウッド」第一段階概念図

3. 第二段階断面

「FRウッド」の第一段階を経て，いくつかの問題点を抽出した。具体的には，難燃処理層厚さは過度の安全性を有しており，スリム化することができる。またインサイジング処理密度に関しても，インサイジング量と難燃処理薬剤の分布の均一性に関する確認実験により，数を減ずることが確認できた。そこで，コスト面および時間面の観点から難燃処理層を薄くし，インサイジング密度も少なくする検討を進めた。また梁部材では，樹種がスギよりもカラマツの方が構造的に優位である。そこで，第二段階の開発では，「FRウッド」の特長は以下となる。断面の概念図を図5に示す。

① 樹種は柱がスギ，梁がカラマツである
② 燃え止まり層厚さは50 mmである
③ インサイジング密度は800 孔/m²である
④ 柱の荷重支持部は最小120 mm×120 mm，最大680 mm×680 mmである
⑤ 梁の荷重支持部は最小120 mm×120 mm，最大480 mm×890 mmである

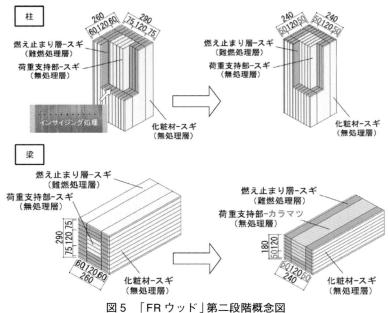

図5 「FRウッド」第二段階概念図

4. 接合部の検証

建築空間に開発部材を適用する場合，部材のみの開発では不十分であり，取り合い部といった接合部の検証が必要となる。そこで本節では，接合部の性能を検証した事例を紹介する。

4.1 柱と壁の接合部

「FRウッド」柱と1時間耐火性能を有する木造枠組壁を図6に示すように構成し，1時間加熱の後14時間放冷して耐火性能を確認した。この試験では，柱と壁が突き付けの状態で取り合い部を構成した場合に，不具合が生じないか確認することを目的とした[1]。図7に試験前後の試験体を示す。

弱点となることが想定された柱と壁の突き付け部では，特に加熱による高温の熱が隙間から壁内部へ侵入することはなく，計測した温度も120℃程度と木材の炭化温度に比べて低いことが確認できた。

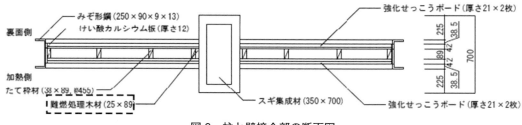

図6 柱と壁接合部の断面図

第 3 章　木質材料の耐火技術

図 7　試験前後の試験体（柱と壁の取り合い部）

4.2　柱と梁の接合部

「FR ウッド」柱と梁の接合部を構成し，1 時間加熱の後 11 時間放冷して耐火性能を確認した。柱と梁の接合には，鋼板プレートを荷重支持部に差し込み，ドリフトピンを用いて接合した。また鋼板プレートの差し込み口やドリフトピンの表面には難燃処理した部材を作製して埋め木処理を行った。このため，鋼板プレートやドリフトピンが熱橋となって荷重支持部に熱が侵入しないか確認することを目的とした[2]。図 8 に試験前後の試験体を示す。

危惧された熱橋の影響は確認されず，鋼板やドリフトピンの荷重支持部に面する温度は 100℃未満であり，本手法で柱と梁を接合しても全く問題にならないことが確認できた。

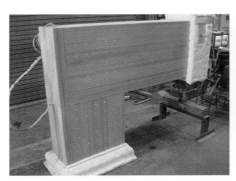

図 8　試験前後の試験体（柱と梁の取り合い部）

4.3　梁と天井床の接合部

「FR ウッド」梁と 1 時間耐火性能を有する木造枠組造の天井床を図 9 に示すように構成し，1 時間加熱の後 11 時間放冷して耐火性能を確認した。この試験では，梁と天井床が突き付けの状態で取り合い部を構成した場合に，不具合が生じないか確認することを目的とした[3]。図 10 に試験前後の試験体を示す。

― 201 ―

弱点となることが想定された梁と天井床の突き付け部では，柱と壁接合部と同様に加熱による高温の熱が隙間から天井床内部へ侵入することはなく，計測した天井床内部の温度も100℃を超えることなく木材の炭化温度に比べて低いことが確認できた。

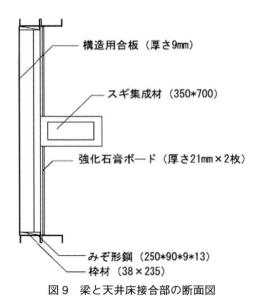

図9　梁と天井床接合部の断面図

図10　試験前後の試験体（梁と天井床の取り合い部）

文　献
1) 抱他,："耐火集成材の開発(その13)ラミナの部分的薬剤処理により作製したスギ集成材柱と壁接合部の1時間加熱実験"，日本建築学会大会学術講演梗概集, pp.109-110(2011).
2) 西村他,："耐火集成材の開発(その8)ラミナの部分的薬剤処理により作製したスギ集成材柱・梁接合部の加熱実験"，日本建築学会大会学術講演梗概集, pp.325-326(2009).
3) 西村他,："耐火集成材の開発(その14)ラミナの部分的薬剤処理により作製したスギ集成材梁と天井床接合部の1時間加熱実験"，日本建築学会大会学術講演梗概集, pp.111-112(2011).

第2編　木材・木質材料の開発・難燃化と評価技術

第3章　木質材料の耐火技術

第5節　スリム耐火ウッド® の耐火試験

清水建設株式会社　広田　正之

1. はじめに

　従来，低層小規模が主流の木造を中高層大規模化するには，構造性能，耐火性能，建設コストの課題を解決する必要がある。それには，純木造のみならず，木造とRC造または鉄骨造を組み合わせた木質ハイブリッド架構が構造性能および耐火性能の確保，建設コストの低減に有効である。そこで，木質ハイブリッド架構の耐火木造建築物を実現することを目的に，図1に示すような構造上重要な柱梁の接合部[例えば1)]，木材を構造材とした耐火構造部材としての耐火木質部材の開発に取り組んでいる。耐火木質部材の開発では，建築ニーズに応じた自由な空間構成の実現にも寄与できるように，耐火シートを用いて耐火被覆厚の低減を図った柱・梁部材「スリム耐火ウッド®（以下，®は省略）」を具体化している。耐火シートは，高温加熱を受けると，発泡し，断熱層を形成するものである。スリム耐火ウッドによる耐火木質柱と耐火木質梁については，耐火1時間の性能評価のために載荷加熱試験を，またスリム耐火ウッドの耐火木質柱を用いた柱梁接合部については，耐火1時間の性能確認のために加熱実験を行っている。

　ここでは，これらの試験や実験の対象とした耐火木質柱，耐火木質梁，柱梁接合部の仕様とともに，試験や実験結果の概要[2)3)]を述べる。

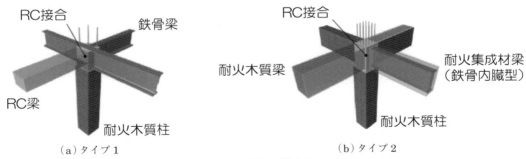

図1　柱梁の接合部

2. 耐火木質柱の載荷加熱試験

（1）試験目的

　木質ハイブリッド架構を構成するスリム耐火ウッドの耐火木質柱について，載荷加熱試験に

― 203 ―

より，耐火1時間の性能評価を行う。

(2) 試験体

図2に，小断面と大断面の試験体の断面図を示す。試験体は，荷重支持部となる芯材と芯材の被覆層で構成される。芯材は，スギ集成材（同一等級構成集成材，強度等級 E65-F255）である。芯材の大きさは，小断面試験体が270 mm角であり，大断面試験体が624 mm角である。今回の試験の被覆層は，強化石膏ボード（厚さ 15 mm×2枚）・耐火シート（厚さ約 2 mm）・スギ化粧材（厚さ 15 mm）からなる。

図3に，小断面試験体を例にとり，載荷位置，加熱範囲を示す。試験体高さは 3300 mm，炉内の加熱範囲は 3000 mm である。大断面試験体も同様である。

試験体数は，小断面で2体（A，B），大断面で2体（A，B）である。

(3) 試験方法

①載荷加熱方法

載荷加熱試験は，一般財団法人建材試験センターの柱炉で実施した。

載荷は，長期許容応力度に相当する荷重が芯材にかかるように設定した。載荷荷重は，小断面の試験体で 483 kN，大断面の試験体で 2940 kN である。加熱は，ISO834 の標準加熱曲線に基づいて1時間にわたって行った。加熱停止後に芯材表面の温度が低下するまで試験を継続した。

②計測方法

計測項目は，試験体の最大軸方向収縮量，芯材の表面温度である。また，加熱後の芯材の状況を観察した。

最大軸方向収縮量の計測位置は，図3に示す試験体の下端である。最大軸方向収縮量は，その位置に変位計を2台設置し，計測した。また，芯材の表面温度の計測断面は，図3に示すように，試験体下端から 850 mm，1650 mm，2450 mm に位置する断面の合計3断面である。芯材の表面温度は，図2と図3に示す位置にK型熱電対（φ0.65）を設置し，1断面で8

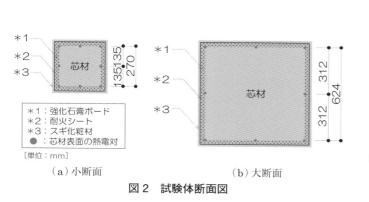

図2　試験体断面図

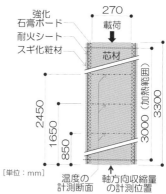

図3　小断面試験体の断面図

点，合計24点で計測した。計測時間間隔は1分である。柱炉から試験体を取り出した後には，被覆層を剥がして芯材の炭化の有無を確認した。

③判定基準

耐火木質柱の耐火性能の判定基準は以下に示す通りである。

・芯材の最大軸方向収縮量，最大軸方向収縮速度が規定値をこえないこと。
・芯材が炭化していないこと。

なお，最大軸方向収縮量の規定値はh/100 [mm]，最大軸方向収縮速度の規定値は3h/1000 [mm/分] から求めた。ここで，hは，試験体の高さ [mm] である。

(4) 試験結果

小断面，大断面別の芯材の最大軸方向収縮量，最大軸方向収縮速度は，計測位置について，2台の変位計の平均値を求め，最大値を抽出し，代表値とした。また，小断面，大断面別の芯材の表面温度は，隅角部と側面部に分け，各部の計測点の温度をもとに平均値を求め，代表値とした。

① 芯材の最大軸方向収縮量と最大軸方向収縮速度

表1に，芯材の最大軸方向収縮量と最大軸方向収縮速度を示す。表1から，小断面，大断面の試験体ともに，試験結果は規定値以下であることがわかる。

② 芯材の表面温度と炭化の有無

図4に，芯材の表面温度の試験結果を示す。図4をみると，小断面，大断面の試験体ともに，隅角部では，加熱開始後の約90分（加熱停止後の約30分）から温度が100℃を超えて上

表1 最大軸方向収縮量と最大軸方向収縮速度の試験結果

断面と試験体 A，B		最大軸方向収縮量		最大軸方向収縮速度	
		試験結果	規定値	試験結果	規定値
小断面	A	1.5 mm	33 mm	0.1 mm/分	9.9 mm/分
	B	1.7 mm			
大断面	A	0.9 mm		0.1 mm/分	
	B	1.0 mm			

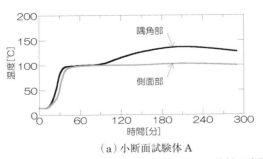
(a) 小断面試験体A

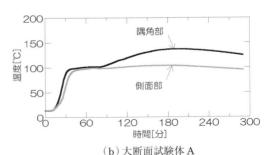
(b) 大断面試験体A

図4 芯材の表面温度の試験結果

第2編　木材・木質材料の開発・難燃化と評価技術

　　＜試験体の状況＞　　＜芯材の状況＞　　　　＜試験体の状況＞　　＜芯材の状況＞
　　　　（a）小断面試験体A　　　　　　　　　　　（b）大断面試験体A
　　　　　　　図5　試験体取り出し後の試験体・芯材の状況

昇し、150℃近くまで達するが、その後、徐々に低下している。一方、側面部の温度は、加熱開始後の約30分から長時間にわたって約100℃を保った後、徐々に低下に向かっている。

　柱炉から試験体取り出し後の状況、被覆層を剥がした後の芯材の状況を、小断面の試験体について図5(a)に、大断面の試験体について図5(b)に示す。図5より、両試験体ともに、芯材には炭化が見られなかった。

(5) 試験結果のまとめ
　強化石膏ボード・耐火シート・スギ化粧材で被覆したスリム耐火ウッドの耐火木質柱について、載荷加熱試験を実施し、1時間の耐火性能を有することが評価された。

3. 耐火木質梁の載荷加熱試験

(1) 試験目的
　木質ハイブリッド架構を構成するスリム耐火ウッドの耐火木質梁について、載荷加熱試験により耐火1時間の性能評価を行う。

(2) 試験体
　図6に、小断面と大断面の試験体の断面図を示す。試験体は、荷重支持部となる芯材と芯材の被覆層で構成される。芯材は、スギ集成材（対称異等級構成集成材、強度等級E65-F225）である。芯材の大きさは、小断面試験体が梁成240 mm、梁幅120 mmであり、大断面試験体が梁成683 mm、梁幅300 mmである。今回の試験で、梁の被覆層は、柱と同様に、強化石膏ボード（厚さ15 mm×2枚）・耐火シート（厚さ約2 mm）・スギ化粧材（厚さ15 mm）からなる。

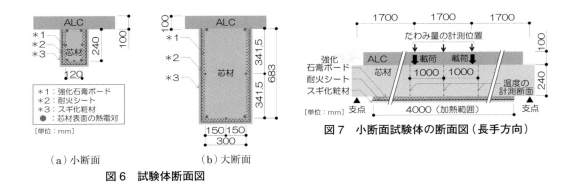

(a) 小断面　　(b) 大断面
図6　試験体断面図

図7　小断面試験体の断面図（長手方向）

図7に，小断面試験体について，載荷位置，支点間距離，加熱範囲を示す。支点間距離は5100 mm，炉内の加熱範囲は4000 mm である。大断面試験体も同様である。梁の芯材の天端には，床スラブを模擬したALC板を設置している。

試験体数は，小断面で2体（A，B），大断面で2体（A，B）である。

(3) 試験方法
①載荷加熱方法

載荷加熱試験は，一般財団法人建材試験センターの水平炉で実施した。

載荷は，長期許容曲げモーメントに相当する荷重が芯材にかかるように設定した。載荷荷重は，小断面の試験体で8.4 kN，大断面の試験体で199 kN である。加熱は，ISO834の標準加熱曲線にもとづいて1時間にわたって行った。試験は，加熱停止後に芯材表面の温度が低下するまで継続した。

②計測方法

計測項目は，試験体のたわみ量，試験体の芯材の表面温度である。また，加熱後の芯材の状況を観察した。

たわみ量の計測位置は，図7に示す試験体の中央部と，中央部から850 mm 離れた各載荷部の合計3箇所である。たわみ量は，それらの位置に変位計を各2台設置し，計測した。芯材の表面温度の計測断面は，図7に示す試験体の中央断面，中央断面から両端へ向かい1000 mm 離れた2断面の合計3断面である。芯材の表面温度は，図6，図7に示す位置にK型熱電対（ϕ0.65）を設置し，1断面で7点とし，合計21点で計測した。計測時間間隔は1分である。水平炉から試験体を取り出した後には，耐火木質柱と同様に被覆層を剥がして芯材の炭化の有無を確認した。

③判定基準

耐火木質梁の耐火性能の判定基準は以下に示す通りである。

・芯材の最大たわみ量，最大たわみ速度が規定値をこえないこと。
・芯材が炭化していないこと。

なお，最大たわみ量の規定値は $L^2/400d$ [mm]，最大たわみ速度の規定値は $L^2/9000d$ [mm/分]から求める。ここに，Lは，試験体の支点間距離[mm]，dは，試験体の構造断面

の圧縮縁から引張縁までの距離［mm］である。

（4）試験結果

小断面，大断面別の芯材の最大たわみ量，最大たわみ速度は，3箇所の計測位置について，各2台の変位計の平均値を求め，平均値の最大値を抽出し，代表値とした。また，小断面，大断面別の芯材の表面温度は，上端隅角部，下端隅角部，側面部，下面部に分け，各部の計測点の温度をもとに平均値を求め，各部の代表値とした。

① 芯材の最大たわみ量と最大たわみ速度

表2に，芯材の最大たわみ量と最大たわみ速度を示す。なお，今回の試験では，最大たわみ速度は参考値である。表2より，小断面，大断面の試験体ともに，試験結果は，規定値以下であることがわかる。

表2 最大たわみ量と最大たわみ速度の試験結果

断面と試験体 A，B		最大たわみ量		最大たわみ速度（参考）	
		試験結果	規定値	試験結果	規定値
小断面	A	31.6 mm	271 mm	0.6 mm/分	12.0 mm/分
	B	30.0 mm			
大断面	A	4.4 mm	95 mm	0.3 mm/分	4.2 mm/分
	B	4.3 mm			

② 芯材の表面温度と炭化の有無

図8に，芯材の表面温度の試験結果を示す。なお，側面の温度は省略した。図をみると，小断面，大断面の試験体ともに，上端隅角部の温度は，約100℃をピークに徐々に低下している。下端隅角部では，加熱開始後の約90分（加熱停止後の約30分）から温度が100℃を超えて上昇するが，その後，徐々に低下する。下面部では，下端隅角部に比べて温度が上昇していない。

水平炉から試験体取り出し後の状況，被覆層を剥がした後の芯材の状況を，小断面の試験体

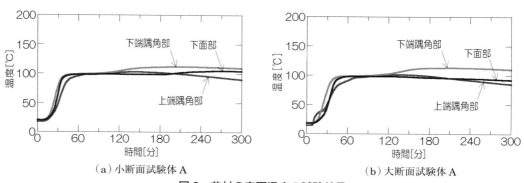

(a) 小断面試験体A　　　　　(b) 大断面試験体A

図8　芯材の表面温度の試験結果

第3章 木質材料の耐火技術

＜試験体の状況＞　　　　　　　　　　　＜試験体の状況＞

＜芯材の状況＞　　　　　　　　　　　　＜芯材の状況＞
（a）小断面試験体A　　　　　　　　　（b）大断面試験体A

図9　試験体取り出し後の試験体・芯材の状況

について図9（a）に，大断面の試験体について図9（b）に示す。図9より，両試験体ともに，芯材には炭化が見られなかった。

(5) 試験結果のまとめ

　強化石膏ボード・耐火シート・スギ化粧材で被覆したスリム耐火ウッドの耐火木質梁について，載荷加熱試験を実施し，耐火木質柱と同様に1時間の耐火性能を有することが評価された。

4. 耐火木質柱・RC接合部・鉄骨造梁からなる柱梁接合部の加熱実験

(1) 実験目的

　木質ハイブリッド架構を構成するスリム耐火ウッドの耐火木質柱・RC接合部・耐火被覆した鉄骨造梁から構成される柱梁接合部について，加熱実験により耐火1時間の性能確認を行う。

(2) 試験体

　図10に，試験体の鉛直方向と水平方向の断面図を示す。図11にもあるように，柱梁接合部の試験体は，耐火木質柱・RC接合部・耐火被覆した鉄骨造梁で構成されている。

　耐火木質柱は，先述したように，荷重支持部の芯材と芯材の被覆層からなる。芯材は，スギ集成材（同一等級構成集成材，強度等級E65-F255）である。芯材の大きさは，断面が600 mm角で，高さが1100 mmである。今回の試験も，スリム耐火ウッドと同等な被覆層とし，強化石膏ボード（厚さ15 mm×2枚）・耐火シート（厚さ約2 mm）・スギ化粧材（厚さ

-209-

第 2 編　木材・木質材料の開発・難燃化と評価技術

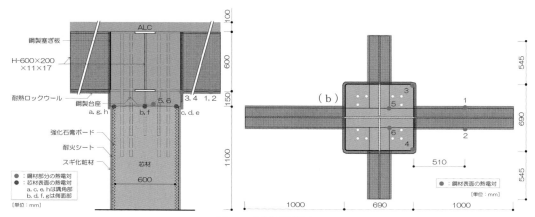

図 10　試験体断面図

15 mm)で構成されている。

RC 接合部には，梁からの鉄骨が交差し柱からの鉄筋が延伸した状態で普通コンクリートを充填した。RC 接合部の周囲には，型枠を兼ねた鋼製塞ぎ板があり，RC 接合部の下方部分には，梁受け鋼製台座がある。これらの鋼製部材の鋼種は SS400 である。RC 接合部の大きさは，断面が 690 mm 角で，塞ぎ板部分の高さが

（a）被覆前　　　　（b）被覆後
図 11　加熱前の試験体・芯材の外観

600 mm，塞ぎ板の下端（鉄骨造梁の下端）から耐火木質柱の表面までの高さが 150 mm である。鋼製塞ぎ板は厚さ 6 mm である。梁受け鋼製台座のベースプレートは厚さ 16 mm，フィラープレートは厚さ 6 mm である。

鉄骨造梁の鋼種は SS400 である。鉄骨造梁の断面形状は，H-600×200×11×17 である。長さは，長辺方向で 2690 mm，短辺方向で 1780 mm である。1 時間の耐火被覆を考慮し，厚さ 20 mm の耐熱ロックウール（ニチアス社製）で鉄骨造梁を被覆した。梁の天端には，床スラブを模擬した ALC 板を設置している。

試験体数は，1 体とした。

(3)実験方法
①加熱方法
加熱実験は，清水建設技術研究所の加熱炉で実施した。
加熱は，ISO834 の標準加熱曲線にもとづいて 1 時間にわたって行った。実験は，加熱停止後に試験体のすべての計測温度が低下するまで継続した。
②計測方法
計測項目は，試験体の各部の温度である。また，耐火木質柱について，加熱後の芯材の状況

を観察した。

試験体各部の温度の計測位置は，耐火木質柱，RC接合部，鉄骨造梁に分け，図10に示す通りである。これらの表面温度は，図10に示す位置にK型熱電対（φ0.65）を設置し，計測した。計測時間間隔は15秒である。加熱炉から試験体を取り出した後には，被覆層を剥がして芯材の炭化の有無を確認した。

③判定基準

接合部の耐火性能の判定基準は以下に示す通りである。

・RC接合部と耐火木質柱との境界面の芯材が炭化していないこと。

(4) 実験結果

試験体の温度は，鉄骨造梁の下フランジ部，鋼製塞ぎ板の隅角部下端，RC接合部の下方にある鋼製台座のベースプレート，RC接合部と耐火木質柱との境界面である芯材表面の隅角部と側面部に分け，各部の計測点の温度をもとに平均値を求め，各部の代表値とした。

① 鋼材温度

図12（a）に，鋼材温度の実験結果を示す。図12（a）に示すように，鉄骨造梁の下フランジの最高温度は，420℃程度に抑えられている。また，鋼製台座のベースプレートの温度は，コンクリートの吸熱効果により，100℃程度に抑制されている。

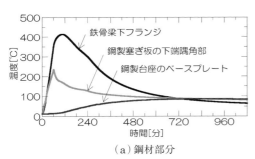
(a) 鋼材部分

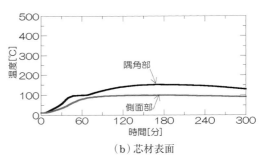
(b) 芯材表面

図12　各部の温度の実験結果

② 芯材の表面温度と炭化の有無

図12（b）に，芯材の表面温度の実験結果を示す。図12（b）より，隅角部の温度は，約150℃をピークに徐々に低下している。側面部の温度は，約100℃をピークに，極めてゆるやかに低下している。

加熱炉から試験体取り出し，被覆層を剥がした後の芯材の状況を図13に示す。図13より，試験体の芯材には炭化が見られなかった。

＜試験体の状況＞

＜芯材の状況＞

図13　試験体取り出し後の試験体・芯材の状況

(5) 実験結果のまとめ

強化石膏ボード・耐火シート・スギ化粧材で被覆したスリム耐火ウッドの耐火木質柱・RC接合部・耐火被覆した鉄骨造梁の柱梁接合部について，加熱実験を実施し，1時間の耐火性能を有することを確認した。

5. おわりに

スリム耐火ウッドの耐火木質柱と耐火木質梁について，耐火1時間の性能を有することが評価された。また，スリム耐火ウッドの耐火木質柱・RC接合部・耐火被覆した鉄骨造梁による柱梁接合部についても，耐火1時間の性能を確認できた。

謝　辞

本研究は，国土交通省平成26年度，27年度住宅・建築関連先導技術開発助成事業による補助を受け，清水建設㈱と菊水化学工業㈱が共同で実施した。耐火木質柱および耐火木質梁の試験を行うにあたっては，一般財団法人建材試験センターに多大なご協力を頂いた。ここに記して関係各位へ謝意を表する。

文　献

1) 河内武, 津畑慎哉, 貞広修, 木内誠, 濱智貴, 田村淳一：木質ハイブリッド接合部の開発（その5　十字形柱梁接合部の構造実験），日本建築学会大会学術講演梗概集, pp.119～120（2016.8）．
2) 井戸和彦, 水落秀木, 広田正之, 森田武, 坂本眞一, 黒瀬行信：木質ハイブリッド架構の開発　－耐火木質柱と接合部の耐火試験－, 日本建築学会大会学術講演梗概集, pp.61～62（2016.8）．
3) 広田正之, 井戸和彦, 森田武, 水落秀木, 貞広修, 黒瀬行信：木質ハイブリッド架構の開発　その2　耐火木質梁の耐火試験, 日本建築学会大会学術講演梗概集（2017.8）．

第2編　木材・木質材料の開発・難燃化と評価技術

第3章　木質材料の耐火技術

第6節　耐火構造 LVL

株式会社キーテック　成田　敏基
株式会社キーテック　李　元羽
株式会社キーテック　朴　智秀

1. 開発経緯と全体像

　第2章5節でも紹介した，難燃薬剤処理 LVL の開発にあたり，様々な検証が行われた。薬剤処理方法・薬剤含浸量制御・品質管理方法等の検討を行う内に，新しい用途開発や活用方法拡大等の多角化の1つとして考案されたのが，耐火用の被覆材料の用途であった。この開発は，林野庁の助けを得ながら，また，様々な分野の学識経験者の助けを得て，一般社団法人全国 LVL 協会を中心に開発されたものである。

　もともと，内装部材としての開発が発端であることから，内装材を兼ねた耐火被覆材料を目指して開発を進めた。そのメリットは，後に詳しく説明を述べるが，現場施工と取替えが可能であることである。また，木造耐火建築物として，最も多く普及している石こうボード等を使ったメンブレン構造との併用を考えられるやり方として，可能性が浮かび上がる。図1は，難燃薬剤処理 LVL を耐火被覆として利用した柱のイメージである。また，図2は，図1の耐火構造柱を利用して試設計を行った耐火構造建築のイメージである。

2. 根幹になる材料技術

　木材のみで構成された耐火構造部材にするために，内装用途で開発した難燃薬剤処理 LVL

図1　難燃薬剤処理 LVL を耐火被覆として利用した柱

図2　難燃薬剤処理 LVL を耐火被覆として適用した耐火構造建築のイメージ
敷地面積：1,635 m^2，建築面積：844 m^2，延床面積：4,877 m^2，構造：鉄骨造（1～3階），木造（4～7階），用途：共同住宅・事務所・店舗・診療所・福祉施設・自動車車庫，階数：地上7階（上部4層を LVL 耐火被覆で1時間耐火とする），用途地域等：準防火地域，構造規制：耐火建築物，設計：山代悟＋ビルディングランドスケープ

第2編　木材・木質材料の開発・難燃化と評価技術

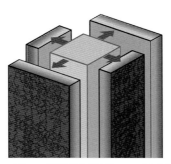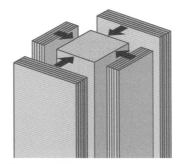

図3　難燃薬剤処理 LVL を耐火被覆として適用した柱のイメージ

（準不燃仕様）を用いることにした。第2章でも述べたとおり，当初は表面塗装・単板注入・製品注入などが検討されて，安定かつ経済的方法として製品注入が選ばれた。この製品注入技術は，内装用積層面の注入技術の応用から始まった。注入量・厚みと幅と長さ別の薬剤固定量等は，板目面の LVL を用いた技術開発であった。加圧注入による薬剤固定量は，過去の森林総合研究所の原田と上川の研究と比べ，同じ傾向を示した。また，接合方法等に関しても，平成24年度研究成果選集「難燃処理した木材を現場で貼って集成材を耐火集成

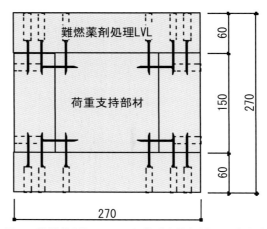

図4　難燃薬剤処理 LVL と荷重支持部材の固定方法

材にする」のものを踏襲した。要は，過去の集成材でできあがった技術を，LVL で利用させていただいたことである。薬剤の種類・固定量・製造方法などはほぼ相違ないし，過去の研究には敬意を表したい。LVL は，集成材と違って表面に傷をつけるインサイジングが要らず，単板の裏割れによって薬剤が含浸・固定される特性を利用したことが違いである。

図3は，難燃薬剤処理 LVL を耐火被覆として適用した柱のイメージで，現場施工を可能にすると共に，火災後の現場での取替えが可能であることを表す。また，図4は，難燃薬剤処理 LVL と荷重支持部材の固定方法を現しており，難燃薬剤処理 LVL60 mm をビスと接着剤で固定する。

3. 開発コンセプト

仕上げはもちろん構造部材まで木材で構成されている。石膏ボード等の不燃材料を使わなくても1時間耐火を実現できたことは，今まで多く開発された構造部材の中でもかなり稀なことである。そして，被覆材が LVL であるため，既に強度特性試験を実施して性能を確認しているので，今後被覆材まで含めた構造計算が可能になることも期待できる。

第3章　木質材料の耐火技術

被覆材は工場での取り付けを基本にしているが，現場施工も可能である。さらに，万が一火災が起きたとしても1時間耐火性能評価試験で，なかの荷重支持部材が炭化しないことを確認しているため，外側の被覆材だけ現場で取換えができる。

4. 耐火性能評価試験

1時間耐火性能を目標に柱の試験を製作し，（一財）日本建築総合試験所の柱炉で，最下加

試験前

試験後

熱試験を行った。1時間加熱が終了して，炉内温度が下がるまで4時間程度放置した後の試験体の断面の様子を図5に示した。試験後の断面の様子からは，荷重支持部材の炭化が見られず，変位も安定したことから合格と判断された。

試験後の断面

図5　耐火性能評価試験の試験前・試験後・試験後の断面

― 215 ―

第 2 編　木材・木質材料の開発・難燃化と評価技術

5. 現在，性能評価試験済みの技術と特長

　集成材等で開発された耐火構造部材の技術に並んで，意匠的にも限られた仕様になるが，現場施工が可能で木造化かつ木質化が実現できる純木の柱の開発における大きな一歩だと考えている。現在の運用できる範囲としては，荷重支持部材としてはスギ集成材で断面は150×150 mm，難燃薬剤処理LVLは長さ4 mである。荷重支持部材の種類に関しては，同時に進行した研究として，全国LVL協会の依頼で（一財）日本総合建築試験場にて製材・集成材・LVLの炭化速度の比較試験を行っており，樹種・材の種類等が決まると予想されている。また，長さに関しては，横目地を追加することで，難燃薬剤処理LVLの長さが4 m以上でも対応していく予定である。

　特長としては，今後の展開を含めて述べることとし，設計者等と一緒に協議しながら進めていきたい。下記に，主な特長を述べる。

① 全て木製の耐火構造が可能：全て木質材料で製造しているため，意匠性はもちろん見えていない部分まで木造の建築が実現できる。
② 被覆材まで含めた構造計算の可能性：耐火被覆材に，構造用LVLを採用した。注入前・後の強度試験を行い，性能を確認している。今後，もっと実証・研究を続ければ被覆材を構造計画に算入できると考えている。
③ 内装としての対応：耐火被覆材に，綺麗なスギLVLを採用することで，内装仕上げ材としても活用できる。つまり，他の木製耐火部材と同様，耐火被覆と内装仕上げ材を併用することを実現した。
④ 現場施工が可能：被覆材は工場で取り付けを基本にしているが，現場施工も対応可能である。現場の様々な事情で対応できることで，汎用性を広げた。
⑤ 火災後，現場での取替えが可能：万が一火災が起きた後も，外側の被覆材を現場にて交換することができる。

6. 今までの成果と研究を踏まえた，今後の発展方向

　以上述べたように，荷重支持部材が150×150 mmの材料に限った，性能評価試験の合格のため，今後の発展方向として紹介する。

　様々な予備試験等を行い，目地の問題や被覆材の幅による薬剤固定量の分析，品質管理の検討など試行錯誤を繰り返した。このような検討範囲において，概ね目途が立っていることからさらなる検証を行い，先ず，荷重支持部材を600×600 mmまで増やす。したがって，150〜600 mmの荷重支持部材が使えることで設計の幅を広げる考えである。図6は，荷重支持部材が600×600 mmの場合，難燃薬剤処理LVLを被覆したイメージである。荷重支持部材と同時に，化粧材の検討を行い，表面に様々な木質材料が貼れるようにしたい。この用途は，地域材の対応・白華現象の抑制・難燃薬剤溶脱防止・耐火性能低下防止等の効果が期待される（図7）。

　また，鉄骨柱への適用は，H鋼や角型鋼について検討を重ねてきたが，断熱材と耐火被覆

第3章 木質材料の耐火技術

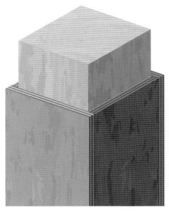

図6 難燃薬剤処理LVLを用いた大断面柱イメージ，荷重支持部材600×600 mm

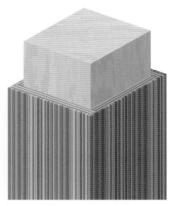

図7 難燃薬剤処理LVL＋内装仕上げ15 mmを用いた大断面柱イメージ，荷重支持部材600×600 mm

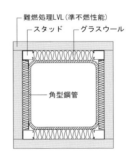

図8 難燃薬剤処理LVLを用いた鉄骨の耐火柱のイメージ，荷重支持部材 t9×300×300 mm

を併用するやり方として性能確認試験で合格の性能を確認した。図8は，難燃薬剤処理LVLを耐火被覆に用いた鉄骨の耐火柱のイメージで，耐火被覆と鉄骨の間にグラスウールを充填し，熱の移動を防ぐ工夫をした。

　以上の発展方向を含めて，石こうボード等のメンブレン耐火構造との接合と梁部材としての検討，各種接合方法の検討などをクリアーにしていきたい。

― 217 ―

第2編　木材・木質材料の開発・難燃化と評価技術

第3章　木質材料の耐火技術

第7節　WOOD.ALC(ウッドALC)〈1時間準耐火ロッキング工法〉

一般社団法人日本WOOD.ALC協会　松浦　薫

1. はじめに

　本会は，『WOOD.ALC』低炭素社会を達成させる木材（WOOD＝木材，Attain＝達成する，Low Carbon Society＝低炭素社会，の略称）のもとにCO_2の吸収と固定につながる林業再生，循環可能である再生可能資源の有効利用，研究開発並びに普及活動を進める団体である。利用促進が低迷していた近年，無垢材や集成版を効果的に利用する方法の研究開発を進めてきた中で，商品化にたどり着いたアイテムがWOOD.ALC厚板集成版（以下W.ALC表記）である。協会の設立メンバーは異業種の業界人が集まった有志で結成された。鉄業界，輸入雑貨商社企画営業マン，化学の専門家，製材事業者，設計事務所と異業種連合体である。これといった国産材の需要拡大に光が見えない中で，日本人として何とかしたいと20年以上の年月をかけ様々なことをしてきた。無垢材や集成材を1つの塊として大量に使える方法（マッシブホルツとも現在は発信されている）を模索した結果，難しいことを考えても利用拡大につながらない。市場へのミスマッチが発生していることに気づくのである。木構造の専門家不足，建設業界全般でみても職人不足の問題など加速して進まない大きな問題が立ちはだかる。鉄業界から見れば木材業界は，軟弱な業界である。一貫性もなく供給不安がすぐ起きてしまい何をもって信頼が生まれるのか，需要家の土俵に上げてもらえない実情である。単純，明瞭であることが，基本的な考え方として創り出されたのである。

　W.ALCが全国で認知されはじめ，各地で賛同者による推進協議会の発足が進む。W.ALCとは何？　とのご意見も多いので改めて，本会が進めていることを解説する。開発スタート当時，厚板集成版や無垢材を木の塊として利用する総称としてW.ALCと呼んでいた。木材を軽量発泡コンクリートのように利用することができないかとの考えがスタートで，製品の品質安定を鑑み製品構成は，集成版となったのである。集成材メーカーが考えた集成版ではなく，無垢材からの流用で生まれた商材で，在来工法で使用されている45 mm×120 mmの間柱の流用並びに原料の利用方法が選択可能な製品としたのである。さらに一般流通の集成材とは違った表情を表現するために30 mmではなく，45 mmのソリット（たて継ぎなし）とし，初期の開発はなされた。現在の地域の原木事情には，地域差がありコスト重視の仕様として30 mmフィンガージョイント材いわゆる集成材中断面規格が使えるように追加認定を取得している。初期の認定には，立木の適期伐期を超えてしまった中大径材の利用想定し背合わせ2次接着の商品やブロックどりでのラミナ生産検討もなされたのである。以上の状況を踏まえ，厚板集成版W.ALCの非耐力壁としての利用方法開発プロジェクトがスタートしたのである。

2. 構法開発

協会は，W.ALC厚板集成版にかかわるLumber Unit（ランバーユニット）構法の開発を行っている。挽板を集成した版（Lumber）厚板集成版を規格化された一定のルールを設け（Unit）規格化を図る。伝統的な木材連結方法であるヤトイサネにより厚板集成版を連結し専用金物で構造躯体に留付ける構法の研究開発を進めているのである。製品は，協会登録事業者で製造し原則，JAS集成材工場で製造する。（自主製造規定）W.ALCはノンJAS材であるが，JAS表示可能な製品として製造する。図1に全体イメージの構法解説図を示す。これまで進められてきた構法の開発は，図1の「Ⅰ．鉄骨造」を想定し1時間準耐火性能評価実験を行い実証検証がなされ大臣認定を取得したものである。

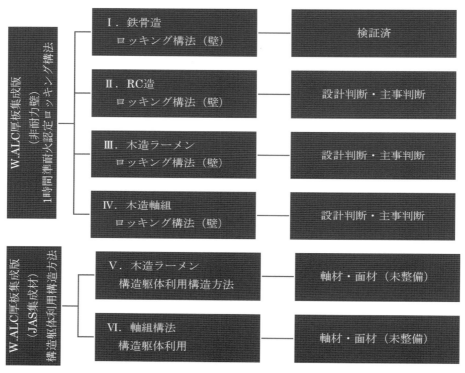

図1　構法解説図

3. 研究方法

3.1　概　要

W.ALCは平成22年度及び平成26年度に1時間準耐火構造（非耐力壁）の国土交通省大臣認定（認定番号QF060NE-0028，QF060NE-0044）を取得しており，現在，福島県を中心に実用化が進められている。外壁材W.ALCの基本は，ひき板（ラミナ）を接着剤で接着した厚

板パネルである。帳壁（カーテンウォール）での利用方法であり，建物全体の加重を支える構造材のように高い強度性能を必要としない。そのため，構造材では使えない素材（丸太）や木材を使用することもできる。山で生産される素材は様々な品質を有しており，それらを無理なく多様に活用する新しい方策や技術開発が必要である。この厚板パネルは製品材積が比較的大きく，需要が増せば，国産材の利用促進に大きく寄与する可能性を秘めている。鉄骨造やコンクリート造と組合せて使う利用方法は，国産材の利用できる分野を拡大し需要拡大に寄与できるのである。以下に製品及びその構成材の概要を示す。

［製品の仕様］
　① 性能：準耐火構造60分
　② 区分：外壁材（非耐力壁）
　③ 名称：木製集成版
　④ 製品の寸法：厚さ120 〜 200 mm/幅450 mm/長さ3000 〜 4000 mm
　⑤ ひき板の樹種：スギ，カラマツ，ヒノキ，アカマツ等

［構成材の仕様］
　① ひき板の断面寸法：厚30 mm×幅120 〜厚75 mm×200 mm（ひき板はフィンガージョイントも可能）ひき板の含水率15％以下，
　② ひき板の品質：JAS構造用製材，無等級材
　③ 接着剤：水性イソシアネート系木材接着剤（JIS K 6806）レゾシノール樹脂系接着剤

3.2　技術開発①

　技術開発は農林水産省の補助事業により実施した。事業は木構造振興㈱と協和木材㈱の共同研究で行い，技術的なサポートを桜設計集団の安井昇氏（防耐火開発），佐藤孝浩氏（構造開発）及びマツザワ一級建築士事務所の松澤静男氏（施工，納まり）等，多くの方々のご協力ご支援により実施された。図2，図3は断面構成を示す。図4〜図6は，鉄骨造に取り付けた木質系外壁材のイメージである。外壁材は準耐火構造を取得することで，鉄骨造や鉄筋コンク

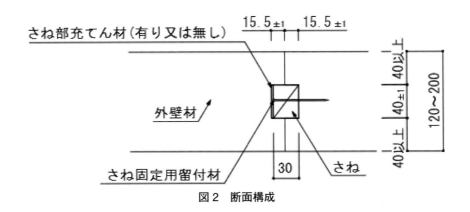

図2　断面構成

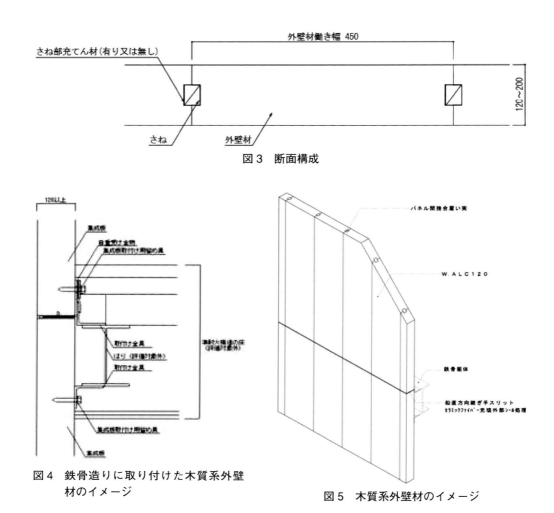

図3　断面構成

図4　鉄骨造りに取り付けた木質系外壁材のイメージ

図5　木質系外壁材のイメージ

リート造の躯体に取り付けて帳壁（カーテンウォール）として取り扱うことができる。

　平成25年スギ材を使った厚さ120 mmのW.ALC（集成パネル）で1時間準耐火構造の外壁（非耐力）を改良開発を行い要求性能を満足する仕様を明らかにした。既存の仕様と比較し以下の予備実験と性能評価試験を行った（図8は予備実験）。①ラミナの厚さ，接着方法の自由度の向上（ラミナ厚30 mm以上75 mm以下，フィンガージョイント有り）　②目地部の隙間防止材の省略とバリエーション増加に対する検証と評価　③W.ALC（集成パネル）留め付け金物のコストダウン化を実現する仕様で，性能評価試験に合格した（実験場所：公益財団法人日本住宅・木材技術センター）。

3.3　技術開発②

　2020年の省エネ基準義務化など，今後，外壁にはさらに高い断熱性能が要求されると予想できる。これらを踏まえ，生産性向上と関連建築資材のALCサッシサイズ等との整合性を図り製品幅を600幅に拡充など検討，さらなるコストダウン仕様のW.ALCが必要と考えられ，

第3章　木質材料の耐火技術

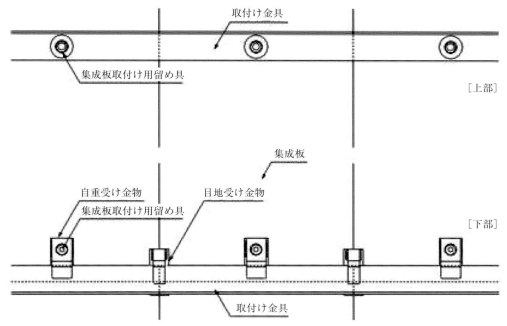

図6　留め付け部詳細
（1時間準耐火構造方法認定を要す場合は，留め付部分の耐火被覆 施工を行う。）
ラグスクリューボルト，専用金物による上下とも1点支持。

図7　加熱開始時の加熱面側の様子

図8　加熱終了時の様子
（加熱開始後70分）

防耐火上問題のない厚さ（ただし，汎用ラミナが使用できる幅のほうが望ましい）まで薄くすることも1つの選択肢と考えられる。そこで，平成28年度，断熱性能とコストが両立したW.ALCを開発するために，以下の2点について検討し性能評価試験を行った。
　①　1時間準耐火構造外壁としての必要性能を有するW.ALC単体の最低厚さの検討
　②　高性能の可燃系断熱材とW.ALCの組み合わせによる1時間準耐火構造外壁仕様の検討。

第 2 編　木材・木質材料の開発・難燃化と評価技術

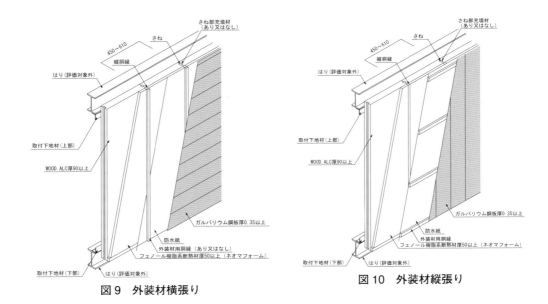

図 9　外装材横張り　　　　　図 10　外装材縦張り

　予備実験（4 仕様の比較実験）を実施。
　予備実験において，1 時間準耐火構造外壁（非耐力壁）の要求性能を満足することが確認された仕様（W.ALC 厚さ 90 mm ＋ガルバリウム鋼板仕上げ（可燃系断熱材のフェノール樹脂系断熱材厚さ 50 mm 充てん））について，性能評価試験を平成 28 年 11 月 7，8 日，21，22 日に（公財）日本住宅・木材技術センターにおいて実施した。これまでよりも薄い W.ALC と可燃系断熱材（外断熱）を組み合わせた外壁仕様図 9，図 10 について，1 時間準耐火構造外壁（非耐力壁）の国土交通大臣認定を取得することを目標に性能評価試験を実施した。結果は，4 体ともに遮熱性（裏面温度上昇），遮炎性（目視による燃え抜け確認）について，評価基準を満足した。性能評価委員会での審議，性能評価書発行，大臣認定申請に進み平成 29 年 3 月 15 日，国土交通省大臣認定 QF060NE-0046 取得となる（表 1）。開発は，林野庁 27 年度補助事業地域材の特性に応じた木質部材・工法開発・普及支援事業「厚板集成版に係る部材工法開発」により開発。

4. 今後の課題と展開

　これまで木材の新しい利用方法として，厚板集成版 W.ALC の利用法の研究開発を進めてきた。その中で我々は，いくつかの項目をクローズアップして木材需要拡大に向け取組んでいる。複雑な木構造での設計者不足，熟練度の高い大工技能者の高齢化，建築業界全般に言える技能者の担い手不足，何れも即効性をもって人材が急激に増えるわけではなく高齢化社会同様に業界も同じ状況である。一定の人材が育つまでには，担い手として増やしていく取組みと育成期間を要す。既存の技能工をシェアできたならば，即効性ある仕組みも構築できるのである。現在，W.ALC の施工現場では大工技能者と ALC（軽量気泡発砲コンクリート）の施工業者が意見を交わし，上手に施工の範囲を分担し工事が行われている。構造が木造でなくとも鉄

第 3 章　木質材料の耐火技術

表 1　大臣認定取得一覧（2017 年 3 月 15 日発行 W.ALC マニュアルより抜粋）

内容	解説
W.ALC120　準耐火 60 分 国住指第 1392 号　平成 23 年 9 月 21 日 下記の構造方法等については、建築基準法第 68 条の 26 第 1 項（同法第 88 条第 1 項において準用する場合を含む。）の規定に基づき、同法第 2 条第七号の二並びに同法施行令第 107 条の 2 第二号及び第三号（外壁（非耐力壁）：各 60 分間）の規定に適合するものであることを認める。 　　　　　　　　　記 1．認定番号 　　　QF060NE-0028 2．認定をした構造方法等の名称 　　　木製集成版外壁 3．認定をした構造方法等の内容 　　　別添の通り	W.ALC 準耐火構造仕様（非耐力壁） ◆ type-1（背合集成 t ≒ 120.W ≒ 450） 　　2 次接着の集成材 ◆ type-2（単一集成 t ≒ 120.W ≒ 450） 　　準耐火構造仕様（非耐力壁） ・ラミナ 45mm 以上 ・専用金物溶接タイプ
W.ALC120　準耐火 60 分 国住指第 1737 号　平成 26 年 9 月 17 日 下記の構造方法等については、建築基準法第 68 条の 26 第 1 項（同法第 88 条第 1 項において準用する場合を含む。）の規定に基づき、同法施行令第 115 条の 2 第 1 項第一号ロ及びハ（外壁（非耐力壁）：各 1 時間）の規定に適合するものであることを認める。 　　　　　　　　　記 1．認定番号 　　　QF060NE-0044 2．認定をした構造方法等の名称 　　　木製集成版外壁 3．認定をした構造方法等の内容 　　　別添の通り	W.ALC 準耐火構造仕様 （非耐力壁） ・汎用性の拡大 ・ラミナ 30mm 以上可とする ・フィンガージョイントラミナ可とする ・専用金物を金型打ち出しタイプに改良
W.ALC105　準耐火 60 分 国住指第 3957 号　平成 29 年 3 月 15 日 下記の構造方法等については、建築基準法第 68 条の 25 第 1 項（同法第 88 条第 1 項において準用する場合を含む。）の規定に基づき、同法施行令第 129 の 2 の 3 第 1 項第一号ロ（2）及び（3）（外壁（非耐力壁）：各 1 時間）の規定に適合するものであることを認める。 1．認定番号 　　　QF060NE-0046 2．認定をした構造方法等の名称 　　　鋼板・フェノールフォーム板表張／木製集成版下地外壁 3．認定をした構造方法等の内容 　　　別添の通り	・鋼板＋フェノールフォーム（@ 50mm）＋ W.ALC105 ・ラミナ 30mm 以上 ・樹種範囲拡充（製材 JAS 範囲） ・フィンガージョイントラミナ可 ・W.ALC 版の幅の汎用性拡大 　製品幅 450 〜 600 　厚 90 〜 200 ・金物改良（鋼材厚 4.5mm 以上） 　目地受け形状の追加
W.ALC60　防火 30 分 国住指第 2019 号　平成 23 年 11 月 11 日	木造での 30 分防火構造 （実用化検討中）
W.ALC60　壁倍率 2.4 倍 国住指第 3283-2 号　平成 24 年 3 月 16 日	30 分防火構造での壁倍率 2.4 倍取得 （実用化検討中）

骨造で大量に木質化を図れる工法として認知されてきている。福島県復興公営住宅では，提案公募買取り型の集合住宅に応募し採用となった。主要構造部材として利用せずとも約3000 m²の鉄骨造集合住宅で木材使用量が230 m³相当となる地域材の使用可能とした。木質化建築の1つのモデルが提案採択となり施工実績が増えている。また，木構造の苦手意識から見向きもしなかった建設会社や設計者に対し，はじめの一歩として取組みやすい新しい木材の利用方法として普及が進み始めているのである。

第2編　木材・木質材料の開発・難燃化と評価技術

第3章　木質材料の耐火技術

第8節　COOLWOOD（クールウッド）

株式会社シェルター　安達　広幸

1. はじめに

　昨今，木質系構造部材の技術開発や規制改革の進展により，大規模，多層の新たな木造建築物の可能性が広がりつつある。他方，欧州や北米では木造の中高層建築物の建設が日本に先行して進んでいる。2009年にイギリスで9階建ての共同住宅が建設され，2016年にはカナダで木造18階建ての学生寮など，これまで鉄筋コンクリート造，鉄骨造の二択でしかなかった大規模の建築分野に，新たに「木造」という選択肢が加わった。それらを大きく牽引した新しい素材が，1995年頃からオーストリアを中心に開発された直交集成板（CLT：Cross Laminated Timber）であろう。寸法安定性が高く，施工性の速さや，素材の軽さからコンクリートパネルなどを代替えする建築材料として普及していると考えられる。しかしながら，日本の建築基準法に照らして考えた場合，諸外国に建築されている同様の建築物が，同じ仕様で日本国内には建築できない。日本の法令で定める耐火構造は，通常の火災終了までの間，当該火災による建築物の倒壊，及び延焼を防止するために必要な性能を担保する必要があるが，自然消炎に至らない燃え代設計では建築できず，諸外国とは火災性状・避難に対する考え方の違いがある。各国の歴史や環境による安全基準に違いはあるものの，木材を建築物に利用する動きは，国際社会全体が取り組む地球温暖化問題の解決策の1つであることにほかならない。我が国の潤沢な森林資源を利活用し，持続可能な循環型社会を実現するための「木質系耐火技術の開発」は喫緊の課題であり，国際社会の一員としての役割でもある。

2. COOLWOODの開発

2.1　木質耐火部材の開発

　木材利用促進の障害要因と言われる，燃える，腐るなどの性質は「自然への回帰性能」でもあり，環境に優れた性質とも言える。COOLWOODは，その部材構成について，維持管理，解体が容易であることを基本開発コンセプトとした。また，日本的な感覚から見た部材の"木造らしさ"を表現するため，COOLWOODは，荷重支持部材の外周に燃え止まり被覆層（強化石こうボード）を配し，最外周部に被覆材の効能をもたらす木材を合わせて配する3層構造で構成した（図1）。

　現在，公共建築物件の木造化が推進されているが，これからは民間物件においても木造が採用されることが木材の需要拡大には重要である。その際に，木質耐火構造の技術開発が必要ではあるが，民間の建築物に多く採用されるためには，建築計画に沿うコストバランスも重要で

ある。しかしながら木質耐火部材の開発は，構成素材や製造の複雑さ等により，従来の木素材価格と比し高コストになる傾向がある。COOLWOODは，国産材の代表格でもあるスギ材が使え，一般に市場に流通する資材や部品を用い，開発難易度の高い木質耐火部材をより簡便な製造工程とすることで，低コスト化を目指した木質耐火部材である。その他，開発コンセプトの概要は次の通りである。

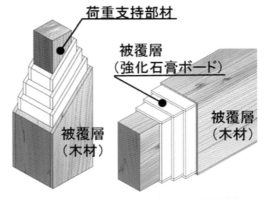

図1　COOLWOOD・2時間耐火仕様構成
（国土交通大臣認定）

2.1.1　木材の地域性

　本来，地元の建物は地元で生産される木材を用い建設されることが望ましいとされる。木材は全国に生育し，それぞれの地域で生産できる建築用素材であるからこそできる発想でもある。木質耐火部材製造・製作のために他の地域へ「木資材の横持ち運搬をしない」ことが，各地域の経済的波及効果を生み，木材関連産業を活性化させ，木材需要を創出することで地方（地域）創生にも寄与する。COOLWOODは，特殊な製造機械や，高度な製造技術を必要とせず，従来から全国各地に流通する木素材を用い，比較的小規模の既存設備機器で製作でき，地域性に応じた木質耐火部材の地元製造・製作を可能としている。

2.1.2　加工性・施工性

　木造の良さは，軽く加工性が良く，乾式なので現場での施工期間が短いところにある。COOLWOODは，接合部等の加工において，木材加工に用いている軽易な切削機器で刃物を痛めることなく，手作業でも切削加工ができる。また，木質耐火部材を工場生産に限定することなく，現場において木工事建て方終了後，柱や梁に耐火被覆工事ができる等，施工手順の柔軟性がある。長期にわたる工事期間や，季節環境に応じた施工方法が選択できることで，暴露状態を避け，意匠的な仕上げである外部被覆材（表面木材）の性能を担保できる。

2.1.3　一般流通素材の流用

　COOLWOODの主要構成部品に被覆材として強化石こうボード21mmを用いている。平成26年に木造耐火の内壁，外壁の仕様が告示化（建設省告示第1399号）されたこと等から広く知られるようになった。荷重支持部は集成材に限らず，一般的に生産され流通する小断面製材も用いることができ，樹種においても，国内で多く生産される杉，桧，唐松など様々な樹種の選択肢があり，最外層被覆材についても同様である。各構成部品を組み立てるための副素材においても，一般市場に多く流通している接着剤やステープルを用い製作できることは，低コスト化を実現する重要な開発コンセプトである。

2.2 構成部位の素材

3層構造で構成するCOOLWOODの主要構成部品として，荷重支持部材に用いる素材は，国内で多く生産されるスギ材などの主要な樹種がすべて使える。平成12年建設省告示第1452号に規定する構造用製材，無等級材，木材も使える他，平成13年国土交通省告示1024号に規定する構造用集成材，構造用単板積層材も使用が可能で，平成25年に農林水産省告示に規定された直交集成板も使用可能である。断面においては，住宅レベルで多用される小断面から非住宅で対応可能な特注の大断面まで，使える範囲を幅広く持った仕様である。中間部被覆材として用いる強化石こうボード21 mm（JIS A6901，GB-F（V））を基本的構成要素とし，必要とされる耐火性能要求時間は，使用枚数によって調整できる知見を得ている。最外層の木材被覆部（表面材）は，荷重支持部材と同様な選択肢があり，厚みについては，検証試験により耐火性能に寄与する最薄の厚みを割り出し，様々な表面形状や意匠形体が施せるよう，形状に柔軟さを持たせることを可能とした。また，建築基準法上要求される内装制限，防火設備の近接配置などにおいても予め検証し，様々な建築計画に対応できる。

2.2.1 表面の外層被覆部材（表面木材）の有効性

表面の外層被覆材（表面木材）は単に意匠性だけでなく，中間部の被覆材である強化石こうボード層の初期加熱時性能を補足する性能を持つ。しかしながら，耐火性能試験においては燃え草（燃料）でもあり，厚すぎると減衰期放置時間における炉内温度が高く維持され，中間部被覆層や荷重支持部材に影響を及ぼす。荷重支持部材を120 mm角のスギ集成材とし，中間の被覆層に強化石こうボード21 mmの二枚貼りとしたものと，その表面にスギ材20 mmの外層被覆材（表面木材）を施したもの（以下，小断面柱），荷重支持部のみ600 mm角の杉集成材（以下，大断面柱）で，1時間耐火評価試験時の炉内温度（図2）を比較した。

炉内温度減衰期放置時間30分後では，小断面柱の場合，表面木材無しが380℃，表面木材有りが430℃，60分後では，表面材無しが270℃，表面材有りが300℃となっているが，120分後では炉内温度はほぼ同一になる。一方，表面木材の多い大断面柱の場合，30分後では，表面木材無しが410℃，表面木材有りが510℃，60分後では，表面材無しが290℃，表面材有りが345℃となり，120分後では炉内温度で約50℃の差が生じた。小断面柱の荷重支持部材平部の表面温度（図3）を比較すると，表面材無しの場合で145℃，表面木材有りで116℃炉内温度に反比例して低く，大断面柱の場合でも荷重支持部平部の表面最高温度は，表面材無しで125℃，表面材有りで131℃であったことから，初期加熱時において表面の外層被覆材（表面木材）は，被覆材である強化石こうボードへ伝達する熱を遮り，荷重支持部の耐火性能時間を延ばすことが明らかである。

2.2.2 樹種による内部温度の検証

木材の密度が大きいものは着火時間が長く，反対に密度が小さいものは着火時間が短い。また，着火限界熱流束は樹種にほとんど依存されないが，国産材で多く用いられるスギ材とカラマツ材を表面の外層被覆材（表面木材）に施した場合の違いを検証する。

耐火試験水平炉において3面梁試験体の1時間耐火試験を実施した。荷重支持部材はスギ

第 2 編　木材・木質材料の開発・難燃化と評価技術

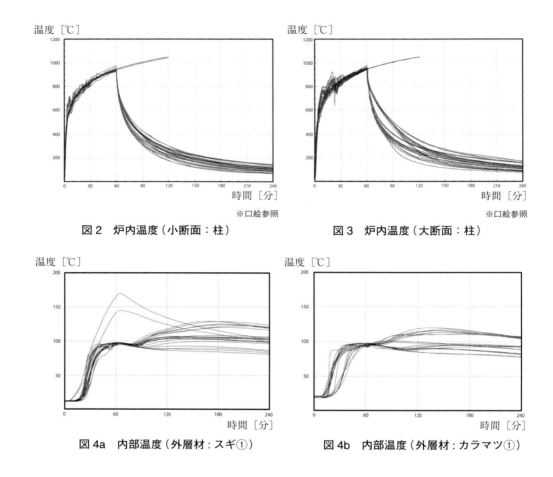

図 2　炉内温度（小断面：柱）　　　図 3　炉内温度（大断面：柱）

図 4a　内部温度（外層材：スギ①）　　図 4b　内部温度（外層材：カラマツ①）

集成材 120 mm×240 mm（以下，小断面梁），240 mm×660 mm（以下，大断面梁）の 2 種類で，中間の被覆層に強化石こうボード 21 mm の二枚貼りを共通仕様とし，その表面にスギ材 20 mm の外層被覆材（表面木材）比重 0.33 g/cm³ とカラマツ材 20 mm の外層被覆材（表面木材）比重 0.55 g/cm³ を施したものの 2 種類を施したもので荷重支持部材平部の計測温度（図 4a，図 4b）を比較し表 1 に示す。Max 温度において，スギ外層被覆材の場合小断面梁で 169.6℃，大断面梁で 151.3℃であり，カラマツ外層被覆材の場合小断面梁で 119.9℃，大断面梁で 114.5℃と密度が大きい樹種の方が耐火性能に効果があったことから，外装被覆材の有効性は密度管理できることが確認できた。

2.2.3　追従性と耐火性能の検証

柱・梁の耐火性能（非損傷性）の他，部材接合時（柱勝ち，梁勝ち）の取合目地部における 2 時間耐火性能検証試験を行った。柱勝ち，及び，梁勝ちそれぞれ門型に組み，柱－梁接合部の目地材，及び，複数枚配置した強化石こうボード内部被覆材，外層被覆材（表面木材）の静的変形追従試験を行い，その試験体を耐火試験炉にて燃焼性能試験を実施，荷重支持部材に炭化痕の有無を検証した（図 5a，図 5b）。

第3章 木質材料の耐火技術

表1 樹種ごとの表面温度

樹種	断面(mm)	内部温度(℃) Max		Min		平均温度(℃)
スギ材	120×240①	169.6	No.5	95.3	No.19	114.0
	120×240②	152.7	No.5	95.6	No.12	114.3
	240×660①	151.3	No.3	96.5	No.19	113.5
	240×660②	144.0	No.1	96.4	No.19	111.3
カラマツ材	120×240①	119.9	No.1	94.8	No.19	103.7
	120×240②	125.5	No.1	89.2	No.20	107.4
	240×660①	114.5	No.6	96.1	No.9	100.7
	240×660②	113.7	No.10	96.5	No.21	102.1

（自社試験/試験協力：吉野石膏DDセンター）

図5a　静的変形追従試験/クリアランス10 mm
（左：柱勝　右：梁勝）

図5b　2時間耐火加熱試験
（左：炉内加熱時　右：脱路時）

　変形追従試験では層間変形を大地震時想定の$\delta=1/60$radまで与え，内部被覆材，外層被覆材（表面木材）の追従性を確認する。取合部目地部において相対上下方向，水平方向の変位が3 mm，並びに，10 mmの状況について接合部付近の変形状態の再現試験をした。変形加力時，強化石こうボード・外層被覆材（表面木材）において，柱と梁が接触し，めり込み，剥離が一部にみられた。一方，目地部においてはシール切れやズレが生じた。柱・梁門型架構を一旦ゼロベースに戻し，耐火試験炉で2時間の燃焼試験を行った。この検証試験は大地震時における接合部（目地部など）付近に損傷が生じた場合においても，柱・梁の接合箇所である荷

— 231 —

第 2 編　木材・木質材料の開発・難燃化と評価技術

図 6　解体・損傷性確認時
（柱勝/炭化痕なし）

　重支持部は着火温度にも至らず，炭化痕も見られなかったことから，大地震後も耐火性能が担保できる仕様であることが確認できた（図 6）。

2.2.4　強化石こうボードとスギ材接着性能の検証

　被覆層を成す外層被覆材（表面木材）と内部被覆材（強化石こうボード）は意匠上，ビスやステープルなどの留付材が使えない。一方，耐火性能上は外層被覆材が燃焼中に内部被覆材は熱容量の大きい強化石こうボードであるため熱伝達による消火作用を期待するもので，双方の隙間を無くすことが有効である。そこで，異素材同士の接着性能を検証した。

　試験材料は，強化石こうボード 21 mm（タイプ Z，以下 21TBZ），スギ材 20 mm 接着面は平滑面と溝加工の 2 種類とした。なお，溝加工は溝幅 2 mm，深さ 1 mm，間隔 30 mm でタテ・ヨコに交差する。試験方法は，40 mm にカットした 21TBZ とスギ材を，炭酸カルシウム系接着剤（300～350 g/m^2）全面コテ塗りと櫛目引きの 2 種類で貼り合わせ試験体を製作し，2 週間室内で養生した後，専用治具をエポキシ系接着剤で固定し，オートグラフを用い，荷重速度 1,500 N/min で引張破断強度を測定したものを表 2 に示す。

表 2　接着性能検証（引張破断試験）

杉材接着面	接着剤塗布方法	破断強度（N/mm^2）	破壊状況
平滑面	コテ塗り	0.22	TBZ 破断
		0.18	杉材-ボンド界面
		0.22	TBZ 破断
		0.13	杉材-ボンド界面
	櫛目引き	0.34	TBZ 破断
		0.24	TBZ 破断
		0.20	杉材-ボンド界面
		0.20	TBZ 破断
溝加工面	コテ塗り	0.25	TBZ 破断
		0.28	杉材-ボンド界面
		0.12	TBZ 破断
		0.26	TBZ 破断
	櫛目引き	0.29	TBZ 破断
		0.25	TBZ 破断
		0.35	TBZ 破断
		0.32	TBZ 破断

（自社試験/試験協力：吉野石膏 DD センター）

杉材表面を溝加工し，炭酸カルシウム系接着剤を櫛目引きとした場合，ボード内部の破断する結果で最も高い接着強度が得られた。他の仕様では炭酸カルシウム系接着剤とスギ材の境界面で破断している。組み合わせによって接着強度に若干の差やバラツキが見受けられる。経年変化や外的要因の変形に注意は要するものの，境界面は素材に近い引張破断強度であることが確認できた。

3. COOLWOODの大臣認定概要

3.1 大臣認定の取得概要

構造部位として，柱，梁（3面），梁（4面），間仕切壁，外壁，床において1時間，並びに，2時間の大臣認定を取得している。特に外壁や床の仕様は，より高層化，大空間化が可能な仕様となっている。柱・梁における大臣認定内容詳細を**表3**に示す。

表3 大臣認定内容一覧（柱・梁）

部位	時間	認定番号	荷重支持部材(mm)	荷重支持部材仕様	被覆材 強化石膏ボード 樹種・厚さ	外層被覆材 樹種・厚さ	接着剤 強化石膏ボード	最外層木材
柱	1	FP060CN-0677	120×120〜1080×1080	集成材,製材LVL,CLT 無等級木材	21mm・2枚 GB-F(V)	樹種選択自由20mm以上 薬剤処理木材も可	なし	有機系接着剤（炭酸カルシウム系も可）
柱	2	FP120CN-0599-1	150×150〜1030×1030	集成材,製材LVL 無等級木材	21mm・3枚 GB-F(V)	樹種選択自由20mm以上 薬剤処理木材も可	炭酸カルシウム系	有機系接着剤（炭酸カルシウム系も可）
梁3面	1	FP060BM-0420	120×180〜500×1500	集成材,製材LVL,CLT 無等級木材	21mm・2枚 GB-F(V)	樹種選択自由20mm以上 薬剤処理木材も可	炭酸カルシウム系	有機系接着剤（炭酸カルシウム系も可）
梁3面	2	FP120BM-0392-1	120×240〜500×1500	集成材,製材LVL 無等級木材	21mm・3枚 GB-F(V)	樹種選択自由20mm以上 薬剤処理木材も可	炭酸カルシウム系	有機系接着剤（炭酸カルシウム系も可）
梁4面	1	FP060BM-0384-1	120×240〜500×1350	集成材,製材LVL 無等級木材	21mm・2枚 GB-F(V)	樹種選択自由20mm以上 薬剤処理木材も可	炭酸カルシウム系	有機系接着剤（炭酸カルシウム系も可）
梁4面	2	FP120BM-0385-1	120×120〜500×1350	集成材,製材LVL 無等級木材	21mm・3枚 GB-F(V)	樹種選択自由20mm以上 薬剤処理木材も可	炭酸カルシウム系	有機系接着剤（炭酸カルシウム系も可）

（大臣認定取得：平成29年1月～3月）

3.2 今後の開発目標

国内では漸く木質系材料を用いた1時間耐火構造が一部法律化され，2時間耐火構造が団体や民間で精力的に開発されている。2時間耐火構造であれば14階建てまで建築可能となるが，既に欧州では10階建てを超える建物が数多く建設され，カナダにおいては18階建ての木造建築物が建設されている。諸外国との法律的な差異は一律に論じられないが，構造的安全性を確認する技術的な差がある訳ではない。COOLWOODの開発プロジェクトの最終目標は，柱と梁において3時間耐火構造（柱・梁）の大臣認定を取得することである。

4. 実例プロジェクト

4.1 公共建築物（集会場/文化施設）

1時間耐火構造による大型木造建築で，「世界最大のコンサートホール」としてギネス世界記録に認定された「シェルターなんようホール（南陽市文化会館）」である（**図7**）。

第２編　木材・木質材料の開発・難燃化と評価技術

図7　メインホール（内観）（クールウッド採用）

メインホールは1,403席のプロセニアム舞台形式のホールで、木造ならではの高音質な空間は多くのアーティストに絶賛されている。

4.2　民間建築物（賃貸共同住宅）

新潟市街に建設中の純木造5階建て賃貸共同住宅である（図8）。1階部分は2時間耐火構造仕様、2～5階は1時間耐火構造仕様である。土地の有効活用としてコスト競争力があり、今後木造建築が民間で多く採用される用途分野になると思われる。

図8　賃貸共同住宅（外観）（クールウッド採用）

5. おわりに

新たな木質素材や木質耐火部材が登場し、過去数十年建築できなかった大規模、多層階の木造建築が可能となる技術が出揃いつつある。世界に冠たる森林国である「日本らしい木造都市」の実現に期待したい。

文　献
1) 原田寿郎：日本における木質耐火構造開発のあゆみ、木材学会誌, **55**(1), 1-9(2009).
2) 服部順昭：建築用耐火木造の開発と展望、木材学会誌, **66**(3), 174-177(2015).
3) 日本政策投資銀行 地域企画部：木造建築物の新市場創出と国産材利用の推進(2015).
4) 安達広幸：石こうボード内蔵型木質耐火部材. 木材工業, **70**(11), 558-561(2015).

第2編　木材・木質材料の開発・難燃化と評価技術

第4章　木材・木質材料の劣化とその評価技術

第1節　腐朽・虫害による劣化とその対策

京都大学名誉教授　今村　祐嗣

1. はじめに

　寺社などの古い伝統建築物を数百年，いや千年以上にわたって支えてきたのは，木材の驚異的な耐久性であるといえる。ところが木材の場合，年数がかなりたっても腐れやシロアリの被害がまったく発生せず耐久性が維持される反面，わずか数年で被害が進行するのも事実である。木材は，軽くて強い，適度な弾性がある，熱伝導率が低い等の素材としての長所，あるいはすぐれた景観性や低い環境負荷など比類なき特性を備えているが，一方で腐朽や虫害という生物材料に起因する特有の劣化作用を受ける。

　現在，木材の利用拡大に向けて様々な取り組みがなされているが，そのための重要な性能の一つは「耐久性」ではなかろうか。"木は腐るから・・・"とはよく聞かれる言葉である。ここでは，木材の利用拡大を眼目におき，腐れやシロアリという生物劣化に起因する被害の発生と進行について述べ，耐久性向上の方策について考えてみたい。

2. 生物劣化の要因とは

2.1　腐　朽

　一般的に木材は，条件にかなった水分と温度が与えられると，変色菌やカビ，腐朽菌あるいは細菌類が木材の表面あるいは内部に繁殖し，汚染または劣化の原因となる。このうち，変色菌やカビは木材にわずかに含まれるデンプンやタンパク質のみを利用して生長するため，木材の実質を分解せず，強度を低下させることはほとんどない。

　木材の微生物劣化で最大の被害を引き起こすのは担子菌類による腐朽であり，セルロースやリグニンという木材実質を分解する。土に接した木材は，土中に存在する腐朽菌の菌糸や胞子との接触により，また，住宅部材のように木材と土との接触がない場合では，すでに腐朽した木材から菌糸が伸びてきて腐朽が始まったり，また，空中を飛散していた胞子が木材表面に付着し，水分が供給されると発芽して菌糸となり，内部へ伸長して腐朽が始まる。木材内部で繁殖した腐朽菌はやがて表面に子実体（"きのこ"）をつくり，胞子を生成する。木材から子実体の発生が認められたら，その部材では腐朽がかなり進行していると判断すべきである（図1）。

　木材腐朽菌は褐色腐朽菌と白色腐朽菌に大別される。褐色腐朽菌によって腐った木材は褐色を呈し，乾燥すると縦横の亀裂を生じることが多いが，一方の白色腐朽菌によって腐った木材は白っぽく見える。このうち褐色腐朽菌は建築物等の主要な劣化微生物であり，針葉樹材を特に劣化させ，セルロースを選択的に分解することから，質量減少が小さい段階であっても大き

な強度低下を引き起こす[1]。白色腐朽菌はセルロースとリグニンとを同時に分解するため強度低下に与える影響は褐色腐朽菌よりも小さいが，屋外では一般的に認められる菌類である。軟腐朽菌は水分状態がかなり高い状態であっても活動し，表面から軟化するなど特有の劣化現象を示す。絶えず水がかかったり，高い水分状態の土中に埋まっていた木材によく見られる腐朽形態である。

2.2 虫害

木材に劣化被害を及ぼす昆虫の代表はシロアリである[2]。シロアリは通常，温暖で高湿度の環境を好むが，腐朽の進行と関係なく単独で木材を加害する場合と，腐朽と並行して食害を生じる場合がみられる。日本には20種くらいのシロアリの生息が報告されているが，経済的に重要な種類はイエシロアリとヤマトシロアリである。

イエシロアリは地中に巣を構築し，ひとつのコロニーの個体数は100万頭を越えるといわれている。世界のシロアリの仲間でも住宅などに大きな被害を及ぼしている暴れ者で，その分布は南西諸島から沖縄，九州，四国，瀬戸内地域から近畿南部，東海，関東の太平洋岸となっているが，いまや太平洋を渡りアメリカでも猛威をふるっている（図2）。

ヤマトシロアリは木材の中に巣をつくり近くのものを食害するが，個体数はイエシロアリより少なく1コロニーあたり数千から1万頭くらいである。このシロアリ

図1 土中に埋めた木杭から発生した子実体（きのこ）

図2 木材を食害中のイエシロアリ（全体が白っぽいのが職蟻，頭部が着色したのが兵蟻）

は，世界でもっとも北まで分布しているグループであるが，わが国では広く本州に分布する以外に，北海道の旭川市以北でもその生息が確認されている[3]。イエシロアリと異なり水分に対する依存度が高く，通常は腐朽と並存することが多い。

イエシロアリとヤマトシロアリは地下生息性シロアリと称されるグループに属するもので，いずれも土の中をおもな生息場所とし，土と排泄物でつくったトンネル状の蟻道を通って移動

する（図3）。場合によっては，枯死木や住宅の壁の中に巣をつくることがあっても，土中を移動の経路にし，特に水分供給を地下に求めている。しかし，最近わが国で，アメリカカンザイシロアリという変わり者のシロアリによる被害が増えてきた。このシロアリはアメリカから渡ってきた種類で，乾いた木材中でのみ生息し，生存に必要な水分も気乾状態にある木材から求めている乾材（カンザイ）シロアリである。このシロアリの場合，からからに乾いた粒状の排泄物が特徴である[4]。

図3 床下モデルの人工的な間隙から立ち上がったイエシロアリの蟻道

その他，木材を食害する昆虫としてはキクイムシなどが存在するが，そのうち成虫の脱出時に木粉を出すヒラタキクイムシは乾燥した広葉樹材，特に径の大きな道管をもつナラや南洋材の辺材を食害することで知られる。ヒラタキクイムシの成虫は道管内部に産卵し，孵化した幼虫は辺材部のデンプンを餌として成長し，その際に木質部を劣化させる。

また，古い社寺建築物の柱などに直径3 mm程度の穴が大量に開いているのを見かけることがあるが，ケブカシバンムシによる被害であることが多い。この虫は古い木材を好み，幼虫は表面を残して辺材のみならず心材まで食害し，孔道には粗粒状の糞をつめる。また，竹材に大きな被害を及ぼす虫にはチビタケナガシンクイムシなどがある。

3. 生物劣化はいかに進むか

3.1　腐朽の進行

木材と腐朽菌が接触したとしても，そう簡単には腐朽は生じない。腐朽が発生し進行するためには，"温度，水分，空気"の要件が揃う必要がある。一般的な菌類は15～35度という温暖な雰囲気で活発に生長する。また，水分は腐朽が発生する上できわめて重要な要件で，住宅の耐久性のポイントは水対策といわれる所以である。その一方で，水分の多い土中に長い間打ち込まれた木杭が腐らずに出土するのはどういったわけであろう。これはもう一つの要件である空気，すなわち酸素が常時水の存在する土の中では不足していたため，菌が十分に活動できなかったことによる。木材含水率が30%以上で腐朽菌は生育するが，通常は50～90%付近が最適な水分状態である。

土木など外構材料の場合，土壌に接する部分でも特に地際付近が一番腐朽によって劣化しやすい。これは周囲から水分が供給されるとともに，付近に劣化を引き起こす微生物が多く存在するためである。地表に置かれた木材では，雨水による膨張と乾燥による収縮によって割れが常に発生し，ここに水が滞留する。また，日射も割れの発生を促進する。そのため，縦使いの部材より水平部材において，特にその上面で割れが発生しやすい。

また，ボルトやプレートなどの金物による接合部も，腐朽劣化の発生しやすい箇所として注

図4 デッキ材での木口部分からの腐朽の進行

図5 石に接した木材の白化現象

意しなければならない。これは熱的性質の違いから結露が起こりやすいことが原因と考えられる。ところが木材は腐ると酸性物質が生じてくる。すると今度は金属腐食が進行する。木材の腐朽と金属の腐食という負の連鎖である。これも要注意である。

腐れは木口から発生することが多く，木製デッキを使っていると木口の突き合わせ部分が黒く変色し，そこから腐ってくることがよく認められる（図4）。木材では木口からの水分吸収が側面にくらべて飛躍的に速いこと，それとともに腐朽菌も侵入しやすいことがその理由で，逆に木口を塞ぐと腐れの進行は抑制される。京都の清水寺を訪れる人は，舞台を支える貫の木口に取り付けられた覆い板を目にするが，そういった工夫は，岩国の錦帯橋をはじめ様々な場所で見かけることができる。木口からの水分や腐朽菌の侵入を防ぐのは，腐れの進行を遅らせる有効な手段である。

ところで，社寺建築物などで柱の根元部分が白くなっていることに気づくことがある。こういった木材の白化現象を見て腐朽と勘違いしやすいが，実際は接している石やコンクリートのシリカやカルシウムといった無機成分が，水分とともに木材に移動して沈着したもので，白化の原因となっている成分も木材の表層付近だけに存在することが多い。もちろん木材は劣化していない（図5）。

腐朽と誤解されやすいもう一つの現象は，木材の表面が"緑色を呈する"もので，住宅であれば北側壁面や樹木に覆われた湿気の多いところで発生する。こういった現象はコンクリートやレンガ等の凸凹した吸水性の高い材料にも見られるが，これらは材料表面に付着して光合成活動をしている藻類によるものである。白化と並んで腐れと誤解されやすいが，まったくの別物である。

3.2 蟻害の進行

木材の主成分であるセルロースは分解が難しい高分子であるが，シロアリはそれを栄養にできる数少ない昆虫の一つであり，住まいが攻撃されると，木材以外でも畳や本，段ボールなども被害を受ける。シロアリが口器で噛む力はきわめて強く，結構堅い木であってもかじることができる。また，栄養にならなくても軟質のゴムやプラスチックも攻撃される。住まいの断熱

第4章　木材・木質材料の劣化とその評価技術

図6　外見は大丈夫そうな束（左），しかし内部はシロアリによって食害（右）（宮田光男氏提供）

材料として使用されている発泡プラスチック材料にも，シロアリによって激しく加害されるものがあることが指摘されている。最近の断熱工法の場合にも注意すべき点であろう。

　乾燥した木材に生息するカンザイシロアリを除くこういった地下生息シロアリは，一般的に湿潤な環境を好み，そういった住まいの床下環境ほど土壌表面から蟻道を伸ばしやすい。シロアリは同時に通風や光を嫌い，木材を食害する場合，表層を残して内部を加害する（図6）。加害箇所を蟻土と称する土と排泄物等を混ぜたもので覆ったり，すき間を埋めたりするのもこういったシロアリの習性によるもので，畳のすき間や部材の割れ目が蟻土で埋まっているのが見られると，シロアリの被害を受けていることの目印となる。

　また，シロアリは彼らの自衛本能によるものか，振動などの外部刺激に対してきわめて敏感である。これは逆に言えば刺激がない環境では活動が活発になるということで，住み手が長く離れた家はシロアリの被害を受けやすいことを意味している。

　ところでシロアリはもう一つ変わった習性をもっている。それは，すき間嗜好性とも言うべきもので，狭い間隙を探し出して土中から上がってくる行動を指している。開放された空間よりも，むしろ閉鎖されていてそこに細い割れ目があると侵入路になりやすい。コンクリートのべた基礎であっても，セパレータ部分のすき間や配管の立ち上がり部分からシロアリが床下に蟻道をつくることがある[5]。

4. 木は何年もつか

4.1　素材の耐久性

　木材に辺材（白太）と心材（赤身）とがあり，辺材は腐りやすく虫にも食われやすいのは常識

である。これは辺材では防腐や防虫の効果がある成分が乏しいこと，逆に菌や虫に好まれるデンプン質やタンパク質が存在することによる。ヒノキやヒバといった耐久性の高い木材の場合，辺材も腐れにくく虫害にも強いように思われがちであるが，これは大きな間違いである。耐久性の高いのはあくまで心材だけであって，辺材はどういった樹種でも長もちしないことを胆に銘じておく必要がある(**図7**)。

図7　ベンチに使用された木材（ヒバ）での辺材部分の腐朽

腐れや虫害に対する木材（あくまでも心材について）の抵抗性は，過去の実験データや経験をもとに分類されている。製材の耐久性区分では，ヒバ，ヒノキ，スギ，カラマツなどが劣化程度の低いD1樹種に規定されているが(**表1**)，詳細な分け方では，極大，大，中，小，極小といった区分，あるいはそれに対応した数値段階で示されている。例えば，ベイヒバ，ベイスギは極大，ヒノキは大，スギ，カラマツは中，ベイツガは小，ラジアータパインは小あるいは極小，といった分け方である。

ただ，素材の耐久性は樹種によって異なるだけでなく，品種，産地，保育方法，樹齢によって違いが見られることは従来から指摘されている。また，一本一本の樹木でも耐久性に寄与する心材成分の種類や含有量は異なると考えられ，耐久性が高いとされる樹種であっても，場合によっては耐久性が低い部分が存在する恐れもある[6]。

シロアリに対する木材の抵抗性，すなわち耐蟻性については，硬い木材より柔らかい木材が，広葉樹より針葉樹が，心材より辺材が好んで食害される。樹種による木材の耐朽性と耐蟻性は一致しないこともあるが，一般的には耐朽性が小さいものは耐蟻性も低いと考えてよい（ここでは腐朽に対する抵抗性を特に耐朽性と表記した）。樹種による耐蟻性の差異は，耐朽性と同様に心材に存在する抽出成分に影響されることが多いとされている。

ところで，屋外で使用されるボードウォーク等のエクステリアウッドには，ジャラ，ボンゴシ，ウリン，イペ等の海外から輸入された，いわゆる高耐久性樹種と称される木材が使用されることも多い。確かにこういった木材は腐りにくく，高温多湿の環境でも長期にわたり使用さ

表1　心材の耐久性区分[6]

樹種の耐久性	樹種
土台に無処理で使用できる樹種 （品確法 評価方法基準）	ヒノキ，ヒバ，ベイヒ，ベイスギ，ケヤキ，クリ，ベイヒバ，タイワンヒノキ
心材の耐久性区分 D1 の樹種	スギ，カラマツ，ベイマツ，ダフリカカラマツ，サイプレスパイン，ウェスタンラーチ，タイワンヒノキ，ダフリカカラマツ，タマラック，クヌギ，ミズナラ，カプール，セランガンバツ，アピトン，ケンパス，ボンゴシ，イペ，ジャラ
心材の耐久性区分 D2 の樹種	上に示したもの以外の樹種

れている例もある。しかし，場合によっては予期した耐久性が得られず劣化することもある。また，そのほとんどが天然の森林から伐出されるものであり，蓄積量が少ないうえ再生産が難しい。一方，持続的な森林資源という視点からは造林樹種の利用が大切であるが，腐れやすく虫害を受けるものが多いのが実情である。

製材品以外に板を積層接着した集成材や LVL，合板，パーティクルボード，MDF（中比重ファイバーボード）などの木質材料の腐朽やシロアリによる劣化はどうであろうか。集成材の耐朽性・耐蟻性は製材品と同様に原料となるラミナの樹種の影響を大きく受けるが，木質ボード類は原料の特性はもちろん，エレメントの寸法や接着剤のタイプや量，ボード密度などの製板因子によって大きく左右される。

4.2 保存処理

耐久性に乏しい木材に対しては薬剤による保存処理が有効な手段であるが，その方法は表面処理と加圧注入処理に大きく分けることができる。表面処理は薬剤を塗布，吹き付けあるいは浸漬などの方法によって処理する方法で，現場で比較的簡易に処理できる長所もあるが，木材内部への薬剤の浸透がほとんど認められないためその効果は限定的である。

一方の加圧注入処理では比較的内部まで処理できるため高い耐久性が期待できる（図8）。加圧注入処理に用いる薬剤については JIS K 1570：2010「木材保存剤」に規定されている。現在，注入処理用の防腐・防蟻薬剤は，水溶性薬剤ではかつての CCA に代わり無機系の銅や亜鉛に有機化合物を加えたもの（銅・第四級アンモニウム化合物系－ACQ，銅・アゾール化合物系－CUAZ，等）や防腐と防蟻性能を持つ有機系薬剤の混合薬剤（アゾール・第四級アンモニウム・ネオニコチノイド系化合物系－AZNA，アゾール・第四級アンモニウム・非エステルピレスロイド系化合物－AZAAC，等）が，乳化性薬剤ではナフテン酸銅系薬剤（NCU-E）等が，水を使用しない乾式処理用にはネオニコチノイド・アゾール化合物（AZN）等が，さらには油状のクレオソートにおいても毒性の高い留分を除いた新しいタイプのクレオソートが使用されている。

加圧注入処理に用いる木材保存剤の性能は，JIS K 1571：2010「木材保存剤―性能基準及びその試験方法」で評価され，その中の野外試験では処理したスギ辺材の杭を地面に埋め，被害の進行状況を経年的に観察して評価することになっている（0：健全～5：腐朽または蟻害によって形が崩れる，の基準で判定した被害度）。地中に埋められた無処理杭，処理杭ともに腐朽や蟻害によって被害を受けるが，その進行状況は大きく異なる（図9）。JIS 規格では平均被害度が 2.5 に達した年数を耐用年数

図8 加圧注入処理した遊歩道ロープ支柱（スギ丸太：ϕ = 70 mm, L = 1200 mm）の 13 年経過後の様子（日本木材防腐工業組合提供）

― 241 ―

第2編　木材・木質材料の開発・難燃化と評価技術

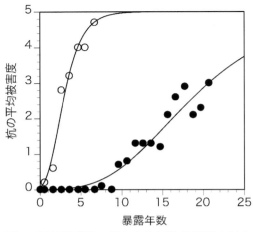

図9　野外杭試験に供した加圧注入処理木材の被害度の変化[6]
（○：無処理スギ辺材，●：ACQ処理スギ辺材）

図10　JIS K1 571 に規定されている室内防腐試験の様子

と定めているが，この例では無処理杭は3年弱，処理杭では20年程度となっていて木材保存剤としての性能基準（3倍以上）を満足したと評価できる。なお，各種の加圧注入処理木材を全国各地で暴露試験した結果のデータベースは，（公社）日本木材保存協会のホームページで公開されている（URL: http://www.mokuzaihozon.org/）。

　一方，室内で促進的に劣化させて防腐性能を評価するには，培養ビンの中で所定の腐朽菌（褐色腐朽菌のオオウズラタケと白色腐朽菌のカワラタケ）を人為的に培養し，この中に耐候操作（水中浸漬と乾燥の繰り返し）を行った処理木材を設置して26±2℃の恒温室内に3ヶ月間置き，質量減少の程度で評価する方法がJIS K1 571 に規定されている（図10）。また，シロアリに対する防蟻性能については，耐候操作を行った処理木材と一定頭数のイエシロアリ（職蟻150頭と兵蟻15頭）を容器に入れ，3週間経過後の質量減少率で評価するとなっている。

　木材への薬剤の注入処理においては，辺材への注入性は良好であるが，心材へは液体が入りにくいのが一般的であり，また，木口からの浸透に比べて側面からの薬剤の浸透性は極端に低い。樹種によっても，カラマツのように注入性が極めて悪いもの存在する。

　このため，注入性を向上させる前処理技術が検討されてきた。従来から行われている刃物によるインサイジングは，材表面に傷をつけることによって人工的な微小な木口面を数多くつくり，一定深さまでの浸透性を確実にしようとするもので，極めて実用的な手法である。製造現場においては刺傷による強度低下を抑制しながら，樹種によってインサイジング密度を変えたり，注入前の乾燥管理を行って注入性を確保している。

4.3　保存処理木材の耐久性

　一般的に加圧注入処理した木材の性能は，薬剤の木材中での浸潤度と吸収量で決まり，製材JASでは使用環境による性能区分（K1～K5）ごとに性能基準が規定されている。例えば，

第4章　木材・木質材料の劣化とその評価技術

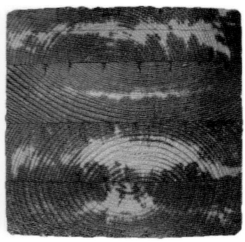

※口絵参照

図11　加圧注入処理したオウシュウアカマツ集成材の薬剤浸潤状況[7]
（左：製品にインサイジングして加圧注入処理，右：ラミナにインサイジングして加圧注入処理した後に積層）

K3では辺材部分の80％以上，材面から10 mmまでに存在する心材部分の80％の浸潤度が求められる[7]。また，JASに基準が規定されていない新たに開発された保存処理材料，あるいは集成材，LVL，合板等の保存処理については優良木質建材等認証（AQ）で対応している（図11）。

加圧注入処理した製材品であっても，薬剤は浸透している領域は，通常，木口あるいは側面から一定の深さまでに限定されている。したがって切断されたり，仕口やボルト穴加工，さらには干割れなどによって

図12　加圧注入処理後の切断によって薬剤の未浸潤部（中央部）が露出した土台材[6]

未浸潤部分が露出すると，そこから腐朽や蟻害が生じることが懸念される。このようなことを避けるためには，プレカット加工後に加圧注入処理することが大切であり，また，現場で切断した場合は露出部を薬剤で処理することが耐久性の向上に極めて重要である（図12）。

ところで，最近では防腐・防蟻薬剤で加圧注入処理した木材以外に，低分子量のフェノール樹脂を注入して熱硬化させた樹脂処理木材や，無水酢酸で処理して木材の水酸基をアセチル基で置換したアセチル化木材のように保存薬剤によらずに劣化抵抗性を付与した処理木材が用いられている。また，200℃以上の高温で熱処理木材も防腐性能を向上させる目的で実用化されている（第2編第1章6節参照）。

では，木材は実際に何年もつのだろうか。この問いに答えることはきわめて難しい。通常は，室内よりも雨水や日射に暴露される屋外，屋外でも土に接するところ，さらに水中や海洋

— 243 —

中が使用環境として厳しいとされている。このような使用環境の区別をユースクラスと呼んでいるが，耐久性の確保のためには，それぞれに対応した樹種の選択や保存処理の導入が求められる。

5. シロアリ被害の防止

ほとんどの表面処理木材保存剤ならびに加圧注入処理用木材保存剤には防腐・防蟻の両方の効果を持つものが使用されている。一方，シロアリについては土中から建築物への侵入を防ぐことも重要であり，そのための防蟻剤や防蟻材料の性能が評価され，（公社）日本しろあり対策協会ならびに（公社）日本木材保存協会によって認定されている。

6. 劣化診断

木質の建築構造物や部材に腐朽や虫害などの劣化が発生しているのか，あるいはその進行がどの程度であるかを的確に知ることは，構造安全性を維持し，耐久信頼性を向上させる点から必要であるばかりでなく，効率的に保守を行っていくうえでも大切である[8]。

ところで，木質部材に腐朽や虫害など生物的な因子が作用した場合，他の劣化要因と異なり，その影響は劇的に生じ，したがってあらかじめその進行速度を予測することは容易なことではない。また，部材の表面から劣化が進行するとは限らず，むしろ腐朽やシロアリの食害は内部で生じることが多く，その検出を一層困難なものにしている。実際的に劣化をチェックする基本的なポイントは，腐れやシロアリなどの劣化要因の生理・生態をよく理解し，被害発生の防止と早期発見につとめることにある。また，劣化を起こしやすい部位に注意する必要がある。

診断方法も含めて維持管理については前節および次節とも関連するが，木材の耐久性の評価とそれに基づく向上技術の点からきわめて重要である。

7. おわりに

"千年の木は千年持たせねばならない"，というのは法隆寺宮大工の棟梁であった西岡常一氏の有名な戒めの言葉である。そのためには伝統的な建築の世界でも，また，身近な木材を使う現場においても，設計，材料選択，加工，使用，診断，保守のすべてにわたって，木の寿命を延ばす工夫が求められる[9]。

しかし，木材の耐久性に関しては，ともすれば，何もしなくとも千年の木は千年の寿命があるように曲解されたり，あるいは，森林資源の持続的利用を考えることなく海外の高耐久性樹種を安易に選択したり，また，科学的根拠もない手法が喧伝されるケースも多い。日本は先進国のなかでは平均気温，湿度とも高く，特に気温の高い夏場での雨量が多いことからヨーロッパ諸国に比べても腐朽の速度は速い。また，北方の国にはみられないシロアリも生息している。

われわれは，今こそ，しっかりした科学的な知見と判断に基づいて，本当に木材の耐久性を高め，耐用年数の延伸に取り組んでいく必要があろう。木材をできるだけ沢山利用する，これを長く使用して木材中に固定されている炭素の放出を抑制する，これは持続的な社会の構築と地球環境の保全にとってきわめて重要である。

文　献

1) 高橋旨象：きのこと木材, pp.63-65, 築地書館(1989).
2) 今村祐嗣他編, 住まいとシロアリ, pp.1-174, 海青社(2000).
3) 日本木材学会編：木のびっくり話 100, pp.132, 講談社(2005).
4) 宮田光男：シロアリ驚異の世界(第4巻), pp.32, 東京農大出版会(2005).
5) 安藤直人他編：安全で長持ちする木の家, pp.80-117, ラトルズ(2010).
6) 桃原郁夫：木材保存, **42**, 132(2016).
7) 蒋田章：木材保存, **42**, 138(2016).
8) 今村祐嗣：環境管理技術, **19**, 177(2001).
9) (公社)日本木材保存協会編：木材保存学入門 改訂3版, pp.1-283(2012).

第2編　木材・木質材料の開発・難燃化と評価技術

第4章　木材・木質材料の劣化とその評価技術

第2節　耐候劣化とその評価・耐候性向上技術

国立研究開発法人森林研究・整備機構　木口　実

1. 木材の耐候劣化

　木材の耐候劣化は，屋外における太陽光や降雨等の気象因子による劣化であり，ウェザリング（weathering）と呼ばれる場合が多い。一般的には，太陽光（主に紫外線）や雨水，温度などの気象因子を一次的劣化要因とし，二次的に光酸化現象などの化学的劣化や腐朽菌，カビ類による生物的劣化あるいは空気中の浮遊物による摩耗などの物理的劣化が生じる[1]。化学的劣化としては，光酸化による芳香核成分（木材中のリグニンや抽出成分）の分解とそれに続く変色がある。生物的劣化としては，雨水や露，積雪などからの木材中への毛細管現象による水の侵入や，相対湿度の増加における大気中の水分の吸着による含水率の増加と適度な温度条件により腐朽やカビ類による変色が生じる。物理的劣化としては，木材成分の光分解による低分子化とこれに続く水溶性化，降雨によるこれらの溶脱によって生じる早材部の目やせや，風とともに運ばれる土砂や粉塵等による摩耗や目やせがあり，これらは風化（erosion）と呼ばれている。また，低温による木材中の水分の凍結とその後の気温の上昇による融解の繰り返しにより木材表面の微細割れの増加や，材内含水率の不均衡による割れや反り等も物理的劣化である。ウェザリングは多くの気象因子と劣化現象が相互に関係するためその劣化メカニズムは非常に複雑である[1]。図1にウェザリングによる木材の劣化サイクルの模式図を示す[2]。

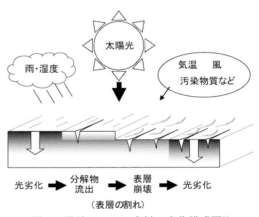

図1　屋外における木材の劣化模式図[2]

1.1　木材の変色

1.1.1　屋外における木材の変色過程

　屋外に暴露された木材の一般的な表面変化は，暴露後1週間ほどで黄変が見られその後退色により白っぽくなる。さらに暴露を継続すると表面にカビによる点状の黒変が現れこれが徐々に木材表面を覆い，1年も経たないうちに暗い灰色になる。この傾向は樹種や材により若干異なる。多くの樹種の辺材部やヒノキ，マツ類などの淡色系の材では，上述のように暴露初期に黄変がみられいったん明度が低下し，その後カビによる変色が現れるまでは色褪せのため明度が増加する。その後はカビ及び大気浮遊物質の付着により暗灰色化し明度は低下する。さ

らに暴露を継続すると，黒色度が増加していくが色差の値の大きな変化はなくなる。暴露1年後の色差をCIE L*a*b*表色系のΔE*で示すと20から30程度の値となる。一方，多くの樹種の心材部や南洋材，ケヤキなどの濃色の材では，初期の黄変が現れにくく次の淡色化の段階に進むので，暴露初期では暴露と共に色褪せにより明度が増加する。その後は淡色系の材と同様の変色過程をたどるようになる。初期の色調が濃色のため，暴露によるΔE*値は淡色系の材に比べて低い値となる。

1.1.2 耐候劣化における光変色のメカニズム

暴露初期の変色は，主に木材中の芳香核成分の光分解により生じる。木材の化学成分の中で芳香核構造を持つものはリグニンと抽出成分である。そのうち，木材の約30％を占めるリグニンが光劣化の主役となる。リグニンに太陽光が当たるとリグニンが光増感作用を示して近傍の酸素を励起させる。これがリグニンの分子構造を変化させてラジカルを発生させ，ここから連鎖反応によりリグニンの光分解が始まる。これによりリグニンは多くの変色物質に変化して黄変する。その後さらに分解が進むとリグニンが低分子化することによって水溶性となり，降雨により木材表面から溶脱する。結果として，太陽光中の紫外線に比較的安定なセルロースが表層部に残存するため木材表面の光劣化速度は低下する。

光変色を抑制する処理としては，例えばポリエチレングリコール（PEG）水溶液の塗布が有効であり，これはPEGによる光酸化物質の分解作用と考えられている。

1.1.3 耐候劣化における生物汚染のメカニズム

光劣化を受けた木材表面は，低分子化したリグニンの他，ヘミセルロース及びセルロースなどの糖類があるため，これらがカビや腐朽菌の栄養源となり生物劣化を受けやすくなる。しかし，屋外において太陽光が当たる木材表面は夏季には60℃以上の高温となり，含水率も局所的に非常に低くなるため木材を腐朽させる担子菌類は生育しにくい。一方，表面汚染菌としての不完全菌類に代表されるカビ類の一部はこのような木材表面においても生育可能であり，特に黒酵母菌の一種である*Aureobasidium pullulans*のように芳香核成分の低分子分解物をも栄養源として利用できるものが光劣化を受けた木材表面で生育し，これが黒色の汚染を引き起こす[3]。すなわち，屋外に置かれた木材の灰色化，黒色化はカビによる変色であり，これは春に屋外暴露を開始した場合，6月下旬の梅雨入り後から10月中旬の秋雨の時期にかけて現れる（図2）。

その他の屋外での生物汚染として藻類による汚染が挙げられる。藻の繁殖は木材を暗緑色にするため建築物の美観上大きな問題となっている。藻類は水分の影響を強く受けるため，方位や使用部位などの環境条

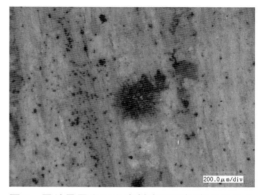

図2 屋外暴露された木材表面に観察されるカビの胞子

件や材料の吸湿性によりその発生は大きく異なる[4]。藻の発生は日本全国におよび，北面で著しく南面ではほとんど発生しない。

1.1.4 その他の変色

光あるいはカビ類，藻類の他に屋外に暴露された木材を変色させるものとして，大気浮遊物質，鉄，木材の樹脂成分などがある。大気浮遊物質としては，粉塵，土砂，自動車排煙などがある。木材は多孔質であるためこのような微細な物質が付着しやすく，いったん付着すると容易には除去できないため木材の材色は黒ずんでくる。また，鉄がイオン化して2価の鉄イオンと木材中のタンニンなどのフェノール成分が反応すると，鉄汚染と呼ばれる黒色の変色が発生する（図3）。屋外では特に釘の周囲に多く見られるが，カビとは全く異なり，タンニン成分が多いナラ材などが発生

図3 釘周囲から発生した鉄汚染の例

しやすい。鉄汚染が発生した場合は，4％程度のシュウ酸水溶液で汚染部を除去後，再発防止のためにキレート剤として7％程度の第一リン酸ナトリウム水溶液で再処理する[5]。

マツ類やダグラスファーあるいは針葉樹の節の部分などは，樹脂成分（ヤニ）の滲出により表面が白色化や黒色化することがある。ヤニは高温により滲出してくるので，ヤニの多い材は乾燥の段階で高温，高湿度のスケジュールで脱脂乾燥することでヤニを取り除く必要がある。使用中にヤニが現れた場合は，有機溶剤で拭き取ることによりある程度除去できるが再滲出しやすい。

1.2 木材の風化
1.2.1 風化のメカニズム

屋外に暴露された木材は，上述のように紫外線によりリグニンなどの芳香核成分の光分解が生じる。紫外線は木材表面から 70～80 μm 程度しか浸透しないので[6]，紫外線劣化は木材表層部に限定され，断面が大きな木材ではこれによる強度低下は起こらない。しかし，分解により低分子化したリグニンは，バニリン酸やさらには酸化が進みシュウ酸などの水可溶性の成分になる。また，ヘミセルロースも分解を受け水への可溶性が増大する。これらの成分は降雨により洗い流され，光分解，低分子化，水可溶化，溶脱を繰り返し木材がやせてくる（図4）。風化速度は，北米において針葉樹材で100年間で5～6 mm 程度という報告があるが，年輪間隔が広く早材部の密度が低いスギ等の国産樹種の風化速度はもう少し大きくなる。

多くの木材は早材部を中心に柔らかく，光分解の他に風により運ばれる微細な土砂による摩耗の影響も受けるため，風化速度は木材の比重に影響される。そのため，早材部の風化量は晩

第2編　木材・木質材料の開発・難燃化と評価技術

図4　屋外で使用されたスギ板材の風化

材部の4～5倍と著しく高くなる。また，疎水性の高い心材部の方が辺材部より風化量は少ない傾向がある。針葉樹材と広葉樹材を比較すると，針葉樹の晩材が最も風化が少なく針葉樹の早材部が最も風化が大きい。早晩材との比重の差が小さい広葉樹材は，風化速度は針葉樹の早材と晩材の中間に位置する

　木取りでは，水分が浸透，滞留しやすくリグニンの含有割合の高い細胞間層が露出する木口面が最も風化量が大きく，次いで早材部の露出割合が高い板目面で大きくなる。また，柾目面では年輪幅の影響を強く受け，幅の広い材ほど風化量が多い。

1.2.2　風化とマイクロクライメート

　建築物ではその各面や高さにより気象環境が異なり，これをマイクロクライメート（微気象）と呼んでいる。建物の各面における太陽光の照射量は，東西南北で著しく異なる。また，風向により雨のかかる量も異なる。住宅には軒や庇が有り，また周囲は生け垣や塀に囲まれているので，それらの形状，高さ，壁からの距離なども使用される木材周辺のマイクロクライメートに大きく影響する。木材の風化や変色は気象環境の影響を強く受けるため，使用場所により風化の傾向が大きく異なる。例えば，築後60年経過した木造校舎の各面に使われたスギ下見板における風化の調査では，風化量は南面

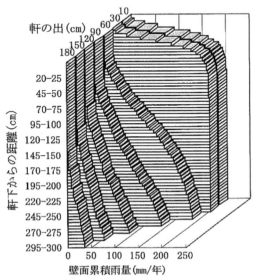

図5　軒の出と壁面にかかる雨量との関係[7]
（中島正夫：伝統木造の耐久性評価と耐久設計，NPO 木の建築（2002.7）より引用）

— 250 —

＞東面＞西面＞北面の順であり，南面の早材部では最大 2.2 mm の風化が観察されている。また，軒の出により建築物の壁面にかかる雨量を大きく抑制でき，例えば図 5 のように 60 cm 以上の軒の出により壁にかかる雨水は大幅に減少するので，建築物の耐久性や耐候性の向上に大きく寄与する[7]。

1.2.3 気象劣化マップ

北海道から沖縄にかけて南北に長い我が国では，その気象環境は大きく異なる。木材は風化と共に質量も減少するので，暴露した薄単板の質量減少率とその期間の各気象データから気象劣化インデックスを算出し，これをもとに我が国における気象劣化マップが提案されている（図 6）[8]。単板の質量減少に対する気象因子の寄与率をみると，平均最高気温が最も高く次いで降水量，日射量の順である。地域別にみると，東海地方から九州南部，沖縄にかけての太平洋岸が最も高く，次いで北陸，山陰地方が夏季の高温及び冬季の降水量の多さから高いインデックスを示すことが特徴的である。

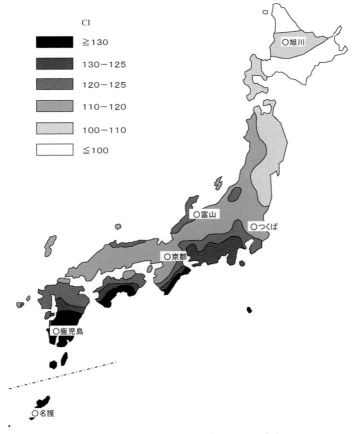

図 6　木材のウェザリング劣化マップ[12]

2. 木材・木質材料の耐候性評価

2.1 屋外暴露試験

木材や塗装木材の屋外における耐候性を評価する方法として，屋外暴露試験および促進耐候性試験がある．木材の耐候性を評価する最も正確な方法は屋外暴露試験だが，特に耐候性の高い試験体については試験に相当の時間を要する．試験方法は，JIS K 5600-7-6（屋外暴露耐候性）やJIS Z 2381（大気暴露試験方法通則）などに規定されている．屋外暴露試験では，暴露条件による加速試験が行われており，一般的には図7の左のように南向き45度傾斜にして暴露試験を行う．これにより，垂直暴露試験と比較して約2倍の速度で促進劣化させることができる．

図7　南面45度傾斜屋外暴露試験（左）とキセノン灯式促進耐候性試験装置の外観（中）と内部（右）

2.2 促進耐候性試験
2.2.1 人工光源

比較的短期間で耐候劣化に対する材料の抵抗性（耐候性）を評価する目的で，ウェザーメータによる促進耐候性試験が行われている．一般に，促進耐候性試験は温度や湿度を制御した実験槽内で，人工的な光源による光照射と雨水に見立てた水噴射を繰り返すことにより実施される（図7）．人工光源には，キセノンランプ（JIS K 5600-7-7），紫外線蛍光ランプ（JIS K 5600-7-8 あるいは欧州規格 EN 927），メタルハライドランプなどがある．

キセノンランプは，紫外線から可視光線までの幅広い波長域において太陽光近似の分光分布が得られる点で優れている．そのため，実際の屋外暴露試験の結果との相関性が高いと言われており，木材や塗装木材の耐候性評価においては本光源が一般的に用いられている．しかしながら，照射強度が他の人工光源に比べて低いので促進性が若干低いと言われている．紫外線蛍光ランプは蛍光管タイプであり価格が比較的安く，主波長が UVB 313 nm のタイプ1，UVA 340 nm のタイプ2，UVA 351 nm のタイプ3の3種類がある．特に，タイプ2は紫外線域で

太陽光の分光分布と類似しているので，木材・木質材料ではタイプ2が一般的である。メタルハライドランプは，太陽光の約20〜30倍の紫外線量があり，促進倍率は約100倍程度とされている非常に強力なランプであるが，紫外線が主体のランプであり波長分布も太陽光と大きく異なるため屋外暴露試験との相関性に問題がある。そのためメタルハライドランプは，太陽光の吸収波長範囲の広い木材・木質材料の促進試験として用いるのは危険であり，評価の前段階としてのサンプルの選抜試験等に使用するのに適している。

なお，従来より使用されていたサンシャインカーボンアークは，太陽光に比べ紫外線量が多い波長域があり，太陽光では放射されていない短波長域にも放射がある（フィルターA使用時，フィルターAは立ち上がり波長が約255 nm）など，実際の太陽光とは全く異なる波長分布であるためISOでは使われていない。これによりキセノンランプ式耐候性試験に規格が移りつつあり，JIS5600の塗料一般試験方法では本光源による試験は規格から削除されている。

水のスプレーは，キセノンウェザーメータを例にとると，最も一般的なJIS K 5600-7-7の方法1，サイクルAでは，18分をランプ照射と水スプレー，102分をランプ照射のみとする1サイクルを120分として試験を行う。この時，ランプの放射照度は340 nmにおいて0.51 W（m²・nm），照射時ブラックパネル温度65℃±2℃，槽内相対湿度約40〜60%として試験する。

2.2.2 促進倍率

促進耐候性試験の屋外暴露試験との促進倍率については，石川らは無塗装木材及び塗装木材について，屋外暴露試験と促進耐候性試験としてキセノンランプ法促進耐候性試験及び紫外線蛍光ランプ法促進耐候性試験の促進倍率を明らかにしている[9]。これによると，屋外暴露試験2年間（17520時間）に相当するキセノンランプ法促進耐候性試験の期間が約2500時間，促進倍率が約7.0倍であり，紫外線蛍光ランプ法促進耐候性試験は約12週間（2016時間），促進倍率が約8.7倍であった。

さらに，塗装の有無・塗料のタイプ別にみると，無塗装木材と油性塗料についてはキセノンランプ法が屋外暴露試験における色差，撥水度の変化傾向を良く再現でき，水性塗料については紫外線蛍光ランプ法が屋外暴露試験における色差の変化傾向と撥水度の性能順位を良く再現できるとしている。このように促進性が期待できる促進耐候性試験であるが，促進耐候性試験では屋外暴露試験で生じる生物汚染やその他汚染による変色が再現できない点を留意する必要がある。

2.3 耐候性評価項目
2.3.1 測色

JIS K 5600-4-6に基づき，CIELAB色空間におけるL*（明度），a*（正：赤方向，負：緑方向），b*（正：黄方向，負：青方向）を測定し，各パラメータの変化量（ΔL*，Δa*，Δb*）から色差（ΔE*ab）を計算する。測色には色彩色差計を用い，CIELAB色空間におけるL^*，a^*，b^*値を測定して，以下の式（1）〜（4）により各パラメータの変化量（ΔL^*, Δa^*, Δb^*）と色差（ΔE^*_{ab}）を計算する。測色条件として，色差計の光源（例えばD65光源），視野角（例え

ば10°),測色部の直径(例えば8 mm)等を記録しておく。

$$\Delta L^* = L^*_n - L^*_0 \qquad (1)$$
$$\Delta a^* = a^*_n - a^*_0 \qquad (2)$$
$$\Delta b^* = b^*_n - b^*_0 \qquad (3)$$
$$\Delta E^*_{ab} = \{(\Delta L^*)^2 + (\Delta a^*)^2 + (\Delta b^*)^2\}^{1/2} \qquad (4)$$

ここで,
　L^*_0, a^*_0, b^*_0:暴露試験前のL^*, a^*, b^*値,L^*_n, a^*_n, b^*_n:暴露試験後のL^*, a^*, b^*の値

2.3.2 撥水度

撥水度は,JIS法は煩雑であり水分浸透性の高い木材や木質材料には適さないため,森林総研法[10]を紹介する。これは,約1 gの脱イオン水を試片表面の中央部に滴下し,1分後にこれをふき取り,試片に浸透しなかった水質量の百分率を,以下の式(5)により計算する。試片に水が浸透しなければ撥水度は100%であり,全ての水が浸透したら撥水度は0%となる。

$$撥水度(\%) = (1 - (W_2 - W)/(W_1 - W)) \times 100 \qquad (5)$$

ここで,
　W　:水滴下前の試片質量
　W_1:水滴下直後の約1 gの水を含む試片質量
　W_2:水滴下1分後に水を拭き取った直後の試片質量

2.3.3 表面欠陥率

暴露試験した試験片の表面性を数値化するために,表面欠陥率として試片表面の上に10 mm×10 mmのマス目に区切った透明シートを載せ,試片上の割れ,剥がれを生じたマス目の個数を計測して百分率で表わす(森林総研法)[3]。あるいは,塗料のJIS K 5600-8-4の「割れの等級」あるいはJIS K 5600-8-5の「はがれの等級」の基準図版に従って,暴露試験後の木材表面あるいは塗装面の割れ密度やはがれ量を評価する。

3. 木材の耐候性向上技術

木材の耐候性を向上させるには,太陽光,雨水,酸素による木材表面(特にリグニン)の光劣化を抑制することが重要である。そのためには,①遮光,②光酸化防止・ラジカル補足,③リグニンの光安定化,④撥水・耐水処理,⑤防菌処理などが有効である[6)11)12)]。

3.1 遮　光

木材表面に光が到達しなければ木材の光劣化は防げる。最も一般的かつ効果的な方法は,着色塗料による塗装処理である。しかし,当然のことながら木材の色調も隠蔽されてしまうため,欧米では一般的な方法であっても淡色系処理が好まれる我が国では敬遠される場合が多い。透明系塗装では,図8のように塗膜を透過した紫外線により塗膜下の木材表面が光劣化

を受け，塗膜付着力が低下して塗膜剥離や塗膜割れなどが発生し高い耐候性は付与できない。紫外線を吸収し熱エネルギーに変換する紫外線吸収剤（UVA）は，プラスチック製品や塗膜の耐候性を向上させるために使用される。しかし，これを木材表面に塗布しただけではほとんど効果はなく，HALS等の光安定化剤も同様である。

遮光性能は濃色の顔料が最も効果があることから，最近では北米に見られるような灰色系の着色塗料により予め風化色にするなど着色塗料の使用が増加しつつある。遮光効果という面からは，建築物であれば軒やけらばの出を長くとるなど，木材表面に直接太陽光線が当たらないような構造設計も耐候性向上のために重要である。

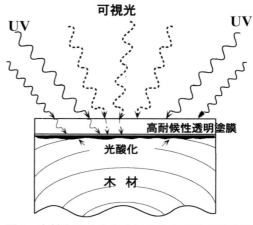

図8　木材表面の光劣化による透明系造膜塗装の剥離

3.2　リグニンの光安定化

リグニンを光に対して安定な化学構造にすることにより耐候性が向上する可能性がある。これには，重金属との反応によりリグニンの高分子や耐水化，光により励起しラジカル反応を引き起こすカルボニル基の還元，ラジカルによる水素の引き抜き反応が生じやすいフェノール性水酸基の置換などがある[12]。重金属によるリグニンの光安定化では，三酸化クロム水溶液によりリグニンの光安定性が大幅に向上することが認められている。しかし，三価のクロムの毒性や強酸化作用，濃緑色化などにより今後の使用は困難と考えられる。最近では，銅系薬剤で処理した木材に塗装することで，塗装面の耐候性が向上することが報告されている。これは，CUAZやACQなどアミン銅錯体を含む薬剤で処理された木材は，アミン銅錯体とリグニンの間の相互作用がリグニンの光酸化メカニズムに影響を及ぼす可能性が議論されている。

リグニンのフェノール性水酸基と化学的に結合できうる官能基を持つ紫外線吸収剤（例えばエポキシ変性したベンゾフェノン）あるいは光安定化剤を合成して，木材表面にグラフト重合することによりクロム酸処理に匹敵する耐光性が得られている[12]。

3.3　撥水・耐水処理

水分は光による木材成分の分解反応を促進するため，耐水性を向上させることは耐候性向上に寄与する。例えば，シリコンエマルジョンによる撥水剤で処理した木材表面は，カビの発生が少なく表面の汚染感を軽減できる。また，木材内部への水分の浸透を抑制するので，屋外における木材自体の寸法変化が低下し割れや反りなどの劣化が軽減できる。しかし，撥水処理だけでは木材成分の光劣化は阻止できないのである程度の灰色化は避けられない。

3.4　樹脂化処理

　木材に，スチレンやアクリル樹脂，フェノール樹脂などを含浸させて硬化させた後塗装し，木材表面への水分や酸素の供給を絶つことにより光劣化や寸法変化を抑制することで塗膜の耐候性を向上させる試みがある。例えば，メチルメタクリレートで樹脂化した基材の塗膜耐久性は大幅に向上し，また表層WPC処理にポリブタジエン樹脂塗装したものは透明系でも高い耐候性が得られている。

3.5　塗装処理

　耐候処理技術において最も簡単で効果的な方法は塗装である。塗装する際に注意すべき点としては，木材の含水率と塗装後のメンテナンスである。木材の含水率は，塗装前には20％（造膜型塗料は15％）以下に乾燥させることが重要であり，高含水率材では塗料の浸透不足や塗膜割れなどの欠陥の原因となる。メンテナンスは，塗装面の劣化が進行しないうちに行うのが理想であり，早めのメンテナンスは結果的にメンテナンスコストを低減できる。

3.5.1　エクステリアウッド用塗料の種類

　木材用塗料には，大きく分けて木材中に浸透する「含浸形塗料」と塗膜をつくる「造膜形塗料」，ある程度浸透し薄い塗膜をつくる「半造膜形塗料」がある。また，塗料の色調から「透明系」，着色されているが下地の木理が見える「半透明系」，着色により木理が見えない「着色系」に分けられる。最近になり，日本建築学会が発行する建築工事標準仕様書「JASS 18 塗装工事」に「木材保護塗料塗り（WP）」が新設された[14]。これは，木材保護塗料が屋外における木質系素材の半透明塗装仕上げを目的とすること，塗膜を形成するタイプ（造膜形）としないタイプ（含侵形）があること，成分として樹脂（アルキド系やアマニ油系など）や着色顔料のほか防腐，防カビ，防虫効果を有する薬剤を既調合で含むことと定義され，JASS18のM307で防かび試験に適合することなど性能試験が規定された。そのため，JASS18で規定された木材保護塗料製品は「JASS18 M307 適合品」のマークが付いている。

3.5.2　木材保護塗料によるメンテナンス

　木材保護塗料の耐用年数は，使用環境や木材の前処理や塗装の種類によって異なるので一概には言えないが，着色（エナメル）造膜形は5～7年，半透明造膜形は3～5年，半透明含浸形は2～3年目までに最初の塗り替えを行うことが多い。なお，含浸形や薄膜の半造膜形は，使用中に生じた木材表面の微細な割れへの塗料の浸透量が増えるため，2回目以降の塗り替え周期は上記の2倍程度に伸びることが期待できる。

　メンテナンスは，維持管理の年度計画に基づき，半年ごとに割れ，剥がれなど欠陥の発生状況を点検し，早めに対処することが重要である。造膜形の塗り替えにあたっては，劣化状況に応じ，既存塗料の除去，漂白処理，下地研磨などを行ってから再塗装する。含浸形は重ね塗りできるが，既存塗料の除去後に再塗装する方がより良い性能が得られる。用途別では，デッキや手すり，ベンチなど使用者が直接触れるもの，あるいは大規模木造建築物外壁のようにメンテナンスが頻繁に要求されるものには含浸形塗料が適しており，住宅外装や看板，標識など意

匠性が重要なものは着色系の造膜形塗料が使用される場合が多い。デッキや橋の床板など歩行により摩耗が激しい部材には造膜形塗料は適さず，メンテナンスが容易な含浸形や半造膜形塗料を用い，頻繁にメンテナンスを行う。

　塗替え時期の判断は，被塗物の保護をどの程度重視するのか，美観をどの程度まで要求するのかによって異なるが，造膜形の場合には塗膜に軽度の割れや剥離が発生する時期が，含浸形の場合には塗料の顔料が脱離し基材である木材素地が見え始める時期が，それぞれ塗替えを考慮すべき時期である。

3.5.3 塗装木材の耐候性評価方法と耐候性塗装木質建材

　実際に，木造建築物の外装に使用した木材への塗装を行う場合，「どのような塗料を用いてどのように塗装するのか？」，「塗装した木材の耐候性はどのくらいなのか？」といった問題について具体的な回答を得るのは難しい状況にある。このため（公財）日本住宅・木材技術センターの優良木質建材等認証（AQ）において，塗装した木質建材の耐候性評価方法が提案され，3段階で耐候性をクラス分けして耐候性塗装木質建材として認証することとなった[15]。

　この規格では，促進耐候性試験機を用いてJIS K 5600-7-7により耐候性の評価を行う。試験に用いる塗装木質建材は，工場塗装により塗装基材と塗料塗布量，塗装工程を規定したものとする。塗装面の耐候性評価は，①塗膜割れ・はがれ・基材割れ等の表面劣化状態，②はっ水度による耐水性能，③色の変化，について行い，判定評価基準を決めて所定試験時間後に耐候性を評価する。

　表1に示すように，耐候形の種類によって表面劣化は塗膜割れ，基材割れにおいて密度1以下，塗膜剥がれは剥がれ量1以下とし，色の変化は見本品と比べ大きくないこと，はっ水度については95％以上，90％以上，80％以上とする。一定の試験時間後においてこれら全ての項目で基準に合格すれば良いこととし，試験時間2500時間で合格するものを「耐候形1種」，1800時間合格で「耐候形2種」，1000時間合格で「耐候形3種」と判定する。塗装面の耐用年数は，耐候形1種では5～10年，耐候形2種で4～6年，耐候形3種では2～4年程度と想定しているが，屋外の劣化環境は使用する地域，使用する場所，使用用途などにより異なるため，この耐用年数は1つの目安となるものであるが具体的な耐候性，耐用年数を保

表1　耐候性判定基準

	耐候形1種	耐候形2種	耐候形3種
試験時間	2500時間	1800時間	1000時間
塗膜割れ 塗膜はがれ 基材割れ	密度1以下 量1以下 密度1以下	同左	同左
色の変化	色の変化の程度が見本と比べて大きくないこと	同左	同左
はっ水度	95％以上	90％以上	80％以上

（試験片の全てが判定基準に適合する場合に合格とする）

証するものではない。また，屋外用途の木材塗装の耐候性は長くても10年程度であるため，通常の建築物の寿命を考慮すると「耐候形1種」においてもメンテナンス，再塗装は必要と思われる。そのため，塗装木質建材を施工する際はメンテナンスの時期や方法を計画しておくことが重要である。

文　献
1) 木口実：木材保存, **19**(6), 3(1993).
2) 片岡厚, 木口実, 大越誠：塗装工学, **37**, 305(2002).
3) P. R. Sharpe, D. J. Dickinson：IRG Doccument, No.1556, 1(1992).
4) 大羽伸和, 辻本吉寛：木材学会誌, **42**, 589(1996).
5) 今村博之他編：木材利用の化学, p.283, 共立出版(1983).
6) 片岡厚：住宅と木材, **34**(435), 20(2014).
7) 国土交通省：木造計画・設計基準及び同資料, p23(2011).
8) 屋我嗣良, 河内進策, 今村祐嗣編：木材科学講座12 保存・耐久性, pp.171-176, 海青社(1997).
9) 石川敦子他：木材保存, **40**(2), 55(2014)及び**40**(5), 216(2014).
10) 木口実他：木材保存, **22**(3), 150(1996).
11) 木口実：木材保存, **20**(2), 2(1994).
12) P. Evans et al：*coatings*, **5**, 830(2015).
13) 片岡厚：木材保存, **41**(2), 62(2015).
14) 日本建築学会：建築工事標準仕様書・同解説 JASS 18 塗装工事(第6次改定版), 丸善(2006).
15) 木口実：住宅と木材, **37**(435), 14(2014).

第2編 木材・木質材料の開発・難燃化と評価技術

第4章 木材・木質材料の劣化とその評価技術

第3節 木材・木質材料の耐久性評価

静岡大学 小島 陽一　　静岡大学 鈴木 滋彦

　森林資源である木材は、使えばなくなる化石資源や鉱物資源などとは異なり、条件さえ整えば太陽エネルギーによって再生産され、その量を増加させることも可能である。さらに、木材や木質材料の耐久性を高め、木材製品の長期使用によって森林資源の保全と炭素の長期固定による地球温暖化防止が可能となる。
　本稿では、木材（素材）および木質材料の耐候性、耐久性評価について概要や研究事例を含めて紹介する。

1. 木材保存の意義と役割

　木材は本来生物体であり、多様で優れた性質を有していることから、建築材料あるいは工業原料として広い範囲にわたって利用されている。他方、有機物質であるがゆえに、腐れ、虫害、火災および力学的性質の低下等の劣化作用を受ける。一般に木材（後述する木質材料を含む）の劣化は、生物、水、空気（酸素等）、光（紫外線等）、熱、物理的（機械的）作用および化学薬品等によって引き起こされる。なかでも、菌類、昆虫および海虫類による生物劣化と熱劣化の影響が著しいとされる。木材の劣化とは、これらの作用により木材の使用期間中に変質し、その性能が低下する現象と定義される[1]。これらの劣化現象に対して科学的手法により木材の耐久性を向上させ、その耐用年数を延長し、木質資源を確保することが木材保存の目的である。
　熱帯雨林の破壊および砂漠化が、熱帯および乾燥地帯を中心に進んでいる。同時に、世界の人口もかなりの速度で依然として増加している。そのため、産業用・家庭用エネルギー、穀物生産の増加、飼育家畜数の増加が図られてきた。これら人間活動の結果として、世界で毎年多くの森林が消滅している。今後、森林資源の減少により、早生樹のような耐久性の乏しい木材の供給が多くなる傾向にあり、それらについては、科学的手法により耐久性を向上させ耐用年数を延長させることが重要となる。このように木材保存の開発技術が地球環境の保全に大きな役割を果たすことから、ますますその重要性が増すものと思われる。

2. 木材の劣化

　前述したように、木材が実用に供されている間に何らかの変質を受け、その性能が低下する現象を木材の劣化と呼ぶ。一般に劣化は、生物、水、空気（酸素等）、光（紫外線等）、熱、物理的（機械的）作用および化学薬品等によって生ずる。特に、木材は日光や風雨にさらされる

ことに起因する劣化は風化と呼ばれ，いわゆる気象劣化である。日本の気象環境は高温多湿であるがゆえ，木材にとって非常に厳しい環境であるといえる。

木材は風化により次第に暗色化し，表面の比較的柔らかい組織（早材部）が分解されて硬い部分（晩材部）が浮き上がってくる。次に，細かい亀裂が生じ，徐々に成長し表面全体に達し，最終的には破片となって脱落する。この現象は水，日光（主に紫外線），風雨の影響によるものである。すなわち，吸湿・乾燥の繰り返しによる木材内の水分の移動は，細胞壁層および細胞壁間結合の破壊をもたらし，紫外線によるリグニンの分解がそれを促進する。これにより，もろくなった表層は強い風雨にさらされて脱落あるいは流出するようになる。風化は木材の表層に近い部分から始まり，日当たりの良い材は日陰の材よりも風化の進行が速い。木材表面の風化速度（厚さ減少速度）は，気候や日照条件，樹種により異なるが，温帯では100年間に広葉樹材3 mm，針葉樹材晩材3 mm，同早材6 mm程度といわれており[2]，きわめてゆるやかなものである。

風化を起こしにくい性能，すなわち気象劣化に対する抵抗性が耐候性である。日光や風雨による作用および連続荷重による影響，あるいは腐朽などのような外的因子を排除して，通常の大気中に保存した木材についても，ゆるやかな材質の変化が起こる。この現象を老化と呼ぶ。風化と異なり，木材の内部までほぼ一様に材質変化が進行する[3]。

3. 木材の耐候性向上

近年，公園の遊具やベンチ，公共建造物など屋外で木材を見かけることが多くなってきた。しかし，木材の耐候性はセラミックスや金属等の無機材料に比べて低いため，耐候性能の向上の要求が一段と高まっている。欧米における耐候処理は主に風化の抑制を目的とする場合が多いが，我が国においては木材特有の自然な色調や木理の保持が強く求められている点が大きく異なる。

我が国の気象環境は，欧米に比べて夏季の気温が高く降水量が多いため木材にとっては過酷な環境であり，このような環境に適した処理技術が必要となる。また，国内における気象環境も大きく異なり，木材の気象劣化の地域差は大きくなる[4]。

木質材料の耐候性に関しては，後述するため，ここでは木材（素材）の耐候性処理について事例を紹介する。耐候性処理としては，古くから塗装処理と化学処理の両方が用いられている。

3.1　塗装処理

太陽光に含まれる紫外線，雨水，微生物などの侵入を防ぐためには木材表面のコーティング処理が効果的である。そのため，塗装処理が耐候性処理として古くから行われてきた。塗料の種類としては，表面に塗膜を形成する造膜型塗料と木材中に浸透し塗膜を作らない浸透型塗料に分けられる。塗装基材としての木材の特徴は，①紫外線を吸収する，②水分を吸収する，③生物劣化を受ける，④硬さや組織構造が不均一である，⑤早材部を中心に柔らかい，⑥寸法変化が大きい，などが挙げられる[5]。そのため，一般的な造膜型塗料処理では木材基材の腐朽や

塗膜自体の割れ，剥離等を十分に防止できない。このため，基材に浸透し塗膜を形成しない浸透型塗料という木材特有の塗料が用いられるようになった。これらは木材保護着色塗料あるいは木材防腐塗料と呼ばれている。

木材の耐候性能の評価方法はいまだに確立されていないが，色差，光沢度変化，塗料面欠陥率，はっ水度，風化量などが用いられる。劣化評価は，屋外暴露試験あるいはウェザーメータを用いた促進耐候性試験により評価される[6]。色差やはっ水度等の数値化できる評価項目では一般に造膜型塗料の方が浸透型塗料より優れた傾向を示す[7]。しかし劣化形態は，造膜型塗料が塗膜割れ，塗膜剥離により大きく美観が低下するのに対して，浸透型塗料では基材割れと退色が主であり造膜型に比べて汚染感は小さい。また造膜型塗料はメンテナンスの際に残存塗膜の除去が必要となるが，浸透型は重ね塗りができるため再塗装は容易である。

3.2 化学処理

化学処理には塗布処理と化学修飾の2種類がある。塗布処理は，木材表面の紫外線劣化，水分の浸透，寸法変化などの抑制，防カビ，塗料の付着性向上などを目的として行われる。

化学修飾は処理コストが問題となるが，エクステリア部材や玄関ドア等の住宅外装部材には高付加価値商材が多いため，木材の意匠性を残して仕上げる淡色系処理に使用される可能性がある。エステル化やエーテル化のように木材の水酸基を疎水基で置換し，光酸化のラジカル開始点となるリグニンのフェノール性水酸基をブロックし，また木材表面に疎水性を付与することなどが期待できる。アセチル化木材の耐候性は，木材の疎水化により暴露初期は変色や風化が抑制されるが，その後アセチル基の分解により効果が低下する。

合成高分子との複合化による含浸型木材プラスチック複合材料（ウッドプラスチックコンビネーション：WPC）化では，基材の寸法安定性や硬さが向上するためにトップコートの塗膜耐久性の向上が期待できる。

4. 木質材料の耐久性

4.1 木質材料の耐久性評価の意義

木質材料は，建築物の床や壁として利用される面材料と，建築物の柱や梁に利用される軸材料に大別され，前者には，合板，配向性ストランドボード（OSB），パーティクルボード（PB），中密度繊維板（MDF）などが挙げられる。後者には，集成材，単板積層材（LVL），パラレルストランドランバー（PSL）などが挙げられる。合板，集成材，LVLは面接着であるのに対して，PBやMDFなどではエレメントが熱圧工程で圧壊して点接着により固定される。PBやMDFなどは一般的にマット成形ボードと呼ばれ，合板と合わせて木質パネルと称されることが多い。合板は木質パネルを代表する優れた性質を持ち，古くからその接着耐久性に関しての研究が多く行われている[8)-14)]。一方，マット成形ボード類に対しても時代とともに合板代替性能が要求されるようになり，合板と対比される性能として，住宅構造部材として用いるに足る強度や寸法安定性および長期耐久性の確保，低価格化などが研究対象となっている。近年は，構造用途を前提としたとき最も懸念される長期耐久性について検討が重ねられている。

木質パネルの原料は森林資源の枯渇や品質低下を背景として，大径木から小径木へ，優良材から未利用低質材へ，さらに建築解体材や廃材へとシフトし，接着剤も室内空気汚染への対応として，ユリア・メラミン樹脂やフェノール樹脂系の低ホルムアルデヒド化やイソシアネート系等の非ホルムアルデヒド化の利用が拡大しているが，原料木材や接着剤の変化に由来する接着性能の信頼性への不安がボード類の需要拡大を阻む一因となっている[15]。しかしながら，木質ボード類の長期耐久性の判定は難しく，これまでは，種々のボード原料や製造条件に対応して，JIS，EN，ASTM等の規格に規定される促進劣化処理試験と数年にもわたる長期屋外暴露試験結果などを総合して接着耐久性は評価されてきた[16]-[21]。

耐久性評価の最終目標は，実際の使用環境において要求性能がどの程度の期間保持されるかを予測すること，すなわち耐用年数を推定することである。屋外暴露試験には，①長期間を要するため継続が困難であると同時に試験材料が時代遅れになる可能性を含む，②地域差（気候）がデータに大きく反映される，③再現性が乏しい，④実使用環境（屋内環境）の劣化メカニズムとの相違，⑤促進劣化試験との対応の妥当性，など様々な問題点が指摘されており[22]，今後も多様に変化する原材料や社会制度に迅速に対応可能な評価手法の整備が期待される。

4.2　耐久性評価の取り組み

一般に，木材接着製品の耐久性を評価する場合，長期間の使用実績があれば，最も説得力のあるデータとなる。しかし，新たな接着剤や製法による製品は，短期の評価手法で判断せざるを得ない。そこで，木材接着の主な劣化因子である水熱ストレスを組み合わせた促進劣化試験の結果を，数十年の使用実績のある接着剤と比較し，新たな接着剤の耐久性を短時間に判定する方法が採られている[23]。しかし，煮沸や乾湿繰り返し等，実際の使用環境とは隔たりの大きい促進劣化試験では，劣化メカニズムの同一性が明確に説明されておらず，「劣化外力に対する反応を観察する期間の短縮化を目的とした加速試験」=「寿命予測試験」として，素直に導入することには懸念が多い[24]。そのため，北米や欧州の規格に定められた促進劣化試験は，その結果と当該国の自然環境ベースの促進劣化試験として位置づけられた屋外暴露試験結果を比較することで，その処理条件の妥当性が裏付けられてきた。古くは米国林産試験場において，1958年に実施されたベイマツのフレークボードを使用した屋外暴露試験では，8年間の屋外暴露での劣化に相当する促進劣化条件としてASTM6サイクル試験および70℃・20％RHと27℃・90％RHのサイクル試験を挙げている[16]。これ以降，北米を中心に屋外暴露試験と促進劣化試験の相関性が検討された。このように，マット成形ボード類に関しては，屋外暴露試験地が北米中心であり，国内の検討事例はほとんど確認されていない。

4.3　木質パネル耐久性プロジェクト
4.3.1　プロジェクトの概要

1991年に「日本木材学会木質パネル研究会」の前身である「木質ボード懇話会」では，「第1次木質パネル耐久性プロジェクト」が開始された。合板以外の木質パネルに関する屋外暴露試験データが乏しいことを背景に，当時の各種市販パネル（合板，OSB，PB，MDF，木片セメント板など）を対象として，10年間の屋外暴露試験（盛岡，静岡，鹿児島）を実施し，かつ，

各種促進劣化試験および信頼性解析のための屋外暴露試験を組織的に行ったものである[15]。プロジェクトは 2002 年までの 12 年間で一応の終了とし，耐久性評価手法を検討する多くの知見を得た。また屋外暴露試験方法の具体的な改善策等も整理された。

長期にわたる第 1 次耐久性プロジェクト期間において，合板原料のラワンから針葉樹へのシフト，マット成形パネル原料の製材廃材から解体材等リサイクル資源へのシフト，低／非ホルムアルデヒド接着剤の主流化に代表される原料事情の変化や欧州産 OSB や構造用 MDF の市場化など，木質パネルを取り巻く状況が大きく変化したことから，「第 2 次木質パネル耐久性プロジェクト」が 2004 年から実施された。このプロジェクトでは，8 種類の各種市販パネル（合板，OSB，PB，MDF）を対象として全国 8 地域（旭川，能代，盛岡，つくば，静岡，岡山北（真庭），岡山南（岡山），都城）での屋外暴露試験，実験住宅等を用いた屋内暴露試験，さらに各国の試験規格に準拠した促進劣化試験，という一連の木質パネル耐久性能評価試験を実施した。以下に実施内容と成果の一部を概説する。

4.3.2 各種試験の概要と成果

屋外暴露試験は上述した全国 8 地域で実施した。設定した 8 地域の気象条件は気温と降水量の観点から日本の気象条件をほぼ網羅できている。外壁使用を想定した南面垂直型暴露試験を 2004 年 2 月～4 月に開始し，暴露 5 年目までは毎年試験体を採取し，6 年目は前年までに暴露試験前の強度を 100% とする強度残存率が 50% を下回ったパネルを対象に採取した。最終年の 7 年目（2011 年 1 月～4 月）で残りのパネルを全て採取して試験は完了した。採取したパネルを用いて基礎物性（外観変化，厚さ変化，重量変化，吸水厚さ膨張，曲げ性能，はく離強さ（IB））を測定した。また全国 4 地域（盛岡，つくば，岡山，都城）では，南面垂直型暴露試験体の釘接合性能（側面抵抗，釘頭貫通力，一面せん断性能）を検討した。結果は，促進劣化試験と対応させる形[25]-[28]，およびパネル毎に劣化傾向をまとめる形[29]で報告されている。一例として，図 1 に屋外暴露 5 年間の木質パネル 8 種類における IB 残存率の変化を示す[27]。この図より日本全国に分布する地域の違いによって強度残存率の経年変化に差があることがわかる。代表的な例として，フェノール樹脂接着剤を使用した PB の IB 残存率は旭川と都城で比較すると，旭川では暴露 5 年間で 50% 以上を保持しているのに対して，都城では，暴露 1 年間で 50% 以下となっている。また，静岡や岡山，都城で暴露初～中期に目立った生物劣化が確認され，他地域と比較して重量減少率が大幅に増加する傾向が見られた。またパネル間の相違として，PB や OSB では強度残存率の低下が早いという結果を得た。特に OSB において強度残存率の低下が顕著であったが，これはボード表面の凹凸に雨水が滞留しやすく，生物劣化や水熱劣化の促進に有意な環境を生み出しやすいことが主な要因であると思われる。

木質パネルの実使用環境である住宅等の屋内での温湿度変化を想定し，（水分レベル I）標準湿度（20℃・60% RH）下で暴露，（水分レベル II）つくば市内のモデル住宅の床下に暴露，（水分レベル III）岩手県林業技術センター内の実験住宅の野地板・軒天・床下地・外壁下地として暴露，（水分レベル IV）恒温恒湿槽を用いて低中湿度（20℃・40% RH）3 ヶ月間と高湿度（20℃・90% RH）3 ヶ月間の繰り返し暴露，（水分レベル V）恒温恒湿槽を用いて高湿度（20℃・90% RH）に暴露，の 5 種類の水分レベルを設定して屋外暴露試験の実施期間に併せ

第2編　木材・木質材料の開発・難燃化と評価技術

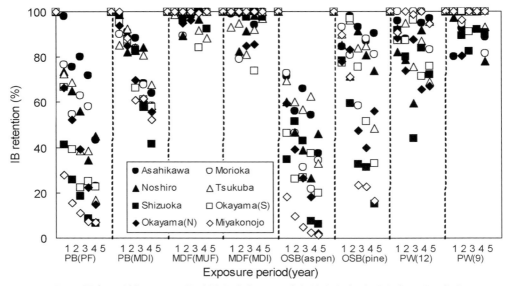

図1　国内8地域における屋外暴露試験による内部結合力（IB）残存率の低下挙動

て屋内暴露試験を行い，基礎物性変化を追った。結果の概要は以下のとおりである。

暴露期間終了後について同一パネルで強度残存率を比較すると，水分レベルが上がる（水熱ストレスが増加する）ほど，強度残存率がより低下する傾向となった。しかし，屋外暴露と比べて，強度残存率の低下が大幅に遅く，試験期間中に50％以下に達したものは水分レベルⅢおよびⅤの北米産OSBのみであった。屋外暴露と比較して，同じ量の厚さ変化率であっても曲げ強度の低下が少ない傾向も見られた。これは屋内暴露ではパネル表面が雨水や日光による直接的な風化が生じず，最外層の性状が大きく左右する曲げ性能への影響が屋外暴露よりも少ないことが考えられる。

促進劣化試験として，JIS-B，APA D-1，V313，ASTM6サイクル，VPSDの5種類を実施した。詳細は以下に示すとおりである。（1）JIS-B処理（沸騰水2時間→常温水1時間→乾燥60℃21時間），（2）APA D-1処理（温水66℃8時間→乾燥82℃14.5時間→室温1.5時間），（3）V313処理（常温水72時間→凍結-12℃24時間→乾燥70℃72時間→調湿4時間，を3サイクル），（4）ASTM6サイクル処理（温水49℃1時間→蒸気93℃3時間→凍結-12℃20時間→乾燥99℃3時間→蒸気93℃3時間→乾燥99℃18時間，を6サイクル，（5）VPSD法（減圧吸水0.5時間→加圧吸水1時間→乾燥60℃22時間）。

それぞれ規格に定められたサイクル数に加え，1〜10回のサイクル数についても行った。結果の概要は以下に示すとおりである。各種促進劣化試験および繰り返し回数の関係性や屋外暴露試験との関連性について，静岡市での屋外暴露試験結果と対応させる形で，厚さ膨張率，IB，および曲げ性能に関して詳細に検討が行われている[25)-28)]。結果の1例として，5種類の促進劣化試験におけるIB残存率を図2に示す[27)]。この図より，同一サイクル数で比較すると促進劣化試験間でパネルの劣化度合いが大きく異なること，パネルの種類によって同一促進劣化試験であっても劣化傾向に大きな差が生じることがわかる。また，パネルの劣化は初期の急激

― 264 ―

第4章　木材・木質材料の劣化とその評価技術

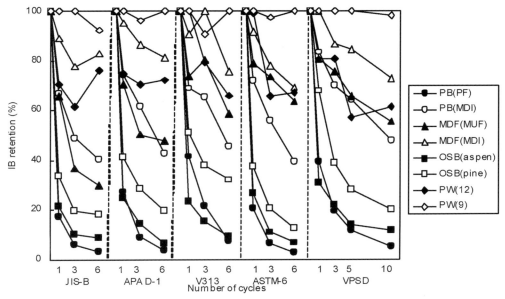

図2　促進劣化試験による内部結合力（IB）残存率の低下挙動

な段階と所定の残存率到達後の緩やかな低下段階に大別され，水熱劣化が顕著なパネル類では1サイクル目を終えた段階で後者の段階に到達してしまい実用性の高い前者の段階の検討が困難である。このような場合は，耐久性の「ある」「なし」を判断することは可能であるが，どのくらい保つのかといった定量的な判断は難しくなる。

また，図3にフェノール樹脂接着剤を使用したPBにおける促進劣化試験と静岡市での屋外暴露5年間のIB残存率を示す[27]。図中のJIS-B，APA，V313，ASTM6のデータは各規格に準拠した繰り返し回数の結果であり，それぞれ1回，1回，3回，6回の処理を行った時のIB残存率を示している。VPSDに関しては，

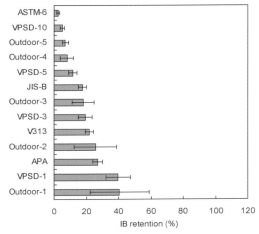

図3　フェノール樹脂接着剤を使用したPBにおける静岡市での屋外暴露試験および促進劣化試験のIB残存率

明確な規格がないため，1回，3回，5回，10回の処理を行った時の結果を記載した。この図より屋外暴露の劣化と促進劣化の劣化を比較すること（Aという促進劣化試験をB回繰り返した時の劣化が静岡市での屋外暴露C年の劣化に相当すること）ができ，外構用木質パネルでのデータ蓄積により，使用期間に応じた耐久性予測が促進劣化試験で実施可能であることを示している。

これまで述べたように，屋外暴露試験による木質パネル類の劣化は暴露地の気象条件に大き

く依存する。ISO 等で試験方法の国際標準化が進む昨今，特定地域における屋外暴露試験と特定の促進劣化試験結果のマッチングが認められたとしても，気候が極端に異なる諸外国への妥当性を問われ続けることが懸念される。この問題の解決に向け，地域差の定量的検討を可能にするために同一ロットのパネルを多地域に暴露し，個々の暴露試験地を気温や降水量等の気象条件で数値化することで，他地域でも劣化の推定が可能となる指標として，劣化外力指数 Weathering Intensity（WI）を提案している[30)-33)]。具体的には，図4（a）に示すように，一般に暴露期間の対数と強度残存率の間には直線関係が認められるが，その勾配は気象条件（＝地域）に左右される。したがって図4（b）に示すように，暴露期間中の気象条件を劣化外力指数として数値化すれば，地域差の影響を補正することは可能になる[30)]。WI を気象因子の中でも特に，降水量（Precipitation：P），平均気温（Temperature：T），日照時間（Sunshine duration：S）の3つとして，これら単体の積算値および複合外力の積算値として算出し，木質パネルや特性値ごとに暴露試験地間の相関が高い組合せを検討した。劣化外力（α）の算出式は以下のとおりである。

　　劣化外力 $\alpha = \Sigma$（個々の外力または複合外力）

なお，積算値は，日，旬（10日），月単位の気象データを使用して行った。検討の1例として図5にフェノール樹脂接着剤を使用した PB の MOR 残存率および IB 残存率に関して求めた相関係数をレーダー図として示す[32)]。気温と降水量の積の積算値，つまり $\Sigma(P \times T)$ で強度残存率との相関性が最も高くなることが示された。このように気象因子に基づく劣化外力指標を導入することで地域差を補正することができ，屋外暴露試験地以外での劣化を推定することが可能となる。また，気象データを月単位としても，強度残存率との相関性が極端に悪くなることはないことが確認されたことから，解析の簡便化が図られ，かつ，世界の広域な地域で統計データの得られやすい月単位で運用することが有用であると判断している。

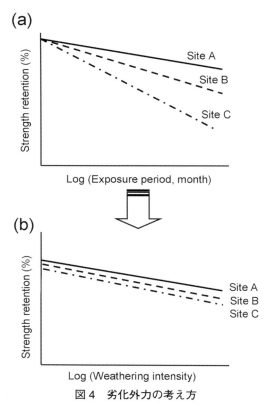

図4　劣化外力の考え方

5. 木質材料全般における耐久性研究の今後と課題

　前述したように，屋外暴露試験における地域差を補正する手法として，劣化外力指数を提案するといった成果は，新しい耐久性評価手法として非常に期待できる成果であり，木質パネル

第4章 木材・木質材料の劣化とその評価技術

類以外の木質材料で建築材料として広く使用されている集成材や昨今話題となっており普及が見込まれる直交集成板（CLT），さらには混練型木材プラスチック複合材料（ウッドプラスチックコンポジット：WPC）の耐久性予測への貢献も期待される。

しかしながら，劣化外力指数は実際に作られた木質パネル類が，水分，熱およびそれらの複合因子によってどのように劣化するのかを知るためのものであり，例えば，原料形状や接着剤をどのようにすれば，より高耐久性の木質パネルができるのか？といった点を明らかにするものではない。前述したように，PB，MDF，OSBといった木質パネルの種類によって劣化外力指数として有効な気象因子が変化することが明らかとなっており，劣化外力指数をより普遍的にするためには，エレメントや木質パネル製造因子等への対応が期待される。また，今後，木質材料の用途拡大を図る上では，ライフサイクルにおける様々な劣化要因（水熱のみではなく，光，生物，酸・アルカリ，酸素，海塩，振動等）における性質変化を把握し，劣化解析から耐久性評価さらには寿命予測に結びつける技術の確立が求められる。加えて，これまで屋内使用を主とする木質パネルを屋外暴露する意義が問われてきたが，今一度，研究の価値を見出すことも有用であると考えられる。

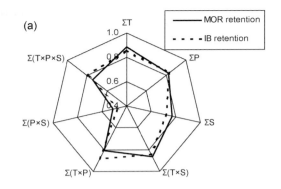
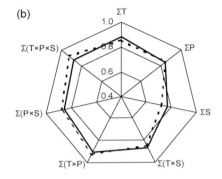
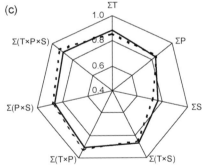

図5 劣化外力と強度残存率の相関性評価

文 献

1) 井上嘉幸：木材保護化学，pp.16-17，内田老鶴圃新社（1952）．
2) W. C. Feist and D. N.-S. Hon : Chemistry of Weathering and protection. "The Chemistry of Solid Wood", ed. R. M. Rowell, American Chemical Society, Washington D. C., pp.401-451（1984）．
3) 日本材料学会木質材料委員会編：木材工学辞典，pp.712-713，工業出版（1982）．
4) 木口実：木材保存，**19**(6)，3（1993）．
5) 木口実：木材保存，**20**(2)，3（1994）．
6) JIS K5400：日本規格協会，pp.125-147（1990）．
7) 木口実，今村祐嗣ほか7名：木材保存，**22**(3)，17（1996）．

8) M. M. Carroll, E. G. Bergin and A. O. Fiehl : *Forest Prod. J.*, **19**(5), 43(1969).
9) J. M. Black, J. F. Lutz and E. A. Mraz : *Forest Prod. J.*, **26**(4), 24(1976).
10) R. H. Gillespie and B. H. River : *Forest Prod. J.*, **26**(10), 21(1976).
11) 金田弘 : 木材工業, **32**(9), 387(1977).
12) 吉田弥明, 田口崇 : 木材学会誌, **23**(11), 54(1977).
13) 井上明生 : 木材学会誌, **38**(10), 923(1992).
14) E. Biblis : *Forest Prod. J.*, **50**(5), 47(2000).
15) 関野登 : 木材工業, **58**(7), 298(2003).
16) R. Jokerst : USDA Forest Service, Forest Products Laboratory Research Note FPL0199(1968).
17) R. L. Geimer, B. G. Heebink and F. V. Hefty : USDA Forest Service, Forest Products Laboratory Research Note FPL0212(1973).
18) J. Alexopoulos : *Forest Prod. J.*, **42**(2), 15(1992).
19) B. H. River : *Forest Prod. J.*, **44**(11/12), 55(1994).
20) E. A. Okkonen, B. H. River : *Forest Prod. J.*, **46**(3), 68(1996).
21) N. Sekino and S. Suzuki : Proceedings of the 6th Pacific Rim, Bio-based Composites Symposium, pp.323-332(2002).
22) 鈴木滋彦 : 木材工業, **56**(1), 7(2001).
23) 鈴木正治編 : 木質資源材料, pp.132, 海青社(1999).
24) 柿谷明 : 木材保存, **35**, 2(2009).
25) H. Norita, Y. Kojima and S. Suzuki : *J. Wood Sci.*, **54**(2), 121(2008).
26) Y. Kojima, H. Norita and S. Suzuki : *Forest Prod. J.*, **59**(5), 35(2009).
27) Y. Kojima and S. Suzuki : *J. Wood Sci.*, **57**(1), 7(2011).
28) Y. Kojima and S. Suzuki : *J. Wood Sci.*, **57**(2), 126(2011).
29) 高麗秀昭 : 木材学会誌, **58**(6), 347(2012).
30) 関野登, 佐藤春菜, 鹿野厚子 : 第60回日本木材学会研究発表要旨集, pp.45(2010).
31) Y. Kojima, T. Shimoda and S. Suzuki : *J. Wood Sci.*, **57**(5), 408(2011).
32) Y. Kojima, T. Shimoda and S. Suzuki : *J. Wood Sci.*, **58**(6), 525(2012).
33) N. Sekino, H. Sato and K. Adachi : *J. Wood Sci.*, **60**(2), 141(2014).

第3編

木造建築の設計・評価技術

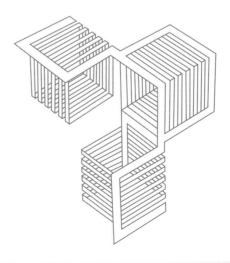

第3編　木造建築の設計・評価技術

第1章　木造建築の防耐火設計・耐火性能評価

第1節　大規模木造建築の防耐火設計技術

桜設計集団一級建築士事務所　**安井　昇**

1. はじめに

　地震は火災と異なり，ほとんどの人が経験したことのない災害である。しかし，出火原因の上位は，「放火」「たばこ」「こんろ」「放火の疑い」「たき火」など，人が火を使うことにより発生する「人災」であり，「天災」の地震と異なり，いつでも，どこでも，人のいるところで起こる可能性のある災害である。

　消防白書[1]によると，平成27年の建物火災は，22,197件であり，1日あたりにすると約61件，1時間あたりでは約2.5件にものぼる。おおよそ24分に1件の割合で，建物火災が起こっている計算になる。また，この建物火災による死者は同じ平成27年において，1,220人であり，一日あたり約3.3人，おおよそ8時間に一人が建物火災で亡くなる計算になる。

　ひとたび建物火災が起こると，出火源→出火室全体→隣室→建物全体→隣棟→市街地へと燃え拡がる可能性がある。**表1**の建物の防耐火性能ごとの火災統計をみると，構造別に，出火件数，隣棟への延焼率，1件当たりの焼損床面積が異なる。特に木造（裸木造＝外壁・軒裏防火構造，準耐火建築物，耐火建築物以外の防火的な措置をしていない建物）の出火件数が多いが，これは日本全国に建っている件数が多いためであり，木造だから必ずしも出火しやすいわけではない。このことは，鉄筋コンクリート造などの耐火造（耐火建築物）の出火件数が多いことからも想像がつく。それよりも，木造（裸木造）の延焼率と1件当たりの焼損面積に着目したい。

　建物の主要構造部（壁・柱・床・はりなど）に防火的な措置をしていないため，火災時に室内の可燃物と木造躯体が同時に激しく燃えて大きな輻射熱を出す。その結果，隣棟へ延焼しや

表1　構造別の火災被害状況（平成27年，消防白書）

構造別	出火件数（件）	延焼率（％）	延焼件数（件）	1件当たり焼損床面積（m²）	1件当たり損害額（千円）
木　　造	9,060	31.1	2,821	71.9	3,681
耐　火　造	6,205	2.9	183	8.6	1,377
防　火　造	1,944	14.8	288	28.2	2,349
準耐火木造	298	12.1	36	25	1,946
準耐火非木造	2,432	11.1	271	47.1	4,478
その他・不明	2,258	32.0	722	67.3	7,867
建　物　全　体	22,197	19.5	4,321	46.6	3,410

すく，さらに，消防活動もしにくくなり，延焼率と1件当たりの焼損面積が大きくなる。一方で，①外壁・軒裏が防火構造の建築物（以後，外壁・軒裏防火構造と呼ぶ），②準耐火建築物，③耐火建築物とすることで，延焼率と1件当たり焼損面積が，順に小さくなることがわかる。現在の技術を持ってすれば，木造で外壁・軒裏防火構造，準耐火建築物，耐火建築物をつくることができる。すなわち，木造でも建物を防耐火設計すれば，火災時の燃焼性状を鉄骨造や鉄筋コンクリート造に近づけることができ，火事に負けない木造建築をつくれるわけである。

建築基準法の第一条において，「この法律は，建築物の敷地，構造，設備及び用途に関する最低の基準を定めて，国民の生命，健康及び財産の保護を図り，もつて公共の福祉の増進に資することを目的とする」と記されている。これまで鉄筋コンクリート造や鉄骨造でつくってきた規模の建築を中大規模木造に置き換える際にも，建物利用者の生命と，建物自体や建物内の財産を同様に守れるように，火災のメカニズムを知り，木造の防耐火設計をしっかりと行うことが重要といえよう。

2. 燃焼の3要素

ものが燃えるためには，図1のように，①酸素，②可燃物，③熱エネルギーの3つが必要である。このうち，建築には，いつでも，どこにでも，①酸素と②可燃物がある。この2つに，③熱エネルギーが加わると燃焼となるが，この③熱エネルギーを人がコントロールできるうちは，"火"はとても有用なものであり，竈や，いろり，薪ストーブ，松明など，人が生活する上で必要な熱やあかりを得てきた。一方で，この①酸素，②可燃物，③熱エネルギーがコントロールできない状態になり，連鎖的に化学反応を続けると"火災"になる。

総務省消防庁の火災報告等取扱要領には，「火災とは，人の意図に反して発生し，若しくは拡大し，又は放火により発生して，消火の必要のある燃焼現象であって，これを消火するために消火施設又はこれと同程度の効果のあるものの利用を必要とするもの，又は人の意図に反して発生し若しくは拡大した爆発現象をいう」とある。逆に，この燃焼反応が長く続かないように，①酸素，②可燃物，③熱エネルギーのうち，いずれかひとつを取り除く行為が"消火"といえる。たとえば，消火器（一般的なのはABC粉末消火器）は，燃焼する可燃物の表面を粉末で覆って①酸素を絶ち，窒息させて消火する道具である。また，消防隊が放水するのは温度を下げて，③熱エネルギーを取り除こうとする行為である。さらに，建築基準法の内装制限で壁や天井の内装仕上げを不燃化するのは，②可燃物をなくす行為であり，いずれも，3要素のうちの1つを取り除き燃焼が継続しないことを目標にしている。

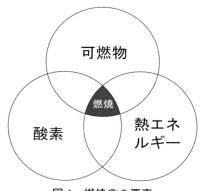

図1 燃焼の3要素

3. 建物火災の3つの成長過程

　建物火災は，建物にある可燃物が燃えて起こる。木造建築の場合，可燃物は図2のように，①構造躯体，②内装，③収納可燃物（建物を利用する上で建物内に持ち込む可燃物）の3つに大別できる。①構造躯体は木造特有の可燃物，②内装と③収納可燃物は木造だけでなく鉄筋コンクリート造や鉄骨造にも存在する可燃物である。

　火災はこれらの可燃物が燃えて，図3のように，火災初期→火災成長期→火災最盛期と3つの過程を経て順次成長していく。この成長を途中で止めるために消火活動をするが，有効に消火できない場合は，地震とは異なり，長時間にわたる災害となる。

　火災初期は出火源のみが燃えている状態，火災成長期は出火源から周辺の壁・天井の仕上げや収納可燃物に着火し燃え拡がっている状態，火災最盛期はフラッシュオーバー（室内で急激に燃え拡がる現象）を経て部屋全体の激しい火災になった状態をいう。

　火災初期の燃え方に影響を与えるのは，建物用途による出火源の種類や火気使用の有無，消火設備の有無など，主に出火・失火にかかわることである。出火防止，早期発見，初期消火など，そもそも火災を出さない，大きくしないことが重要であり，主として建物使用者が注意することである。

　続く火災成長期の燃え方に影響を与えるのは，壁や天井の内装仕上げや室内の可燃物種類・可燃物量（表面積）など，主に内装と収納可燃物の配置状態である。内装仕上げは設計者により決定されるし，収納可燃物は建物使用者の使い方による。建築基準法の内装制限による壁・天井の不燃化や出火源と他の収納可燃物を1m以上離すなど，出火源の次に燃えるものをなくすことにより室全体の火災に成長する時間を長くすることができ，建物利用者の避難猶予時間が長くなる。この火災初期，火災成長期において，燃えているのは，出火源，出火源周囲の内装，出火源周囲の収納可燃物

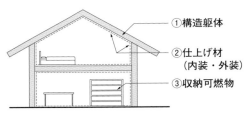

図2　木造建築の可燃物

・出火防止
・早期発見
・初期消火

燃えない

・内装不燃化
　（内装制限）
・収納可燃物管理

燃え拡がらない

・隣室への延焼抑制
・隣棟への延焼抑制
・上階への延焼抑制

燃え抜けない
燃えて壊れない

図3　火災の成長過程

表2 構造種別ごとの住宅の可燃物量の一例

構造種別	可燃物	住宅の可燃物量の一例 （kg/㎡, 木材換算した場合）
木造	収納可燃物	30〜50
	構造躯体	70〜90
鉄骨造 RC造	収納可燃物	30〜50

であり，まだ，構造躯体の本格的な燃焼には至っておらず，木造だから燃えやすく被害が大きくなるわけではない。

　最後の火災最盛期では，部屋全体が800℃を越える激しい燃焼となるが，鉄筋コンクリート造や鉄骨造では，壁や床は容易に燃え抜けず，さらに柱やはりが壊れて建物崩壊も起こりにくいのに対して，木造では構造躯体が燃えて，壁・床の燃え抜けや建物崩壊が起こる可能性が出てくる。すなわち，この火災最盛期の防耐火性能を向上して，木造でも鉄筋コンクリート造や鉄骨造に近い火災性状にできれば，高い防耐火性能を持った木造建築をつくることができると考えられる。

　表2は，木造と鉄筋コンクリート造の可燃物の量をおおまかに比較したものである。防火的な配慮をしていない，火事に弱い木造（以後，裸木造と呼ぶ）は室内で火災が起こると，収納可燃物（家具や内装など。木造住宅の場合，木材換算で床面積あたり30〜50 kg/m²）と構造躯体（柱，はり，床，階段など。木造住宅の場合，床面積あたり70〜90 kg/m²）がほぼ同時に燃焼する。この裸木造の火災の問題点としては，壁や床が早々に突破されて，①急激に燃焼拡大するため居住者の避難時間が確保しにくい，②収納可燃物と構造躯体が同時に燃焼し発熱量が大きいので消防隊でも容易には消火できない，③建物から発する輻射熱が大きいため隣棟に延焼する可能性が高い，などが挙げられる。それに対して，鉄筋コンクリート造や耐火被覆した鉄骨造は，基本的に収納可燃物しか燃えないのと，壁や床が容易には突破されず，部屋ごとに順次燃焼し建物全体の火災に進展するまで時間を要するため，裸木造の火災の問題点①〜③を比較的解決しやすい。

　そこで，この考え方のもと，何らかの工夫によって"構造躯体"を燃えないようにして，表2の木造の可燃物を鉄筋コンクリート造と同じにしたのが，「木造の耐火建築物」であり，原則として構造躯体が燃えず，仮に地震火災等で消防活動が期待できない場合でも，火災後も建物は崩壊せず建ち続ける。一方，収納可燃物がほぼ燃え尽きた後に，構造躯体が時間差で燃えるようにしたのが，「木造の準耐火建築物」であり，可燃物が順次，ゆっくりと燃えて，所定の時間（建物規模や部位により30, 45, 60分）は建物が崩壊せずに建ち続けるものといえる。

4. 建築基準法が建物に求める性能

　木造建築の防耐火性能を向上するには，木造建築にある可燃物が燃えないことが重要といえるが，燃えないという言葉も
　① 燃えない（着火防止）
　② 燃え拡がらない（燃焼拡大防止）
　③ 燃え抜けない（延焼・類焼防止）
　④ 燃えて壊れない（崩壊防止）
といろいろある。
　一般にこれら4つの言葉は，すべて燃えないという一語でまとめられているように思う。しかし，建築火災においては，それぞれ分けて考える必要がある。たとえば，火災初期，火災成長期には，出火源周辺の内装や収納可燃物が，①燃えないこと，②燃え拡がらないことが重要であり，火災最盛期には，壁や床が③燃え抜けないこと，柱，はりが④燃えて壊れないことが重要となる。
　建築基準法の内装制限は，火災初期，火災成長期に，建物使用者が煙や炎におそわれないように，延焼経路となりやすい壁と天井が，①燃えない，②燃え拡がらないように，難燃材料，準不燃材料，不燃材料（それぞれ，5分間，10分間，20分間燃えないもの）とする範囲を決めており，主として人命安全確保のための規定といえる。
　また，防火構造等の防耐火構造制限は，火災最盛期において，隣室や隣家へ容易に延焼しないために，壁・床・柱・はり等の主要構造部が③燃え抜けない，④燃えて壊れないよう，準防火性能（20分），防火構造（30分），準耐火構造（30～60分），耐火構造（30分～120分）とする部位を，建物規模・用途や周辺市街地の状況に応じて決めて，主として建物という財産を保全し市街地火災を抑制するための規定といえる。
　建築基準法では，③燃え抜けない性能のことを，遮熱性（裏面の温度が可燃物の燃焼温度以上に上昇しない），遮炎性（火炎が貫通しない）と呼び，④燃えて壊れない性能のことを非損傷性（座屈や曲げ破壊しない）と呼ぶ。特に，耐火構造は大地震後の火災等で消火活動ができない際にも火災後もずっと，③燃え抜けない，④燃えて壊れないことが求められており，その点が準耐火構造や防火構造ともっとも異なる点である。この防火材料（難燃材料，準不燃材料，不燃材料）と防耐火構造（準防火性能，防火構造，準耐火構造，耐火構造）を組み合わせて，準耐火建築物や耐火建築物などの防耐火建築物をつくる。

5. 中大規模木造に関する法律

　構造躯体の燃え方を制御すれば建物は火事に強くなるが，それだけで人命や財産が守れるわけではない。建築基準法では，構造躯体の種別によらず中大規模建築に係わる主たる防火規制を以下の項目について定めている。

第3編　木造建築の設計・評価技術

> （1）　構造躯体を燃えにくくする"防耐火構造制限"
> （2）　内装の燃え拡がりを抑制する"内装制限"
> （3）　火災を最小限の面積に留める"防火区画等"
> （4）　安全に避難するための"避難安全措置"

5.1　防耐火構造制限

　建物の主要構造部（壁，柱，はり，床，屋根，階段）に必要な防耐火性能は，建築地の防火地域規制（図4），建物用途による規制（表3），建物高さによる規制のうち，もっとも厳しいもので決まる。これらの防耐火構造制限をフローチャートで示すと図5のようになる。

　この図4，図5，表3によると，建物立地や建物規模から，耐火建築物，準耐火建築物，その他建築物（耐火・準耐火建築物以外の建築物）にするべき条件がわかる。

　耐火建築物は，図6のように主要構造部を耐火構造としたもの，または，性能設計により，体育館屋根の木造化など火災発生場所と木材を遠く離して着火しないようにする耐火性能検証によるものである。いずれも，延焼のおそれのある部分の外壁開口部に防火設備（防火戸等）を設ける。主要構造部を耐火構造とした耐火建築物の場合，現在，木造で，すべての主要構造部について1時間及び2時間耐火構造の部材が開発されているので，表4のように1時間耐火構造を用いて最上階から数えて4層までを，2時間耐火構造を用いて最上階から5層から14層を木造でつくることができる（図7：高知県自治会館）。

　準耐火建築物（図8）は，3つの設計手法がある。木造でもっとも採用される手法は，主要構造部を準耐火構造とし，延焼のおそれのある部分の外壁開口部に防火設備（防火戸等）を設けたもの（イ準耐火建築物）である。また，煉瓦造等を想定した外壁を耐火構造とし，屋根に一定の防火性能を持たせたもの（ロ準耐火建築物1号），または，鉄骨造を想定した主要構造部を不燃材料等でつくったもの（ロ準耐火建築物2号）である。いずれも，延焼のおそれのある部分の外壁開口部に防火設備（防火戸等）を設ける。木造では，イ準耐火建築物で設計する

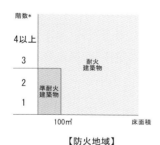
【防火地域】
*階数
　階数3以上は地階を含む階数とする
　（すなわち，地上2階・地下1階の建物は耐火建築物とする）

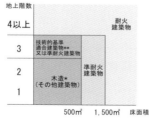
【準防火地域】
*木造（その他建築物）：
　延焼の恐れのある部分の外壁・軒裏は防火構造とする
**技術的基準適合建築物：
　準防木三戸と略称され，一定の防火措置を行えば木造とできる（令136条の2）

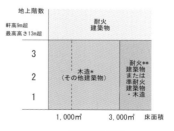
【法22条区域】
*木造（その他建築物）：
　学校等の特殊建築物の延焼の恐れのある部分の外壁・軒裏は防火構造とする（法24条）
　延べ面積1000㎡ごとに防火壁を設ける（法26条）
**3階建て以下・延べ面積3000㎡以下：
　壁等を用いて延べ面積3000㎡以下毎に区画すれば，耐火建築物以外とできる

図4　防火地域規制による構造制限（法22条，法61条，法62条）

第1章　木造建築の防耐火設計・耐火性能評価

表3　耐火建築物等とすべき特殊建築物

	用途	主要構造部に必要とされる性能及びその外壁の開口部の防火設備で、大臣認定が定めた構造方法 または認定を受けたものを設けなければならない			耐火建築物または準耐火建築物としなければならない	
		用途に供する階	用途に供する部分の合計 床面積の合計	用途に供する部分の 床面積の合計（階）	用途に供する部分の 床面積の合計（数量）
1	劇場・映画館・演芸場	3階以上の階*1	客席部分≧200 m²*1 (屋外観覧席≧1000 m²*1)	—	—
	観覧場・公会堂・集会場	主階が1階にないもの*1 3階以上の階*1			
2	病院・診療所（患者の収容施設があるもの）・ホテル・旅館・下宿・共同住宅・寄宿舎・児童福祉施設等（幼保連携型認定こども園を含む）	3階以上の階*1	2階部分≧300 m²*2 ただし、病院・診療所にあっては、2階以上に患者の収容施設のある場合	—	—
3	学校・体育館・博物館・美術館・図書館・ボーリング場・スキー場・スケート場・水泳場・スポーツ練習場	3階以上の階*1	用途に供する部分≧2000 m²*2	—	—
4	百貨店・マーケット・展示場・キャバレー・カフェー・ナイトクラブ・バー・ダンスホール・遊技場・公衆浴場・待合・料理店・飲食店・物販店舗（>10 m²）	3階以上の階*1	2階部分≧500 m²*2 用途に供する部分≧3000 m²*1	—	—
5	倉庫	—	—	3階以上の部分≧200 m²	用途に供する部分≧1500 m²
6	自動車車庫・自動車修理工場・映画スタジオ・テレビスタジオ	—	—	3階以上の階	用途に供する部分≧150 m² ただし、主要構造部を不燃材料等とした準耐火建築物とする もののとする（▶建令109の3-2）
7	建令116条の表の数量以上の危険物の貯蔵場または処理場	—	—	—	全部

*1　建令110条2号の基準に適合するものとして、主要構造部等の構造方法が耐火構造（耐火建築物）等のもののほか、地階を除く階数が3で、3階を共同住宅または学校等の用途に供するものであって、一定の要件に該当する場合に限って、1時間準耐火構造による準耐火建築物とすることができる（▶H27 国交告 253,255）
*2　建令110条1号の基準に適合するものとして、主要構造部等の構造方法が準耐火構造（耐火建築物または準耐火建築物）等のものとする（▶H27 国交告 255）
注：防火設備の設置を求める外壁の開口部として、延焼のおそれのある部分及び他の外壁の開口部から20分間屋内への遮炎性を有するものを定めている（▶H27 国交告 255）

第3編　木造建築の設計・評価技術

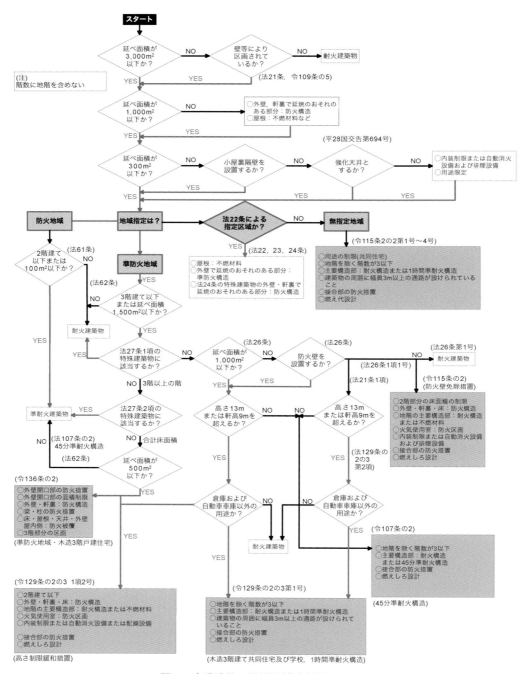

図5　木造建築の防耐火構造制限フロー

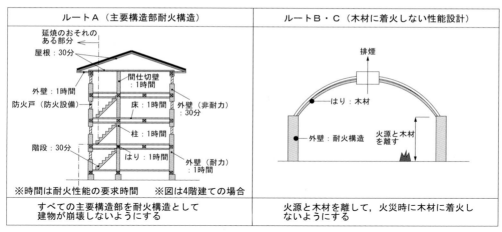

図6 木造耐火建築物の設計手法

表4 階数毎の耐火構造要求時間

部　位			最上階から数えた階数	通常の火災 非損傷性	通常の火災 遮熱性	屋内側からの火災 遮炎性
壁	間仕切壁	耐力壁	階数15以上の階	2時間	1時間	—
			階数5〜14の階			
			最上階，階数2〜4の階	1時間		
		非耐力壁	—	—	1時間	—
	外壁	耐力壁	階数15以上の階	2時間	1時間	1時間
			階数5〜14の階			
			最上階，階数2〜4の階	1時間		
		非耐力壁	延焼のおそれのある部分	—	1時間	1時間
			上記以外	—	30分	30分
柱			階数15以上の階	3時間	—	—
			階数5〜14の階	2時間		
			最上階，階数2〜4の階	1時間		
床			階数15以上の階	2時間	1時間	—
			階数5〜14の階			
			最上階，階数2〜4の階	1時間		
梁			階数15以上の階	3時間	—	—
			階数5〜14の階	2時間		
			最上階，階数2〜4の階	1時間		
屋根			—	30分	—	30分
階段			—	30分	—	—

＊非損傷性：構造耐力上支障のある変形，溶融，破壊等の損傷を生じない
＊遮熱性：加熱面以外の面（屋内に面するもの）の温度が可燃物燃焼温度以上に上昇しない
＊遮炎性：屋外に火炎を出す原因となる亀裂等の損傷を生じない

第3編　木造建築の設計・評価技術

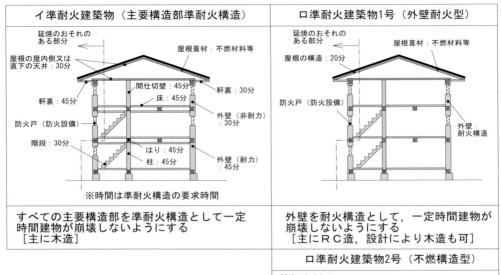

図7　高知県自治会館

図8　準耐火建築物の設計手法

ことがほとんどであるが，近年，木造の耐火構造が実用化されたこともあり，外壁を木造の耐火構造とした口準耐火建築物1号も登場してきた。ただし，耐火構造は火災時に消防活動によらず倒壊しないことを要求性能としているため，外壁の耐火構造の木造部分と床や屋根の木造部分とを構造躯体の縁を切って，耐火構造部分の木材に燃え込まないようにするなど設計上の配慮が必要である。

　その他建築物では，建物用途・規模により延焼のおそれのある部分の外壁・軒裏を防火構造とする等の防火措置（法24条，25条等）が必要であるが，柱・はりにはほとんど防火の要求がなくなり，比較的自由に木造の架構をあらわしでつくることができる。

5.2　内装制限

　木造によらず，不特定多数が利用する建物や，大規模建築，建物内で火気を使用する部分に

— 280 —

第1章　木造建築の防耐火設計・耐火性能評価

表 5　特殊建築物等の内装制限

No.	用途・室	構造・規模			内装制限箇所		内装材の種類		
		耐火建築物	準耐火建築物	その他の建築物	(壁・天井)		不燃材料	準不燃材料	難燃材料*1
①	劇場、映画館、演芸場、観覧場、公会堂、集会場	客席≧400 m²	客席≧100 m²	客席≧100 m²	居室		○	○	
					通路、階段等		○	○	
②	病院、診療所(患者の収容施設のあるもの)、ホテル、旅館、下宿、共同住宅、寄宿舎、児童福祉施設等*3	3階以上の合計 ≧300 m²*4	2階部分の合計 ≧300 m²*4	床面積合計 ≧200 m²	居室		○	○	○
					通路、階段等		○	○	
③	百貨店、マーケット、展示場、キャバレー、カフェー、ナイトクラブ、バー、ダンスホール、遊技場、公衆浴場、待合、料理店、飲食店、物品販売業(加工修理業)の店舗	3階以上の合計 ≧1,000 m²	2階部分の合計 ≧500 m²	床面積合計 ≧200 m²	居室		○	○	○
					通路、階段等		○	○	
④	自動車車庫・自動車修理工場	全部適用			その部分又は通路等		○	○	
⑤	地階で上記①②③の用途に供するもの	全部適用			その部分又は通路、階段等		○	○	
⑥	大規模建築物*5	階数3以上、延べ面積>500 m²			居室		○	○	
		階数2以上、延べ面積>1,000 m²			通路、階段等		○	○	
		階数1以上、延べ面積>3,000 m²							
⑦	階数2以上の住宅・併用住宅	最上階以外の階の火気使用室*6	制限の対象とならない*7	全部適用	当該室		○	○	
⑧	住宅以外の建築物	火気使用室*6	制限の対象とならない*7	全部適用	当該室		○	○	
⑨	全ての建築物	無窓居室*2		床面積>50 m²	居室、通路、階段等		○	○	
⑩		法28条1項の温湿度調整作業室		全部適用			○	○	

*1 難燃材料は、3階以上に居室のある建築物の天井は使用不可。天井のない場合、屋根が制限を受ける。
   H12建設省告示第1439号により、天井を準不燃材料とすれば壁は難燃材料(厚さ・下地の制限あり)とできる。
*2 天井または天井から下方へ80 cm以内にある部分の開放できる開口部が居室などの用途に供する部分の床面積の50分の1未満のもの。ただし、天井の高さが6 mを超えるものを除く。
*3 1時間準耐火構造の技術的基準に適合する共同住宅などの用途に供する部分は耐火建築物の部分とみなす。
*4 100 m²(共同住宅の住戸は200 m²)以内ごとに、壁または準耐火構造の床、防火設備で区画されたものを除く。
*5 学校などおよび31 m以下の2の項の建築物の居室部分で、100 m²以内ごとに防火区画されたものを除く。
*6 調理室・浴室・乾燥室・ボイラー室・作業室その他の室で火を使用する設備又は器具を設けたもの。
*7 主要構造部を耐火構造とした耐火建築物の場合は、全部適用となる。

第3編　木造建築の設計・評価技術

表6　防火材料の技術的基準

	仕　様　例	要求時間	要求性能
不燃材料（法2条9号）	コンクリート，瓦，金属板，ガラス，モルタル，しっくい，石，12mm以上のせっこうボードなど	20分	①燃焼しない ②避難上有害な煙などを出さない ③防火上有害な変形，亀裂などの損傷を生じない
準不燃材料（令1条5号）	9mm以上のせっこうボードなど	10分	
難燃材料（令1条6号）	5.5mm以上の難燃合板 7mm以上のせっこうボードなど	5分	

ついて，出火時に内装（壁・天井）を介して容易に燃え拡がって，避難者が煙にまかれたり火炎に曝されたりしないように，表5のように内装の仕上げ材が制限されている。特に，避難経路（廊下・階段等）は居室よりも厳しい規制となっている。

ここで，不燃材料，準不燃材料，難燃材料とは，20分間，10分間，5分間，燃えたり，有害な変形・亀裂を起こさず，有毒ガスを大量に放出しない材料をいう（表6）。可燃材料である木材をリン酸系やホウ酸系の難燃薬剤（加圧注入）で処理して，不燃材料，準不燃材料，難燃材料の国土交通大臣認定を取得しているものもあり，木材は可燃物だから内装制限のかかる部分に使えないとあきらめる必要はない。また，難燃材料が求められる居室においては，高さ1.2m以下の腰壁部は制限の対象にならないし，H12建設省告示第1439号により，壁・天井を難燃材料とすべき居室において，天井を準不燃材料とすれば壁は木材等（厚さや下地の規制はある）とすることも可能であり，部位によっては難燃処理をしていない普通の木材を使うこともできる。このように，木材をあらわしにしながら内装制限対応ができるのは，内装制限が可燃物の使用を規制しているわけではなく，火災時に燃え拡がらない内装の使用を求めているためである。

5.3　防火区画等

防火区画や防火壁は，火災時に避難や消防活動に支障をきたさないように，水平方向や上階への延焼を抑制し，燃焼範囲を一定面積に留めることを目標にしている。表7のように耐火建築物や準耐火建築物以外のその他建築物で

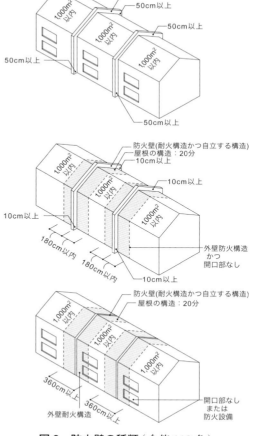

図9　防火壁の種類（令第113条）

第 1 章　木造建築の防耐火設計・耐火性能評価

表 7　防火区画の種類

対象建築物と根拠条文	区画面積	区画の構造 床・壁	区画の構造 防火設備	区画の構造 内装（壁・天井）
面積区画	大規模木造建築物（耐火建築物または準耐火建築物以外） 法第 26 条，令第 113 条	1,000 m² 以内ごと	防火壁（自立する耐火構造の壁）	特定防火設備（幅 2.5 m 以下，高さ 2.5 m 以下）	―
面積区画	耐火建築物 準耐火建築物（下欄以外の場合） 令第 112 条第 1 項	1,500 m² 以内ごと	耐火構造 準耐火構造（1 時間）	特定防火設備	―
面積区画	準耐火建築物（法第 27 条または法第 62 条の規定による場合の準耐火建築物） 令第 112 条第 2 項，第 3 項	外壁耐火：500 m² 以内ごと 不燃構造：1,000 m² 以内ごと	準耐火構造（1 時間）	特定防火設備	―
高層区画	高層建築物の 11 階以上の階 令第 112 条第 5 項〜第 7 項，令第 128 条の 3 第 2 項，第 3 項，第 5 項	100 m² 以内ごと	耐火構造	防火設備	―
高層区画		200 m² 以内ごと	耐火構造	特定防火設備	仕上げ，下地ともに準不燃材料
高層区画		500 m² 以内ごと	耐火構造	特定防火設備	仕上げ，下地ともに不燃材料
たて穴区画	主要構造部が準耐火構造（耐火構造を含む）で，地階又は 3 階以上の階に居室を有する建築物　令第 112 条第 9 項	メゾネット型の住戸，吹き抜き部分，階段，昇降路，ダクト部分とその他の部分の区画	準耐火構造（耐火構造）	防火設備	
異種用途区画	法第 24 条の用途部分（学校，映画館，公衆浴場，マーケット，自動車車庫，百貨店，共同住宅，寄宿舎，病院，倉庫等）と他の部分　令第 112 条第 12 項		準耐火構造の壁	防火設備	
異種用途区画	法第 27 条の規定により，耐火建築物または準耐火建築物とした部分とその他の部分　令第 112 条第 13 項		準耐火構造（1 時間）	特定防火設備	―

は，延べ面積 1000 m² 以内ごとに，防火壁（自立する耐火構造の壁）で区画する必要がある。これにより，出火した建物の部分は燃えてしまうかもしれないが，防火壁により区画された反対側の建物へは延焼しないようにしている。防火壁のつくり方は，図 9 のように 3 通りあるが，延焼抑制のために，屋根や外壁から防火壁が 10 〜 50 cm 突出する手法もあり，建物の外観に影響を与えることもある。

　一方，耐火建築物や準耐火建築物では，面積区画（水平方向の区画），竪穴区画（鉛直方向の区画），異種用途区画（出火危険度の高い用途との区画）が必要となる。出火した際にできるだけ火災を最小限の面積に留める措置である。面積区画では，耐火建築物・イ準耐火建築物の場合は，床面積 1500 m² 以内で区画した部分は燃えるかもしれないが，それ以上は容易に燃え拡がらないように，また，竪穴区画では，避難経路となる階段に延焼せず，EV シャフト

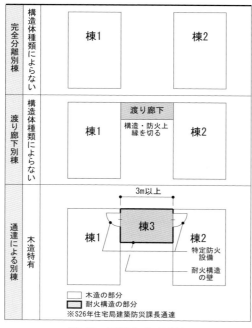

図10　別棟とする手法

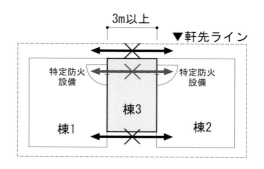

×内部出火に対応する特定防火設備と耐火構造
×外部出火（内部出火から噴出した火炎も含む）に対応して連続する軒裏を介して，さらに，外壁間を介して延焼しない措置を必ず行う

※口絵参照

図11　昭和26年建設省住宅局建築防災課長通達「別棟扱い」の考え方

や吹抜を通じて上階に容易に燃え拡がらないように考えられている。

　なお，建物を耐火建築物，準耐火建築物としなくてよい場合に，延べ面積1000 m²以内ごとに防火壁を設けたくないときは，準耐火建築物とすれば防火壁の規定はかからない。ただし，延べ面積300 m²以上の建物の桁行12 m以内ごとに必要な小屋裏の準耐火構造の隔壁は必要となる。

　また，火災時に水平方向へ容易に延焼しないようにする手法として，建物の棟を分けて，別棟でつくることが考えられる。この別棟は図10のように，完全分離別棟，渡り廊下別棟，通達による別棟の3通りがある。完全分離別棟はそれぞれの棟が独立しているので，建物間の距離を保って延焼防止する。この際，建物の防耐火要求は棟ごとの規模・階数に応じてかかる。一方，渡り廊下別棟や通達による別棟は，建物が一体としてつながっているが，接続部分について一定の構造・防耐火措置をし，お互いの建物間の延焼を抑制することにより，便宜的に棟が分かれているとみようというものである。この場合も建物の防耐火要求はそれぞれの棟の規模・階数に応じてかかる。そのため，たとえば，一棟でみると耐火建築物が要求される建物であっても，渡り廊下別棟や通達による別棟で設計することにより，それぞれの棟は準耐火建築物やその他建築物で設計できる。この渡り廊下別棟や通達による別棟は，行政庁ごとに取扱いが異なることもあるため，この方法で設計をしたい場合は，設計の早い段階で建築主事等と打ち合わせをすることが必要だろう。その際には，図11のように，耐火構造の部分で延焼遮断すべきは，屋内を通じた延焼と，屋外（外壁・軒裏など）を通じた延焼の両方であることを考慮して建物形状や仕様を決定すべきである。

　2015年6月の改正基準法施行（法21条）により，延べ面積3000 m²を超える建築物も壁等

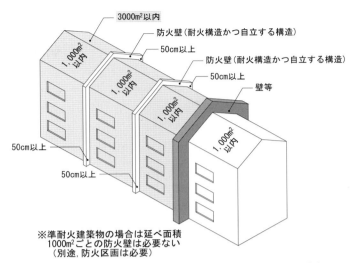

図12 壁等区画による耐火建築物要件の緩和（法21条）

（前述の防火壁の耐火性能がさらに高いもの）で区画することで，耐火建築物によらず設計できるようになった（図12）。この際の壁等や壁等と接する部分の外壁や屋根の防耐火措置が，前述の通達による別棟の設計においても参考になるだろう。なお，この壁等による場合は，建物は一棟として考えるため，階段等の避難施設は建物全体で計画できるが，前述の別棟の場合は，建物がいくつかに分かれるので，棟ごとに避難施設が完結することが原則となる。

5.4 避難安全計画

　木造によらず，火災時に消防隊の消火・救助活動を容易にしたり，利用者が安全に避難できるよう，非常用進入口，二方向避難（2以上の階段等），敷地内通路等を設ける。

　非常用進入口は火災時に外部から消防隊が進入するために，3階以上の階の道路に面した部分に40m以内ごとに1ヵ所以上設ける。この非常用進入口を設けられない場合は，道路に面した部分の10m以内ごとに1ヵ所以上，代替進入口を設けてもよい。この非常用進入口や代替進入口は，格子や網入りガラス入りのはめ殺し窓など，進入の妨げになる構造はさけて，外部より開閉できるか，ガラスを割って進入できるようにする。また，火災時にひとつの避難経路が閉ざされたとしても別のルートで避難できるよう建物用途や主要構造部の構成材料により2以上の直通階段（令120条）を設置する。

　建物から無事避難が完了して後，敷地内を歩行して道路まで安全に避難したり，消防車の進入を容易にするために，同一敷地内の建物間や建物と隣地境界線の間，建物出入口から道路までの間に表8のように有効幅1.5mまたは3m以上の敷地内の通路を設ける必要がある。耐火建築物・準耐火建築物以外の大規模木造建築物の場合，建物間や建物と隣地境界線間に通路が必要となるので基本設計時の配置計画で配慮したい。

— 285 —

表8 敷地内通路の適用条件と通路幅

通路の位置	対象となる建築物	適用条件	通路幅
避難階の出口または屋外避難階段から道路に通じる部分	特殊建築物	劇場，映画館，病院，診療所（病室のあるもの），ホテル，共同住宅，寄宿舎，学校，体育館，百貨店，マーケット，展示場，遊技場など	1.5 m 以上
	中高層建築物	階数が3以上の建築物	
	無窓居室	無窓の居室を有する建築物 採光有効面積＜床面積の 1/20 排煙有効面積＜床面積の 1/50	
	大規模建築物	延べ面積＞1,000 m^2（ただし，2棟以上あるときはそれら延べ面積の合計）	
建築物相互間または隣地に面する部分	大規模な木造建築物（耐火建築物を除く）	1棟の延べ面積＞1,000 m^2	3 m 以上*1
		2棟以上の延べ面積＞1,000 m^2	延べ面積の合計 1,000 m^2 以内毎の建築物に区画し，区画相互間に 3 m 以上の通路が必要
		耐火建築物などが防火上有効に遮っている場合	左記の耐火・準耐火建築物が木造建築物等を延べ面積 1,000 m^2 以内毎に有効に区画している場合，上記の規定は適用しない*2

*1 延べ面積≦3,000 m^2 の場合は，隣地に面する通路は 1.5 m までは緩和できる
*2 木造建築物等の延べ面積の合計＞3,000 m^2 の場合は，3,000 m^2 以内毎に区画し区画相互間に 3 m 以上の通路が必要

6. 木造による耐火構造・準耐火構造・防火構造

　従来，木造で準耐火構造・防火構造等とするためには，柱やはりといった軸組材や枠組材にせっこうボードやモルタル等の不燃性材料を大壁納まりで張ったり，塗ったりすることで，火災時に柱やはりが燃え始める時間を遅延し，不燃性の材料の裏面になかなか燃え抜けず，内部の木造躯体がなかなか壊れない部材とする手法が，一般的でコストメリットがあるとされてきた。

　2000年以降の研究・技術開発では，この不燃性材料による防火被覆による燃え抜け抑制の考え方に加えて，①不燃性材料の代わりに厚いか太い木材で燃え抜け抑制・倒壊抑制をはかること（主として防火構造，準耐火構造），②不燃性材料の防火被覆の厚さを増して火災時に柱・はりが燃焼せず燃え抜け抑制・崩壊抑制をはかること（主として耐火構造）などの研究・技術開発が活発に行われてきた。

6.1 木材を厚く太く使う技術（防火構造，準耐火構造）

　防火構造や準耐火構造に必要な防耐火性能は，主要構造部ごとに表9のようになる。燃え抜けない性能である遮熱性（裏面の温度が可燃物の燃焼温度以上に上昇しない）や遮炎性（火

表9 準耐火構造の要求性能

部　位			通常の火災		屋内側からの火災
			非損傷性	遮熱性	遮炎性
壁	間仕切壁	耐力壁	45分	45分	—
		非耐力壁	—	45分	—
	外壁	耐力壁	45分	45分	45分
		非耐力壁 延焼のおそれのある部分	—	45分	45分
		非耐力壁 上記以外	—	30分	30分
柱			45分	—	—
床			45分	45分	—
はり			45分	—	—
軒　裏*			—	45分	45分
屋　根			30分	—	30分
階　段			30分	—	—

＊延焼のおそれのある部分以外は遮熱性・遮炎性は30分

■防火構造の要求性能

部　位	通常の火災		屋内側からの火災
	非損傷性	遮熱性	遮炎性
外壁（耐力壁）	30分	30分	—
軒　裏	—	30分	—

＊非耐力壁は遮熱性のみ

■準防火性能の要求性能

部　位	通常の火災		屋内側からの火災
	非損傷性	遮熱性	遮炎性
外壁（耐力壁）	20分	20分	—

＊非耐力壁は遮熱性のみ

炎が貫通しない）も，燃えて壊れない性能である非損傷性（座屈や曲げ破壊しない）も，木材がゆっくりと燃える性質を使い，部材の残存断面の設計ができれば，木材を防火被覆として使ったり，木材そのものを厚く太く使ってなかなか壊れない躯体をつくることができる。

　木材は，厚いか太いとなかなか燃え進まないことはよく知られている。**図13**は総厚の異なるスギ板を，隣室や隣家が火災最盛期になったことを想定して，加熱した際の裏面温度を示したものである。防火構造の外壁には30分間の非損傷性と遮熱性が求められるが，図13によると，スギ板表面が約850℃で加熱されている30分後のスギ板裏面温度は，厚さ30mmで

第3編　木造建築の設計・評価技術

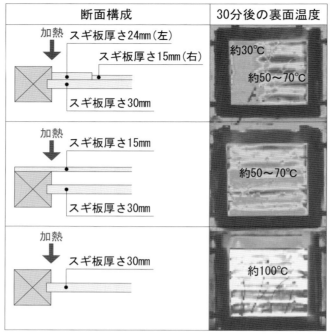

図13　スギ板の延焼抑制性能確認実験における裏面温度

約100℃，総厚さ45 mmで約60～70℃，総厚さ54 mmで約30～40℃となり，厚さが増すほど裏面温度は低下し，いずれも手で触って問題ない。木材は加熱を受けると表面に炭化層（空気を含んだ断熱材）を形成し未燃領域への熱の侵入を抑制する。さらに木材そのものの熱伝導率が低いため，裏面になかなか熱が伝わってこない。スギ無垢材の燃え進む速度は，厚さ15 mm前後では約1 mm/分，厚さ30 mm程度では約0.8 mm/分となる。このように，木材がゆっくりと燃えることを利用した技術開発により，図14のような木材を防火被覆やあらわしとした仕様が実用化されている。

　また，図15は2時間の加熱を受けた厚さ150 mmの直交集成板（CLT）の実験終了時の様子であるが，表面を1000℃以上で加熱しているが，弱点となりやすい設備貫通部周辺を除けば，CLT裏面の温度は100℃を越えない。このゆっくり燃えること≒なかなか裏面に熱が伝わらないことを長所ととらえて，壁や床等の断面設計をすれば，木材を見せながら延焼抑制・倒壊抑制が可能となる。平成28年3月には，従来の柱，はりの燃えしろ設計に加えて，直交集成板，単板積層材，集成材の壁，床，屋根の燃えしろ寸法が準耐火構造の告示に例示された（H12建設省告示第1358号，国土交通省告示第253号）。詳細は，本章第2節を参照されたい。

6.2　木造の構造躯体への着火を防ぐ技術（耐火構造）

　木材を太く厚く使うと火災時にゆっくりは燃えるが，自然に燃焼が停止することは容易ではない。そのため，どれだけ太く厚くしても，木材だけでは，耐火構造に必要とされる，消火活

第1章 木造建築の防耐火設計・耐火性能評価

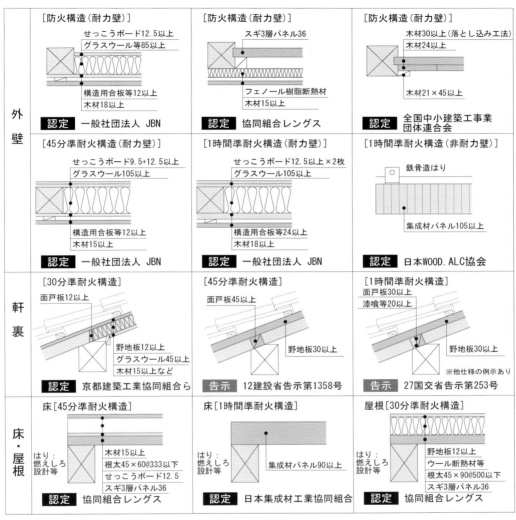

*準耐火構造は防火構造にも使用可能
*留め具などの詳細は大臣認定書別添による

図14 木材をあらわしとした防火構造・準耐火構造の仕様例

動によらず壊れないという性能を確保することは難しい。そのため、木造の耐火構造では、**表10**の3つの手法について、鉛直力支持部材が燃焼しないこと、または、燃焼し続けないことを目標に研究・技術開発されている。

方策1(**図16**)は強化せっこうボードで木造の構造躯体を耐火被覆して、火災時に柱やはりの表面が木材の着火温度(スギの場合、約240℃)まで上昇しないようにしたものである。方策2(**図17**)は、火災時に表面の木材に着火するが、火災終了後は部材の内部に設けた燃焼を停止させる部材により自ら消火し、残った断面で建物の自立を保つものである。方策3(**図18**)は、鉄骨を木材で耐火被覆したもので、火災時に木材は燃焼するが、熱容量の大きい鉄骨に裏面から吸熱されて、途中で木材の燃焼が停止し鉄骨の温度も強度が低下するほど上昇

— 289 —

第3編　木造建築の設計・評価技術

図15　直交集成板（CLT）の実験終了時の様子（2時間加熱，板厚150 mm）

表10　木質耐火構造とする手法の一例

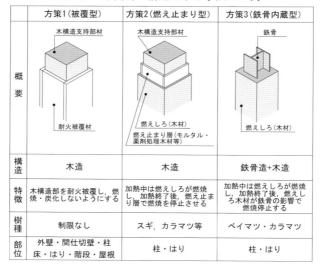

せず，鉄骨で建物の自立は保つものである。いずれも柱やはり等の鉛直力支持部材を不燃系材料や木材で耐火被覆したものであり，準耐火構造・防火構造の防火被覆の厚さを増して耐火構造にしたものと考えることができる。

1時間耐火構造については，表10のように，方策1〜3について，実用化されており，特

第 1 章　木造建築の防耐火設計・耐火性能評価

図 16　被覆型の断面模型

図 17　燃え止まり型の断面模型

に方策 1 については，外壁と間仕切壁について，告示化されている（平成 12 年建設省告示第 1399 号，たとえば，強化せっこうボード総厚 42 mm で耐火被覆したものなど）。また，2 時間耐火構造についても，方策 1 を中心に実用化がされており，軸組工法，枠組壁工法による 5 階建て以上の純木造も建築が可能となっている。

7. おわりに

不特定多数が利用したり，災害弱者となり得る幼児・高齢者が利用する中大規模木造の設計では，建築基準法に合わせるだけでなく，利用者の特性に応じた設計上の配慮が必要であろう。特に，歩行速度が遅くなる場合，火

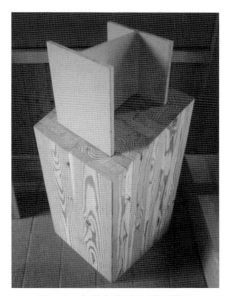

図 18　木質内蔵型の断面模型

煙にまかれず避難時間を短くするには，避難距離が短くなるように，多方向への避難口の配置や，細かな防火区画，安全に救助を待てるバルコニーや竪穴区画の階段踊り場の設置など，避難計画をよりきめ細やかにやっておくことが重要といえる。火災は人災であり，いつどこででも起こり得る。躯体が燃えないのが耐火建築物であり，ひとたび火災が起こると，内装や収納可燃物が燃えて被害が出る可能性がある。木造建築の可燃物である，①構造躯体，②内装，③収納可燃物の燃え方をコントロールして，人命と財産を火災から守れるように防耐火設計をしておきたい。

第3編　木造建築の設計・評価技術

第1章　木造建築の防耐火設計・耐火性能評価

第2節　CLT木造建築物の耐火性能

国立研究開発法人建築研究所　成瀬　友宏　　国土交通省　鈴木　淳一

1. はじめに

　建築基準法では木造建築物の耐火性能を確保するために，耐火性能を有する部材（仕口等を含む）で主要構造部を構成し，外壁の開口部で延焼のおそれのある部分に防火設備を設置することを要求しており，部材間の接合部も防火上支障がないようにする必要がある。

　平成26年8月に，耐火構造の構造方法を定める件（平成12年建設省告示第1399号，以下，平12建告第1399号と示す）の一部改正により木造の耐火構造壁（外壁・間仕切り壁，耐力壁，非耐力壁）が可能になり，平成28年3月に，主要構造部を木造とすることができる大規模の建築物の主要構造部の構造方法を定める件（平27国交告第253号，1時間準耐火構造という）の施行，準耐火構造の構造方法を定める件（平12建告第1358号，45分準耐火構造という）の一部改正により，従来，柱及びはりを対象とした燃えしろ設計に壁，床及び屋根が追加されたことで，建物全体を燃えしろ設計で建築できるようになった。

　本稿では，これらの改正を行う上での技術資料等について，直交集成板（以下，CLTという）を中心に最近の知見を紹介する。

2. 部材の耐火性能を確保する方法

　本章第1節に示すとおり，木質系材料を用いた部材の火災時の加熱に対する耐火性能（非損傷性，遮熱性，遮炎性）を確保する基本的な考え方には図1に示すとおり次の2つの方法があ

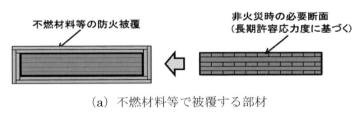

(a) 不燃材料等で被覆する部材

(b) 燃えしろ設計による部材

図1　被覆する部材と燃えしろ設計による部材

― 293 ―

る。下地となる可燃の木質系材料をせっこうボードに代表されるような熱を伝えにくい不燃材料等により被覆して必要な性能を確保する方法と，要求される時間に対して必要な断面を維持できるように，あらかじめ断面に燃えしろを設ける方法がある。後者は，木材は火災による火熱により分解して燃焼するものの，炭化層が形成されると熱伝導率（0.1～0.13 W/mK）が小さいことから部材内部へ熱が伝わりにくく，分解（炭化）するのに時間がかかる性質を利用したものである[1]。

　部材の非損傷性については，どちらの方法も，熱を伝えにくい材料で常時鉛直荷重支持部を被覆して保護する考え方は同じであるものの，不燃材料等で被覆する方法では，構造計算により算定した断面に対し，要求時間に応じて告示等で例示された，あるいは，国土交通大臣の認定を受けた構造方法に従って被覆（材料と必要な厚さ）を設けるのに対して，燃えしろ設計は，要求時間や材料に使用される接着剤の種類に応じて定められた燃えしろ寸法を原断面から除いた断面に長期荷重により生じる応力が短期許容応力度を超えないことをもって非損傷性が保たれるとする設計法であり，告示で例示された方法に従うという違いがある。

　以下，CLTパネルを用いた部材の遮熱性や遮炎性も含めて，不燃材料等で被覆する場合と燃えしろ設計を行う場合の考え方や実験的な知見を紹介する。

3. 不燃材料等で被覆する場合の考え方

　CLTパネルを不燃材料等で被覆する場合は，非損傷性，遮熱性，遮炎性それぞれについて，国土交通省告示（例えば，平12建告第1399号，平12建告第1358号等）に例示された仕様とするか，あるいは，国土交通大臣の認定を取得した仕様に従う。

　耐火構造には，火災後（冷却後）も性能が要求されることから，木質系耐火構造の場合，荷重支持部が可燃性であるため火災による加熱で燃焼した際には，非損傷性を維持できる状態のうちに木材の熱分解が停止する必要がある。しかし現時点では，木材の燃え止まりに関する知見が不足しており，被覆も木材とした構造は認定されていない。なお，平12建告第1399号に例示される仕様は，温度上昇によりCLTパネルの耐力の低下等の影響はあるもののその程度は大きくないことからCLTにも適用できる。

　また，準耐火性能（一定時間に限る）が要求される不燃材料等で被覆する準耐火構造や防火構造では，要求時間に近くなると部材内への火熱の進入により常時鉛直荷重支持部のCLTパネルが燃焼することもあるが，同様にそれによる耐力の低下は大きくないことから，CLTにも適用できる。なお，国土交通大臣認定では，非損傷性について，常時鉛直荷重支持部の寸法や材料等に制限が設けられているものもある。

4. 燃えしろ設計する場合の考え方

　燃えしろ設計する場合も同様に，非損傷性，遮熱性，遮炎性それぞれについて，告示（例えば，平27国交告第253号，平12建告第1358号等）に従うが，部材の性能が材料の炭化性状に大きく左右されることから，適用できる材料に制限が設けられている。柱とはりの対象は，

昭62建告第1898号に記載される材料であり，壁，床，屋根の対象は，実験により知見の得られた集成材の日本農林規格（平19農水告第1052号）第2条に規定する「構造用集成材」，単板積層材の日本農林規格（平20農水告第701号）第2条に規定する「構造用単板積層材」（以下，LVL という。），直交集成板の日本農林規格（平25農水告第3079号）第2条に規定する「直交集成板」の3種の木質材料であり，以下，これらをまとめて CLT 等と称す。

燃えしろ設計の手順は，平27国交告第253号等に示されたとおり，接合部，各部材，部材の取り合い部分の非損傷性について，接着剤の種類に応じた燃えしろをもとに，以下の通り定められている。

(1) 接合部：燃えしろを除いた接合部の部材の残存断面で長期荷重を支持する時の応力度≦短期許容応力度を確認する。
(2) 部材：燃えしろを除いた部材の残存断面で長期荷重を支持する時の応力度≦短期許容応力度を確認する。
(3) 部材の取り合い部：取り合い等の部分の裏面に当て木を設ける等，部材裏面への火炎の侵入を防止する。なお，鉛直荷重を支える部材の接合部に用いる金物は火災による加熱を受けて，
  ① 急激に部材の耐力が低下すること
  ② 金物に熱が伝達して必要な残存断面が炭化すること
  ③ 部材に必要とされる遮熱性・遮炎性を失うこと

のないよう，ボルト等は防火上有効に被覆されたものとする。また，鋼材の添え板等が埋め込まれるか，挟み込まれるかなど防火上有効に被覆されたものとする。

なお，平27国交告第253号では，遮熱性と遮炎性を確保するために，燃えしろを考慮し，接着剤の種類に応じて必要なパネル厚さが定められている。

5. CLT 等の炭化速度

日本において CLT の活用が想定される仕様の範囲において，その炭化速度に影響が想定される要因として，パネルを構成するラミナの樹種・厚さ・層構成・接着剤の種類をとりあげ，**表1** に示す条件のもとで炭化速度を実験により測定した結果を**図2**に示す[2)-4)]。また，図中には幅はぎ接着の効果を確認するためにラミナ間に 1 mm または 2 mm の隙間を想定した CLT パネル（API30-1 mm，2 mm）と LVL[5)] の測定結果も併せて示す。

表1 CLT の燃えしろに及ぼす影響確認のための実験条件

| ラミナ || 接着剤（3種） |
樹種（3種）	厚さ-層構成（5種）	
スギ（C） カラマツ（L） スプルース（S）	12 mm-13 プライ 15 mm-11 プライ 21 mm-7 プライ 27 mm-6 プライ 30 mm-5 プライ	レゾルシノール樹脂系（RF） 水性高分子イソシアネート系（API） ウレタン樹脂系（PU）

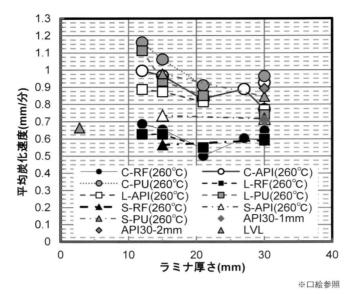

図2　CLTの構成条件の違いによる炭化速度の測定結果

図3　加熱後のCLTパネル断面の様子

　実験は，表1に示す仕様を組み合わせて作成したCLTパネル（1000 mm×2000 mm×147～165 mm厚）を水平加熱炉で下面からISO834-1に規定される標準加熱温度曲線に従って加熱し，平均炭化速度は，加熱表面よりパネル内に10 mm毎に設置した熱電対により15秒間隔で測定した温度が260℃になる時間より求めた。図中の黒い凡例は，レゾルシノール樹脂系接着剤（RF），白色は水性高分子イソシアネート系接着剤（API），灰色はウレタン樹脂系接着剤（PU）であり，この結果から，いずれの結果にもばらつきはあるもののラミナの厚さが増すに従って，平均炭化速度は低下する傾向がみられ，その値は，RF＜API＜PUの順で高くなる。また，図中の○はスギ（C），□はカラマツ（L），△はスプルース（S）を示し，平均炭化速度を同じ厚さ，同じ接着剤でみると，ばらつきはあるもののS＜L＜Cの順であることがわかる。なお，幅はぎ接着の有無による影響は顕著には見られなかった。図3に下面から加熱した後のCLTパネル断面の様子を示す。加熱時間に違いはあるものの，RFはAPIとPUに比較して，炭化層の脱落が少なく，残存断面が大きいことがわかる。

　今後，CLTパネルには厚さ20～30 mmのスギのラミナが一般的に用いられること，集成材で広く使用されているAPI接着剤が用いられることを想定すると，図2に示す結果から，そして，残存断面から炭化の状況を確認すると部分的な燃え込み[2]も見られることから，平均炭化速度として，API接着剤を用いたCLT等は毎分1 mm程度（燃えしろとしては製材相当），

RF接着剤を用いたCLTとLVLは従来の集成材の柱・はりの燃えしろと同様の毎分0.75 mm程度として，燃えしろ寸法を告示で定めた。

6. 燃えしろ設計によるCLT部材の耐火性能

実験から定めた燃えしろ寸法をもとにした燃えしろ設計によるCLT部材が要求性能を満たすかどうかを確認するために，表2に示すCLTパネルを試験体に用いて，ISO834-1に規定する加熱曲線による片側からの載荷加熱試験を行った[4)6)]。

荷重は，CLTパネルの炭化速度を毎分1.0 mmとして，壁と床は1時間，屋根は30分の燃えしろを想定した残存断面をもとに，平13国交告第1024号に示されたCLTパネルの常温の基準強度の算定方法である等価断面法[7)]に従い，スギのラミナのヤング係数を最外層は 6.0×10^3 N/mm²，内層は 3.0×10^3 N/mm² として算出した各強度から定めた。なお，温度上昇によるラミナの物性の変化はないと仮定している。

壁試験体は図4に示すとおり幅1 m，高さ3 mのCLTパネルを，床及び屋根試験体は，

表2 実験に用いたCLTの構成・実験条件・実験結果の概要

記号	部位	パネル構成	厚さ (mm)	接着剤	目地	荷重 (kN)	含水率 (%)	試験時比重	絶乾比重	炭化速度 (mm/min)	耐火時間 (min)	目地部温度上昇 (K)	裏面温度上昇 (K)
W-1	壁	Mx60-5-5	150	API	28 mm合板（パネル間2 mm）	266	10.2	0.4	0.37	0.82	79.8	57.6	4
F-1	床	Mx60-5-7	210			47.9	9.6	0.43	0.39	0.9	122	7.3	7
R-1	屋根	Mx60-3-3	90			3.68	10.2	0.42	0.38	0.73	40	9.5	2.7

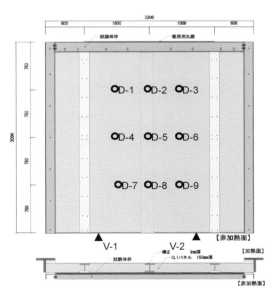

図4 CLT壁の温度と変位の測定位置

第3編　木造建築の設計・評価技術

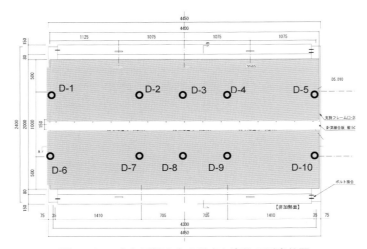

図5　CLT床と屋根の床の温度と変位の測定位置

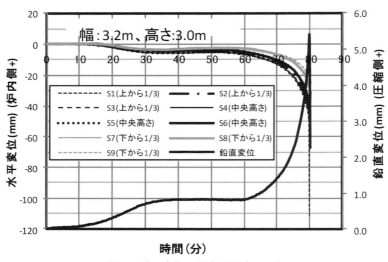

図6　壁の変位の測定結果（W-1）

図5に示すとおり幅1m，長さ4.4mのCLTパネルをそれぞれ2枚並べ，表2に示すようにパネル間の目地には，ヌスミを設けて幅150mmの構造用合板（厚さ28mm）を長さ57mmのコーススレッドを用い200mm間隔で留め付けたものである。なお，CLTパネルの乾燥収縮により防火上の弱点となることを想定して，パネル間には2mm幅の隙間を予め設けた。壁にはこの両脇に荷重を負担しないCLTパネルを設置して，幅3mの試験体とし，温度と変位を，壁試験体は図4に，床試験体は図5に示す位置で測定した。

実験結果の概要を表2および図6～図8に示す。

パネル内の温度が260℃になった時点を炭化したと想定した際の炭化速度は，表2に示す通り毎分0.73～0.90mmの範囲であり，前項に示す実験結果と同様な値であった[6]。

― 298 ―

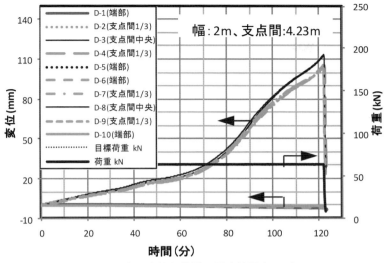

図7　床の変位と荷重の測定結果（F-1）

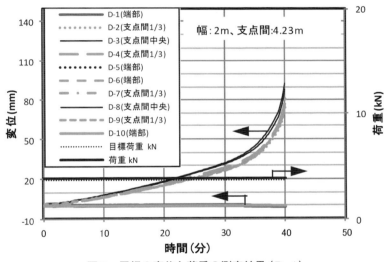

図8　屋根の変位と荷重の測定結果（R-1）

　壁試験体W-1の荷重と変形の関係を図6に示す。加熱開始後約30分まで鉛直荷重の方向に平行に配置されたラミナの炭化とともに鉛直変位が増加し，鉛直荷重の方向に直交して配置されたラミナの炭化に対しては鉛直変位はほとんど増加せず，再び鉛直荷重の方向に平行に配置されたラミナの炭化とともに変位が増加して座屈した。水平変位についても，図6から，想定範囲内では大きなばらつきはなく，鉛直変位と同様な変化が確認できる。
　床試験体F-1の荷重と変形の関係を図7に示す。壁と同様な傾向が見られ，約70分と100分の時点で強軸方向に平行に配置されたラミナから強軸方向に垂直に配置されたラミナへ炭化が始まるとともに変位の割合が減少していることがわかる。屋根試験体R-1の荷重と変

形の関係を図8に示す．R-1は3層3プライ構成のため，最外層のラミナが炭化した後，変位の増加が増したため，試験を中止した．

　試験の結果を表2に示す．非損傷性については，想定した1時間の準耐火性能に対して，1.3～2.0倍の性能が確認された．これは，CLTの基準強度を定める上で応力を負担する層を平行層に限り，直交層は考慮していないこと，荷重継続時間の調整係数等[7]が考慮されていることより，燃えしろ設計で確認する短期的な作用に対して余裕として現れたと考えられる．CLTでは，準耐火性能の要求時間，ラミナ厚，パネルの層構成，接着剤の種類等により，CLTパネルの平行層全体が燃えしろとなって耐力に寄与しなくなるか，平行層の一部として残存して耐力に寄与するかどうかにより，パネル全体の耐力が大きく異なる点が特徴である．

　遮熱性については，表2に示す結果から，パネル部分の裏面温度上昇は僅かであり，十分な遮熱性を有していることが確認できたものの，目地部分については，加熱の初期から漏煙が確認され，遮熱上弱点となる可能性があるといえる．また，パネル部分および目地部分の遮炎性についても加熱中問題がないことが確認できた．ここで，遮熱性と遮炎性は，残存断面に30 mmの厚さがあれば十分に性能が期待できるが，ラミナ厚が30 mmの場合，パネルとして構成するためには2以上の層が必要であり，節や欠点があるとこの厚さが確保できなくなる場合があるので注意が必要である．

7. 燃えしろ設計によるCLT部材の接合部の耐火性能

　CLT部材を燃えしろ設計した際に，
　・壁隅角部のCLT間目地の遮熱性・遮炎性
　・壁と床のCLT間目地の遮熱性・遮炎性
　・接合金物周辺の遮熱性・遮炎性
　・壁の非損傷性

を確認するために，図9に示す「下床―下壁―上床―上壁」構成の隅角部を想定した試験体（幅1050 mm，高さ2770 mm）を用い，図10，図11に示すように水平加熱炉で入り隅側をISO834-1に規定される標準加熱温度曲線に従って載荷加熱を行った．荷重は，3階建て物販店舗を想定して110 kN（55 kN/m）とした．

　CLTパネルはラミナにスギ，接着剤にAPIを用い，壁は150 mm厚（Mx60-5-5），床は210 mm厚（Mx60-7-7）とした．試験体は，床勝ちとし，床と壁の接合にはLアングルおよび24 mm径の引きボルトと150×80×16 mm厚の座金，壁と壁の接合は長さ290 mmのビスを300 mm間隔に打ち，図11に示す下壁右側のパネルと床，壁と壁の目地には幅25 mm厚さ2 mmの熱膨張性シール材を設置して，下壁左側の壁と床は突きつけ（無処理）とした．また，図11に示すように，引きボルトの座金部分は，中にロックウールを充填して壁の両面に厚さ30 mmのスギの塞ぎ板を設けた．

　実験では，図9，10に示す位置で変位を測定し，パネル内部に熱電対を設置して温度を計測して炭化速度を算出した．

　図12に，下壁，上床，下床の各CLTパネル内の温度の測定結果を示し，図13に，温度が

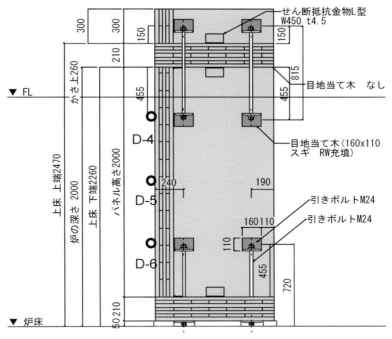

図9 隅角部試験体（立面）

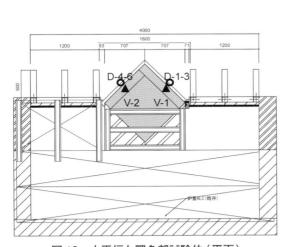

図10 水平炉と隅角部試験体（平面）

図11 水平炉と隅角部試験体の設置の様子

260℃に到達した時間と深さから算出した炭化速度（原点を通る直線近似）を示す。下壁，上床（天井面），下床（床面）の炭化速度は，それぞれ毎分 0.694 mm，0.662 mm，0.431 mm で，壁や床のみの部材で試験した際の炭化速度に比べて，小さくなっていることがわかる。特に下床では，図12からパネル内の温度上昇が停滞したこと，脱炉後床上に下壁や上床から脱

第3編　木造建築の設計・評価技術

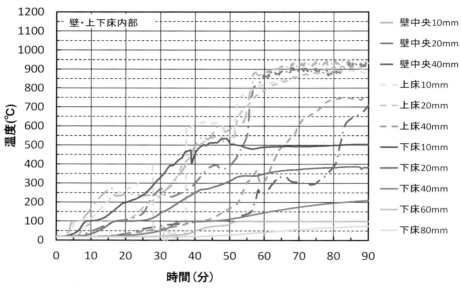

図12　隅角部試験体のパネル内温度の測定結果

落した炭化層の堆積が確認されたことから，加熱中の炭化層の堆積が炭化速度を低くしたと考えられる。

　実験中の観察から，加熱開始後20分程度で目地部から白煙が発生し始め，47分以降，下壁上部の引きボルトの塞ぎ板部分から白煙が多く発生して加熱終了まで継続し，脱炉後の試験体の観察から，白煙が出た目地部分は炭化が進行していたことが確認された。また，加熱面側の塞ぎ板の厚さまで炭化すると，座金の急激な温度上昇が確認された。ただし，非加熱側の塞

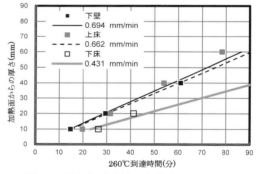

図13　隅角部試験体の炭化速度の推定値

ぎ板の炭化は，座金に近い一部分が炭化した程度で，パネル全体の遮熱性には問題がなかった。

　図14に，試験体全体の鉛直方向の変位（V-1, 2）と下壁の水平方向の変位（D-1～6）の測定結果を示す。この結果から，図11に示す下壁左側のパネルはほとんど変形していないこと，下壁右側のパネルは図6に示す壁の変位と同様に，加熱開始後約30分まで鉛直荷重の方向に平行に配置されたラミナの炭化とともに鉛直および水平変位が増加し，鉛直荷重の方向に直交して配置されたラミナの炭化に対しては鉛直および水平変位はほとんど増加せず，再び鉛直荷重の方向に平行に配置されたラミナの炭化とともに変位が増加したことがわかる。

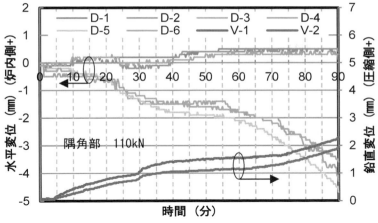

図14 加熱中の隅角部試験体の変位の測定結果

8. 被覆材の燃えしろとしての効果

CLT等の表面に内外装の仕上げや断熱等を目的として材料を設置する場合，その被覆としての性能を，燃えしろとして見込むことができる。そこで，被覆の燃えしろとしての相当厚さ

表3 被覆材の燃えしろ相当厚さ

	No	パネル	接着剤	含水率(%)	比重 気乾	比重 全乾	被覆材	留付け間隔(mm)	留付け材	加熱時間(分)	パネルの炭化開始時間(分)	炭化速度(mm/分)	60分時炭化深さ(mm)	燃えしろ相当厚(mm)
実験A	A-1	CLT	API	10.72	0.41	0.37	なし	なし	なし	135	7.25	0.798	45	-
	A-2	LVL	1次接着:PH* 2次接着:API	13.76	0.49	0.43					6.25	0.822	47	-
	A-3	集成材	API	10.24	0.39	0.35					6.25	0.782	45	-
	A-4	CLT	API	11.17	0.44	0.40	ガルバリウム鋼板 0.35mm厚	縦300×横300	コーススレッドビス Φ3.8×L57		9.5	0.656	37	8
	A-5	LVL	1次接着:PH* 2次接着:API	13.33	0.48	0.42					10.375	0.674	37	10
	A-6	集成材	API	10.33	0.35	0.32					12.125	0.634	35	10
	A-7	CLT	API	10.97	0.40	0.36	せっこうボード 12.5mm厚	縦200×横200	GN50くぎ	150	34.75	0.946	24	21
	A-8	LVL	1次接着:PH* 2次接着:API	13.75	0.49	0.43					38.25	1.007	21	26
	A-9	集成材	API	9.04	0.35	0.32					34.125	0.939	24	21
	A-10	CLT	API	10.72	0.40	0.36	せっこうボード 15mm厚				52.125	0.916	7	38
	A-11	LVL	1次接着:PH* 2次接着:API	12.77	0.48	0.43					47.375	0.902	11	36
	A-12	集成材	API	11.18	0.35	0.32					45.375	0.979	15	30
実験B	B-1	CLT	API	10.96	0.39	0.35	せっこうボード 9.5mm厚	縦200×横500	GN40くぎ	104.5	17.25	0.745	32	13
	B-2			11.16	0.39	0.35	せっこうボード 15mm厚		コーススレッドビス Φ3.8×L51		29.5	0.854	24	21
	B-3			10.70	0.44	0.40	ガルバリウム鋼板 0.35mm厚		コーススレッドビス Φ3.8×L65		25.25	0.502	17	28
	B-4			10.12	0.44	0.40	せっこうボード 12.5mm厚		ボードビスL28		31	0.961	28	17
	B-5			11.03	0.39	0.35	構造用合板 15mm厚		N50くぎ		22.125	0.792	31	14

*：フェノール系樹脂　**：胴縁：スギ無等級材 45 mm×25 mm 厚，グラスウール 32K 25 mm 厚充填

を把握するために，被覆が脱落しやすい条件を想定して水平方向に小型試験体を設置して加熱試験を行い，被覆材およびCLT等のパネルの種類の影響を把握する実験（実験A）と被覆の留付け方法の影響を把握する実験（実験B）を実施した[8]。

1000 mm×1700 mm×150 mm厚のCLTパネル（5層5プライ），LVLパネル（厚50 mmに1次接着したパネル3枚を2次接着）および集成材パネルの3種類を使用し，樹種はすべてスギとした。被覆材は，表3に示すとおりとした。実験Aでは，被覆材の脱落が炭化性状に支配的な影響を及ぼさないようにするため，従来の留付け間隔より狭い留付け間隔とし，実験Bでは，CLTパネルを使用して，被覆材の目地や留付け間隔，断熱材や胴縁の存在を実施工に応じた仕様とした。

パネルに設置した熱電対の温度が260℃になった時点を炭化したとして，パネルの炭化開始時間，炭化速度とそれに基づく60分時点の炭化深さ，被覆材の燃えしろ相当厚さを表3に示す。この結果から，被覆がそれぞれのパネルの燃えしろに相当する厚さとして換算できることがわかる。なお，表3から，パネルの炭化開始時間が遅くなるに従って炭化速度が早くなる傾向を示す。これは，パネルが被覆の脱落後に直接加熱される温度が，被覆の脱落が遅くなるに従って高くなるためと考えられる。

文　献

1) 一般社団法人日本建築学会編：構造材料の耐火性ガイドブック，日本建築学会(2009).
2) 成瀬友宏，平成26年建研講演会，独立行政法人建築研究所(2015).
3) 河合誠他：日本建築学会大会学術講演概要集, pp.151-174(2015).
4) T. Naruse, K. Kagiya, J. Suzuki, N. Yasui, M. Kawai and Y. Hasemi : WCTE2016, PS04-5(2016).
5) J. Suzuki, T. Mizukami, T. Naruse and Y. Araki :, *Fire Technology*, Vol.**52**, Issue 4, pp.1015-1034 (2016).
6) 成瀬友宏，鈴木淳一，水上点睛，荒木康弘：日本火災学会研究発表会概要集, pp.280-281(2016).
7) 公益財団法人日本住宅・木材技術センター発行：2016年公布・施行 CLT関連告示等解説書(2016).
8) 高山他：日本建築学会大会学術講演梗概集, pp.65-66 (2016).

第3編 木造建築の設計・評価技術

第2章 木造建築の設計と強度・耐久性・耐震性評価

第1節 木質構造信頼性設計のための木材強度データ解析と設計法

秋田県立大学 中村 昇

1. 安全の尺度は何か？

「木造住宅が，風や地震に対して安全か」という質問をする人のほとんどは，「安全です」と断言されることを期待しているであろう。しかし，一方で，構造設計者のほとんどが「十分安全」とは思っていても，「絶対安全」などということはないと思っていることも事実[1]である。絶対でない部分は，荷重や構造物・部材の強度にバラツキが存在することに依存している。このことは，短時間に，しかも同じ地域で2回発生した震度7の熊本地震を考えればわかるであろう。絶対ということがないならば，安全性を定量的な尺度を用いて評価する必要がある。また，安全性と同じような意味で，信頼性という言葉もよく耳にするが，安全性と同様，何を尺度に信頼性を評価しているのだろうか。感覚的には，例えば，高信頼性木質材料は高強度木質材料のことで，強度が大きいから破壊しにくい，つまり信頼性が高いというように捉えられているように感じる。

それでは，安全性と信頼性とはどのように異なるのか，JIS を引用すれば次のようになる。「安全性とは人間の死傷または資材（建築物）に損失もしくは損傷を与えるような状態がないこと。信頼性とはアイテム（建築物および部材）が与えられた期間中，要求された機能を果たすこと」。人間・資材に損失・損傷を与えないということも機能と考えれば，信頼性は安全性より広い意味を与えることができ，安全性の信頼性という表現も可能である。したがって，信頼性が高いとは，要求される機能を全うする能力が高いということになる。この能力をどうやって評価，換言すれば数値化するのかが問題であり，現状では機能を全うできる確率として評価するのが最良である。その理由を簡単に述べれば，次のようになる。図1に示すように，木造住宅に加わる「作用」は，固定，積載，積雪，風，地震などの荷重や生物劣化などの環境作用がある。固定荷重以外の荷重は時間とともに変動し，しかも変動の仕方が異なっているし，環境作用も地域により季節により異なっている。また，製材や木質材料の強度も変動を有

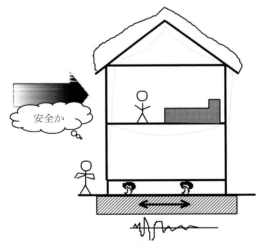

図1 木造住宅には様々な作用が加わる

し，荷重継続時間の影響や耐久性を考えればわかるが，やはり時間とともに推移していく変数である。このような変数に対し，部材や構造物の信頼性を評価できるのは，現状では確率しかないであろう。

2. 許容応力度設計のままでいいのか？

わが国の建築基準法における構造設計は，基本的には許容応力度設計（Allowable Stress Design，以後ASD）である。つまり，部材や接合部に生じる応力を強度よりも小さくしなければならない。そのためには，部材や接合部の基準強度と荷重の基本値を必要とする。例として部材の強度を考えよう。部材の強度は，用いる材料の強度である。例えば，ここに1本のスギの梁がある。スギの無等級材の基準強度は $22.2\,\mathrm{N/mm^2}$ である。耐用年数を50年とすると，長期の荷重継続時間影響係数 $1.1/3$ を乗じた値 $8.14\,\mathrm{N/mm^2}$ が許容応力度となり，これを用いて設計することになる。わかり易くするため積載荷重のみを考慮し，その公称値を $1800\,\mathrm{N/m^2}$ とする。また，梁幅 $105\,\mathrm{mm}$，スパン $3640\,\mathrm{mm}$，荷重分担幅 $1820\,\mathrm{mm}$ とする。これより算出される梁せいは $195.2\,\mathrm{mm}$ となる。次に，この梁せいを用いて限界状態設計（Limit State Design，以後LSD）を考えてみよう。スギの強度分布を対数正規分布と仮定する。資料[2]よりスギの強度分布の変動係数は 0.22 であり，その5％下限値が $22.2\,\mathrm{N/mm^2}$ と考えると，平均値は $35.4\,\mathrm{N/mm^2}$ となる。また，積載荷重の分布は，資料[2]より平均値/公称値＝0.45 であり，平均値 $810\,\mathrm{N/m^2}$，変動係数 0.4 の対数正規分布と仮定する。また，積載荷重の生起過程は，図2に示すようなポアソン方形波とする。

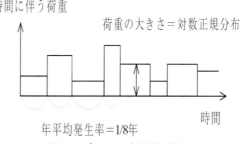

図2　ポアソン方形波過程

これより耐用年数を50年として得られた確率密度関数を図3に示す。横軸は耐力効果および荷重効果と呼ばれる。耐力効果とは，強度に断面係数を乗じた値，また，荷重効果とは積載荷重に荷重分担幅およびスパンを考慮してモーメントとした値である。これを見ると，耐力効果と荷重効果が重なり合っている所がある。この面積が破壊確率ということになる。ここを拡大してみると，図4のようになる。同図には，許容応力度設計により求められた梁せい $195.2\,\mathrm{mm}$ における耐力効果が図示されている。設計値より小さな耐力効果つまり強度値も存在するし，大きな荷重効果つまり荷重値も存在している。言い換えれば破壊する確率は存

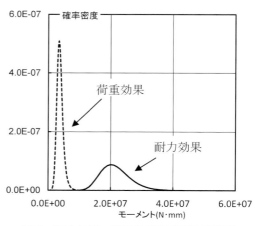

図3　耐力効果・荷重効果の確率密度関数

在するわけである。実際，許容応力度設計による梁せい195.2 mmにおける耐力効果よりも大きな荷重効果の確率は，重なり合ったところの面積つまり破壊確率を算出すると1.565×10^{-6}である。かなり小さな値だが，0ではない。言い換えれば，同じ断面積の梁を同じ荷重条件で用いたとき，50年間で100万本に1～2本くらいの割合で破壊してしまうということになる。

ASDは，耐力の確定値（許容応力度）という1つの値と，荷重の確定値（基本値）という1つの値を用いて設計する手法である。そこにいくら安全率を考慮して設計しようとも，破壊確率は0にはならない。一方LSDは，耐力および荷重それぞれを分布，つまり全体としてとらえ，破壊する確率（全体の中で，上述した重なり合った面積の値）がどれくらいなのかを算出して設計しようとする手法である。このように，これはどれくらい安全なのかを説明してくれるもの，言い換えれば統合してくれるものと考えることができる。つまり，許容応力度設計は，限界状態設計の一部と考えることができる。ここでは荷重を1種類のみ考えたが，実際は数種類の組合せとなり話は簡単ではないが，基本は同じある。

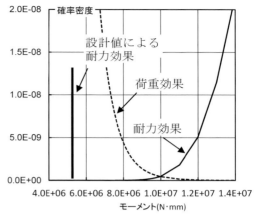

図4　設計値付近の拡大

欧州，カナダ，アメリカ，オセアニアなど森林資源が豊かで木造建築の盛んな国，地域，また，中国，韓国も限界状態設計である。余談であるが，わが国が東アジアの国々に木材製品を輸出する場合，それらの国々の基準法で定められた耐力係数（後述）を用いることになると思われるが，欧州や北米，オセアニアから輸出される木材製品に比べ，不利になることも考えられる。なるべく早く，許容応力度設計から限界状態設計に移行することが望まれる。以下，限界状態設計について概説する。

3. 信頼性設計および限界状態設計とは？

破壊確率の算定には一般的にはAFOSM法がよく用いられるので，AFOSM法について概説する。AFOSM法による具体的な算出法にはいくつかの方法がある。1つは，教科書に載っているような，耐力や荷重の累積分布関数（Cumulative Distribution Function：CDF，単に分布関数とも言う）および確率密度関数（Probability Density Function：PDF）を用いる方法であり，もう1つはCDFの逆関数を用いる方法である。この2つの方法は，ちょうど鏡に映った鏡像関係のようなものだが，紙幅の都合で，ここでは後者について説明する。前者の算定手法については，文献3）を参照されたい。

AFOSM法は，Advanced First Order Second Moment Methodの略である。Advancedというからには，AdvanceしていないFOSM法というのもある。これは限界状態設計法の歴史に関係するが，最も初期の信頼性指標β（後述）は，2次モーメント法と呼ばれ，確率変数の1

次モーメントである平均値と2次モーメントである標準偏差を用いて算定していた。このように2次までのモーメントを用いているので、2次モーメント法と呼ばれている。しかし、この手法では、性能関数（後述）の表現の仕方によって β の値が異なることなどが指摘され、FOSM法という考え方が提案された。FOSM法は、変数の平均値において性能関数を表す曲面（後述）を1次（First Order）近似し、平均値と標準偏差を用いて破壊確率を算定するものであった。しかし、FOSM法は、変数が正規変数で表され、設計式が1次の場合には正確な破壊確率を算定できるが、それ以外の場合には大きくはずれることがあることが指摘された。これを改善し、設計点（後述）において性能関数を表す曲面を1次近似し、平均値と標準偏差を用いて破壊確率を表したのがAFOSM法である。例を用いて、もう少し詳しく話をしよう。

前述した梁を考えよう。等分布荷重が加わるとし、スパンを ℓ、荷重分担幅を w として、次式を考える。

$$G = R \cdot Z - L \cdot \frac{w\ell^2}{8} \tag{1}$$

式中の R, L, Z はそれぞれ梁の強度、荷重、梁の断面係数を表し、式（1）の第1項は梁の耐力、第2項は荷重によるモーメントである。$G > 0$ となる場合は耐力の方がモーメントよりも大きくなり、梁は壊れない。逆に、$G < 0$ となる場合には破壊してしまう。このように式（1）は梁の性能（換言すれば機能）を表しているので、限界状態設計法では、式（1）を性能関数（あるいは機能関数）と呼んでいる。境界である $G = 0$ のときを限界状態と呼ぶ。このように、限界状態を規定し、その破壊確率を算定することにより設計するので、限界状態設計法と呼ぶのである。R, L は確率変数であるから、ある分布に従い、さまざまな値をとる。例えば、(R, L) の10,000組の組合せの内で、$G < 0$ となる組合せが5組あれば、破壊確率は $5 \div 10,000 = 0.0005$ となる。この手法がモンテカルロシミュレーションであり、複雑な建築物の破壊確率の算定に用いられる。

式（1）を一般化すれば、性能関数はいくつかの変数の関数であり、次のように表すことができる。

$$G = G(X_1, X_2, \cdots, X_n) \tag{2}$$

X_i は確率変数であり、耐力や荷重である。AFOSM法は、まずそれぞれの変数を $(X_i - \mu_i)/\sigma_i$ を用いて標準正規変数に変換する。μ_i, σ_i は X_i の平均値および標準偏差である。変換した変数を用いて式（2）（性能関数を表す曲面）を表した空間を標準正規空間（u-空間）という。式（2）はすべての変数が正規変数である場合平面になるが、一般的には曲面となる。その曲面全体において $G < 0$ となる割合が破壊確率である。この曲面と原点を含むX-Y平面つまり $G = 0$ を表す平面との交わった曲線が破壊を表す曲線である。この曲線と原点との距離が最小となる点を設計点（あるいは最も破壊しやすい点という意味で破壊点）と呼んでいる。また、この空間において、設計点と原点との距離が指標となり、これを信頼性指標 β と言っている。AFOSM法は、性能関数を表す曲面を、設計点において平面近似した場合の確率で算定している。図5には、性能関数を u-空間に表している。同図で、性能関数を表す曲面（網目）において、X-Y平面（グレー）より下にある面積の全体面積に対する割合が破壊確率である。性能関数を表す曲面に対し、設計点（黒丸）における接平面を描き、この接平面を用いて性能関数

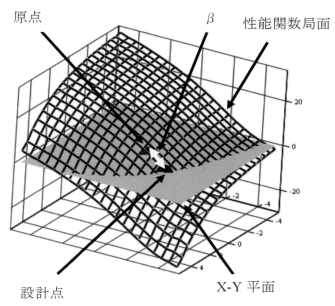

図5 性能関数の表す曲面

を近似しようというのが，AFOSM法である。同図には黒い三角点で原点を表しているが，この原点と設計点（必ずX-Y平面上にある）との距離がβになる。βが小さくなるということは，同図でX-Y平面が上にあがると考えればよく，そうすると，原点と設計点との距離が小さくなること，X-Y平面より下部の面積が大きくなること（つまり破壊確率が大きくなる）がわかると思う。

以上のことから，性能関数を表す曲面の曲率が大きい場合には，1次近似（平面近似）では誤差が大きくなることも分かる。そこで，性能関数を設計点において2次曲面で近似することにより破壊確率を算定する手法もあり，SORM（Second Order Reliability Method）と呼ばれている。これに対し，AFSOM法は1次近似なので，FORM（First Order Reliability Method）と呼ばれている。

4. CDF の逆関数を用いる方法

それではAFOSM法はどうやって設計点を求めるのか。前述した梁を例にして具体的に見ていくことにする。まず，条件を列記する。

λは生起率，Tは耐用期間（設計寿命）とすると，積載荷重の確率分布関数は次のように表すことができる。

$$F(x) = \exp[-\lambda T(1 - F_{Ls}(x))] \cdot F_{Ls}(x)$$

現行の許容応力度設計より算出した梁背 195.2 mm における破壊確率，つまり信頼性指標 β を求めてみよう。

性能関数は式（2）で与えられるが，同式中のRとLをCDFの逆関数で表す。つまり，

第3編　木造建築の設計・評価技術

$$G(u_1, u_2) = FR^{-1}(\Phi(u_1)) \cdot Z - FL^{-1}(\Phi(u_2)) \cdot \frac{w\ell^2}{8} \qquad (3)$$

FR^{-1}, FL^{-1} はそれぞれ，スギ材強度のCDFの逆関数，積載荷重のCDFの逆関数を表す。また，$\Phi(\cdot)$は標準正規確率分布関数である。何故，このように$\Phi(\cdot)$を使ったCDFの逆関数を用いるのか。それは，CDFを考えていただければわかる。CDFは，例えば2Pワイブル分布の場合次のように表す。

$$F(x) = 1 - \exp\left[-\left(\frac{x}{\eta}\right)^m\right]$$

左辺の$F(x)$は累積確率を，右辺のxは実際の値（$F(x)$が強度分布なら強度を）表す。つまり，このまま分布関数$F(x)$を用いて性能関数を表すことはできない。したがって，$F(x)$の逆関数は

$$x = \eta \cdot [-\ln(1 - F(x))]^{1/m}$$

となり，確率ではなく実際の値xを表せる。また，累積確率$F(x)$の代わりに$\Phi(u)$を用いて表せば，性能関数をそのままu－空間で表すことができる。つまり，$F(x)$の代わりに$\Phi(u)$を用いることにより，標準正規変数に変換していること，言い換えれば，uを与えることにより，標準正規確率変数を用いて累積確率$\Phi(u)$を求め，$\Phi(u)$に対応した値を算出していることになるわけである。

それでは，図2に表されている黒丸の設計点をどのようにして探し出すのか？　アルゴリズムを紹介する。

① 初期値として，u_iの値を与える。u_iの与え方としては，通常次のようにする。つまり，方向余弦ベクトルとして$\alpha_i = 1/\sqrt{n+1}$（nは変数の個数）を，βについては適当な初期値，例えば$\beta = 3.0$を与え，$u_i = -\beta \cdot \alpha_i$として，$u_i$の初期値とする。

② 次に，式(3)をu_iで微分し，それぞれの微係数

$$\alpha_i' = \frac{\partial G(u_1, u_2)}{\partial u_i} \qquad (4)$$

を求め

$$\beta = \frac{G(u_1, u_2) - \sum \alpha_i \cdot u_i}{\sqrt{\sum \alpha_i^2}}$$

としてβを算出する。

③ 新たなu_iの値として

$$\alpha_i = \frac{\alpha_i'}{\sqrt{\sum \alpha_i'^2}}$$

を算出し，$u_i = -\beta \cdot \alpha_i$とする。

④ ②，③をβの値が収束するまで繰り返す。このようにしてβを求めると，4.662となる。

今度は，設計点を求めてみよう。一般的には，安全性のみならず経済性リスクを考慮してβを設定する。ここでは3.0（破壊確率0.00135）とする。梁せいの初期値を適当に与え，上述の収束計算を行うと，設計点は，梁せい140 mm，強度22 N/mm²，積載荷重2500 N/m²と算

— 310 —

定される．このとき，強度の設計点を基準強度（R_n）で除した値 0.68 を耐力係数，同様に積載荷重の設計点を基本値（L_n）で除した値 3.1 を荷重係数と呼んでいる．通常，確率を算出して設計するのは煩雑なので，許容応力度設計と同様の式 $0.68 R_n \geq 3.1 L_n$ としており，荷重耐力係数設計（Load and Resistance Factored Design : LRFD）と呼ばれる．

以上は，変数の間に相関が存在しない場合に関する β の算出法であるが，実際には変数の間に相関が存在している．このような場合については，文献 4 ）を参照されたい．

5. 木材強度データ解析

許容応力度設計は，基準強度より誘導された許容応力度を用いるので，基準強度が決定的に重要となるが，以上見てきたように，信頼性設計には強度の分布の方が重要である．最近では，裏山にある材をその地域で用いるのであれば，全国区の無等級材の強度ではなく，地域材の強度を用いる方が合理的ではないかという考えもあり，独自のスパン表を作成している自治体もある．このような場合，木材強度データ解析における注意点について述べる．

材料として木材の強度を検討する場合，プラスチックや金属などと同様に管理された小試験体の強度試験を行い，性能を評価する方法が考えられる．これが ASTM や JIS に示されているような，節や繊維傾斜などの欠点のない，断面 20 ～ 30 mm × 20 ～ 30 mm，長さ 300 mm ほどの無欠点小試験体を用いる試験体系である．しかし，1970 年代に，製材に対する許容応力度を算定するには，無欠点小試験体を用いる試験体系ではなく，製材用の試験体系が必要であり，最終的に製材品が使われる状態（実大材）にできるだけ近い状態で試験すべきであるという In-Grade Testing Program が始められ，ASTM にも取り入れられた．以下，実大材の強度データ解析における注意点を紹介する．

（1）サンプル数

基準強度となる信頼水準 75％の 5％下限値を合理的に算出できるだけのサンプル数 n が必要とされてきており，限界状態設計におけるサンプル数 n も同様に考える．n の大きさを算定するときの考え方は，順位法（ノンパラメトリック法）やパラメトリック法が適用できる．大標本理論では最小サンプル数を 30 とすることが多い．また，パラメトリック法では標本平均や分散が既知である必要があったり，順位法ではデータのばらつきを考慮して何番目のデータを採用すべきかが不明であったりと，試験前に最小サンプル数を厳密に決定するのは困難であるため，ISO 13910:2005 や構造用木材の強度試験マニュアル[5]では最小サンプル数を 40 としている．

（2）経験分布の推定

強度データについて，母集団の確率分布を推定する必要がある．確率分布としては正規分布，対数正規分布，2 母数ワイブル分布がよく用いられる．強度データを昇順に並び替え，メジアンランク法あるいは平均ランク法により累積確率を求める．強度データと累積確率を用いて，K-S 法あるいは χ^2（カイ二乗）法などを用いて，最適な確率分布を推定する[6]．ただし，

文献7)によれば，全体データを用いなくとも，下側15％のデータにフィットさせた方が確率分布による差異が生じ難いと言われており，保証荷重による試験を用いる方法もある。これにより，サンプル数を少なくすることも可能である。

(3) 強度データ

通常，含水率調整係数，寸法・荷重条件に関する調製係数を乗じ，標準試験条件に調製される[5]。これらの調製係数の値をまとめたものが**表1**である。曲げヤング係数（MOE）については，調製係数全体で平均的は実験値と2％ほどの変化であるが，約10％減ったり，30％近く大きくなったりしているものがある。また，曲げ強度（MOR）については，平均的には実験値と5％ほどの変化であるが，30％近く減少するもの，50％以上大きくなってしまうものが存

表1 調製係数の値

	項目	平均値	最小値	最大値
MOE	含水率	1.03	0.92	1.1
	寸法・荷重条件	0.99	0.97	1.18
	調製係数全体	1.02	0.89	1.29
MOR	含水率	1.05	0.88	1.15
	寸法・荷重条件	0.99	0.67	1.32
	調製係数全体	1.05	0.72	1.52

在している。強度については含水率依存性や寸法効果があることが知られているが，それでも50％以上も大きくなってしまうのは問題があるように思う。日本と欧米で使用されている製材などの寸法が異なっており，標準状態に調製する必要があるなら，わが国における標準の寸法などを変えることも考えるべきではないだろうか。

(4) 機械等級区分材の曲げ強度[8]

基準強度の算出方法は，いくつかの方法[9]が考えられるが，いずれも問題点が存在する。確率・統計学的観点から正しい手法は，同時確率密度関数を用いる方法である。2つの非正規変数 X_1, X_2 について，それぞれの累積確率分布関数を $F_{X1}(x_1)$, $F_{X2}(x_2)$, 確率密度関数を $f_{X1}(x_1)$, $f_{X2}(x_2)$, 相関係数を ρ_{12} とすると，同時確率密度関数は次式で表すことができる。

$$f(x_1, x_2) = \phi(z_1, z_2, \rho_{0,12}) \cdot \frac{f_{X1}(x_1)}{\phi(z_1)} \cdot \frac{f_{X2}(x_2)}{\phi(z_2)} \tag{5}$$

ただし，$z_1 = (x_1 - \mu_{X1})/\sigma_{X1}$, $z_2 = (x_2 - \mu_{X2})/\sigma_{X2}$, 確率変数 X_1, X_2 に関する平均および標準偏差を μ_{X1}, μ_{X2} および σ_{X1}, σ_{X2} である。また，式(5)中の関数 $\phi(z_1, z_2, \rho_{0,12})$ は次式である。

$$\phi(z_1, z_2, \rho_{0,12}) = \frac{1}{2\pi\sqrt{1-\rho_{0,12}^2}} \cdot \exp\left[-\frac{1}{2(1-\rho_{0,12}^2)} \cdot \{z_1^2 - 2\rho_{0,12}z_1z_2 + z_2^2\}\right] \tag{6}$$

また，$\rho_{0,12}$ は次式を満足する値である。ρ_{12} は，変数を正規分布とした場合の相関係数である。

$$\rho_{12} = \iint \left(\frac{x_1 - \mu_{X1}}{\sigma_{X1}}\right) \cdot \left(\frac{x_2 - \mu_{X2}}{\sigma_{X2}}\right) \cdot \phi(z_1, z_2, \rho_{0,12}) \cdot dz_1 dz_2$$

例として，これまで収集されてきたスギ材全体の強度データについて，X_1 を MOE, X_2 を MOR として式(5)を当てはめた場合の同時確率密度関数を**図6**左に示した。また，右にはそれを E70 に相当する曲げヤング係数 6.9～7.8（N/mm²）で切った図を示した。したがって，右に示した図の MOR について推定された経験分布を求めればよいことになる。

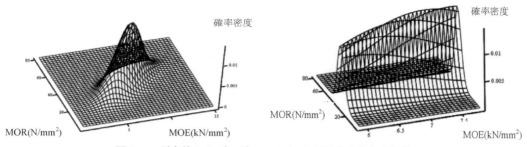

図6　スギ全体およびスギE70における同時確率密度関数

文　献
1) 神田順編：限界状態設計のすすめ,建築技術(1995).
2) 日本建築学会：建築物の限界状態設計,丸善(2002).
3) 中村昇：木質構造における限界状態設計 その3, JOURNAL OF TIMBER ENGINEERING, **43**, 16-19(2000).
4) 中村昇：木質構造における限界状態設計 その4, JOURNAL OF TIMBER ENGINEERING, **46**, 18-21(2001).
5) (財)日本住宅・木材技術センター：構造用木材の強度試験マニュアル(2011).
6) 堀江和美：木材強度データの確率・統計手法,木質構造研究所(1997).
7) 中村昇,堀江和美,飯島泰男：限界状態設計法に向けた強度データ解析,木材学会誌, **46**(1), 32-36(2000).
8) 中村昇,堀江和美,飯島泰男：正規確率変数の同時確率密度関数を用いた基準強度の算定,日本建築学会構造系論文集, 615, 169-172(2007).
9) 建設省建築研究所：建設省総合技術開発プロジェクト 新木造建築技術の開発報告, 12-68(1989).

第3編　木造建築の設計・評価技術

第2章　木造建築の設計と強度・耐久性・耐震性評価

第2節　木造建築物の耐久計画と耐久設計

関東学院大学　中島　正夫

1. 木造建築物の耐久計画・耐久設計の目的

　現在，木質系材料を主たる構造用材料として用いた木質建築物の用途には，戸建て住宅のみならず学校施設，集合住宅，文化施設，商業施設，スポーツ・レクリエーション施設，宿泊施設など多岐にわたるものがある。これらの木質構造による建築物ストックの長寿命化を図ることは，資源消費量や二酸化炭素排出量あるいは建設廃棄物量の抑制という地球環境保護の面からはもとより，所有者の資産価値の維持という社会的，経済的な観点からも重要な課題となっている。

　この建築物の長寿命化は，長期にわたる機能的な耐用性確保と物理的な耐久性確保の大きく2つの方策によって達成される。前者は建物の使用方法の変化に柔軟に対応できるよう空間の可変性を確保したり，あるいは設備類の更新をより簡易に行えるよう構法的，構造的工夫をすることによって実現される。一方，後者は建築物を構成する材料の耐久性，すなわち様々な劣化に対する個々の材料の抵抗性によって建物性能を長期にわたって維持しようとする行為であり，その意義は，一般論として言えば，建物が持つ各種性能が一定時間以内に一定レベル以下に低下しないようにすることである。そのような性能には，防耐火性能，省エネルギー性能，気密性能などが含まれるが，わが国のような地震，台風をはじめとした自然災害の多い国においては，耐震性，耐風性を中心とした建築物の構造安全性能を長期にわたって確保することが，その主たる目的となる。

2. 建築物の耐久計画

　建築物の耐久設計は，耐久計画を適切に立案することによって初めて可能となる。耐久計画とは一般社団法人日本建築学会編「建築物・部材・材料の耐久設計手法・同解説」[1]（2003）によれば，「建築物またはその部分の性能をある水準以上の状態で継続して維持させるための計画」であり，目標とする耐用年数（目標耐用年数）を設定した上で，それを実現するために劣化外力に応じた使用材料や各部構造のあり方，あるいは施工レベル，建物使用，維持保全のあり方の基本を定めることである。

　その手順は，原則として以下のようになる。
① 目標耐用年数を，建築物の全体および各部位，部材，部品ごとに定める。
② 目標耐用年数を考慮して建築物の計画・設計および維持保全計画を行う。
③ 計画・設計した建築物の全体および各部位，部材，部品ごとに，作用する劣化外力と各

材料の保有する耐久性能を算定して耐用年数を推定する。
④ ①で定めた目標耐用年数と③で推定した耐用年数を比較し，後者が前者より小さいかまたは下位である場合は，計画や設計を変更するか，目標耐用年数を変更して，建築物の全体および各部位，部材，部品のいずれにおいても，推定される耐用年数が目標耐用年数と同等以上になるようにする。
⑤ ②および④により作成した設計図書が維持保全計画の実施に支障がないことを確認する。

以上の手順による耐久計画の成否は，建築物の各部位，部材，部品などの各レベルにおける耐用年数の推定精度に依存するが，実際の材料，部品などの耐久性能が複雑な要因によって左右されることから，現実に様々な条件に対応した耐久計画を行うには，各種の耐久性関連資料はもちろんのこと，設計者の知識，経験が重要な要素となる。

3. 木造建築物の耐久設計

3.1 耐久設計上考慮すべき劣化現象

現在の木質系材料による木造建築物を見た場合，主な構造要素をなすものとしては，製材・合板・集成材などの木質系構造材料，接合金物，接合具などがある。木質系構造材料はさらに木部と接着層の大きく2つに分けることが可能であるから，結局，木質系材料による木造建築物の耐久性は，木部，接着層，接合具・金物類の大きく3者の耐久性を確保することに帰着される。

このうち木部の構造性能を低下させる重要因子としては，腐朽と蟻害があり，両者は条件さえ整えば短期間に材深部にまで被害が及びやすく，建物の安全性や居住性に極めて大きな影響を与える。また，それらの劣化のうち特に腐朽を引き起こす前段階となる干割れ，ウェザリング，塗装部の劣化などの屋外露出部材を中心として発生する木部表面層の劣化にも配慮する必要がある。

一方，木質系材料における接着層の劣化に関しては，木部と接着剤界面の剥離の問題のほか，接着層自体の強度低下などの問題がある。また，木造建築物の応力伝達上重要な役割を持つ接合金物，接合具に発生する劣化としては，鋼材部および防錆層・塗装皮膜の腐食，変質のほか，接合具の緩みなどがあるが，これらは金物自体のみならずそれに接する木材にも何らかの影響を与える場合があり，注意しなければならない。

3.2 劣化外力の推定

部材，部品に作用する劣化外力の種類と程度を推定することが，木質系構造材料の耐久性能を確保する上で重要である。劣化外力は地域別と部位別に推定する。

3.2.1 地域別劣化外力

劣化環境が形成されやすい箇所は，地域によって異なってくる。シロアリ分布，温度，湿度，雨量，風向，風速，積雪量，紫外線量，飛来塩分量などの自然条件が各地域で異なり，そ

第 2 章　木造建築の設計と強度・耐久性・耐震性評価

れによって劣化の原因となる外部劣化因子の分布状態も各地域で異なってくるからである。**図1**に，わが国におけるヤマトシロアリ，イエシロアリの分布図を示した。最近の研究結果[2]からすれば，「住宅の品質確保の促進等に関する法律」（以下，品確法とする）の劣化軽減等級では地盤への防蟻対策が免除されている東北・北陸はおろか北海道の中西部にもシロアリが生息していることが確認されているので注意が必要である。また，**表1**は腐朽菌の生育係数を示したものであり，実験的に腐朽菌の生育と温度との相関をもとに腐朽危険度を係数化したものである[3]。床下に置かれた木材の腐朽実験結果により15℃以上の温度の1日当たりの時間数の年間積が腐朽菌の生育とよく相関していることが基礎となっている。この表で係数が1を下回る地域ではより劣化に対する危険度が高くなると考えておくべきである。**図2**には，亜鉛メッキの年間腐食量（腐食速度）による劣化分布図[4]を示した。腐食速度が大きくなる地域では，外回りに接合金物を露出して使う場合に錆が生じやすくなるので，厳重な防錆処理などの対策をとる必要がある。以上のように，各地域の劣化外力を把握した上で，それに対応した設計をする必要がある。

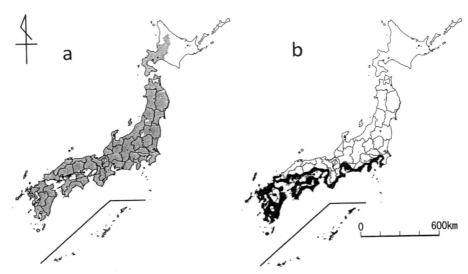

図1　日本産シロアリ分布図[2]
a）ヤマトシロアリ　b）イエシロアリ

表1　腐朽菌の生育係数[3]

係数値	1.2	1.1	1.0	0.90	0.80
15℃以上の時間数の積	3520時間以下	4700時間以下	5900時間以下	7050時間以下	7050時間を超える

― 317 ―

第3編　木造建築の設計・評価技術

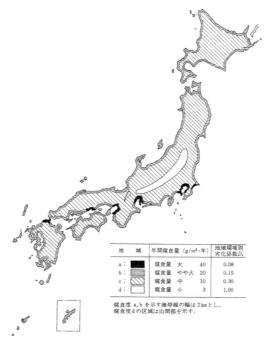

図2　亜鉛メッキの年間腐食量分布図[4]

3.2.2　部位と劣化危険度

　地域性によって木造建築物の周辺・内部環境と劣化外力が基本的に規定されるものの，これが直ちに建物内部にある木質系構造材料の周辺環境ならびに劣化の有無を規定することにはつながらない。腐朽菌の繁殖温度に達しない時期でも，室内の暖房エネルギーが直接間接に部材に作用すれば部材周辺温度は生物劣化が発生しうる温度にまで十分容易に上昇し得るし，外気がいかに乾燥している地域であっても，水回り使用水が床下や壁内に漏水していれば，部材周辺に生物劣化発生に必要な水分・湿分は容易に供給されてしまう。特に，床下や壁内，小屋裏を密閉ないしは半密閉する建築構法では，地域性のような巨視的な環境とは無関係にそれぞれの部位内あるいは部材周辺に，劣化に適した環境が何らかの原因により形成されてしまうことがある。このように部材の周辺に形成される温度，湿度，水分，通風などの状態区分を，「ユースクラス」あるいは「ハザードクラス」という。部材に生ずる生物劣化はこのユースクラスによって発生の有無，速度，範囲が最終的に決定される。表2に集成材JASの接着性能によって区分したユースクラスの例を示す。

　建物内のユースクラスは，直接的には部位の位置・構法とその部分の機能・用途（温湿度，水分の作用条件）によって決定される。例えば，床では地盤面からの湿気に対しては基礎構法の有する換気性能や防湿対策が関係し，使用水に対しては床の防水構法，水仕舞が関係する。また壁では室内からの水分，湿分の侵入に対しては防水構法や防湿構法あるいは通気構法が関係し，外壁面の雨水に対しては防水構法や雨仕舞が関係する。さらに各部位の断熱構法では，

— 318 —

表2 集成材JASの使用環境区分

区分	定義	接着剤の種類	
		積層方向，幅方向 二次接着	ひき板の長さ方向
使用環境A	含水率が長期間継続的に又は断続的に19％を超える環境，直接外気にさらされる環境，太陽熱等により長期間継続的に高温になる環境，構造物の火災時でも高度の接着性能を要求される環境その他の構造物の耐力部材として，接着剤の耐水性，耐候性又は耐熱性について高度な性能が要求される使用環境	レゾルシノール樹脂，レゾルシノール・フェノール樹脂，これらと同等以上のもの	レゾルシノール樹脂，レゾルシノール・フェノール樹脂，メラミン樹脂，これらと同等以上のもの
使用環境B	含水率が時々19％を超える環境，太陽熱等により時々高温になる環境，構造物の火災時でも高度の接着性能を要求される環境その他の構造物の耐力部材として，接着剤の耐水性，耐候性又は耐熱性について通常の性能が要求される使用環境	レゾルシノール樹脂，レゾルシノール・フェノール樹脂，これらと同等以上のもの	レゾルシノール樹脂，レゾルシノール・フェノール樹脂，メラミン樹脂，これらと同等以上のもの
使用環境C	含水率が時々19％を超える環境，太陽熱等により時々高温になる環境その他の構造物の耐力部材として，接着剤の耐水性，耐候性又は耐熱性について通常の性能が要求される使用環境	レゾルシノール樹脂，レゾルシノール・フェノール樹脂，水性高分子イソシアネート樹脂，これらと同等以上のもの	レゾルシノール樹脂，レゾルシノール・フェノール樹脂，水性高分子イソシアネート樹脂，メラミン樹脂，メラミンユリア共縮合樹脂，これらと同等以上のもの

防湿層の位置やその材質が重要な鍵を握っている。すなわち，建物内における部材周辺のユースクラスを決定している要因には，各種水分・湿分の作用条件を基本として，部材の外気への露出状態，部材への日照条件，部材の地盤面からの高さ，断熱材の有無，部材の異種材料との接触状態，部材周辺の通気状態等があり，建物の耐久設計の際には，これらの使用環境条件を十分に考慮する必要がある。

3.3 耐久性能の作り込み

劣化外力の推定に続いて，図3に示すように材料そのものを耐久性能の高いものにすると同時に，材料の耐久性能を低下させる原因となる水分・湿分を長期間継続的に作用させない構造システムを作り込むことが，木質系構造材料の耐久性能を確保する基本となる。この時，何らかの故障あるいは許容限度を越える事象が生じた場合，その構造システムには，二重，三重に水分・湿分の作用を抑制するサブシステムが組み込まれていることが必要である。また構造材料に生じている何らかの危険な事態を検知し，場合によりそれを容易に修補できるような作りとなっていることも重要なポイントである。それぞれの具体的な内容を示せば，以下のとおりである。

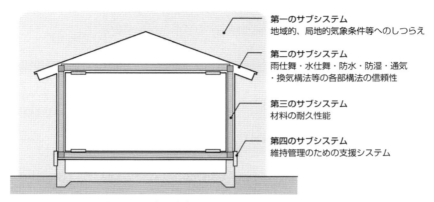

図3 設計上考慮すべき耐久性維持システム

3.3.1 劣化しにくい建物環境の設計

　劣化しにくい建物環境を作るためには，第一のサブシステムとして，建物周辺環境を建物の耐久性能確保上有利にしつらえることが重要である。これは，建物の建つ地域の気候・地域特性（気温，湿度，日照時間，風雨・降雪量，卓越風向，海岸からの距離，シロアリの有無等）や局地的気象条件（周辺樹木や地形による建物周りの風雨の流れ，湿度分布等）などによって決まる。

　次に第二のサブシステムとして，各部構法により構造材を水分・湿分から保護することが必要である。そのための構法を区分すれば，図4に示すとおり，A：雨仕舞・水仕舞構法，B：防水・防湿構法，C：通気・換気構法の3種に分類することが可能である。雨仕舞・水仕舞構法は，屋根，外壁，土台，水回りで雨水，使用水が構造材に作用する前に速やかに遠ざけるための建築的手法であり，各部の形状・寸法・勾配等のディティールデザインや下地・仕上げ材料の組み合わせによって対応する。一方，防水・防湿構法は雨水や使用水あるいは湿気が構造材に作用するのを防水・防湿材料によって防御する手法であり，防水・防湿材料の持つ物理化学的性能に大きく依存する。この構法は多くの場合，水・湿気の作用する部位の下地・仕上げ面あるいはそれらの接合部に用いられる。さらに，通気・換気構法は，以上の構法によっても防ぎきれない水分・湿分（床下・小屋裏滞留湿気，外壁，屋根，床下等の部位内結露等）を早期に建物外に排出するための手法であり，部

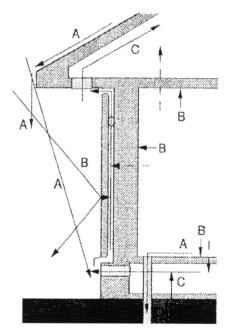

A：雨仕舞・　　B：防水・　　C：通気・
　水仕舞構法　　　防湿構法　　　換気構法

図4 耐久性向上に係る各部構法の分類

位内の自然の圧力差を利用するのが一般であるが，場合により強制的通気・換気手段がとられることもある。

　これらの3種の構法を水分・湿分の処理態様から見れば，A：雨仕舞・水仕舞構法は水分・湿分を部位に作用させない機能，B：防水・防湿構法はある部位に作用した水分・湿分をその内部に浸入させない機能，そしてC：通気・換気構法は内部に浸入した水分・湿分を早期に乾燥させる機能と捉えられる。各部構法というサブシステムでは，構造材を水分・湿分から守る保護システムとして，これら3種の構法が相互補完的に機能しあうことが大切であり，耐久性能の向上を意図した設計においてはこの原則を守ることが肝要である。

3.3.2　材料の適材適所への利用

　次に第三のサブシステムは，使用材料そのものを高耐久化する手法体系である。基本的には故障確率の高い部位・部材に耐久信頼性の高い材料・部品を用いること（たとえば浴室にユニットバスを用いる等）であるが，木質系材料の場合は，木材保存剤を加圧注入処理した材あるいは木材表面への塗布処理材，吹き付け処理材など，その種類・性能は様々である。また，各種のエンジニアードウッド材の接着耐久性能や接合部に用いられる接合具，接合金物などの耐久性能を確認することも重要な課題になる。

3.3.3　必要に応じた薬剤処理

　耐久設計の基本原則はフェイルセーフの考え方を徹底することである。すなわち，仕上げや防水層などに何らかの故障，劣化が生じて構造材料に水が作用しても，一定時間以上その耐久性能が確保されるような機構を組み込むべきである。そのためには，図5に示すように，「構造的に重要」「劣化しやすい」「点検・メンテナンスが困難」の3条件のうちいずれか2つ以上が該当する部位・部材に関しては，加圧注入処理材などの高耐久材料を使用すべきである。

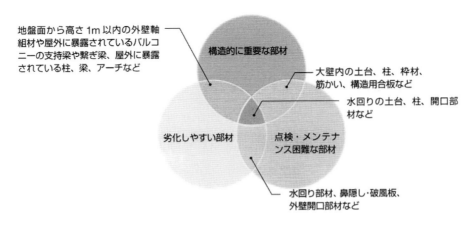

図5　高耐久材料を使うべき部位・部材

3.3.4　維持保全のしやすい設計

　以上のような3段階にわたる構造材料の耐久性能確保策に加えて，故障確率の高い部位には原則として故障を検知し補修しやすくするための維持保全の仕組みを設計段階から組み込むことが必要となる．具体的には建物各部の点検・補修がしやすいように点検口を要所に設けることや床下，外壁回りの点検・補修作業が可能となるような空間を確保することなどを含めて以下の各項目がポイントとなる．

① 劣化しやすい部位・部材は補修・交換が容易な納まりや材料の使用を検討する
② 補修・交換のしにくい部位・部材には目標耐用期間内でメンテナンスフリーに近い耐久性の高い材料を使用する
③ 各部位に使用する材料の耐用年数と取り合いを調整し道連れ工事などが生じないように注意する
④ 特殊な材料・工法を避けなるべく普及品・普及工法の使用を検討する
⑤ 重要な部材周辺には点検に必要な十分な空間とアクセシビリティを確保する
⑥ 外壁や天井・屋根などにあらかじめ点検用バルコニーやキャットウォーク・点検口・点検金具などを取り付ける
⑦ Life Cycle Cost を基準として，メンテナンスに費用がかかりそうな環境（屋外暴露環境等）では，非木質材の利用を検討する
⑧ 木質系材料を外部に使う場合は，軒の出を十分に確保し，基礎立ち上がりを高くするなどして雨水を木部から遠ざける
⑨ 多雪地や落ち葉の多い森の中などでは雨水対策を別途とった上で樋を省略することを検討する

4. 「木造計画・設計基準」に見る公共木造建築物の耐久設計内容

　2010年5月に，公共建築物への木材利用を促進することが法律として成立し（「公共建築物等における木材の利用の促進に関する法律」），低層，小規模の公共建築物は原則として全て木造化を図ることとなった．これを受けて，公共建築物等における木材の利用にあたり，その整備手法等を明示することが重要であることから，国は「木造計画・設計基準」[5]を作成した．ここではそのうち，特に耐久計画・耐久設計にかかわる部分についてその基本的な考え方と基準の概要を示す．

4.1　公共木造建築物における耐久計画

　公共木造建築物の耐久性を向上させるためには，雨水や使用水に対する基本的な配慮をするほか，木質系材料を露出して構造材として使用したり外装仕上げとして使用することが多いと想定されることから，以下のような点について配慮することが必要である．

① 葺き材の種類に応じた適切な屋根勾配の確保
② 屋外に位置する構造耐力上主要な部分に木材を使用する場合，あるいは真壁造とする場合の軒またはけらばの出を 90 cm 以上確保

③ 水を多用するシャワー室，浴室，調理室等の下層階への配置
④ 外壁の仕上げに木質系材料を使用する場合は，軒またはけらばによる保護および塗装による保護

4.2 公共木造建築物の耐久設計基準

「木造計画・設計基準」では木造建築物の耐久性確保上重要な部位別に，構法や材料について以下のような基準を示している。なお，**表3～表8**は，50年程度の耐用年数を期待するのであれば「50年」の欄に，また50年を超える耐用年数を期待するのであれば「50年超」の欄に○が記入されている基準事項，基準内容が求められることを意味している。右側の欄には各基準項目に相当する品確法における劣化軽減等級基準との違いを記載している。

4.2.1 外壁の軸組等

表3に外壁の軸組等についての基準を示す。品確法と異なる点は，防蟻処理に関して「北海道，青森は防蟻処理省略可」としている点であり，「不要」と断定している品確法に対して厳しい立場をとっている。また，50年超の場合，材料としてはK3以上の加圧処理材のみが選択肢となる。なお，K3とは図6に示す日本農林規格で定められた薬剤の処理基準であり，通常の腐朽や蟻害の恐れのある条件下で高い耐久性を期待できるものとされている。

表3 外壁の軸組等に関する基準

基準事項	基準内容	50年	50年超	品確法劣化軽減等級との相違
対象部位	地面から1m以内の部分の軸組，枠組	○	○	各等級ともに左に同じ
防蟻処理	北海道，青森は防蟻処理を省略可	○	○	北海道，青森は防蟻処理不要
外壁構法	通気構造による大壁or軒（けらば）の出90cm以上で塗装仕上した真壁	○	○	等級3：塗装仕上を除いて同等 等級2：通気構造でなくてもよい
結露対策	・繊維系断熱材は室内側に防湿材設置 ・発泡形断熱材と軸組の隙間は現場発泡断熱材で塞ぐ	○	○	基準なし
土台高さ	原則として地面から400mm以上	○	○	「基礎」で同じ数値を規定
材料	以下のいずれか ・耐朽性区分D1の樹種による製材または集成材（辺材部分は薬剤処理） ・K2以上の加圧処理材 ・JIS K 1571適合の薬剤による表面処理材	○		等級2：以下のいずれか ・耐朽性区分D1の樹種による製材または集成材（辺材部分は薬剤処理） ・小径12cm以上 ・何らかの薬剤処理材（現場処理可）
	・K3以上の加圧処理材		○	等級3：以下のいずれか ・K3以上の加圧処理材 ・小径12cm以上の耐朽性区分D1樹種による製材または集成材 ・小径13.5cm以上 ・何らかの薬剤処理材（現場処理可）

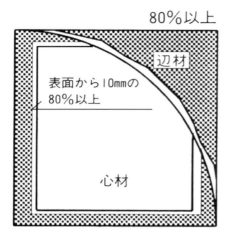 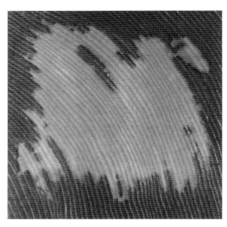

※口絵参照

図6 JAS K3 処理基準（左図）と K3 処理された土台（右図：グレーの部分が薬剤）
（出典：日本木材防腐工業組合，木を活かす，1996 年）

4.2.2 屋外の構造耐力上主要な部分

表4に屋外の構造耐力上主要な部分に関する基準を示す。これらはいずれも住宅を対象とした品確法では範疇としていない部材であるが，様々な木造デザインが想定される公共建築物では不可欠の基準の1つである。構法的には構造部材は何らかの仕上げや笠木，塗装で防雨することが求められ，また材料としては，軒の出および期待耐用年数に応じて K3 処理ないし K4 処理の加圧処理材を使うことが要求される。

表4 屋外の構造耐力上主要な部分に関する基準

基準事項	基準内容	50年	50年超	品確法劣化軽減等級との相違
構　法	・仕上げ，笠木，塗装による保護 ・地面から 400 mm 以上あげる	○	○	基準なし
材　料	・軒（けらば）が 900 mm 以上の場合→ K3 以上の加圧処理材 ・軒（けらば）が 900 mm ない場合→ K4 以上の加圧処理材	○		基準なし
	・K4 以上の加圧処理材		○	

4.2.3 接合金物関係

接合金物の防錆および金物回りの木材保存は，主たる構造材料が屋外で曝露された状態で使用されるデザインを採用する場合には重要な問題となる。ここでは，そのような接合金物関係で最低限求められる条件を，表5に示した。

第2章　木造建築の設計と強度・耐久性・耐震性評価

表5　接合金物に関する基準

基準事項	基準内容	50年	50年超	品確法劣化軽減等級との相違
構　法	・屋外の金物は，雨水が排出されやすい措置をとる	○	○	基準なし
防錆処理	・腐食の恐れのある部分は，塗装または亜鉛メッキ	○	○	基準なし（基準法レベル）
結露防止	・熱橋となる部分は，現場発泡断熱材などで断熱		○	基準なし

4.2.4　土台関係

表6に土台についての基準を示す。土台に接する外壁下端に水切りを設けることは品確法と同じであるが，50年超の耐用年数を期待する場合は使用材料についてK3以上の加圧処理材の使用を前提としている。

表6　土台に関する基準

基準事項	基準内容	50年	50年超	品確法劣化軽減等級との相違
構　法	・土台に接する外壁の下端に水切りを設ける	○	○	等級2，3ともに左に同じ
材　料	以下のいずれか ・耐朽性区分D1の樹種による製材または集成材等 ・K3以上の加圧処理材（北海道，青森ではK2以上でも可）	○		等級2，3ともに，左記の内容に加えて無処理の高耐朽性樹種の使用も可
	・K3以上の加圧処理材（北海道，青森ではK2以上でも可）		○	

4.2.5　地盤・床下

表7に地盤・床下についての基準を示す。品確法と大きく異なる点は防蟻措置であり，本基準では品確法では防蟻措置が免除されている北海道，東北，北陸にあっても「RC造のベタ基礎」か「布基礎と鉄筋で一体となった厚さ100 mm以上のコンクリート」のいずれかの対策をとることとなっている。

表7　地盤・床下に関する基準

基準事項	基準内容	50年	50年超	品確法劣化軽減等級との相違
防　湿	・床下全面に厚さ0.15 mm以上のポリエチレンフィルムを敷く	○	○	等級2，3ともに， ・床下全面に厚さ0.1 mm以上の防湿フィルムを敷く ・基礎断熱の場合を除き，床下換気措置をとる
防　蟻	床下地盤面は以下のいずれか ・RC造のベタ基礎 ・布基礎と鉄筋で一体となった厚さ100 mm以上のコンクリート	○	○	等級2，3ともに，北海道，東北，北陸を除いて，以下のいずれか ・RC造のベタ基礎 ・布基礎と鉄筋で一体となった厚さ60 mm以上のコンクリート ・有効な土壌処理

4.2.6 水を多用する室

表8に浴室やシャワー室などの水を使う室の各部設計基準を示す。品確法では「基準内容」に示されている3項目のいずれかを選べばよいこととなっているが，本基準では，50年超の耐用年数を期待する場合には浴室をユニットとする以外に防水上有効な仕上げか木部に加圧処理材を使うことが求められる。

表8 水を多用する室に関する基準

基準事項	基準内容	50年	50年超	品確法劣化軽減等級との相違
浴室仕様	・浴室は，JIS規格によるユニット製品を使用	○	○	・等級2,3ともに，左の3項目のいずれかを選択すればよい ・なお，防腐措置としては，無処理の高耐朽樹種や寸法緩和措置も選択可
下地・仕上	・防水上，有効な下地，仕上げを施す	○		
軸組・床組天井の防腐	・木材（下地材を含む）を使用する場合は，K3以上の加圧注入材使用○		○	

5. おわりに

今後の木造建築物は，長期使用を前提に十分な耐用性と耐久性を確保して計画する必要がある。そのうち，木造建築物の耐久性は，建設時の劣化対策とともに維持保全の良否に大きく依存する。なかでも予防保全としての維持保全を的確に実施するには，計画的な予算的措置が不可欠となり，とくに公共建築物では留意する必要がある。木造の価値を長く維持していくためには，適切な劣化対策と維持保全を実施することが何より重要である。

文　献
1) 一般社団法人日本建築学会：建築物・部材・材料の耐久設計手法・同解説，P.21，(2003年3月)．
2) 公益社団法人日本木材保存協会：木造長期優良住宅の総合的検証委員会耐久性分科会成果報告書，P.22，(2014年3月)．
3) 財団法人国土開発技術研究センター：木造建築物の耐久性向上技術，P.110，(1986年9月)．
4) 財団法人国土開発技術研究センター：鉄骨造建築物の耐久性向上技術，P.85，(1986年6月)．
5) 国土交通省大臣官房官庁営繕部：木造計画・設計基準及び同資料，(2011年5月)．

第3節 木質耐震補強技術 T-FoRest® Wall

株式会社竹中工務店　福原　武史
株式会社竹中工務店　須賀　順子
株式会社竹中工務店　小林　道和

1. はじめに

　木質耐震補強技術 T-FoRest® シリーズは，RC造建物等の耐震補強を木質建材で行うものであり，集成材によるブレースを用いたものを T-FoRest light，CLT もしくは LVL（以下，CLT等）によるパネルを用いて耐震壁を設けるものを T-FoRest Wall と呼んでいる（図1）。1981年の新耐震基準以前に設計され耐震性能が不足するものの補強がなされていない建物（既存不適格建物）は未だ多く残り，震度6弱を超える地震が発生した場合には倒壊のリスクが高くなる。T-FoRest シリーズは，これらの建物の耐震化を国産木材で実施されることが特徴であり，国土強靭化と森林資源の循環・森林再生の2つの国の政策を同時に推進できる技術である。

　ここでは CLT 等のパネルを用いた耐震補強工法である T-FoRest Wall の概要を紹介する。

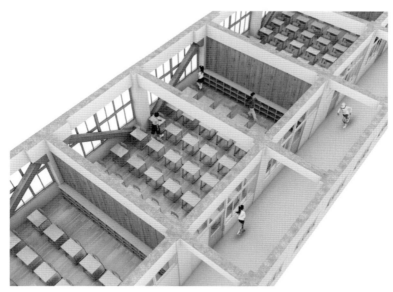

図1　耐震補強技術 T-FoRest シリーズ

2. 木質耐震壁接着工法 T-FoRest Wall の概要

2.1　工法概要

　本工法は CLT 等のパネルを既存の RC 造躯体とエポキシ樹脂接着剤を用いて一体化する耐

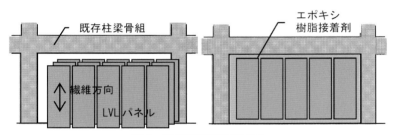

図2　耐震壁の設置模式図

震補強技術であり，畳1枚程度の大きさに加工したCLT等を取り付け位置に運び込んで順に建方し，仮固定をしたのちに周辺躯体やCLT等同士の隙間にエポキシ樹脂を注入するものである。図2に示す通り，増設するCLT等の耐震壁は，架構内に新設の壁として設けるほかに，既存躯体の耐震壁に増設（併用）することもできる。また，耐震工事では問題になることが多い騒音や振動，粉じんの発生が抑えられ，コンクリートの打設作業もないことから工事場所周辺の汚れ等の心配も少ないうえ，従来のRC造耐震壁の工事等に比べて大幅な工期短縮も実現できる。

現在は公共工事などへの適用が進むように「木質耐震壁接着工法」の名称で一般財団法人日本建築総合試験所にて建築技術性能証明（GBRC性能証明第14-18号改1）を取得済みである。なお，周辺躯体との接着接合方法は，過去に多くの利用実績を有する鉄骨枠をRC造躯体にエポキシ樹脂で固定する「鉄骨ブレース接着工法（建防災発第17012号）」の技術をベースにしているが，分割された複数のCLT等のパネルを接着接合で一体化する本工法の特徴でもある部分で接着剤と相性の良い木質材料の特性が活かされている。

2.2　施工方法

当社社宅新倉竹友寮で実施した工事事例を用いて施工手順を説明する（図3）。本工事では木質耐震壁としてCLT（スギ）を採用している。

図3　施工手順

第2章 木造建築の設計と強度・耐久性・耐震性評価

手順① RC造柱梁の躯体表面が現しとなるように既存仕上げを撤去する。
手順② チェーンブロックを用いてCLTの建方を行う。厚さ240 mmで1枚当り約150〜200 kgの重量である。
手順③ RC造架構内に並ぶCLTを仮固定した後，エポキシ樹脂を注入するための型枠を建て込む。
手順④ 高さ方向下部と中央部1/3，中央部残りおよび上部の3回に分けてエポキシ樹脂を圧入する。
手順⑤ エポキシ樹脂が効果した後，注入用型枠を撤去して仕上げ工事を行う。

CLTの建方は4枚で0.5日程度，エポキシ樹脂注入で2〜3日，脱型・清掃で1日程度となり，準備工事や撤収を含めても在来工法より工期の短縮が期待できる。また，現地搬入の際に建材を分割できることやスギ材の比重が小さく軽量化であることから搬入が容易であり，施工の困難な箇所へも適用範囲が広がるというメリットも挙げられる。

2.3 補強架構の破壊形式

T-FoRest Wallには，CLT等を既存壁のない柱梁架構内に設置する「新設壁」と既存RC造壁がある柱梁架構内に設置する「増壁」に分けて考える。各々の代表的な架構の破壊形式を表1に示す。

架構の代表的な破壊形式は，新設壁・増壁ともに接着接合部せん断すべり破壊先行型である。そのほか，新設壁・増壁ともに全体曲げ破壊型がある。新設壁では，この他に梁パンチン

表1 架構の主な破壊形式

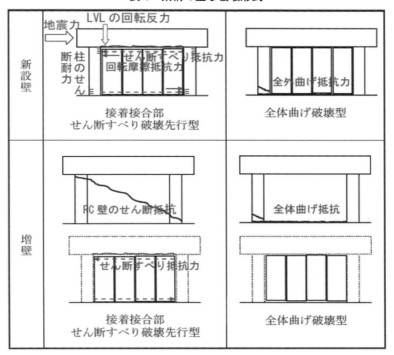

グ破壊型，梁破壊型（3次診断）がある。なお，木質材は接着剤と相性が良くコンクリートよりも高い接着強度が発揮されるため，木質間パネル間の接着接合部の破壊モードは生じず，最大耐力を発揮するまでは一体的な壁としての挙動を示す。

せん断すべり破壊先行型とは，CLT等壁と周辺梁との接着接合部がコンクリート表面ですべり破壊が生じる破壊形式であり，せん断補強耐力は既存建物のコンクリート強度によって決定される。せん断すべりが生じた後は剥離した箇所でコンクリートの噛み合わせにより地震時水平力がCLT等に伝達されるものである。既存建物のコンクリート強度の範囲であるFc13.5以上Fc30以下の範囲において，CLT等耐震壁に用いられる壁体のせん断強度は，接着接合部のせん断すべり耐力を上回ることを確認している。

2.4 設計法の概要
2.4.1 設計方針

図4に設計フローを示す。本工法は前述のように既存柱と梁で囲まれた架構内に補強壁としてCLT等を接着工法により設置するものである。また，既存RC造壁付き架構内ではLVLを補強壁として設置するものである。前述のとおり主な破壊形式は既存梁とCLT等壁の接着接合部のすべり破壊であり，その場合には補強耐力は接着接合部の耐力で通常は決定される。

CLT等パネルは繊維方向（又は主軸方向）を鉛直方向として架構内に設置することとしている。これは，木質壁の回転により上下既存梁に起こる回転反力による摩擦力で接着接合部の耐力の割り増しを期待したものである。加えて，繊維直行方向は抵抗力が小さくなることから，

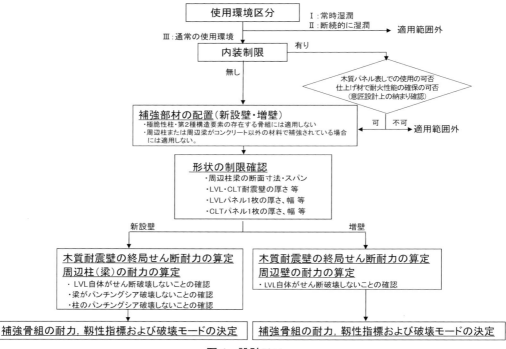

図4　設計フロー

建物が地震により水平変形を起こした際に生じる柱のせん断・曲げ変形に与える影響が小さくなり，脆性的な柱のパンチング破壊のリスクが軽減されるとともに，無補強の建物の独立した終局耐力にCLT等壁の終局耐力を単純累加するというシンプルな設計が可能となる。ただし，繊維直行方向の回転反力に抵抗する既存梁については，CLT等パネルによる梁のパンチング破壊に対する設計的な配慮が必要である。

2.4.2　適用条件

ここでは設計法の主な適用条件と留意事項を示す。
・新設壁および増壁に利用可能であるが，既存の柱梁骨組みの内側に設置される必要がある。
・設置構面の梁はパンチングシア破壊が起こらない断面が必要である。
・木質耐震壁の内法高さに対する内法長さの比は，1.0以上3.5以下の形状までとする。これは，構造実験で補強性能を確認された範囲である。その他，内法高さや梁幅，梁成など構造実験で確認された範囲での利用される必要がある。
・木質材料はコンクリートと比べてヤング係数が低いことから，パネルのせん断座屈が生じない板厚での利用が必要である。
・内装制限が適用される箇所では現しで利用できない。

3. 構造性能確認実験および耐力評価

本工法の補強効果を確認するために実施した構造実験[1]について紹介する。試験体は約1/3スケール縮小モデルで，1層1スパンRC骨組に木質パネルで補強を行い，一定軸力下において地震を模擬した水平力を繰り返し載加した。図5には無補強のRC骨組の実験結果（No1）の包絡線と，LVLを用いて補強を施したRC骨組の実験結果（No2）の荷重変形関係を併せて示す。補強した試験体（No2）の耐力は，無補強の試験体（No1）の約2倍となっており，高い補強効果を発揮することが確認できる。

また，図6には試験体の破壊状況を示す。試験体は骨組の相関変形角 $R = 2 \sim 4 \times 10^{-3}$ rad 時に梁下の接着接合部がすべり始め，補強効果が頭打ちとなっている。これは，前項までの試験結果から予想された破壊モードである。一方，補強効果が頭打ちした後も補強効果は急激には低下していない。これは接着接合面（写真）に見られるようにコンクリート側での母材破壊（凝集破壊）のため，そのすべり面に生ずる凹凸によるシアーキーの効果や柱梁が木質壁の周囲に枠として存在することによるすべり面へのせん断摩擦，接合部のすべりを柱が直接抑える効果などの複合的な要因により接着耐力の低下分を補ったためと考えられる。なお，せん断すべりが進行すると柱際の木質壁が圧縮破壊に至ることで補強効果は最終的に失われるが，$R = 20 \times 10^{-3}$ rad 以上の大変形時まで補強効果が維持されており，耐力のみならず優れた靭性も有する補強であると言える。このような優れた補強効果は，木質壁の程よいせん断剛性と圧縮に対する柔らかさ（靭性）によるものであり，コンクリートと比べて剛性が小さく（ヤング係数はコンクリートに対して約1/10程度）補強性能が不足すると思われがちである木質材料が，実際には面材として用いた場合にRC造との親和性が高いことが示された結果といえる。

第3編　木造建築の設計・評価技術

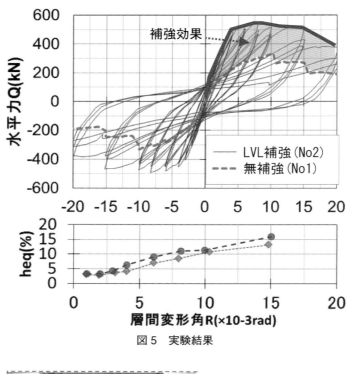

図5　実験結果

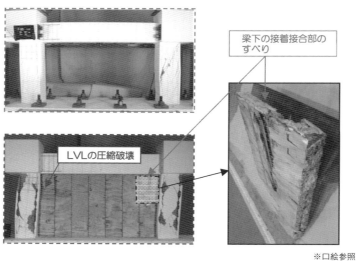

図6　試験体最終状況

　この他，CLTの利用や骨組みのスパン，パネルの剛性の差，接着面積の拡幅，開口タイプなど様々な実験変数を設定し，合計14体（うち，無補強の基準試験体2体を含む）の実験[2)3)]を実施してきた．図7には，これらの架構全体の実験結果と文献[4)]の提案式を用いて算定した補強耐力，RC骨組の計算耐力[5)]を累加して得た計算値の比較を示す．いずれも計算結果は実験結果を安全側に評価できていることが確認できる．

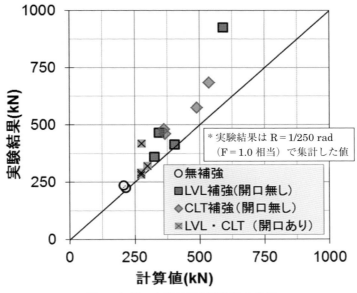

図7 架構の実験結果と計算値の比較

4. 今後の取り組みについて

これまでの技術開発・実用化で適用プロジェクトも増加しているが，まだ壁体への開口を設けた場合の評価方法など課題も残っている。また，木の表面が見える"現し"の状態で適用するには，耐火構造と内装制限の防耐火規制への対応も課題として挙げられる。従来技術のRC造耐震壁と同様に使えるよう技術開発を進めたいと考える。

文　献

1) 福原武史, 栗原嵩明, 石川裕次, 宇佐美徹：木質壁(LVL)を用いたRC骨組の耐震補強工法に関する実験的研究, コンクリート工学年次論文集, Vol.37, No.2, pp.1255-1260(2015).
2) 栗原嵩明, 福原武史, 須賀順子, 大野正人, 楠寿博, 石川裕次：構造用LVLを耐震壁として用いたRC架構の耐震補強の構造性能に関する研究　その1～2, 日本建築学会大会梗概集, pp.155-158 (2014).
3) 栗原嵩明, ほか：木質系面材によるRC骨組の耐震補強工法に関する実験的研究　その1～4, 日本建築学会大会梗概集, pp.687-694(2015).
4) 宮内靖昌, 福原武史, 毛井崇博：低強度コンクリートRC部材の耐震補強性能に関する実験的研究, コンクリート工学年次論文集, Vol.31, No.2, pp.1015-1020 (2009).
5) 日本建築防災協会：既存鉄筋コンクリート造建物の耐震診断基準同解説, (2001).

第3編 木造建築の設計・評価技術

第2章 木造建築の設計と強度・耐久性・耐震性評価

第4節 CLTパネル工法を用いた建築物の構造方法に関する技術的基準

宇都宮大学　中島　史郎

1. はじめに

　1990年代の中頃にヨーロッパで産声を上げたCLT（Cross Laminated Timber）を用いた木質構造は21世紀に入りヨーロッパを中心に普及する。同構造は2010年代には北米にも普及しはじめ，我が国でも同構造による木造建築物が建てられはじめる。この時期に我が国で建てられたCLTを構造材とする木造建築物は，建物ごとに時刻歴応答計算により地震等に対する構造安全性の確認を行い，国土交通大臣の認定を取得している。

　CLTを構造材とする木造建築物のより一層の普及に資するため，平成28年4月にCLTパネル工法を用いた建築物の構造方法に関する技術的基準が示された。同技術的基準は平成28年国土交通省告示第611号（以下，告示の名称は平28国交告第611号のように略す）として交付されている。なお，CLTパネル工法という建築工法の名称は平28国交告第611号の中に記述されているものであり，「直交集成板を用いたパネルを水平力及び鉛直力を負担する壁として設ける工法」と定義されている。

　一方，CLTパネル工法を用いた建築物の構造方法に関する技術的基準を運用するにあたって必要となる直交集成板の許容応力度と材料強度も時期を同じくして定められている。直交集成板の許容応力度と材料強度については，特殊な許容応力度及び特殊な材料強度を定めた告示（平13国交告第1024号）が改正され（改正内容を記した告示は平28国交告第562号），同告示に追記されている。

　本稿では，主としてCLTパネル工法を用いた建築物の構造方法に関する技術的基準を定めた平28国交告第611号（以下，「CLTパネル工法技術基準告示」と呼ぶ場合がある）の概要についてなるべくわかりやすい表現を用いて記した。なお，CLTパネル工法技術基準告示の詳細については，「2016年公布・施行　CLT関連告示等解説書」[1]及び「2016年版　CLTを用いた建築物の設計施工マニュアル」[2]を参照されたい。

2. CLTパネル工法を用いた建築物の構造方法に関する技術的基準の構成

　「CLTパネル工法を用いた建築物又は建築物の構造部分の構造方法に関する安全上必要な技術的基準」（平28国交告第611号）は，表1の各条項により構成される。

　序文には平28国交告第611号の建築基準法上の位置づけと同告示の構成が示されている。また，第一（適用の範囲）には建物の規模等に応じて適用しなければならない構造計算の方法が定められている。さらに，第二（材料）にはCLTパネル工法の構造耐力上主要な部分である

第3編　木造建築の設計・評価技術

床・壁・小屋組などに用いる直交集成板の品質等と，柱・梁に用いる集成材その他の木材，及び，接合部に用いる金物などに対する品質等が定められている。一方，第三から第六にはCLTパネル工法の構造部分を構成する各部の構造方法に関する技術的な基準が定められており，第七には防腐措置等に関する技術的な基準が定められている。

第八から第十には，具体の構造計算の方法が定められており，第八には保有水平耐力計算（いわゆるルート3），第九には許容応力度等計算（いわゆるルート2），第十には許容応力度計算（いわゆるルート1）の方法がそれぞれ示されている。また，第十一にはCLTパネル工法に対する耐久性等関係規定を構成する技術的基準が指定されている。さらに，第十二には第三から第六に定められている技術的基準のうち，第八に規定する保有水平耐力計算を行った場合に適用を除外することができる技術的基準が示されている。

以下，第一から第七，及び，第十二を中心にその概要について記述する。

表1　平28国交告第611号の条項

序　文	
第　一	適用の範囲
第　二	材　料
第　三	土　台
第　四	床　版
第　五	壁　等
第　六	小屋組等
第　七	防腐措置等
第　八	保有水平耐力計算と同様以上の安全性を確かめることができる構造計算
第　九	許容応力度等計算と同様以上の安全性を確かめることができる構造計算
第　十	令第82条各号及び令第82条の4に定めるところによる構造計算と同等以上安全性を確かめることができる構造計算
第十一	耐久生等関係規定の指定
第十二	令第36条第2項第一号の規定に基づく技術的基準の指定

（1）序　文

序文にはCLTパネル工法技術基準告示の建築基準法上の位置づけと同告示の構成が示されている。CLTパネル工法は，建築基準法施行令（以下，「令」と略す）第80条の2の第一に定める「建築物又は建築物の構造部分で特殊な構造方法によるもの」に該当する。すなわち，建築基準法施行令第3章第3節（木造）の適用範囲となる構造方法とは異なる構造方法となる。

特殊な構造方法については，国土交通大臣が安全上必要な技術的基準を定める場合があり，その場合には，建築物又は建築物の構造部分は国土交通大臣が定めた技術的基準に従った構造としなければならない。CLTパネル工法技術基準告示は，CLTパネル工法という特殊な構造方法に対して国土交通大臣が安全上必要な技術的基準を定めたものである。

なお，同様の告示には，枠組壁工法を用いた建築物又は建築物の構造部分の構造方法に関する安全上必要な技術的基準を定めた平13国交告第1540号や，丸太組構法を用いた建築物又は建築物の構造部分の構造方法に関する安全上必要な技術的基準を定めた平14国交告第411号などがある。

(2) 第一(適用の範囲)

第一(適用の範囲)には，CLTパネル工法を用いた建築物の高さ及び階数に応じて適合しなければならない基準が示されている。以下，その概要について記す。

1) 高さが60mを超える建築物

① 時刻歴応答計算による構造計算により建物の構造安全性についての確認を行い，国土交通大臣の認定を得ること。また，CLTパネル工法技術基準告示の第十一に指定される耐久性等関係規定に適合すること。

2) 高さが31mを超え60m以下の建築物，又は，地階を除く階数が4以上であり高さが60m以下の建築物

以下に記す②から④のいずれかを満たすこと。

② CLTパネル工法技術基準告示の第八に定める保有水平耐力計算により，建物の構造安全性の確認を行い，さらに，同告示の第二から第七に定める技術的基準のうち第十二に指定するものを除いた技術的基準のすべてに適合すること。

③ 限界耐力計算により，建物の構造安全性の確認を行い，さらに，CLTパネル工法技術基準告示の第十一に指定されている耐久性等関係規定に適合すること。

④ 前述の①に適合すること。

3) 高さが13mを超え31m以下，かつ，地階を除く階数が3以下となる建築物

以下に記す⑤または⑥のいずれかを満たすこと。

⑤ CLTパネル工法技術基準告示の第九に定める許容応力度等計算により，建物の構造安全性の確認を行い，さらに，同告示の第二から第七に定める技術的基準のすべてに適合すること。

⑥ 前述の①，又は，②，又は，③のいずれかに適合すること。

4) 高さが13m以下，かつ，軒の高さが9m以下，かつ，地階を除く階数が3以下となる建築物

以下に記す⑦または⑧のいずれかを満たすこと。

⑦ CLTパネル工法技術基準告示の第十に定める許容応力度計算により，建物の構造安全性の確認を行い，さらに，同告示の第二から第七に定める技術的基準のすべてに適合すること。

⑧ 前述の①，又は，②，又は，③，又は，⑤のいずれかに適合すること。

(3) 第二(材料)

第二(材料)にはCLTパネル工法の構造耐力上主要な部分である床・壁・小屋組などに用いる直交集成板の品質等と，柱・梁に用いる集成材その他の木材，及び，接合部に用いる金物などに対する品質等が定められている。以下，その概要について記す。

1) 直交集成板の品質等

直交集成板については，直交集成板の日本農林規格に規定する直交集成板，または，建築基準法第37条第二号に定められている規定に基づいて国土交通大臣が認定した直交集成板のいずれかに該当し，かつ，国土交通大臣が許容応力度と材料強度を指定したものを

用いることとされている。また，直交集成板を構成するラミナの厚さは，原則，24 mm 以上，36 mm 以下であることという制限も設けられている。

2） 柱と梁の品質

　柱と梁（間柱，小梁とこれらに類するものは除く）に用いる集成材，単板積層材，製材，その他の木質材料については，昭62年建告第1898号に定められている以下の基準に適合するものを用いることとしている。

① 「集成材の日本農林規格」に定める構造用集成材と化粧ばり構造用集成材
② 「単板積層材の日本農林規格」に定める構造用単板積層材
③ 国土交通大臣が基準強度の数値を指定した集成材
④ 国土交通大臣の認定を受け，さらに，国土交通大臣が許容応力度と材料強度の数値を指定した木質接着成形軸材料と木質複合軸材料
⑤ 製材の日本農林規格に定める目視等級区分構造用製材，及び，機械等級区分構造用製材の規格のうち，含水率の基準が15％以下のもの（含水率を20％以下のものとする緩和規定あり）
⑥ 国土交通大臣が基準強度の数値を指定した木材のうち，含水率の基準が15％以下のもの（含水率を20％以下とする緩和規定あり）

3） 接合部に使用する材料の品質

　接合部に用いる材料に対しては，構造耐力上必要な品質を有することが定められている。所定の規格に基づいて品質管理が行われているものや，試験によって品質が確認されたものなどが該当する。

(4) 第三（土台）

土台に関しては，以下の2つの技術的基準が定められている。

① 土台の緊結に関するものであり，土台を設ける場合には土台は基礎に緊結しなければならないことが定められている。また，「土台を設ける場合には」とあるようにCLTパネル工法においては土台を必ずしも設置しなくても良く，壁パネルを直接基礎の上に乗せて，基礎と緊結しても良い。
② 土台に幅に関するものであり，土台の幅は土台の上部に設ける壁パネル（耐力壁）の厚さと同じまたはそれ以上としなければならないことが定められている。

(5) 第四（床版）

床版に関しては，以下の5つの技術的基準が定められている。なお，床版については，床パネルを用いて構成するものの他に，従来の梁，根太，面材等を用いて構成する床版も用いて良いこととされている。

① 水平力の伝達に関する技術的基準である。水平力によって生じる力を耐力壁（最下階の床版の場合は土台または基礎）に有効に伝達することができる剛性と耐力を有することが定められている。
② 床版を構成する床パネルとして直交集成板を用いる場合の床パネルの形状に関する技術

的基準であり，床パネルに用いる直交集成板の形状を矩形とすることが定められている。また，床パネルを構成する直交集成板の開口について，開口を設けないか，開口を設ける場合には，開口がない場合と同等以上の剛性と耐力が得られるように開口部のまわりを補強する，あるいは，開口を考慮して床パネルの剛性と耐力を低減することが定められている。さらに，床パネルに使用する直交集成板は，その外層ラミナの繊維方向が床パネルの長手方向又は短手方向に対して平行となるように配置することが定められている。

③ 床版の支持方法に関する技術的基準である。床パネルを原則，平行する2つの壁または梁によって支持することが定められている。また，床パネルを支持する方法については，支持壁等から床版を突出させて，片持ちの状態で支持することも可としている。ただし，直交する2方向に持ち出すことについては不可としている。

④ 床版を構成する床パネルどうしの接合方法に関する技術的基準である。床版に生じる面内方向のせん断力と引張力が各床パネルに伝達されるように各床パネルどうしを有効に緊結することが定められている。また，床パネルどうしが接する線と耐力壁線が交差する部分については，引張応力を伝達することができるように緊結することが定められている。

⑤ 吹抜き等を設けるために床版を設けない部分で外壁に接する部分の補強に関する技術的基準である。耐風梁を設けるなど風圧力などの外力に対する補強を行うことが定められている。

（6） 第五（壁等）

壁等に関しては以下の4つの技術的基準が定められている。

① 耐力壁の種類と配置に関する技術的基準である。耐力壁には「壁パネル」を用いることが定められており，壁パネルには「無開口壁パネル」と「有開口壁パネル」の2種類があることが定められている。また，有開口壁パネルの垂れ壁部分・腰壁部分・袖壁部分，及び，無開口壁パネルの形状について矩形とすることが定められている。さらに，無開口壁パネルまたは有開口壁パネルを構成する各部分に開口を設ける場合の技術的基準が定められている。

　一方，壁パネルの配置として，建物に作用する水平力と鉛直力に対して建物が安全であるように釣り合いよく配置することが定められている。また，最下階に設ける壁パネル以外の壁パネルについては，床版の上に配置することが定められている。さらに，鉛直力のみを負担する柱または壁を配置しても良いことが定められている。

② 壁パネルに用いる直交集成板の向きに関する技術的基準であり，直交集成板の外層ラミナの繊維方向を壁パネルの長手方向又は短手方向に対して平行とすることが定められている。

③ 耐力壁の構造に関する技術的基準である。告示中には命名されていないが耐力壁を構成する架構形式として，（イ）小幅パネル架構[1]，（ロ）大版パネル架構①[1]，（ハ）大版パネル架構②[1]の3種類の架構形式が定められている。

― 339 ―

イ）小幅パネル架構

　　小幅パネル架構については，無開口壁パネルを使用し，有開口壁パネルを使用しないことが定められている。また，垂れ壁パネルと腰壁パネル（いずれも無開口パネル）の両側には，袖壁パネル（無開口パネル），または，大版パネル架構①を構成する有開口壁パネルの袖壁部分を配置し，パネル間を構造耐力上有効に緊結することが定められている。

　　さらに，無開口壁パネルを床版などと構造耐力上有効に緊結することが定められている。そして，緊結するにあたっては，垂れ壁パネルと腰壁パネルを除く無開口壁パネルの上下四隅を基礎，上下階の壁パネル，床版，小屋組，屋根版と緊結し，各接合部に生じる引張応力を伝達できる方法を用いて緊結することが定められている。

ロ）大版パネル架構①

　　大版パネル架構①は，有開口壁パネルのみを用いて構成するか，あるいは，有開口壁パネルと独立無開口壁パネル（垂れ壁パネル，腰壁パネル，袖壁パネルを除く無開口壁パネル）を併用して構成することとされている。

　　また，有開口壁パネルとして一端に袖壁部分がないものを用いる場合には，袖壁部分がない側の垂れ壁部分と腰壁部分に取り付くように，独立無開口壁パネル，無開口壁パネル（袖壁パネルに限る），有開口壁パネルの袖壁部分のいずれかを配置し，両者を構造耐力上有効に緊結しなければならないことが定められている。

　　一方，有開口壁パネルと独立無開口壁パネルは床版などの構造耐力上主要な部分と有効に緊結しなければならないが，緊結するにあたっては，有開口壁パネルの袖壁部分の上下四隅，あるいは，独立無開口壁パネルの上下四隅は必ず基礎，床版，壁などの構造耐力上主要な部分と緊結することが定められている。

ハ）大版パネル架構②

　　大版パネル架構②の架構形式は，壁パネルとその他の構造耐力上主要な部分との緊結方法を除き，大版パネル架構①と同じとなる。大版パネル架構①と同様に，有開口壁パネルと独立無開口壁パネルは床版などの構造耐力上主要な部分と有効に緊結しなければならないが，緊結するにあたっては，有開口壁パネル，あるいは，独立無開口壁パネルの上下四隅を基礎，床版，壁などの構造耐力上主要な部分と緊結することと定められている。また，袖壁部分がない有開口壁パネルについては，袖壁部分がない側の上下隅部（垂れ壁部分と腰壁部分の隅部に該当する）は緊結しなくても良いこととされている。

④　地階の壁に関する技術的基準である。地階の壁は鉄筋コンクリート造とすることが定められている。ただし，地階を構成する壁のうち，直接土に接することがなく，かつ，地面から 30 cm 以上の部分については壁パネルを用いても良いこととされている。

（7）　第六（小屋組等）

　小屋組または屋根版に関しては，以下の 5 つの技術的基準が定められている。なお，小屋組または屋根版については，屋根パネルを用いて構成するものの他に，従来の梁，根太，面材

等を用いて構成する小屋組または屋根版も用いて良いこととされている。
① 水平力の伝達に関する技術的基準である。水平力によって生じる力を耐力壁に有効に伝達することができる剛性と耐力を有することが定められている。
② 小屋組または屋根版を構成する屋根パネルとして直交集成板を用いる場合の屋根パネルの形状に関する技術的基準であり，屋根パネルに用いる直交集成板の形状を矩形とすることが定められている。また，屋根パネルを構成する直交集成板の開口について，開口を設けないか，開口を設ける場合には，開口がない場合と同等以上の剛性と耐力が得られるように開口部のまわりを補強する，あるいは，開口を考慮して屋根パネルの剛性と耐力を低減することが定められている。さらに，屋根パネルに使用する直交集成板の外層ラミナの繊維方向について，屋根パネルの長手方向又は短手方向に対して平行とすることが定められている。
③ 小屋組または屋根版の支持方法に関する技術的基準である。屋根パネルを原則，平行する2つの壁または梁によって支持することが定められている。また，屋根パネルを支持する方法については，支持壁等から屋根版を突出させて，片持ちの状態で支持することも可としている。ただし，直交する2方向に持ち出すことについては不可としている。
④ 小屋組または屋根版を構成する屋根パネルどうしの接合方法に関する技術的基準である。小屋組または屋根版に生じる面内方向のせん断力と引張力が各屋根パネルに伝達されるように各屋根パネルどうしを有効に緊結することが定められている。また，屋根パネルどうしが接する線と耐力壁線が交差する部分については，引張応力を伝達することができるように緊結することが定められている。
⑤ 水平構面を設けない部分で外壁に接する部分の補強に関する技術的基準である。耐風梁を設けるなど風圧力などの外力に対する補強を行うことが定められている。

(8) 第七（防腐措置等）
CLTパネル工法による建物の耐腐朽性，及び，耐蟻性を確保するためと，緊結金物の耐食性を確保するために定められたものであり，以下の4つの技術的基準が定められている。
① 土台または耐力壁が基礎と接する場合の措置に関する技術的基準である。土台または耐力壁が基礎と接する場合には，両者の間に防水紙などを敷き，防腐措置を講じなければなければならないことが定められている。
② 地面から1m以内の構造耐力上主要な部分（土台，床版，壁，柱など）に対する防腐防蟻措置に関する技術的基準である。床版の屋外に面さない部分を除き，有効な防腐措置を講じるとともに，必要に応じてシロアリ等による害を防ぐための措置を講じることが定められている。
③ 構造耐力上主要な部分のうち，直接土に接する部分，及び，地面から30 cm以内の外周部分に関する技術的基準である。鉄筋コンクリート造，または，鉄骨造とするか，あるいは，適切な防腐防蟻措置を講じることが定められている。
④ 接合金物の防錆に関する技術的基準である。腐食のおそれのある接合金物と常時湿潤状

態で使われる接合金物について，有効な防錆措置を講じることが定められている。

(9) 第十二（令第36条第2項第一号の規定に基づく技術的基準の指定）
　第八に定める保有水平耐力計算と同様以上の安全性を確かめることができる構造計算を行った場合に適用を除外することができる技術的基準が定められている。適用を除外することができる技術的基準には以下のものが該当する。
　第三第二号（土台の幅に関する技術的基準定）
　第四（床版に関する技術的基準）
　第五（壁等に関する技術的基準）のうち，
　　第三号イ（3）前段（無開口壁パネルは構造耐力上主要な部分である床版その他の部分と構造耐力上有効に緊結しなければならないという技術的基準），
　　第三号ロ（3）前段（独立無開口壁パネルと有開口壁パネルは構造耐力上主要な部分である床版その他の部分と構造耐力上有効に緊結しなければならないという技術的基準），
　　第三号ハ（2）前段（独立無開口壁パネルと有開口壁パネルは構造耐力上主要な部分である床版その他の部分と構造耐力上有効に緊結しなければならないという技術的基準）
　を除く技術的基準
　第六（小屋組等に関する技術的基準）

(10) おわりに
　CLTパネル工法を用いた建築物の構造方法に関する技術的基準を定めた平28国交告第611号の概要について記載した。第八から第十に示されている，保有水平耐力計算，許容応力度等計算，許容応力度計算については，告示または前述の解説書[1]またはマニュアル[2]を参照されたい。

文　献
1) "2016年公布・施行 CLT関連告示等解説書"，公益財団法人日本住宅・木材技術センター，(2016年7月).
2) "2016年版 CLTを用いた建築物の設計施工マニュアル"，公益財団法人日本住宅・木材技術センター，(2016年11月).

第3編　木造建築の設計・評価技術

第2章　木造建築の設計と強度・耐久性・耐震性評価

第5節　CLTパネル工法建築物の構造計算基準・実際例

株式会社日本システム設計　三宅　辰哉

1. はじめに

　CLTパネル工法は平28国交告第611号（以下"技術基準告示"）により，CLTパネルを水平力と鉛直力の両方を負担する壁として設ける工法と定義され，そのような壁が1枚でも存在する建築物はCLTパネル工法に該当する。技術基準告示を含めてCLTパネル工法建築物の構造計算に必要な一連の告示は2016年3月末および4月1日に公布され，付随する解説書[1]および設計施工マニュアル[2]（以下"マニュアル"）がそれぞれ2016年6月，10月に発行されている。
　本稿前半では，マニュアルのうち構造設計法に関わる下記の部分について概要を解説する。
　　第Ⅱ部　CLTを用いた建築物の特徴と留意点
　　　第1章　構法・構造性能
　　第Ⅲ部　構造設計
　　　第2章　構造計算の前提条件／第3章　設計用構造モデルの構成方法及び応力検定方法／第4章　各ルート共通の構造計算／第5章　保有水平耐力計算（ルート3）／第6章　許容応力度等計算（ルート2）／第7章　許容応力度計算（ルート1）／第8章　限界耐力計算
本稿後半では技術基準告示およびマニュアルに準拠して構造設計が実施された実際のCLTパネル工法建築物の概要を紹介する。

2. マニュアル第Ⅱ部・第1章の概要

　「第Ⅱ部　CLTを用いた建築物の特徴と留意点，第1章　構法・構造性能」ではマニュアルが対象とする建築物，架構の構成方法および標準的な接合方法などが示されている。

2.1　対象とする建築物

　マニュアルの対象は技術基準告示に規定されるCLTパネル工法建築物のほかに「CLTを部分利用した木造軸組構法建築物」，「CLTを部分利用した枠組壁工法建築物」および「CLTを部分利用または併用した他構造建築物」が含まれているが，第Ⅱ部・第1章の主対象および第Ⅲ部の対象はCLTパネル工法建築物に限定される。

2.2 架構の構成方法

CLTパネル工法建築物はCLTを水平力と鉛直力の両方を負担する壁として設ける建築物と定義される。架構は原則として水平構面勝ちのいわゆるプラットホーム工法として構成し，その鉛直構面は，無開口のCLTパネルを組合わせて構成する「小幅パネル架構」（図1(a)，(b)）と，開口を有するCLTパネルを用いて構成する「大版パネル架構」（図1(c)，(d)）に大別される。また，柱・間柱等と面材によって構成される在来壁を併用すること，柱梁フレームを併用すること，および構造計算ルートによってはそれらに水平力を分担させることも可能である。水平構面については，原則として矩形のCLTパネルによって構成するほか，梁・根太等の横架材と面材によって構成される在来床組および同様の在来小屋組を用いることも可能である。

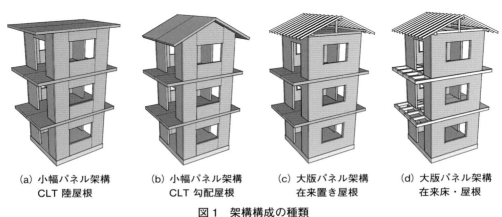

(a) 小幅パネル架構　　　(b) 小幅パネル架構　　　(c) 大版パネル架構　　　(d) 大版パネル架構
　　CLT 陸屋根　　　　　　CLT 勾配屋根　　　　　　在来置き屋根　　　　　　在来床・屋根

図1　架構構成の種類

2.3 標準的な接合方法

CLTパネル相互の接合方法として，欧州などでは長尺ビスによる接合が主流であるが，日本では地震力が大きいので，より高耐力の接合方法が必要となるほか，特に引張接合部については塑性変形能力も必要となる。これを考慮して，技術基準告示では「ビス打ち鋼板＋ボルト形式」（図2(a)）および「引きボルト形式」（図2(b)）を標準とし，ボルトには原則的に変形性能が

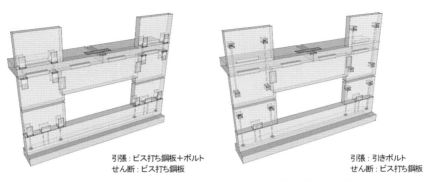

　　　　　　　　　　　　　　引張：ビス打ち鋼板＋ボルト　　　　　　　　　　　　　引張：引きボルト
　　　　　　　　　　　　　　せん断：ビス打ち鋼板　　　　　　　　　　　　　　　　せん断：ビス打ち鋼板

(a) ビス打ち鋼板＋ボルト形式　　　　　　　　　　(b) 引きボルト形式

図2　標準的な接合方法

確実なABR（JIS B1220 構造用両ねじアンカーボルトセット）を用いることとされている。

3. マニュアル第Ⅲ部・第2章の概要

「第Ⅲ部 構造設計，第2章 構造計算の前提条件」では技術基準告示を踏まえて壁パネルの分類，架構形式，使用できる構造材料および構造計算ルートなどが示されている。

3.1 壁パネルの分類

図3のように小幅パネル架構を構成する壁パネルは袖壁等パネル，垂れ壁パネルおよび腰壁パネルに分類され，大版パネル架構を構成する壁パネルは袖壁等部分，垂れ壁部分および腰壁部分に分類される。これらのうち袖壁等パネルと袖壁等部分を耐力壁と称する。

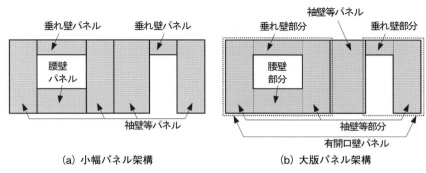

図3 壁パネルの分類と名称

3.2 架構形式

大版パネル架構は，水平力によって開口隅を起点とする鉛直方向の亀裂が発生することを許容する大版パネル架構①とそのような亀裂を許容しない大版パネル架構②に細分される。小幅パネル架構と大版パネル架構①は構造的特性がほぼ同じであることによりそれらをまとめて分割型架構と呼ばれ，それに対応して大版パネル架構②は一体型架構と呼ばれる（図4）。また，構造計算ルートに応じて耐力壁幅，開口幅，耐力壁配置および接合部の構造性能などに関する

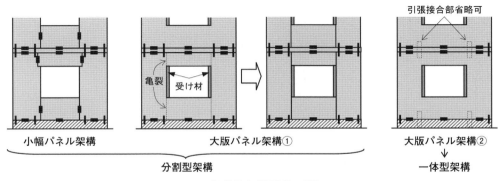

図4 標準的架構形式の種類

3.3 使用できる構造材料

CLTパネルは，ラミナ厚さが24 mm以上36 mm以下であり，かつ，次のいずれかに適合するものとする。

1) 直交集成板の日本農林規格に規定され，かつ，平13国交告第1024号により基準強度が規定されたもの。
2) 法第37条第二号に基づく材料認定および平13国交告第1024号第一第十九号ニ及び第二第十八号ニに基づく強度指定を受けたもの。

柱および横架材は，昭62建告第1898号の規定に適合するものとする。接合部に用いる金物，接合具の材料の品質は日本工業規格，日本農林規格または海外規格への適合が確認できるものとし，接合部の構成は試験に基づく構造性能の確認を行ったものとする。

3.4 構造計算ルート

CLTパネル工法建築物においても他構造と同様にルート1～3，限界耐力計算および時刻歴応答解析ルートが規定されている。ルート1では高さ13 m以下，軒高さ9 m以下，階数3以下，ルート2では高さ31 m以下，階数3以下，ルート3および限界耐力計算では高さ60 m以下が選択の条件である。時刻歴応答解析ルートでは規模・高さに関する制限は無い。

4. マニュアル第Ⅲ部・第3章の概要

「第Ⅲ部・第3章 設計用構造モデルの構成方法及び応力検定方法」では設計用構造モデルの構成方法，応力検定方法およびCLTパネルの剛性・強度などが示されている。

4.1 設計用構造モデルの構成方法

各種の荷重・外力に対する構造躯体の応力・変形の計算は原則として適切な構造モデルを用いた弾性解析による。また，ルート3および限界耐力計算では地震力に対する増分解析を行う必要がある。これらの解析に用いる構造モデルとして，マニュアルでは，図5に示すよう

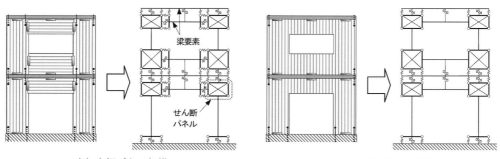

(a) 小幅パネル架構　　　　　　　　(b) 大版パネル架構

図5　構造モデルの構成例

に壁パネルを梁要素およびせん断パネルとし，接合部をバネ要素としたフレームモデルが標準的とされている．梁要素およびせん断パネルは弾性とし，対応する壁パネルの断面性能と弾性係数に基づいて設定する．バネ要素の応力変形特性は弾性解析では線形とし，増分解析では非線形とする．マニュアルにはいくつかの標準的接合部の応力変形関係が例示されている．

4.2 応力検定方法

壁パネルの応力は上述の構造モデルを用いた解析よって求め，屋根・床パネルの応力は同様の解析その他の方法によって求める．CLTパネルの応力度はこの応力とCLTパネルの断面性能に基づいて計算する．このとき，面外せん断応力度についてはCLTパネルのラミナ構成に応じて定まるせん断応力度分布係数の最大値を乗じる．この応力度がCLTパネルの基準強度から定まる応力度の許容値以下であることを検定する．接合部については対応するバネ要素の応力が許容値以下であることを検定する．

4.3 CLTパネルの剛性・強度

CLTパネルの剛性・強度はラミナの弾性係数・強度およびラミナ構成に基づき，応力度の方向に直交する方向のラミナは無効として計算する．

5. マニュアル第Ⅲ部・第4〜8章の概要

「第Ⅲ部・第4章 各ルート共通の構造計算」では令第82条各号の構造計算，層間変形角および偏心率・剛性率などの計算方法が示されている．その内容は他構造とほぼ同様であるので解説は割愛する．第Ⅲ部・第5〜8章では各構造計算ルートについて，CLTパネル工法として特徴的な内容が示されている．

5.1 保有水平耐力計算（ルート3）―第Ⅲ部・第5章

保有水平耐力は原則として増分解析においていずれかのバネ要素が終局変形に達した解析ステップあるいはそれ以前の解析ステップの層せん断力とする．必要保有水平耐力を計算する際の構造特性係数D_sは耐力壁幅，開口幅，接合部の変形能力等に関する仕様規定を満足する場合は表1の値とすることができる．この場合を「仕様D_s」と称する．それ以外の場合は$D_s=0.75$とするかまたは増分解析結果に基づいてD_sを計算する．この場合を「計算D_s」と称する．

5.2 許容応力度等計算（ルート2）―第Ⅲ部・第6章

ルート2では地震時応力に応力割増し係数R_fを乗じて検定する．R_fは2.5とするほか，1階壁脚部の引張接合部については耐力壁幅，開口幅，接合部の変形能力等に関する仕様規定を満足する場合は表2の値とすることができる．

5.3 許容応力度計算（ルート1）―第Ⅲ部・第7章

ルート1では耐力壁（鉛直構面）以外の部分については標準層せん断力係数を0.3として地

表1　構造特性係数 D_s

耐力壁長さ L (m)	分割型架構	一体型架構
90 cm 以上 1.5 m 以下	0.40	0.55
1.5 m 超 2.0 m 以下	0.50	0.55
2.0 m 超	0.55	0.55

表2　応力割増し係数 R_f

耐力壁長さ L (m)	分割型架構	一体型架構
90 cm 以上 1.5 m 以下	1.3	1.8
1.5 m 超 2.0 m 以下	1.6	1.8
2.0 m 超	1.8	1.8

震時応力を計算する。応力計算は4.1, 4.2で述べた弾性解析によるほか，技術基準告示第10に規定される鉛直構面の構成によって定まる耐力壁の許容水平耐力に基づく，いわゆる手計算レベルの方法が示されている。

5.4　限界耐力計算―第Ⅲ部・第8章

限界耐力計算は他構造と同様に令第82条の5および平12建告第1457号（以下「限界耐力計算告示」）の規定に従う。そのほか，CLTパネル工法建築物を含めCLTを用いる建築物には耐久性等関係規定として技術基準告示第七が適用される。また，限界耐力計算告示第6第2項では，木造建築物の安全限界変位時の層間変形角（以下「安全限界変形角」）の上限値1/30について，CLTパネル工法では従来の木造建築物に比べて層数の多いものが実現可能であることを考慮して，層数に応じて1/75～1/30の値が暫定値として示されている。

6. CLTパネル工法建築物の構造計算例

6.1　建築物概要・構造概要

対象とする建築物は図6～図9に示すCLTパネル工法による3階建ての事務所併用共同住宅である。その概要は下記の通りである。

　　名称：東和ハイシステム株式会社社員寮　　用途：事務所・共同住宅
　　階数：3　建築面積：216.43 m²　延べ面積：561.73 m²　最高高さ：9.970 m　軒高さ：9.885 m
　　総合設計：有限会社　片山建築研究所　　構造設計：株式会社　日本システム設計
なお，3階の平面は2階とほぼ同じである。

図6　外観パース

図7　内観パース（1階事務室）

第2章　木造建築の設計と強度・耐久性・耐震性評価

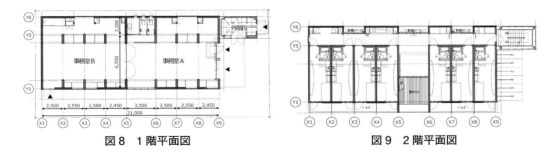

図8　1階平面図　　　　　　　　　　　　　　図9　2階平面図

　1階床及び小屋組を除く上部架構をCLTパネルで構成している。ただし，2階床レベルでは床パネルのたわみを抑制するために一部に構造用集成材による梁を設けている。そのほか，外階段は自立型の鉄骨造としている。図10，図11に伏図（抜粋）と軸組図（抜粋）を示す。X2〜X8通りの2，3階の壁には幅が6mを超える大型CLTパネルを用いているが，鉛直構面はすべて矩形のCLTパネルによって構成され，2.2で述べた小幅パネル架構に該当する。本建築物は1時間準耐火であるのでCLTパネル，集成材梁を現し仕上げとするために燃え代設計を行っている。CLTパネルについては60mmの燃え代を考慮するため，火災時の極端な断面性能低下を防止する目的で強度等級はすべて同一等級構成・S60としている。CLTパネルのラミナ構成については，1階壁を7層7プライ（210mm厚）または9層9プライ（270mm厚），2，3階壁を5層5プライ（150mm厚），屋根・床を5層7プライ（210mm厚）としている。

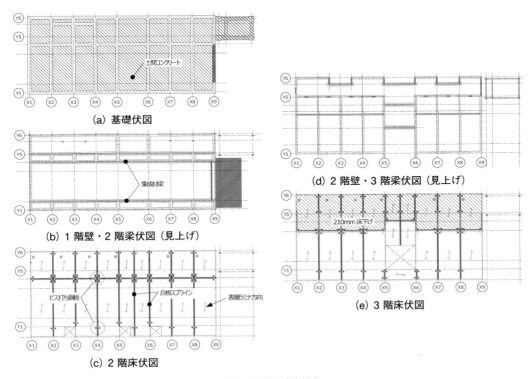

図10　伏図（抜粋）

— 349 —

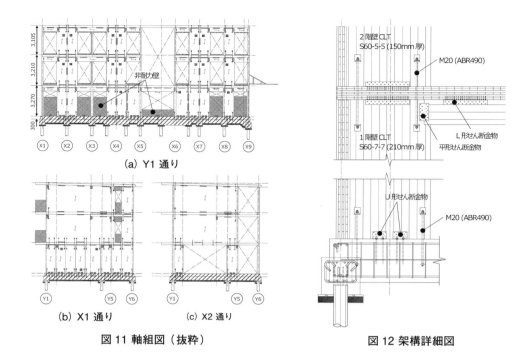

図 11 軸組図（抜粋）　　　　　図 12 架構詳細図

　接合部は**図 12** に示すように，壁パネル上下端の引張接合は引きボルトとしボルト M20（ABR490）により基礎と壁パネルおよび上下階の壁パネル相互を緊結している。壁パネル上下端の水平せん断接合はビス打ち鋼板とし，1 階壁脚部と基礎間には U 形せん断金物およびアンカーボルト M16（強度区分 6.8）を用いている。壁-床間および壁-屋根間には L 形せん断金物を用いている。このほか，建物長辺方向の隣接する CLT 壁パネル間には床パネルの面外せん断応力を軽減するために鉛直せん断抵接合として平形せん断金物を用いている。床パネル相互および屋根パネル相互はせん断抵接合として，28 mm 厚の合板やといざねを介して釘（CN75@100 mm）で接合する合板スプライン接合を用い，引張接合としてビス打ち鋼板を用いている。

6.2　構造計算概要

　構造計算ルートは 5.1 で述べた保有水平耐力計算（仕様 D_s）としており，4.1 で述べたフレームモデルによる立体モデルを用いた弾性解析および荷重増分解析により応力・変形を計算している。CLT パネルの弾性係数・基準強度および接合部の応力変形性能はマニュアルに基づいて設定するほか，床パネル相互の合板スプライン接合の応力変形性能については報告書[3]に基づいて設定している。なお，地震地域係数 Z は 0.9 としている。

6.2.1　一次設計（$C_0=0.2$）の検定結果

　上述の構造モデルを用いた弾性解析により長期荷重時および地震時（$C_0=0.2$）の応力変形を求めて検定を行った結果を**表 3** に示す。床面積当りの均し重量は 1，2 階で 5.2 kN/m²，3 階で

表3　一次設計（$C_0=0.2$）の検定結果概要

階	方向	Σw_i [kN]	Q_{ei} [kN]	γ_i	最大検定比 W	JT	JS	R_e	R_s
3	X	615	173.2	1/182	0.26	0.35	0.20	0.03	0.75
	Y			1/1139	0.11	0.39	0.24	0.09	1.39
2	X	1586	343.4	1/166	0.42	0.58	0.28	0.01	0.69
	Y			1/878	0.21	0.33	0.37	0.12	1.07
1	X	2549	458.9	1/379	0.59	0.88	0.34	0.13	1.56
	Y			1/449	0.44	0.37	0.26	0.04	0.55

X：建物長辺方向，Y：建物短辺方向，Σw_i：層の支持重量，Q_{ei}：地震層せん断力，γ_i：層間変形角
W：CLT 壁パネル，JT：引張接合部，JS：せん断接合部，R_e：偏心率，R_s：剛性率

3.3 kN/m² 程度である。層間変形角は X（建物長辺）方向の 2,3 階では一般的な木造軸組構法建築物と同程度，1 階ではその 1/2 程度となっている。Y（建物短辺方向）方向では 2,3 階に大型 CLT 壁パネルを用いているため層間変位が極めて小さく，その結果として 1 階の剛性率が 0.6 をやや下回っている。CLT 壁パネルの最大検定比は 0.6 未満で，比較的余裕がある。引張接合部の最大検定比は 0.88，せん断接合部では 0.37 となっている。偏心率はいずれも 0.15 を下回っている。

6.2.2　二次設計（保有水平耐力）の検定結果

荷重増分解析による各層の層せん断力-層間変位曲線を図 13 に示す。「Q_{un} 時」は必要保有水平耐力に達するステップ，「Q_u 時」は保有水平耐力時，「Q_b 時」はいずれかの接合部バネ要素の変形が設定した終局変形に達するステップである。「Q_u 時」は層せん断力が必要保有水平耐力をある程度上回るステップとしており，そのときの層間変形角は 1/30 未満となっている。また，「Q_b 時」は 1 階壁脚の引張バネ（アンカーボルト）によって決まっている。この解析結果に基づく保有水平耐力の検定結果を表 4 に示す。構造特性係数 D_s は表 1 に従い，Y（建物

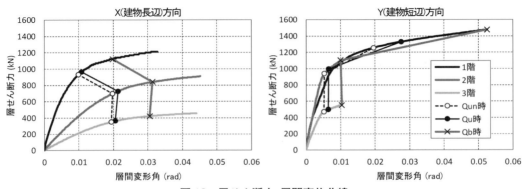

図13　層せん断力-層間変位曲線

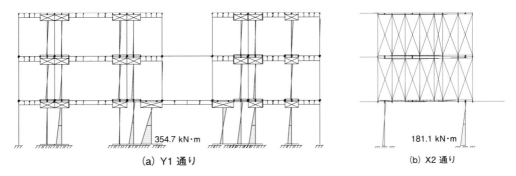

(a) Y1通り　　　(b) X2通り

図14　保有水平耐力時曲げ応力図（抜粋）

表4　二次設計（保有水平耐力）の検定結果概要

階	方向	D_s	F_{es}	$Q_{un}[\mathrm{kN}]$	$Q_u[\mathrm{kN}]$	Q_u/Q_{un}
3	X	0.40	1.00	346	364	1.05
	Y	0.55	1.00	476	532	1.12
2	X	0.40	1.00	687	725	1.06
	Y	0.55	1.00	944	1060	1.12
1	X	0.40	1.00	918	970	1.06
	Y	0.40	1.09	1111	1330	1.20

短辺）方向の2, 3階は大型CLT壁パネルを用いていることにより0.55とし，その他は0.40としている。また，「Q_u時」の曲げ応力図を図14に例示する。CLT壁パネルの基準強度に対する検定比は「Q_u時」で0.49，「Q_b時」で0.68であった。

6.3　施工状況

本建築物の上部架構建て方施工時の状況を図15に示す。施工者は特にCLTパネル工法に熟練しているということではなかったが，基礎工事完了後，実働8日間で上棟に至った。すでに多く指摘されているように，CLTパネル工法には建て方施工の工期が短いという特長があり，今回改めてそれが確認された。

7. おわりに

本稿では，CLTパネル工法建築物の構造計算に関する法令の規定および関連書籍の内容のうち構造計算に関わる部分の概要を解説するとともに，それらの規定に準拠して設計されたCLTパネル工法建築物の構造計算の概要を紹介した。

ラミナを交互に直交して積層するCLTパネルは原理的には製造可能サイズに上限は無く，現在，国内においては3×12 mまでのサイズが製造可能となっている。このような大型の構造用パネルを用いた架構方法には多様な可能性がある。また現在の技術基準告示においても保

(a) 1階壁パネル建て入れ　　(b) 1階壁パネル配置　　(c) 2階床パネル建て入れ
(d) 1階壁・2階床パネル配置　(e) 2階大型壁パネル配置　(f) 接合部の構成

図15　建て方の状況

有水平耐力計算（計算D_s）ルートであれば任意の架構形式に対応可能である．CLTパネル工法の技術基準告示が標準と想定するもの以外の新たな架構方法の開発・提案によりCLTパネル工法建築物の可能性がさらに広がるものと期待できる．

現在，CLTパネルのうち基準強度が規定されているのは最低等級に相当するMx60およびS60のみであるが，CLTパネルの構造性能に関する研究は多方面で継続的に実施されており，近い将来より上位の強度等級の基準強度が示されるものと考えられ，それもCLTパネル工法建築物の可能性拡大に寄与する．

CLTパネル相互の接合部についても技術基準告示およびマニュアルが標準とするもの以外に多様なバリエーションが考えられる．筆者の分析によれば，CLTパネル自体には国内においても少なくとも5,6階建て程度の建築物を構成し得る構造性能があり，より耐力の高い接合部の開発により中層のCLTパネル工法建築物の設計が構造性能の点で容易となる．

このほか，CLTパネルを大型化が可能な構造用建材ととらえ，鉄骨ラーメン構造の壁・床パネルとして利用するという取り組みや既存RC造建築物の耐震補強部材として利用する取り組みも実施されており，これらの方面でもCLTパネルの利用方法はさらに拡大するものと考えられる．

文　献
1) 日本住宅・木材技術センター：2016年公布・施行 CLT関連告示等解説書，（平成28年6月）
2) 日本住宅・木材技術センター：2016年版 CLTを用いた建築物の設計施工マニュアル，（平成28年10月）
3) 日本CLT協会：床版としてCLTを使用する枠組壁工法建築物の開発・成果報告書，（平成27年3月）

第6節 鋼・木質ハイブリッド構造の設計技術と評価

東京電機大学　笹谷　真通　　東京電機大学名誉教授　立花　正彦

1. はじめに

ハイブリッド構造とは，一般的に建築物の安全性，機能性，経済性，環境性などの要求に対して性能を保証するために各種材料・部材・骨組などを長所を生かした適材適所に組合わせて合理的な構造を追求したものである。

ここで取り扱う木材と鋼材のハイブリッド構造の内容については，日本鋼構造協会でまとめられた「鋼・木質ハイブリッド構造の設計施工技術資料」[1]に基づいて記載したものである。ここでの内容は，鋼・木質ハイブリッド構造の分類，構造設計手順，ハイブリッド化の部材および柱梁接合部の接合法，部材レベルのハイブリッド化，架構システムのハイブリッド化および製作・施工上の留意点などである。

2. 計算ルート

2.1 鋼・木質ハイブリッド構造の分類

鋼・木質ハイブリッド構造を分類して図1に示す。部材レベルのハイブリッドとしては，

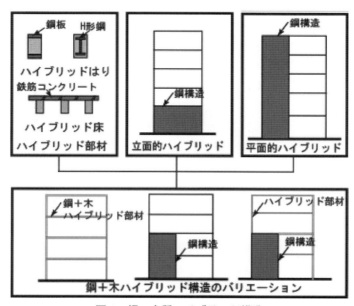

図1　鋼・木質ハイブリッド構造

第3編　木造建築の設計・評価技術

（A）立面的混構造の例　　　　　　　　　　（B）平面的混構造の例

図2　構造システムのハイブリッド

鋼材を木質系部材の両面に貼ったもの，内挿したものなどが考えられる。これらのバリエーションについてはハイブリッド部材の項で述べる。構造レベルでの組み合わせでは下階に鉄骨造を組み合わせた立面的ハイブリッドや平面的ハイブリッドが考えられる（図2）。ハイブリッド部材で構成される構造から鋼構造と木質構造の併用構造まで様々な組み合わせが考えられる。また，図には示していないが，屋根だけ鋼材と木質材料のハイブリッドとしたような構造も考えられ，それらを加えれば，きわめて多種多様な構造形態の組み合わせが案出可能である。

2.2　構造計算ルート

　鋼・木質ハイブリッド構造の構造設計ルートを考えた場合，複合形態，高さ，規模等により適用される法令や計算手順が異なる。複合形態による構造計算の基本手順を表1に示す。

　鋼材を引張り材とし木質材料を圧縮材とする張弦ばりのようにそれぞれの材料の許容応力度に基づいて設計する場合には，接合部の剛節度や変形を考慮したうえで，各部の応力を適切に評価できれば，設計は可能と考えられる。一方，H形鋼を木材で被覆したような鋼・木質ハイブリッド部材の場合には，特別な調査研究，たとえば実験などによって，その部材の許容耐力を定義する必要がある。特に接着剤を用いて一体化するような場合には，接着耐久性に関する検討が必要である。例えば，建設省告示1446号（九）や同619号に示される接着耐久性試験によって，低減係数などを定め，その部材の許容応力度を評価せねばならない。

　以上が鋼材と木質材料のハイブリッド部材の許容耐力等の基本的考え方である。具体的な事例についてはハイブリッド部材を参照願いたい。以下には簡単に鋼構造と木質構造を併用した構造についての留意点を述べる。

（1）鋼構造と木質構造の立面的併用構造

　3階建て以下の構造計算は，旧建設省住指発第113号（平3年3月27日）に示された技術基準によることができる。また4階建て以上5階建て以下の構造計算も，旧建設省住指発第113号（平3年3月27日）と同等の技術基準を適用し，上階については剛性率による低減は必要ないものと考えられる。

表1 鋼-木質ハイブリッド構造の構造計算ルート

形 態	高 さ	計算ルート ルート1	ルート2	ルート3	限界耐力計算	時刻歴応答計算	備 考
1. 木造4階建以上	13 m＜高さ≦31 m 9 m≦軒高	―	○	○	○	○	特定建築物として扱う
2. 立面的ハイブリッド（1階がS造またはRC造，2～5階が木造）	高さ≦13 m 軒高≦9 m	○*	○	○	○	○	特定建築物以外
	13 m＜高さ≦31 m 9 m≦軒高	―	○	○	○	○	特定建築物として扱う
3. 平面的ハイブリッド	高さ≦13 m 軒高≦9 m	○	○	○	○	○	特定建築物以外
	13 m＜高さ≦31 m 9 m≦軒高	―	○	○	○	○	特定建築物として扱う
4. 木造と集成材構造の混構造（垂直，水平いずれも）	高さ≦13 m 軒高≦9 m	○	○	○	○	○	特定建築物以外
	13 m＜高さ≦31 m 9 m≦軒高	―	○	○	○	○	特定建築物として扱う
5. 小屋組のみ木造（床，壁はS造またはRC造）	2階≦階数 200 m²＜延床面積	○	○	○	○	○	S造，RC造の計算ルートによる

ルート1：昭55建告第1790号中の第一号から第八号に掲げる建築物に適応される構造計算ルート。このルートにおいて要求される構造計算は令第82条および昭55建告第1790号の中に定められている。
ルート2：令第82条の構造計算に加え，次の構造計算を行うルート。①令第82条の2，②令第82条の3，③その他，昭55建告第1791号に定められた構造計算。
ルート3：令第82条の構造計算に加え，次の構造計算を行うルート。①令第82条の2，②令第82条の4。

（2）鋼構造と木質構造の平面的併用構造

　平面的併用構造の力の流れは複雑である。どちらかの構造を主体に考え，主体となる構造で外力，ここでは地震力の大半を負担すると仮定できれば，あとは主体となる構造への力の伝達を担保すればよく，比較的容易となる。しかし，それぞれが剛性に応じて水平力を負担するような場合には，剛性と耐力の関係がそれぞれの構造で異なるなど技術的に高度であり，限界耐力計算や時刻歴応答計算によって性能を検証すべきと考えられる。

3. ハイブリッド化の接合法

3.1 機械的接合と接着接合

　鋼・木質ハイブリッド構造では鋼と木質の異種間構造材同士の接合が重要なポイントとなる。接合法としては，機械的接合と接着接合に大別できる。
　機械的接合にはボルト，ドリフトピンなどの鋼製の接合具が使用される。主な接合形式は，

①ボルト接合，②ドリフトピン接合，③ラグスクリュー接合，④ドリルネジ接合，⑤支圧接合の5種類であり，各接合の破壊モードを以下に示すが，その具体的な設計式は，日本建築学会の木質構造設計規準・同解説[2]を参考にされたい。また，それぞれ負担できる応力，先孔・下孔の要・不要等の特徴が異なるので，構造や製作・施工手順に応じて使い分ける必要がある。

主な接合形式の降伏モードは，以下の通り。
①ボルト接合の降伏モード（**図3**）
②ドリフトピン接合の降伏モード（**図4**）
③ラグスクリュウ接合の降伏モード（**図5**）
④ドリルネジ接合

ドリルねじは，主に薄板軽量形鋼どうし，薄板軽量形鋼と合板等の構造用面材および製材との接合に用いられている。厚さ2.3mm未満の鋼板どうしについての許容応力度は，平成13年国土交通省告示第1641号（最終改正平成19年5月18日国交省告示大605号）に規定されているので，参照されたい。薄板軽量形鋼と合

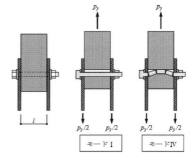

図3（1） ボルト接合の降伏モード（2面せん断鋼板挿入の場合）

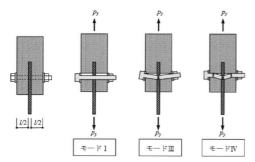

図3（2） ボルト接合の降伏モード（2面せん断鋼板材の場合）

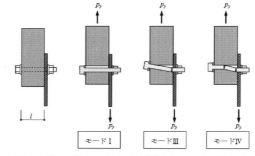

図3（3） ボルト接合の降伏モード（1面せん断の場合）

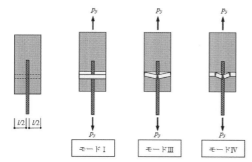

図4 ドリフトピン接合の降伏モード（2面せん断鋼板挿入の場合）

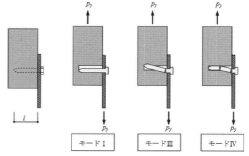

図5 ラグスクリュー接合の降伏モード（1面せん断の場合）

板等の構造用面材および製材との接合せん断強度については鋼材の支圧強度と構造用面材のめり込み強度から算出できるものと考えられる。

また，図6に示すように2枚の鋼板に面材が挟まれるような接合部では，ねじの軸部に加わる付加曲げモーメントが大きるなるため，せん断耐力は鋼板間の接合部と比べて低下することが考えられ，実験結果等[3)～6)]によって告示式を低下する必要がある。

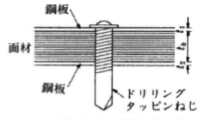

図6　構造用面材と鋼板の接合部

次に，鋼と木質との接着接合については種類と特徴を整理すると，表2の通りである。ロッド挿入型によれば引張力の確実な伝達が可能なので，柱梁接合部に使用されることが多い。プレート購入型と表面補強型については，機械式接合と併用で使用されることが多い。

表2　接着接合の分類

適用形式	接着形態	特　徴
ロッド挿入型	隙間充填型	ロッドに全ねじボルトまたは異形鉄筋を使えば確実な応力伝達が可能
プレート挿入型	隙間充填型	接着剤の接着力に依存する
表面補強型	面接着	接着剤の接着力に依存する

接着剤としては，①エポキシ樹脂系接着剤，②アクリル樹脂系接着剤，③シリコーン樹脂系接着剤，④ポリウレタン樹脂系接着剤，⑤変成シリコーン樹脂系接着剤などがあり，それぞれの特徴を生かして使用されている。以下に接着設計と接着作業の要点を記す。

3.2　接合部の接着設計

接着剤は，一定方向の面で応力を受けることにより最大の強さを発揮する。一方で，剥離や割裂といった面全体に作用しない応力には，一般的に弱い。そこで，接着接合部について，できるだけ一定の免方向にのみ応力がかかるように，接合部の形状工夫を施すことにより，十分な接合強度を得ることができる。以下にその例を示す[7)]。

3.2.1　重ね合わせでのそぎ重ね継ぎ手

せん断接着の場合，応力がかかると被着材にせん断方向だけでなく曲げ変形がかかる（図7，図8）。これが接着強さを落とす要因となる。結果として，被着材のラップ長さ方向に接着面積を増やしていくと，接着強さは面積に比例しなくなる。この影響はラップ長さが長くなるほど強く受けるため，ラップ長と接着強さの関係は，①のような単純かさねでは図7右のように，ラップ長が長くなるほど接着強さの上昇が小さくなる。これに対して，②のように，接合部端部にテーパー加工を施すことにより，曲げ変形を低減することが可能となり，図7の②のように，ラップ長が長くなっても理論的な比例直線に近い接合強度を得ることができる。

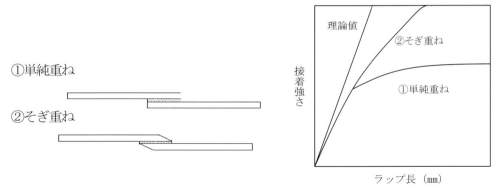

図7　せん断方向での継ぎ手によるラップ長さと接着強さの関係

3.2.2 突き合わせでのスカーフ継ぎ手

突き合わせ接着の場合，図9の①のように単純に貼り合わせると，引張り方向に対しては十分な接合強度を発揮するが，特に貼り合わせ面積が小さい場合，一方で折り曲げたり，ねじったりする力に対してはあまり期待できない。このような場合は，②のように斜めに突き合わせることで，引っ張り方向にかかる応力だけではなく，曲げやひねりと，①突き合わせ，②そぎ継ぎいった応力に対してもある程度強くすることができる。

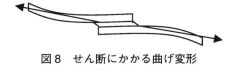

図8　せん断にかかる曲げ変形

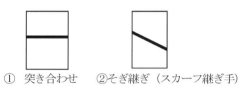

図9　突き合わせのスカーフ継ぎ手

3.2.3 突き合わせ接着での接合部設計

同様に，図10の①のような突き合わせ接着においても，接着面積が小さいと引っ張り方向に対しては一定の耐力が期待できるが，接着断面に曲げモーメントがかかるように例えば突きつけた棒を押し下げるように①の矢印方向にとからを加えると簡単にはがれてしまうことがある。これに対しては，②〜③のように棒に添え木をして接着面積を増やすことが有効である。③のように棒の両側に添え木をして接着すると，矢印のどちらの方向の応力にも一定の耐力を示すことができる。あるいは，ほぞを開けて突きつける棒などをほぞ穴に埋めて接着することにより，接着部分の曲げモーメントを低減し耐力を持たせることができる。

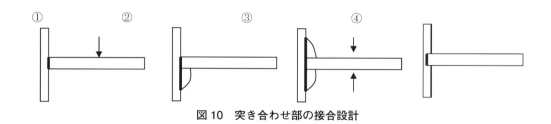

図10　突き合わせ部の接合設計

3.3 接着作業

一般的な接着作業の流れを図11に示す。選択される接着剤や被着材、使用場面、要求される工程時間作業する場所（工場内もしくは建築などの現場）など、様々な条件によって選択される工法は変わってくるが、基本的な流れは図11に従う。

3.3.1 接着剤の選定

前項に述べた接着剤の中で、被着材、使用環境、接着条件などを加味して接着剤を選定する。接着したものが置かれる環境に応じて耐熱性、耐寒性、耐水性、耐湿性、耐溶剤性などを考慮してその環境に耐性のある接着剤の選定が必要である。また、接着部位にどんな応力がかかるか、瞬間的な耐衝撃性や、長期クリープあ

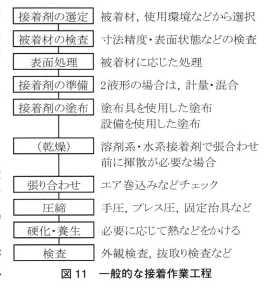

図11 一般的な接着作業工程

るいは構造部材として使用される場合は接合部に構造強度以上の強度が要求されるため、それぞれの場合に応じた接着剤を選定する。可能な限り、使用する被着材で、想定される荷重に対しての接着試験を実施したうえで選定する方が良い。

3.3.2 被着剤の表面処理

金属表面は一般的に弱い酸化膜で覆われており、接着を阻害する因子となることが少なくない。この層はサンディングなどの機械的処理や化学的処理によって取り除くことが必要である[8]。

現場においては、金属錆の除去、木質系材料の含水量管理などが重要な要素となる。また、場合によっては、金属面の接着を向上する目的でプライマーを塗布することも有効な手段である。

3.3.3 接着剤の塗布

接着剤の塗布は、工場で接着する場合、種々の方法が提案されている。特に比較的大きな面を接着す場合は、接着剤の塗工方法としてロールコーター、カーテンコータ、エクストルーダーなど接着剤の粘性や必要な塗布量、被着材の面状などに応じてさまざまな塗布方法があるので、適宜選択することにより、効率化を図ることができる。接着剤の塗布量は、被着材の形状や吸水性などとともに、次工程の圧締の有無などを加味して、接着面全面に接着できるような塗布量を選択する。

現場において塗布する場合は、塗布具としてはくし目ゴテやスプレーガンなどに限られる。適正なくし目ゴテを用いることにより、接着剤の塗り広げが容易になるとともに、くし目の形状によって塗布量を管理することができる。現場では、被着材の反り公差なども考慮して、確実に接着全体を接着できる塗布量を選択することが重要である。

3.3.4 圧　締

工場内で接着加工する場合，プレスなどの機械的な圧締は接着後の品質を安定させるために重要な要素である。被着材の寸法公差接着剤塗布量と圧締圧及び時間を管理することで，安定な接合物を得ることができる。一方，建築現場においては，機械的な圧締は困難な場合がほとんどで，手圧による圧締を前提として接着剤の粘性や被着材の寸法公差などを考慮した塗布量を選定することが重要である。

3.3.5 硬化・養生

工場内で生産する場合は，求める工程速度に応じて熱硬化など硬化を促進する場合も多い。この場合は，熱の伝わり方の違いや木質系材料の乾燥による収縮などによって接着面に応力が発生することも考慮した設定が必要である。また，エポキシ系接着剤などは，熱硬化させることにより硬化収縮も大きくなるので，注意が必要である。

現場においては，どうしても硬化に時間がかかることが多い。その硬化過程において接着面に応力がかかると剥がれの原因につながるので，そのような応力がかかることが事前に予測される場合は，接着剤が硬化するまでの間，別途仮固定する方法を検討する必要がある。

3.4　接着接合物の構造材としての使用例

おわりに，接着接合物を構造材として使用している例は少なくない。自動車や航空機などでは，主に金属同士の接着構造材として早い時期から使用され，研究も進んでいる。建築でも，SSG構法などガラスとサッシの接着では，すでに実用化されて海外では実績も多い。前述のように，鋼板と木材を張り合わせた複合部材も，1950年代にすでに実用化され，10年以上にわたって，戦闘機の構造材として使用された実例もある。接合部位にかかるひずみと応力をシミュレートし，一定の耐久性試験等で安全率を推定することで，面接合という接着剤の特性を活かした複合部材の設計が十分可能であると考えられる。

接着に対する課題として，防耐火の問題があげられる。一般に熱硬化性樹脂を主成分とした接着剤の場合，熱により軟化は起こらない。耐熱限界は，最も耐熱性の高いフェノール系あるいはシリコーン系でも200～250℃であり，接着部位にこれ以上の温度が継続的にかかると，火が直接当たらないような接着系では熱により劣化，炭化が進み，強度が低下する。具体的には各接合物にて耐火試験等を実施し，その特性を知ることが重要である。

3.5　柱梁および柱脚接合部の応力伝達

木質構造の柱梁接合部，柱脚接合部では鋼板・ボルト・ドリフトピン等の鋼材を介して部材間の応力伝達が図られている。鋼―木材ハイブリッド構造の接合部では，接合具に用いる鋼材を直接鋼構造部材に接合することで応力伝達を図ることができる。ここでは木質構造の主な接合形式とその応力伝達機構を示す。柱梁接合部，柱脚接合部では「モーメント」「せん断力」「軸力」の各応力を接合される部材間で伝達させる必要がある。代表的な木質構造の接合形式とその応力伝達機構を以下に示す[9)-14)]。

（1）モーメント抵抗接合（せん断抵抗型）

図12に示す「鋼板挿入式ドリフトピン接合」に代表される接合形式で、図13に示す通り部材に多数個配置した接合具で伝達されるせん断力によって、部材間で「モーメント」「せん断力」「軸力」を伝達するものである。

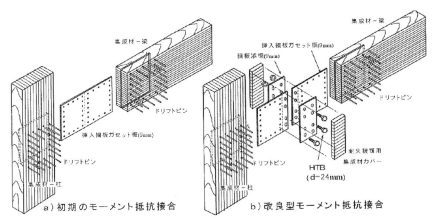

図12　鋼板挿入式ドリフトピン接合

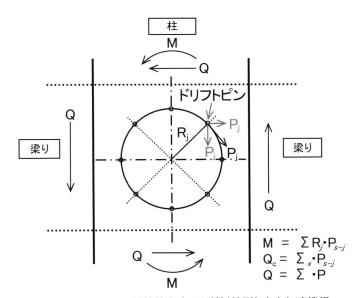

$$M = \sum R_j \cdot P_{s-j}$$
$$Q_c = \sum {}_x \cdot P_{s-j}$$
$$Q = \sum \cdot P$$

図13　モーメント抵抗接合（せん断抵抗型）応力伝達機構

この形式の接合法では、初期剛性の確保のためには接合具の加工精度を高めてガタを極力減らすことが必要で現場での施工精度の確保が不可欠であるが、多数個の接合具を用いることが多く精度確保が難しいため、設計・施工上この点に留意する必要がある。

第3編　木造建築の設計・評価技術

（2）モーメント抵抗接合（引張抵抗型）

図14～16に示す「引きボルト接合」，「ラグスクリューボルト接合」，「グルード・イン・ロッド接合」に代表される接合形式で，図17に示す通り鉄筋コンクリート部材と同様に木材中に埋め込んだ鋼材（接合具）が引張力を負担し，木材と埋め込んだ鋼材で圧縮力を負担することで曲げモーメントに対して抵抗する機構である。少量の接合具で高い曲げモーメント抵抗性能を発揮し得る接合形式であるが，せん断力の伝達を接合具に期待するのは危険であり，せん断力を伝達させるせん断ボルト等接合具の併用が望ましい。

また，接合具としてラグスクリューや挿入ボルトを用いる場合，接合具の埋め込み長さ・縁端距離の確保が断面設計上必要である。グルード・イン・ロッド接合のように接着剤を併用する場合は，適切

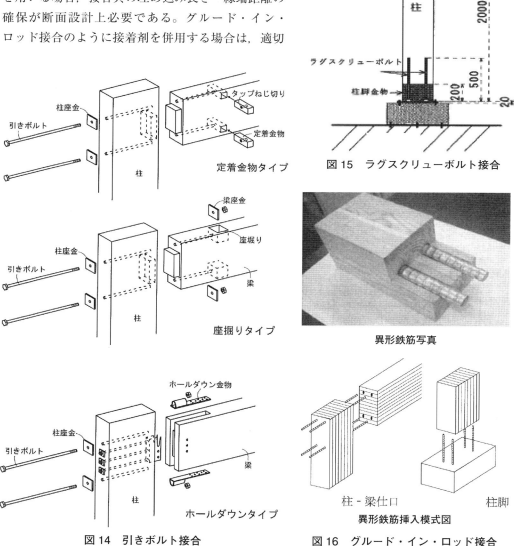

図14　引きボルト接合
図15　ラグスクリューボルト接合
図16　グルード・イン・ロッド接合

― 364 ―

第2章 木造建築の設計と強度・耐久性・耐震性評価

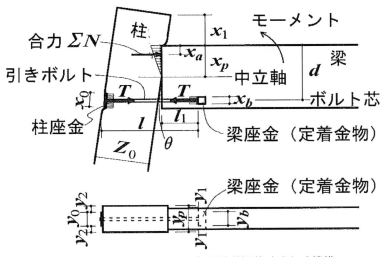

図17 モーメント抵抗接合（引張抵抗型）応力伝達機構

な養生（温度・時間）の管理に留意する必要がある。

4. 部材レベルのハイブリッド化

　鋼材と木質材料を組合わせた鋼・木質ハイブリッド構造は，梁，柱，壁面，床面や屋根面の部材と種種に提案・開発されている。ここでは各部位ごとに主な事例の概要を示す。

4.1 鋼材と木材を一体化した梁部材
（1）集成材の上下面に鋼板を貼ったハイブリッド梁[15]
　この部材の構成は，図18に示すように，集成材の下面または上下面に鋼板を貼り，ラグスクリューにより接合する。この梁のハイブリッド化の効果としては，曲げ剛性ならびに曲げ耐力の増大，引張側の破断による急激な耐力の低下を防ぐなどである。

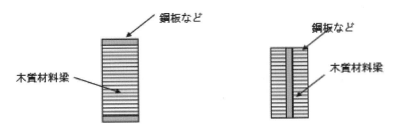

①上下面に鋼材を配置　②鋼板を中央に配置
図18 ハイブリッド梁の断面構成

— 365 —

（2）H形鋼と矩形断面木材を用いたハイブリッド梁[16]

この部材の構成は，図19に示すように，矩形断面の木材の下面または上下面にH形鋼を貼り，ラグスクリューにより接合する。この梁のハイブリッド化の効果としては，曲げ剛性ならびに曲げ耐力の増大，引張側の破断による急激な耐力の低下を防ぐ，さらに鋼板の上に被り木材を貼ることで圧縮側の鋼板の座屈が拘束され耐力の低下率が著しく低くなることなどである。

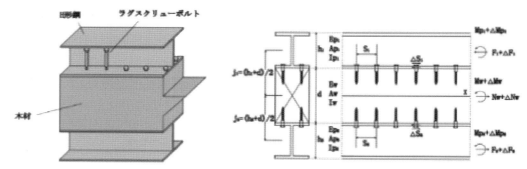

図19 工法の概要図

（3）スチールフランジ・ウエブ木のハイブリッド梁[17]

この梁の構成は，鋼板をフランジに，木材をウエブに使用したスチールフランジ型のハイブリッド梁である。梁は下端が水平で，上端を曲面としている。ハイブリッド化の効果としては，スレンダーな形で大スパンが得られる。

4.2 鋼材と木材を組み合わせた張弦梁[18]

この張弦梁の構成は，圧縮軸力が主体となる上弦材に木材を用い，引張軸力が主体となる下弦材には鋼材を用いる。ハイブリッド化の効果としては，木材の効果的な荷重抵抗要素は，圧縮力に強く，小さな曲げ抵抗性を持っていることであり，この部材を上弦材に使用し，引張力に対する効率のよい抵抗性を有する鋼材を下弦材に使用し，それぞれの材料の構造的特質を生かして構成されている。

4.3 床部材
4.3.1 鉄骨梁と木質床によるハイブリッド床[2]

この部材の構成の概要は，図20に示すように鉄骨梁はH形鋼，FBなどの鉄骨要素部材を，木質床としては木質梁部材と構造用合板などの面材などから床組，通常，軸部材として使用する梁成方向に積層する集成材，木質材（LVL，LSL）などの大型の木質部材を平面的に床部材に使用している。これらの接合部は，鉄骨梁の上部にスタッド状に設置したボルトなどにより応力伝達を考えている。

ハイブリッド化の効果としては，木質系床により水平ブレースなしに剛な床を確保できる可能性や鉄骨梁にすることで木質梁よりも大スパンに対応することが容易であることなどである。

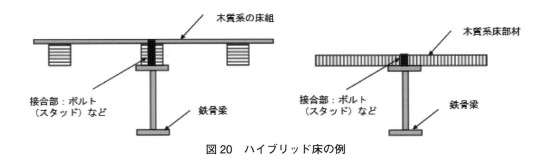

図20　ハイブリッド床の例

4.3.2　薄板軽量形鋼と合板によるハイブリッド床[19]

スチールハウス（枠組壁工法の枠組材を厚さ 1.0 mm 前後のめっき軽量形鋼で置き換えたもの）の床は，薄板軽量形鋼の根太に構造鋼板をドリルねじで接合したもので，その床組の部材構成を図21に示す。

ハイブリッド化の効果としては，スチールハウスでは，ALC板等の床パネルや折板等の屋根を用いる鉄骨構造と異なり，床面や屋根面に水平や垂直ブレースの設置が不要となり，このため施工の合理化とコスト削減などが期待できる。

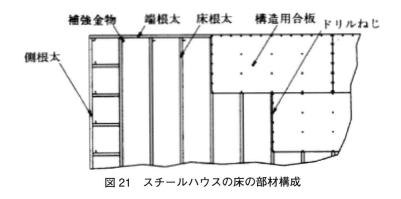

図21　スチールハウスの床の部材構成

4.4　ハイブリッド壁部材[19]

薄板軽量形鋼と合板によるハイブリッド壁の構成を図22に示す。耐震壁の端部たて枠は，リップ付溝型鋼を二丁または角型のものを，また，中間部のたて枠は一丁とする。上下枠にはたて枠と内法寸法の合う溝型鋼用いる。構造用合板を構造用鋼板のたて枠と上下枠および中間枠にドリルねじで，外周が 150 mm で，中間は 300 mm の間隔としている。

ハイブリッド化の効果としては，薄板鋼の枠材の座屈が面材によって拘束されること，室内に柱形ができないなどである。

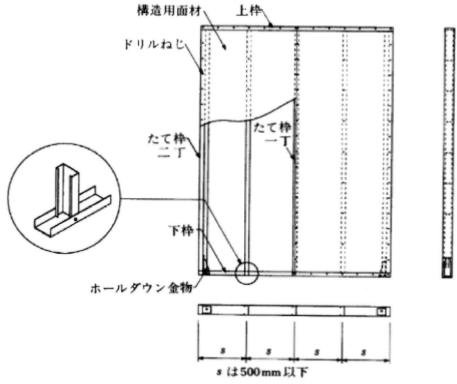

図22 スチールハウスの耐力壁の構成

5. 架構システムのハイブリッド化

5.1 はじめに

　木質構造の代表的な架構システムとして，在来軸組工法，枠組壁工法，丸太組工法，大断面集成材を用いた工法などがあげられる。近年の木質および鋼のハイブリッド構造による架構システムは多種多様なものになっており，特に大空間木質系構造物を計画する際に多く用いられるようになってきた。本章で取り扱う架構システムをこれらから大きく，①軸力系，②せん断系，③曲げ系の3種類に分類し，それぞれについて事例を紹介しながら，分類別の特徴を述べる。

5.2 軸力系

　軸力系の架構システムの代表的な形式として，トラス・ドーム・シェルが考えられる。これらの形式について概要および事例を紹介する。
　トラスを用いた架構システムは，一般的に体育館などといった大スパン構造に用いられることが多い。また近年の架構形態の傾向としては，平行トラスのように大スパンを主目的としたものから，アーチ系トラス構造のようにトラス架構自体が建築として表現しているものが多く見受けられるようになった。以下に特徴的なシステムを列記する。

① 断面ハイブリッド：軸力を負担する部材には鋼材とし，座屈補剛材として木材を使用した例
② 部材別ハイブリッド：圧縮軸力（＋曲げ）を木材が負担し，引張材として鋼材を用いた例
③ 部材＋接合部別ハイブリッド：木材で構成されたトラスの構成要素の一部として接合部に鋼材を用いた架構システムの例

5.2.1 断面ハイブリッドの事例

断面ハイブリッドの事例としては，深谷市生涯学習センター公民館（設計：松田平田設計，図23），長南中学校体育館（設計：榎本建築設計事務所，構造設計：飯島建築構造事務所，図24）がある。いずれも上弦材をフラットバーの両側に集成材を挟んだ部材に下弦材を鋼材

図23　深谷市生涯学習センター公民館

図24　長南中学校体育館

第3編　木造建築の設計・評価技術

としたハイブリッド架構としている。

5.2.2 部材別ハイブリッドの事例

部材別のハイブリッドの事例について，所沢市民体育館（設計：所沢市道路公園部営繕課＋坂倉建築研究所，構造設計：O.R.S 事務所，**図 25**）は，メインアリーナの屋根の構造形式を，木造トラスとスチールの鋼棒を組み合わせたものを採用している。スギ製材を用いたアーチ状の木造トラスを構成したうえで，木造トラス同士を鋼棒で立体的に接合する。木材には圧縮力，鋼棒には引張力しかかからない構造形式とした。木材は接合部を含めて圧縮に強い材料であるから，合理的な構造といえる。木造トラスを構成する上下弦材と束材の接合方法は独自に開発したシヤーコネクターや収縮追随型のナット（タイトニック）などの金物を組み合わせ，接合精度や接合強度を高めている。

姶良総合運動公園体育館（設計：古市徹雄郡市建築研究所・山下設計 設計共同体，構造設計：川口衞構造設計事務所，**図 26**）は，南北方向に流線型をしており，下弦材は鉄骨によるフラットバー，ラチス材は鋼管による不完全トラス構造（完全なラチストラスから部分的にラチス材を間引いた構造体）とした。上弦材として使用した集成材は，200 mm 厚の米まつ＋18 mm の杉（姶良産：米まつ下面に天井材として使用）で構成され，1 ピースを 8 m×2.5 m（重量約 2 ton）の運搬・取り扱いが可能な大きさに分割して製作した。

集成材はスパン方向には上弦材としての圧縮力が作用するが，不完全トラスとしてラチス材を間引いたことにより若干の曲げモーメントが生じている。集成材の繊維方向はスパン方向と平行になるように構成し，スパン方向の継ぎ手は曲げモーメントが最小になる箇所を選んで設けることとした。桁行方向には，屋根の曲面部分を中心に，明確なシェル効果が見られ，剛性，強度ともに健全な構造システムを構成している。屋根の構造機能としては上記の他に，アリーナ外周に配置された水平抵抗要素まで地震力を主として面内力で伝達する役割が課せられている。

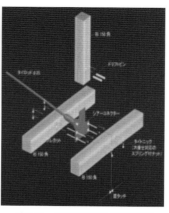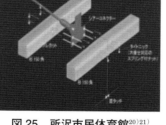

図 25　所沢市民体育館[20)21)]

第 2 章　木造建築の設計と強度・耐久性・耐震性評価

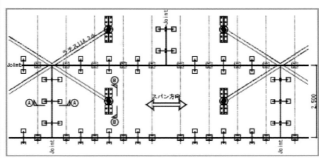
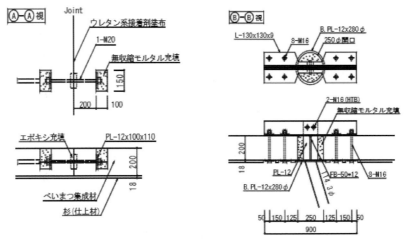

図 26　姶良総合運動公園体育館[22)23)]

6. おわりに

　以上，鋼材と木材を組み合わせた構造や部材の設計事例と設計，施工上の留意点などを整理した。2010 年に「公共建築物等木材利用促進法」が施行され，低層の公共建築物を国は原則木造化，地方自治体は木造化の努力が必要となった。構造上の木造の弱点の 1 つは，保有耐力接合が難しく，さらに剛節点とみなせるほどの剛性が確保できないことである。この弱点を補うべく古くから木材の接合には鋼材が使われてきた。本資料では，まず，鋼材を用いた接合部について整理した。また，接合には鋼材が使われることを前提とした場合，引張を受ける材を鋼材で構成し，圧縮は木材が負担するような見た目にも美しいハイブリッドトラス構造を構成したくなることは自明である。そのような複合構造もここで扱い，整理した。そのほか，鋼材と木材を組み合わせ耐火性能を持たせた部材や，曲げ性能の向上を図ったハイブリッド部材なども扱っている。木材や木造は結局鋼材で補強された構造ともいえ，木造を推進する上で，鋼材の寄与は欠かせないといえよう。

第 3 編　木造建築の設計・評価技術

　とはいえ，高強度，高剛性を狙い鋼材を使った接合部や複合構造であっても，結局のところ接合部ではすべりを生じ，変形計算ではそれらを考慮しなければならない。一方，鋼構造では接合部は剛節，あるいはピン節として扱われ，それらのモデルは容易であり，設計を支援するソフトウエアも完備されている。鋼木ハイブリッド構造の接合部のモデル化をより忠実に行おうとすれば，平面解析であっても軸方向，せん断方向，回転方向の3方向の自由度とそれらの相互作用も考えなければならず，極めて複雑な構造モデルとなる。このように接合部の力学的挙動をまともに考慮しようとするだけで，かなりの手間やこれまでとは異なる作業を迫られることになる。このような手間や作業に加え，ばらつきを含む材料特性や許容耐力誘導の考え方なども異なり，木材と鋼材の接合部の設計法と鋼構造の設計法の両者が確立されていたとしても，いまだ試行錯誤を繰り返しながら設計をしなければならない。

　本設計・施工技術資料は，そのような試行錯誤を繰り返してきた事例の思考過程や結果を，分類・整理したものといえる。このような分類・整理作業は，将来的には必要性能に対して断面や接合部が書かれた「標準仕様書」というような極めて設計に重要となる資料につながるものと考えている。

　将来像から現段階のまとまり具合はやや途上と言わざるをえないが，有益な資料としてまとまったものと考えている。ここで整理した内容が，今後鋼木ハイブリッド構造の設計・施工の一助となれば幸いである。

文　献
1) 日本鋼構造協会：鋼・木質ハイブリッド構造の設計施工技術資料, JSSC テクニカルレポート, No.95, (2012).
2) 日本建築学会：木質構造設計・同解説―許容応力度・許容耐力設計法, (2006).
3) 山口修由, 宮本俊輔, 宮沢健二：木質複合建築構造技術の開発―H型鋼を用いた接合法 その1, 抵抗モーメント計算式の提案―, 日本建築学会大会学術講演梗概集, 北陸/C-1, (2002).
4) 宮本俊輔, 山口修由, 宮沢健二：木質複合建築構造技術の開発―H型鋼を用いた接合法 その2, 継ぎ手接合単純梁実験について―, 日本建築学会大会学術講演梗概集, 北陸/C-1, (2002).
5) 森清輝, 宮本俊輔, 山口修由, 宮沢健二：木質複合建築構造技術の開発―H型鋼を用いた接合法 その3, 継ぎ手接合部の設計式の提案―, 日本建築学会大会学術講演梗概集, 東海/C-1, (2003).
6) 森清輝, 宮本俊輔, 山口修由, 宮沢健二：木質複合建築構造技術の開発―H型鋼を用いた接合法 その4, T型接合部の曲げ実験―, 日本建築学会大会学術講演梗概集, 北海道/C-1, (2004).
7) 宮入裕夫：接着の技術, Vol.**23**, No.1, (2003).
8) 日本接着学会：接着ハンドブック(第4版), 日刊工業出版, (2007).
9) 森拓郎, 中谷誠, 小松幸平：雄ネジタイプのラグスクリューボルトを用いた木質ラーメン構造の開発 その2　柱脚接合部実験とフレーム実験, 日本建築学会大会学術講演梗概集, C-1, (2006).
10) 奥田勇, 籠本真成武, 濱田義之, 窪田吉秀, 三井篤：未来へ向かって進化する都市型デザイン建築構法の研究　その3　ハイブリッド構造による都市型3階建てWS造の開発ラグスクリューボルトによる新接合システム, 日本建築学会大会学術講演梗概集, E-1, (2009).
11) 籠本真成武, 濱田義之, 窪田吉秀, 三井篤：未来へ向かって進化する都市型デザイン建築構法の研究　その4　ラグスクリューボルトによるハイブリッドWS造の耐力　新接合システムの限界状態, 日本建築学会大会学術講演梗概集, E-1, (2009).
12) 畔柳歩, 辻岡静雄, 龍野敦夫, 脇山広三, 今井克彦：小中径木を用いたスペースフレーム接合部の圧縮・引張性能に関する実験的研究　その1・圧縮実験, 日本建築学会大会学術講演梗概集, C-1, (2005).
13) 辻岡静雄, 畔柳歩, 龍野敦夫, 脇山広三, 今井克彦：小中径木を用いたスペースフレーム接合部の圧縮・

引張性能に関する実験的研究　その 2・引張実験, 日本建築学会大会学術講演梗概集, C-1, (2005).
14) 畔柳歩, 龍野敦夫, 辻岡静雄, 今井克彦：ヒノキ・スギを用いた木造スペースフレームの部材モデルに関する検討, 日本建築学会大会学術講演梗概集, C-1, (2007).
15) 松本芳紀, 山田孝一郎, 上嶋賢治：鋼板補強木造ばりの挙動に関する理論的研究　その 1　鋼板補強木造ばりの弾性挙動, 日本建築構造系論文報告集, (1991).
16) 松本芳紀：木材と鋼材からなる合成ばりの弾塑性解析法に関する研究, 日本建築構造系論文報告集, (2003).
17) 川口衛：構造と感性Ⅳ　木の構造デザイン, 法政大学建築学科同窓会
18) 新日鉄エンジニアリングのスペーステクノロジー/木・鋼ハイブリッド構造, 新日鉄エンジニアリングパンフレット
19) 日本鉄鋼連盟：薄板軽量形鋼造建築物設計の手引き, 技報堂出版, (2002).
20) 日経アーキテクチュア, (2003).
21) 東泰規：建築技術, (2004).
22) 日経アーキテクチュア, (2005).
23) 川口衛, 阿蘇有士, 伊原雅之：建築技術, (2005).

第3編　木造建築の設計・評価技術

第3章　木材・木造建築の快適性・居住性評価

第1節　木材の生理的快適性評価

国立研究開発法人森林研究・整備機構　池井　晴美
千葉大学　宋　チョロン　　千葉大学　宮崎　良文

1. はじめに

　現在のストレス社会において，木材は生理的リラックス効果を持ち，ストレス軽減効果を有することが，最近の科学的データの蓄積とともに明らかになりつつある。

　人は人になって700万年が経過し，自然環境下において，遺伝子の変化も伴う進化という過程を経て，都市環境下で生活する今の人となった。仮に産業革命以降を都市化とした場合，2～300年程度の短期間では，自然環境に対応してできている人の体は，人工化した都市社会には対応できず，ストレス状態にあると考えられている[1,2]。

　自然由来の素材である木材によって，ストレス状態が軽減されることは，経験的には知られてきた。科学的データの提出は遅れていたが，1992年に木材による嗅覚刺激が生理的リラックス効果をもたらすことが初めて報告され[3]，その後，今に至るまで，五感に関わる生理データが，少しずつ蓄積されつつある（表1）。詳細は，日本木材学会英文誌の総説[4]をご参照頂きたい。

　本稿においては，最初に，生理的評価法の概要を記し，その後，木材がもたらす生理的快適性増進効果に関して，嗅覚，視覚ならびに触覚刺激に分けて紹介する。

2. 生理的快適性評価法

　一般的に用いられる生理的快適性評価指標としては，①脳活動，②自律神経活動，③内分泌活動，④免疫活動が挙げられる[5,6]。

2.1　脳活動[5,6]

　脳活動評価においては，近赤外分光法（NIRS, Near-infrared spectroscopy）を用いた酸素化ヘモグロビン濃度計測が最近の主流である。近赤外分光法とは，血中に存在する酸素化・脱酸素化ヘモグロビンの近赤外光吸収特性を利用し，経時的に脳活動計測する方法である。ヘモグロビンは，血液中で酸素を運搬する役割をしており，動脈血中において酸素と結びつき，多くが酸素化ヘモグロビンとして存在している。酸素化ヘモグロビン濃度は，組織に供給される酸素を反映しており，活動時には上昇し，リラックス時には低下する。

　近赤外分光法による脳活動計測においては，暗算等により上昇し，リラックス時には低下する「前頭前野」が用いられることが多い（図1）。毛髪がないため計測が容易であるという利点もある。被験者の前額部表面に両面テープにてプローブを装着し，そこから近赤外光を照射し

表1 木材がもたらす生理的快適性増進効果（[4]を改編）

感覚	刺激	比較	指標	結果	出典
嗅覚	ヒノキ天然乾燥材チップ	高温処理材チップ	脳活動	脳前頭前野活動の鎮静化	7
嗅覚	スギ材チップ	前値（刺激前）	脳活動 自律神経活動	脳前頭前野活動の鎮静化 収縮期血圧の低下	18
嗅覚	ヤマザクラチップ	前値（刺激前）	脳活動 自律神経活動	脳前頭前野活動の鎮静化 脈拍数の低下, 唾液中アミラーゼ活性の低下	8
嗅覚	スギ内装パネル	前値（刺激前）	自律神経活動	クロモグラニンA上昇の抑制	25
嗅覚	ヒノキ材油	前値（刺激前）	免疫活動 内分泌活動	NK細胞活性の上昇 尿中アドレナリン・ノルアドレナリン濃度の低下	24
嗅覚	タイワンヒノキ材油	前値（刺激前）	自律神経活動	収縮期・拡張期血圧の低下	3
嗅覚	タイワンヒノキ材油	前値（刺激前）	自律神経活動	強いにおい：拡張期血圧の低下, 縮瞳最大加速度の上昇	17
嗅覚	ヒバ材油	空気	脳活動	随伴陰性変動, 前期・後期成分振幅の上昇	23
嗅覚	ヒバ木粉	前値（刺激前）	脳活動	随伴陰性変動, 前期成分振幅の低下, 脳波 α/β 波比率の上昇	22
嗅覚	コウヤマキ材	前値（刺激前）	脳活動	α 波出現率の上昇	19
嗅覚	ヒメコマツ材	前値（刺激前）	脳活動	α 波出現率の上昇	19
嗅覚	ケヤキ材	前値（刺激前）	脳活動	α 波出現率の上昇	19
嗅覚	D-リモネン	空気	自律神経活動	副交感神経活動の亢進, 脈拍数の低下	10
嗅覚	α-ピネン	空気	自律神経活動	副交感神経活動の亢進, 脈拍数の低下	9
嗅覚	セドロール	空気	自律神経活動	収縮期・拡張期血圧の低下, 心拍数の低下, 交感神経活動の抑制, 副交感神経活動の昂進	11
嗅覚	セドロール	空気	自律神経活動	縮瞳率の低下	12, 13
吸入	セドロール	前値（刺激前）	自律神経活動	収縮期・拡張期血圧の低下, 交感神経活動の抑制, 副交感神経活動の昂進	14
吸入	セドロール	前値（刺激前）	脳活動	海馬局在脳血流量の上昇	15
嗅覚	(−)-酢酸ボルニル	空気	脳活動 自律神経活動	θ 波含有率の上昇 交感神経活動の抑制	21
嗅覚	ヒノキ葉油	空気	脳活動 自律神経活動	脳前頭前野活動の鎮静化 副交感神経活動の昂進	16
嗅覚	モミ葉油	空気	脳活動	α 波含有率の低下, θ 波含有率の上昇	20
視覚	木質内装居室	前値（刺激前）	自律神経活動	木材率30％：脈拍数の減少, 拡張期血圧の上昇	34-36
視覚	ヒノキ材パネル	前値（刺激前）	自律神経活動	「好き群」：収縮期血圧の低下	33
視覚＆嗅覚	ヒバ材内装居室	ヒバ材内装なし居室	自律神経活動	唾液中アミラーゼ濃度の低下	37
触覚	ホワイトオーク無塗装材	人工材（ステンレス・タイル）	脳活動 自律神経活動	前頭前野活動の鎮静化 副交感神経活動の昂進	42
触覚	ホワイトオーク無塗装材	塗装材（ガラス・ウレタン・ウレタン塗装厚塗）	脳活動 自律神経活動	前頭前野活動の鎮静化 副交感神経活動の昂進	43
触覚	ヒノキ材	前値（刺激前）	自律神経活動	収縮期血圧の変動小	44
触覚	スギ材	前値（刺激前）	自律神経活動	血圧上昇の抑制	45
触覚	ヒノキ材	前値（刺激前）	自律神経活動	血圧上昇の抑制	45
触覚	ナラ材	前値（刺激前）	自律神経活動	血圧上昇の抑制	45
触覚	冷やしたナラ材	前値（刺激前）	自律神経活動	血圧上昇の抑制	45

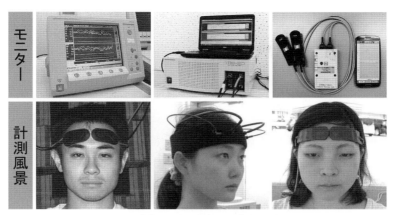

図1 近赤外分光法（NIRS）計測機器

て戻ってきた光を検出する。本手法は，脳波と比較し，被験者への拘束や負担が少なく，測定部位の活動状態を毎秒計測できるという利点がある。また，最近では，絶対値を計測できる近赤外時間分解分光法（TRS, Time resolved spectroscopy）（図1中央）や野外高照度環境下でも計測可能な携帯型 NIRS 計測（図1右）が行われるようになった。

2.2 自律神経活動[5)6)]

自律神経活動においては，交感神経活動と副交感神経活動を独立して計測できる心拍変動性（HRV, Heart rate variability）計測が最近の主流となっている。

心臓は，規則正しく脈を打っているように思われるが，実際は1拍ごとの時間間隔にゆらぎ（変動性）がある。この心拍変動性を周波数解析することにより，高周波（HF, High frequency）成分と低周波（LF, Low frequency）成分のピークが検出される。HF はリラックス時に高まる副交感神経活動を反映し，LF/HF あるいは LF/（LF＋HF）はストレス・覚醒時に高まる交感神経活動を反映することが知られている。

心拍間隔の計測は，携帯型心電図計を用い，胸に三点の電極を装着する方法（図2左）がよ

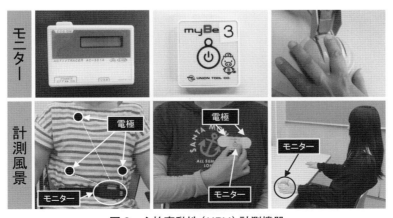

図2 心拍変動性（HRV）計測機器

く用いられている。近年においては，小型機器（図2中央）や，指尖脈波機器（図2右）も開発され，研究の目的に応じて使い分けられている。

2.3 内分泌活動[5)6)]

内分泌指標においては，これまで血液を用いる必要であったが，分析技術の向上により，唾液を用いた評価が可能となった。快適性評価研究においては，唾液中コルチゾール濃度を指標とする場合が多く，血中濃度と唾液中濃度間に高い相関が確認されている。一方，コルチゾールは，大きな日内変動を持つため，サンプリング時刻には留意する必要がある。

2.4 免疫活動[5)6)]

免疫活動指標においては，ナチュラルキラー（NK, Natural killer）細胞活性が良く用いられるが，血液のサンプリングが必須であるという問題点がある。NK細胞は，がんの発生や感染症の防止等において重要な役割を担っており，免疫活動の指標として有用であることが知られている。

一方，唾液中免疫グロブリンAを木材がもたらす免疫活動評価に用いる試みもなされており，今後の進展が期待される。

3. 生理的快適性実験例

3.1 嗅覚刺激[3)4)7)-32)]

最近の嗅覚研究においては，脳活動については近赤外分光法（NIRS）による脳前頭前野酸素化ヘモグロビン濃度計測，自律神経活動については心拍変動性（HRV）による交感・副交感神経活動が主として用いられるようになってきた。

NIRSを指標として用いた研究例としては，ヒノキ材チップの嗅覚刺激を対象とした報告[7)]が挙げられる。製材後，45ヶ月間自然乾燥したヒノキを「天然乾燥材」とし，高温・急速乾燥したヒノキを「高温処理材」として，その嗅覚刺激がもたらす影響について調べている。女子大学生19名（平均年齢22.5歳）を被験者とし，人工気候室内にて，天然乾燥材あるいは高温処理材の嗅覚刺激を90秒間実施している（図3左）。嗅覚刺激は，におい袋（24 L）にチップを入れ，におい吸入装置（図3右）を用いて鼻下10 cmから3 L/分で流すことにより行っている。10名の被験者は，最初に天然乾燥材，次に高温処理材の嗅覚刺激を受け，残りの9名の被験者は，逆の順序とし，においの濃度は，感覚強度として「かすかに感じるにおい」から「弱いにおい」になるように調整している。その結果，経時的変化において，刺激前10秒間の平均値に比べ，天然乾燥材では酸素化ヘモグロビン濃度が低く推移するのに対し，高温処理材では前値との間に差異が見られなかった（図4（A））。90秒間の平均値においては，天然乾燥材は，高温処理材と比較し，左右前頭前野における酸素化ヘモグロビン濃度を有意に低下させ，前頭前野活動を鎮静化させることが明らかとなった（図4（B））[7)]。ヤマザクラ材チップの嗅覚刺激がもたらす影響に関しても，前頭前野活動の鎮静化，脈拍数および交感神経系の指標である唾液中アミラーゼ活性の低下が報告されている[8)]。

第3章　木材・木造建築の快適性・居住性評価

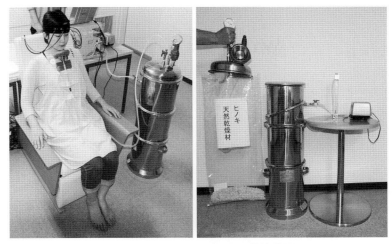

図3　計測風景およびにおい供給装置

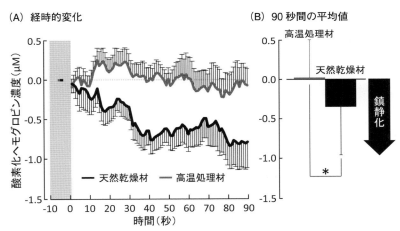

図4　ヒノキ天然乾燥材・高温処理材の嗅覚刺激による左前頭前野酸素化
　　ヘモグロビン濃度の変化
（n=19.　平均±標準偏差，*p<0.05, 対応のあるt検定．7)を改変）

　HRVを指標として用いた研究例としては，スギやヒノキ等に含まれる主要なにおい成分である α-ピネンに関する報告[9]が挙げられる．女子大学生13名（平均年齢21.5歳）を被験者とし，嗅覚刺激を90秒間呈示している．その結果，α-ピネンの嗅覚刺激は，対照（空気）と比較し，副交感神経活動の指標であるHF成分を46.8％上昇させ，心拍数を低下させることが明らかとなり，生体を生理的にリラックスさせることが認められた[9]．木材由来の主要なにおい成分の1つであるD-リモネンも，対照（空気）に比べて，副交感神経活動の指標であるHF成分を26.4％上昇させ，心拍数を低下させるという生理的リラックス効果をもたらすことが報告されている[10]．スギ材に含まれる主要成分であるセドロールについても，対照（空気）と比較し，交感神経活動の抑制[11]，副交感活動の亢進[11]，心拍数の低下[11]，収縮期・拡張期血圧

— 379 —

の低下[11]ならびに縮瞳率の上昇[12][13]がもたらされることが示されている。また，下部気道からのセドロールの直接吸入についても，交感神経活動の抑制[14]，副交感神経活動の亢進[14]，収縮期・拡張期血圧の低下[14]ならびに左右海馬における局在脳血流量（rCBF）の上昇[15]が報告されている。

脳活動と自律神経活動を同時計測した研究例としては，ヒノキの枝葉から抽出した精油（以下，ヒノキ葉油）による嗅覚刺激の影響を調べた研究[16]がある。女子大学生13名（平均年齢21.5歳）を被験者とし，ヒノキ葉油の嗅覚刺激を90秒間呈示した結果，対照（空気）と比較し，左前頭前野酸素化ヘモグロビン濃度の低下および副交感神経活動の指標であるHF成分の34.5％の上昇を認めている。結論として，ヒノキ葉油は脳活動・自律神経活動計測の両面から生理的リラックス状態をもたらすことがわかった[16]。

木材分野における生理指標を用いた研究としては，タイワンヒノキ材油およびオイゲノールの嗅覚刺激の影響について，血圧を指標として調べた1992年の研究が初出である[3]。感覚強度は「においを感じる程度」から「楽に感じる程度」に設定し，刺激時間は30分間としたところ，タイワンヒノキ材油は，前値と比べ，収縮期血圧を6％低下させ，作業能率（文字消去率）を上昇させる傾向にあることが明らかとなった[3]。一方，丁子油の成分であり，歯科消毒材として用いられ，主観評価において「不快である」と感じられていたオイゲノールは，脈拍数を上昇させることが示された[3]。濃度の異なるタイワンヒノキ材油の嗅覚刺激がもたらす影響についても調べられている[17]。感覚強度を「弱いにおい」「楽に感じるにおい」「強いにおい」に設定した実験において，「強いにおい」のタイワンヒノキ材油は，対照（空気）に比べて，拡張期血圧を8％低下させ，縮瞳最大加速度を17％上昇させることが報告されている[17]。スギ材チップの嗅覚刺激が前頭前野活動と血圧に及ぼす影響も調べられている[18]。被験者は，男子大学生14名とし，60～90秒間スギ材チップの嗅覚刺激を受けた。その結果，スギ材チップは，前値と比較し，前頭前野活動の鎮静化および収縮期血圧の低下をもたらし，生体を生理的にリラックスさせることが明らかになった[18]。

脳波を指標とした研究例もいくつか存在する。コウヤマキ，ヒメコマツ，ケヤキ材の嗅覚刺激は，前値と比較し，α波の出現率を上昇させること[19]，視覚分別課題時におけるモミ葉の嗅覚刺激は，対照（空気）との比較により，α波含有率を低下させ，θ波含有率を上昇させること[20]，モミ葉主要成分である酢酸ボルニルの嗅覚刺激は，対照（空気）と比較し，θ波含有率を上昇させ，交感神経活動を抑制させること[21]が報告されている。また，「楽に検知できるにおい」程度のヒバ木粉による嗅覚刺激は，前頭中央部（Fz）における随伴陰性変動の前期成分の振幅低下と脳波α/β波比率の上昇を認め，生体を鎮静化させることも報告されている[22]。一方，ヒバ材油を対象とした別の報告においては，対照（空気）と比較して，前期・後期成分の振幅が上昇し，覚醒効果をもたらすことも報告されている[23]。

免疫活動および内分泌活動については，ヒノキ材油の嗅覚刺激を対象に調べられている[24]。大学に勤務する男性職員を被験者とし，ヒノキ材油を噴霧した首都圏内のホテル室内に3泊滞在させた結果，低下していたNK細胞活性の上昇，尿中のアドレナリンおよびノルアドレナリン濃度の低下が示された。また，スギ内壁パネルから揮発する嗅覚刺激が作業負荷によるクロモグラニンAの上昇を抑制するという報告もある[25]。

第 3 章　木材・木造建築の快適性・居住性評価

なお，嗅覚刺激に関するいくつかの総説が報告されている[4)27)-32)]。

3.2　視覚刺激 [4)27)-30)33)-41)]

視覚刺激に関しては，血圧と脈拍数を指標とし，木材パネル[33)]および居室[34)-36)]がもたらす影響が報告されている。有節ヒノキ材パネルの視覚刺激がもたらす影響について，男子大学生14名を被験者として調べ，全体では有意差がみられなかったが，ヒノキ材パネルを「好き」と評価した被験者群においては収縮期血圧が低下し，「嫌い」と評価した被験者群においては変化がみられないことが示されている[33)]。さらに，実際の部屋（8畳間）を作成し，その部屋の木材率やデザインを変えた場合の視覚影響がもたらす影響について，男子大学生15名を被験者として調べ，30％居室の視覚刺激は，脈拍数および拡張期血圧が低下し，45％居室においては，脈拍数が上昇することを認めている[34)]。30％居室に梁と柱を追加したデザインの異なる居室（木材率40％）においても，45％居室と同様に脈拍数が上昇し，生理的に覚醒状態になることが報告されている[35)36)]。木質居室における木材率やデザインの違いにより，生理的な変化が生じ，一般的に用いられる木材率30％という木質居室においては，生体が鎮静化することが示された。

交感神経活動を反映する唾液中アミラーゼを用いた報告もある[37)]。ヒバ材の被覆率がそれぞれ異なる4つの居室（6畳間）の視覚および嗅覚刺激がもたらす影響について調べ，被覆率20.6％部屋の視覚刺激は，対照（被覆率0％部屋）と比較し，唾液中アミラーゼ濃度が低下することが報告されている[37)]。一方，この実験では，視覚および嗅覚刺激を同時に与えているため，各刺激の寄与の程度は不明である。

なお，視覚刺激に関するいくつかの総説が報告されている[4)27)-30)38)-41)]。

3.3　触覚刺激 [4)27)-30)38)42)-45)]

触覚刺激に関しても，最近の研究においては，主として，脳前頭前野の酸素化ヘモグロビン濃度と心拍変動性による副交感・交感神経活動が用いられている[42)43)]。

木材を含む内装材への手掌接触が生理応答に及ぼす影響について，女子大学生18名を被験者として調べられている[42)]。試料として，ホワイトオーク材無塗装（以下，木材），天然大理石，タイル，ステンレスの平板（300×300 mm）を用い，肘を起点として腕を動かし，90秒間，試料に接触した。その結果，木材接触における酸素化ヘモグロビン濃度は，ステンレスと比べ有意に低下し，副交感神経活動は，天然大理石およびステンレスと比べ有意に上昇した。つまり，木材への接触は，生理的リラックス効果をもたらすことが明らかとなった[42)]。

無塗装および種々の塗装の異なる木材の手掌への接触が及ぼす生理的影響においても同様に実施されている[43)]。試料として，ホワイトオーク材無塗装，オイル塗装，ガラス塗装，ウレタン塗装，ウレタン塗装（厚塗）の平板（300×300 mm）を用いている。その結果，無塗装材接触における左右前頭前野の酸素化ヘモグロビン濃度は，ウレタン塗装（厚塗）と比べ，有意に低下し，副交感神経活動は，ガラス塗装，ウレタン塗装，およびウレタン塗装（厚塗）と比べ，有意に上昇した。心拍数においては，ウレタン塗装（厚塗）と比べ，有意に低下した。一方，簡易型SD法による「快適感」においては，差異はなかった。結論として，無塗装材への接触

は，塗装材と比較し，主観的快適感に差はないが，脳活動の鎮静化および副交感神経活動の亢進という生理的リラックス効果をもたらすことが明らかとなった[43]。

血圧を指標とした研究も存在する。木材ならびに人工物等への接触が及ぼす影響が調べられており，人工物においては収縮期血圧の変動が大きく，ヒノキ材においては小さいことが報告されている[44]。また，材料の温度による影響について調べた結果，①金属板への接触は血圧を上昇させるが，金属を暖めるとその上昇は抑制されること，②アクリル板への接触は血圧を上昇させ，アクリル板を冷やすと上昇率は大きくなること，③スギ材，ヒノキ材，ナラ材への接触によって，血圧は接触直後の一過性の変化を除いて，上昇せず，冷やしたナラ材への接触においても血圧は上昇しないことが報告されている[45]。人工物である金属やアクリル板への接触による血圧上昇は温度条件が大きく影響するが，木材への接触においては，室温においても冷却時においても，血圧上昇という生理的ストレスはもたらさず，木材という自然由来の素材の持つ優位性が認められている。

なお，触覚刺激に関するいくつかの総説が報告されている[4,7]-[30,38]。

4. まとめと展望

木材が人の五感を介してもたらす生理的快適性研究が始まってから，四半世紀が経過した。現状においては，生理的リラックス効果に関するデータ蓄積は十分とは言えないが，少しずつ進みつつある。

今後の課題としては，①五感に関わる更なる生理データの蓄積を行う必要がある。加えて，②従来の研究は人工気候室等を用いた室内実験が中心であったが，今後は，木質家屋等を用いた生活空間等におけるフィールド実験が求められている。

これらのデータ蓄積によって，木材の生理的快適性増進効果が検証・再認識され，「科学的エビデンスに基づいた木材利用」が進むと思われる。

文 献

1) Y. Miyazaki : Designing our future : perspectives on bioproduction, ecosystems and humanity (Sustainability Science Vol. 4), pp.407-412, United Nations University Press, Tokyo (2011).
2) MA. O'Grady : *J. Soc. Cult. Res.*, **1**(1), 1 (2015).
3) 宮崎良文ら：日本木材学会誌, **38**(10), 909 (1992).
4) H. Ikei et al. : *J. Wood. Sci.*, doi: 10.1007/s10086-016-1597-9 (2016).
5) 日本生理人類学会計測研究部会：人間科学計測ハンドブック, 技報堂出版 (1996).
6) 宮崎良文編：自然セラピーの科学, pp. 99-119, 朝倉書店 (2016).
7) H. Ikei et al. : *J. Wood. Sci.*, **61**(5), 537 (2015).
8) 恒次祐子ら：アロマセラピー学雑誌, **10**(1), 64 (2010).
9) H. Ikei et al. : *J. Physiol. Anthropol.*, **34**, 44 (2015).
10) D. Joung et al. : *Adv. Hortic. Sci.*, **28**(2), 90 (2014).
11) S. Dayawansa et al. : *Auton. Neurosci.*, **108**, 79 (2003).
12) Y. Yada et al. : *J. Physiol. Anthropol.*, **26**(3), 349 (2007).

13）H. Sadachi et al. : *J. Jpn. Cosmetic. Sci. Soc.*, **31**(3), 148(2007).
14）K. Umeno et al. : *Br. J. Clin. Pharmacol.*, **65**(2), 188(2008).
15）E. Hori et al. : *Auton. Neurosci.*, **168**(1-2), 88(2012).
16）H. Ikei et al. : *J. Wood. Sci.*, **62**(6), 568(2016).
17）宮崎良文ら：感情心理学研究, **1**(2), 75(1994).
18）Y. Tsunetsugu : Forest Medicine, pp. 169-181, Nova Science Publishers Inc., New York(2011).
19）福田英昭ら：木材工業, **50**(6), 266(1995).
20）E. Matsubara et al. : *Flavour. Frag. J.*, **26**(3), 204(2011).
21）E. Matsubara et al. : *Biomed. Res.*, **32**(2), 151(2011).
22）寺内文雄ら：材料, **45**(4), 397(1996).
23）T. Hiruma et al. : *Biol. Psychol.*, **61**(3), 321(2002).
24）Q. Li et al. : *Int. J. Immunopathol. Pharmacol.*, **22**(4), 951(2009).
25）E. Matsubara et al. : *Build. Environ.*, **72**, 125(2014).
26）E. Matsubara et al. : *Biomed. Res.*, **32**(1), 19(2011).
27）C. Song et al. : *Int. J. Environ. Res. Public. Health.*, **13**(8), 781(2016).
28）Y. Tsunetsugu et al. : *Environ. Health. Prev. Med.*, **15**(1), 27(2010).
29）恒次祐子ら：日本木材学会誌, **63**(1), 1(2017).
30）宮崎良文ら：日本生理人類学会誌, **20**(1), 19(2015).
31）宮崎良文：木材工業, **53**(1), 2(1998).
32）宮崎良文：木材工業, **48**(11), 532(1993).
33）S. Sakuragawa et al. : *J. Wood. Sci.*, **51**(2), 136(2005).
34）Y. Tsunetsugu et al. : *Build. Environ.*, **40**(10), 1341(2005).
35）Y. Tsunetsugu et al. : *J. Physiol. Anthropol. Appl. Hum. Sci.*, **21**(6), 297(2002).
36）Y. Tsunetsugu et al. : *J. Wood. Sci.*, **53**(1), 11(2007).
37）木村彰孝ら：日本木材学会誌, **57**(3), 150(2011).
38）AQ. Nyrud et al. : *J. Fiber. Sci.*, **42**(2), 202(2010).
39）MD. Burnard et al. : *Wood. Sci. Technol.*, **49**(5), 969(2015).
40）宮崎良文ら：日本衛生学雑誌, **66**(4), 651(2011).
41）恒次祐子ら：木材工業, **62**(10), 442(2007).
42）H. Ikei et al. : *Int. J. Environ. Res. Public Health*, **14**(7), 801(2017).
43）H. Ikei et al. : *Int. J. Environ. Res. Public Health*, **14**(7), 773(2017).
44）T. Morikawa et al. : *J. Wood. Sci.*, **44**(6), 495(1998).
45）S. Sakuragawa et al. : *J. Wood. Sci.*, **54**(2), 107(2008).

第3編　木造建築の設計・評価技術

第3章　木材・木造建築の快適性・居住性評価

第2節　木質環境の快適性・居住性評価

静岡県工業技術研究所　櫻川　智史

1. はじめに

　2011年（平成23年）に，内閣府が全国20歳以上の1,843人を対象に行った木材利用に関する世論調査の中で，「あなたは，国や市町村などの地方公共団体が公共施設や設備に木材を利用する場合はどのような施設が望ましいと思いますか。」という問いに対し，「小学校や中学校の校舎などの学校施設」が61.0％，「病院などの医療施設や老人ホームなどの福祉施設」が56.8％と，いずれも半数以上が回答しており，子供や高齢者の居住環境には，一般的に木材が適していると印象付けられていることが窺える[1]。

　本稿では，これら社会ニーズを背景とし，学校施設や高齢者施設の木質環境が人間に与える影響（快適性・居住性）について検討している既往研究を概観し，期待されている木材利用の科学的根拠の整理を試みた。

2. 学校施設における木質環境の快適性・居住性評価

　戦後，戦災による教訓から，建て替えられる校舎は，不燃化と木材資源の保護を理由に鉄筋コンクリート造が前提となり，児童数の増加に対応するため，急速に進められた。しかし，行き過ぎた政策は，画一化による教育のひずみと同時に，我が国の林業，木材産業の衰退を招き，1985年（昭和60年）文部省が「学校施設における木材使用の促進について」と題し，校舎などの整備に木材を積極的に使用するよう全国知事，教育委員会宛に通知した。この通知は，引き続き1996年（平成8年）12月，1998年（平成10年）1月にも出されている[2]。

　更に，2010年（平成22年）には「公共建築物等における木材の利用の促進に関する法律」（平成22年法律第36号）が施行され，基本方針として，各省各庁の長による公共建築物における木材利用促進計画の策定（7条2項）が盛り込まれた。これを踏まえ，文部科学省では，木造校舎の整備や内装の木質化に対して国庫補助を実施した。特に，地域材を活用して木造施設を整備する場合や，環境を考慮した学校施設（エコスクール）として，認定を受けて内装木質化を行う場合，国庫補助単価の加算措置を行っている。また，木造3階建て校舎については，2015年（平成27年）6月施行の「建築基準法の一部を改正する法律」（平成26年法律第54号）により，耐火建築物から1時間準耐火構造に規制緩和され，木造での整備も容易になった[3]。

　これらの政策が功を奏してか，2015年度（平成27年度）に新しく建築された学校施設の70.6％が木材を使用し，その中で木造施設は17.3％，使用された木材の83.3％が国産材であっ

たという報告[4]もあり，学校施設の木造・木質化は推進しているように思われる。このような機会こそ，木質環境の特性のエビデンス構築が必要であり，以下に，学校施設を対象にした木質環境の研究事例をいくつか紹介したい。

高橋[5]は，鉄筋コンクリート造と木造校舎を比較し，子供のイメージ，思いやり行動，共感性について，言語尺度や行動尺度を用いて評価している。その結果，木造校舎は，柔らかい，自然な，人間的な印象を抱き，鉄筋校舎では，硬い，人工的な，機械的な，冷たい印象が得られ，快適性因子は木造の方が高かった。また，思いやり行動では，木造校舎の子供達では友達への思いやり，鉄筋校舎の子供達では目上の人への思いやり因子が高かった。共感性については性差が大きく，鉄筋校舎の男子がドラマや動物に対する共感が低い値を示している。

福島[6]は，埼玉県比企郡玉川村の小中学校校舎木質化工事が，生徒と職員の健康状態に与えた影響について調査した。木質化により冬期の湿度上昇が見られ，1日あたりの病欠数が1名ほど減少していたことを報告している。

松田ら[7]は，特殊教育諸学校の2施設を調査対象に，1室を木質内装化（床：ヒノキ，腰板：スギ）し，隣接する未改装室（床：Pタイル，壁：コンクリート）との比較を，入居している生徒及び指導者を，生理的・心理的指標により比較している。その結果，木質環境化された場所での学習や作業は，LF/HFの減少や心拍数の低下（交感神経活動の抑制），α波の増大（瞑想状態）する傾向が認められ，行動分析の結果も含め，木質内装化が入居者のストレスを軽減する可能性を示唆した。

木村ら[8]は，一般成人男女12名を対象に，木材使用量の異なる室内空間での生理・心理指標と，二桁加算・減算の作業効率に及ぼす影響について検討した。その結果，スギ材の使用量により，「快適性」や「雰囲気」といった心理尺度は有意に向上するが，作業終了後はすべて「不快」と評価され，作業効率や作業中の唾液アミラーゼ活性に有意差は認められなかった。

以上，学校施設における木質環境の快適性・居住性評価に関しては，言語・行動尺度，生理・心理指標等により検討されている。しかし，ケーススタディの範囲で，対象被験者数も少ない。学校施設の木造・木質化が進んできた今こそ，様々な角度から，多くのデータを収集し，教育施設に必要な木質環境の快適性・居住性を明らかにしていく必要があると思われる。

3. 高齢者施設における木質環境の快適性・居住性評価

1999年（平成11年），厚生労働省から通知された「特別養護老人ホームの設備及び運営に関する基準」には，高齢者福祉施設の耐火要件の緩和[9]が盛り込まれ，木造の特別養護老人施設の要件が整備され始めた。準耐火木造平屋建は，熊本県（2003年），静岡県（2005年），福島県（2005年），宮崎県（2007年）などで，木造平屋建は「秋田スギ利活用推進福祉特区」（2005年），準耐火木造2階建は「高知県産材利活用推進福祉特区」（2008年）で実現した。更に，岡山県で木造軸組3階建（2010年），木造ツーバイフォー工法により，大阪府で4階建（2016年），東京都で5階建（2016年）が建設され，高齢者施設においても木造高層化が進んでいる。

しかし，木造による高齢者施設を対象として，住環境が入居高齢者に与える影響や，高齢者

にとって最適な居住環境について検討した研究事例は数少ない。高齢者施設における室内環境計画のポイントは，高齢者への安全性・快適性に配慮することである。そのためには，室内環境を構成する要素（温湿度・光・化学物質など）を十分に把握し，それら要素に対する高齢者の特性を正しく理解する必要がある。ここでは，高齢者の心身機能の特性を解説した後，高齢者施設の室内環境計測に関して我々が行った一連の研究について紹介する。

3.1 調査対象とした木造高齢者施設の概要[10]

　木造としては全国2例目となる静岡市葵区内の特別養護老人ホーム竜爪園（社会福祉法人天心会）を調査対象とした（**図1**）。当該施設は1993年（平成5年）事業開始当時からの鉄筋コンクリート（RC）造4階建1棟（集団処遇ケア：**図2**）と，2005年（平成17年）4月に竣工した木造平屋建3棟（ユニットケア）により構成される。木造各棟はそれぞれに小屋組架構方式が異なり，丸太梁に束，垂木などの和小屋工法（**図3**），集成材の枠組み工法（**図4**），登り梁

図1　評価対象とした高齢者施設の概観

図2　RC造棟2階の共同生活室

第3編　木造建築の設計・評価技術

図3　木造棟（和小屋）の共同生活室

図4　木造棟（枠組方式）の共同生活室

図5　木造棟（洋小屋）の共同生活室

に方杖の洋小屋工法（図5）を用いて，異なった趣を表している。

また，居室の床は30 mm厚のスギ材が張られ，柱がヒノキ，梁がスギとマツ丸太，集成材の梁がカラマツ，造作にはスギが用いられ，各棟の室内に暴露された木材・木質材料の樹種・使用量等には差異がある。

3.2　木造高齢者施設における居住空間の視覚的印象評価[11]

施設各棟共用部分の視覚的印象をセマンティック・ディファレンシャル（SD）法により評価した。SD法とは，心理尺度法の1つで，アメリカの心理学者であるオスグッドにより提案された。対立する形容詞を用いて得点化し，対象とする事項の意味構造を明らかにする。様々な印象を評価するのに有効な手法として多用されている。

被験者は介護者や訪問者を想定し，大学生15名（20〜23歳）とした。3グループに分かれて，RC造棟と木造3棟をランダマイズされた順序で巡回し，観察した印象を評価票により評価した。評価票では，視覚的印象から得られる形容語対を中心とした18種（暖かい，安心な，快適な，面白い，落ち着いた，潤いがある，安定な，自然な，変化に富んだ，明るい，柔らかい，圧迫感のない，親しみやすい，健康的な，美しい，新しい，開放的な，都会的な）について，−3から+3の7段階評価を行った。統計解析の結果，これらの言葉は「明度/安心感」，「情緒/自然感」，「斬新/都会感」の3因子に分類された。それぞれの印象因子の得点を比較すると，木造各棟はRC造棟と比較し，明るく開放的で安心でき，暖かく快適で，また面白みがあり，自然で健康的であるとの評価を得た（図6，図7）。各木造棟における小屋組の違いについて見ると，和小屋は古く田舎的であると感じ，洋小屋は新しく都会的であると感じていた（図8）。木造棟の居住空間の視覚的印象は

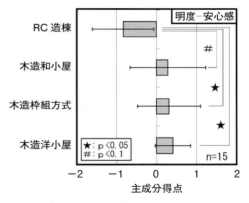

図6　「明度−安心感」における主成分得点

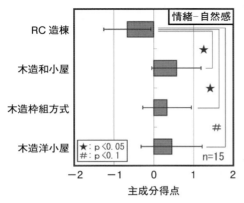

図7　「情緒−自然感」における主成分得点

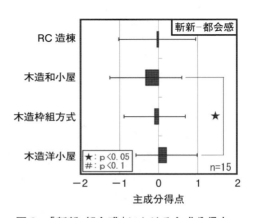

図8　「斬新−都会感」における主成分得点

構工法や内装の違いにより異なることが示された。木材は，その配置により視覚的印象をコントロールできる可能性があり，入居者の価値観に合わせた内装設計等への利用が考えられる。

3.3 光環境が施設入居者の生体リズムに及ぼす影響[12)13)]

高齢者施設入居者は日中の仮眠が増え，夜間の不眠を訴えるなど生活リズムの乱れを認めることが多い。睡眠覚醒リズムの乱れは，入居者のみならず，介護者の負担を増加させる原因の1つとなっている。睡眠・覚醒に関連する人間の体内時計（生体リズム）は，脳内の松果体から分泌されるメラトニンという体内ホルモンによって調整されるが，メラトニンの分泌量は人間が浴びる光強度によって変化するため，施設内の光環境が入居者の生体リズムを乱している可能性がある[14)]。しかしながら，高齢者施設の光環境（照明や採光）について，生体リズムの影響を考慮した設計指針が示された例は見当たらない。そこで，高齢者施設の光環境，入居者の生体リズムについて検討した。まず，照度の分光計測が行える可搬形計測装置を作製し，施設内44箇所の照度と波長成分を1時間おきに計測した。次に，腕時計型の照度・加速度計を施設入居者23名に装着し，光暴露量，時間毎の活動量，睡眠・覚醒の状態（睡眠リズム）を計測した。更に，施設入居者の唾液中メラトニン濃度変化を酵素結合免疫吸着法（ELISA）により計測し，生理的な生体リズムを評価した。それらの結果，RC造棟（集団処遇ケア）と比較し，木造棟（ユニットケア）入居者は光暴露量が半分以下であり，入居者の夜間中途覚醒，昼間の仮眠，起床時間前進が確認された。また，メラトニン分泌量の測定結果から，若年者と比較して3時間程度，生体時計が前進している入居者が複数確認された。ユニットケア棟の構造は，厚生労働省の指針によって個室が共同生活室を囲む構造となっている[15)]ことから，それがユニットケア棟で昼光が室内に入り難い原因であると考えられた。

これら調査結果を踏まえ，採光不足による睡眠障害の改善を目的とし，木造棟の共用室内に昼光を取り入れる高窓を敷設した（図9）。その結果，食卓照度は2～3倍上昇し，日中の平均暴露照度は改装前の約2倍になった。また，改装後の入居者の活動量は上昇し，新聞を読むなど生活行動の改善も観察された。以上のことから，施設の構造（採光）は，施設入居者の

図9 高窓を敷設した木造棟の共同生活室

第3章　木材・木造建築の快適性・居住性評価

光暴露量に大きく影響し，高齢者の睡眠状態を左右することが明らかとなった。特に，反射率の少ない木材を内装材として多用する場合，高齢者に十分な光暴露量が確保できるよう，設計には特別な配慮が必要になると考えられる。

3.4　夏期暑熱時における施設内の温熱環境─熱中症発症の危険性について─[16)17)]

　熱中症とは，雰囲気の温度と相対湿度が高い場合に起こる様々な病的症状の総称である[18)]。これまで，熱中症はスポーツ活動や労働作業時の問題として取り上げられてきたが，近年では，日常の生活活動時にも多く発生している[19)]。特に，高齢者は成年に比べて体温調節機能が低下していることや，水分をあまり補給しないため脱水症状に陥りやすく，日常生活の中で熱中症を発症するケースも多く見られる[20)]。そこで，夏期暑熱時における高齢者施設内での熱中症の危険性に着目し，WBGT（湿球黒球温度）計を用いて，木造およびRC造施設内の温熱環境を評価した。WBGTとは，人体の熱収支に影響の大きい湿度，輻射熱，気温の3つを取り入れた指標で，熱中症発生率との関係性が高く，熱中症危険値として用いられている[21)]。測定の結果，RC造棟では，冷房の強弱により急激にWBGT値が変化した（図10）。一方，木造

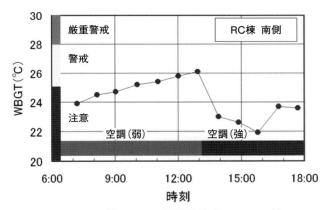

図10　RC棟における夏期暑熱時のWBGT値

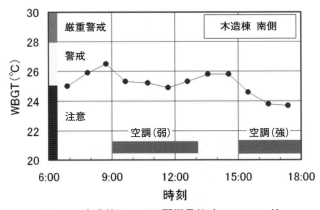

図11　木造棟における夏期暑熱時のWBGT値

第3編　木造建築の設計・評価技術

棟では空調による制御が比較的容易であり，WBGT値の急激な変化は認められなかった（図11）。しかし，空調しないと木造でもWBGT値（熱中症の危険性）は高くなり，注意を要した。空調の使用で熱中症の危険は回避されるが，冷房を嫌う高齢者も数多く観察された。特に，リウマチ罹患では冷風による痛みを危惧し，毛布・靴下の着用や，極端に冷房を避ける傾向等が認められた。高齢者と若年者では単なる温度感覚差のみならず，生理的な特性（発汗機能など）も大きく異なるため，高齢者の熱中症の危険性は増大する[22]。したがって，夏期暑熱時においては，室内であっても高齢者の特性に配慮した熱中症の対策が必要となる。また，震災後の電力需給逼迫に対し，節電が奨励され，エアコンの使用制限等による節電熱中症が室内熱中症の発生を助長する傾向にある。このような状況の中，年間を通した温湿度計測においても温度・湿度変化が少なかった木造棟は，変化しやすいRC造棟に比べ，夏期暑熱時の安全性・快適性を向上するものと考えられる。

3.5　木造高齢者施設における揮発性有機化合物（VOC）及び木材香気成分[23]

2005年（平成17年）4月に竣工した木造各棟は小屋組架構方式が異なり，木材の使用量・仕上げ等の使用形態に差異がある。室内に暴露された木材・木質材料の樹種はスギ，ヒノキ，マツおよびカラマツであった。調査は，夏期（2005年9月）および冬期（2006年2月）に実施した。サンプリングはアクティブ法で行い，カルボニル化合物はDNPHカートリッジで捕集，アセトニトリル抽出-HPLC法にて気中濃度を分析した。VOC類に関してはTenaxTA/Carboxen1000捕集管で捕集し，加熱脱着GC/MS法にて分析した。その結果，VOC濃度については，夏期，冬期とも，RC造棟・木造棟に係わらず，すべての棟において厚生労働省の指針値を下回り，良好な空気質であることを確認した。木造各棟では，木材特有の香気（芳香）成分であるα-ピネンなどのモノテルペン類，およびカジネンなどのセスキテルペン類が検出された（図12）。これら成分と室内の使用材料を付き合わせて検討した結果，α-ピネンは

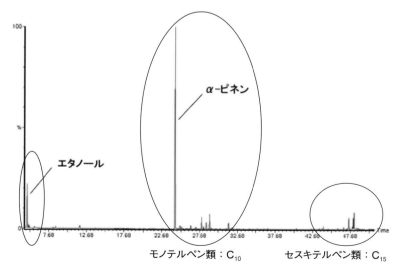

図12　木造棟（和小屋）のGC/MS-TICパターン

柱，筋交に用いられたヒノキ材，セスキテルペン類は床や天井のスギ材から主に放散されていることが明らかとなった。木造施設においては，木材の芳香成分の機能性を活かした室内設計の可能性が示唆された。

　以上，高齢者施設の木造化は，意匠性，温熱環境，芳香成分等において優位性を有する反面，日中の照度不足等，留意する点も明らかとなった。しかし，これらの研究は，高齢者施設の生活環境を網羅している訳ではなく，まだ緒に就いたばかりである。今後は，より詳細な施設生活環境の実態調査と共に，入居している高齢者や介護者の特性・ニーズを踏まえた木材の活用方法の提案が期待される。

文　献

1) 内閣府：「森林と生活に関する世論調査」平成23年12月 http://survey.gov-online.go.jp/h23/h23-sin-rin/index.html
2) 文部省：「学校施設における木材使用の促進について」(昭和六〇年八月二〇日付け文教施第一三七号及び平成八年一二月二六日付け国教第六号教育助成局長通知).
3) 農林水産大臣, 国土交通大臣：平成27年度公共建築物における木材の利用の促進に向けた措置の実施状況の取りまとめ, p.13(平成29年3月7日).
4) 文部科学省：公立学校施設における木材利用状況に関する調査結果について, 報道発表(平成28年11月29日).
5) 高橋丈司：木造校舎と鉄筋校舎に対する子供の認知及び思いやり行動の比較—教育効果に及ぼす学校・校舎内環境に関する研究Ⅲ—, 愛知教育大学研究報告, 40(教育科学編), 105-119(1991).
6) 福島斉：玉川村小中学校における校舎内木質化工事が健康に及ぼした影響, 環境創造 **3**, 1-13, (2002).
7) 松田芳子, 永田憲行, 大迫靖雄：特殊教育諸学校における木質環境と教育効果, 熊本大学教育実践研究, **24**, 63-71(2007).
8) 木村彰孝, 佐々木靖, 小林大介, 飯島泰男, 谷田貝光克：室内空間への木材使用量の違いが二桁加算・減算の作業効率に与える影響, 木材学会誌, **57**(3), 160-168(2011).
9) 厚生労働省：特別養護老人ホームの設備及び運営に関する基準, 第11条2(1999).
10) 北村陸夫：特別養護老人ホーム竜爪園, 医療福祉建築, **152**, pp.22-25(2006).
11) 櫻川智史他：木造高齢者施設における居住空間の視覚的印象評価, 日本木材学会大会研究発表要旨集, 56, PH009(2006).
12) 鈴木敬明他：広ダイナミックレンジカメラを用いたメラトニン分泌抑制波長感度での照明環境計測, 照明学会東京支部大会講演論文集, 32, p.12(2007).
13) 鈴木敬明他：標準の光を基準としたメラトニン分泌抑制光強度の計測, 照明学会全国大会講演論文集, 41, p176(2008).
14) A.J.Lewy et al.：*Science*, **210**(4475), 1267-1269(1980).
15) 厚生労働省：指定介護老人福祉施設の人員, 設備及び運営に関する基準について, 老企第43号第5-3(1999).
16) 櫻川智史他：木造高齢者施設における夏期暑熱時の温熱環境評価, 日本木材学会大会研究発表要旨集, 58, PG008(2008).
17) 櫻川智史他：室内空気質の改善技術, エヌ・ティー・エス, 174-177(2009).
18) 八木啓一他：救急医, **30**, 107-110(2006).
19) 中井誠一他：体力科学, **56**, 437-444(2007).
20) 岩田充永：日老医誌, **45**, 330-334(2008).
21) 寄本明：体力科学, **41**, 477-484(1992).
22) 入來正躬：バイオメカニズム学会誌, **16**(1), 31-37(1992).
23) 山下里恵, 櫻川智史他：国産材を使用した木造施設における室内空気質の形成, 木材学会誌, **63**(2), 86-97(2017).

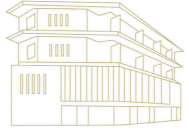

作品集

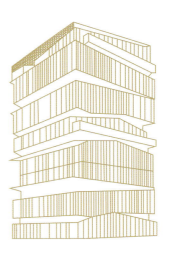
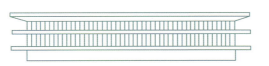

浅草文化観光センター

建築主：東京都台東区
所在地：東京都台東区雷門二丁目18番9号
設計：隈研吾建築都市設計事務所
デザインチーム：隈研吾，藤原徹平，針谷將史，
　　　　　　　岡山直樹，武田清明，珠玖優，
　　　　　　　栗生えりな，斉藤浩章
構造工学：牧野構造設計
電気工学：環境エンジニアリング株式会社
機械工学：環境エンジニアリング株式会社
［その他コンサルタント］
　照明デザイン：岡安泉
　カーテンデザイン：安東陽子
　サインデザイン：TOKYO PISTOL
撮影：山岸剛
施工：フジタ・大雄特定建設工事共同企業体
敷地面積：326.23 m²
建築面積：234.13 m²
延床面積：2159.52 m²
設計期間：2009年1月～2010年1月
着工：2010年8月
竣工：2012年2月
［材料］
　外観：ダブルグレージングガラスカーテン
　　　　ウォール，木製ルーバー
　屋根：ガルバリウム鋼板

NORTH

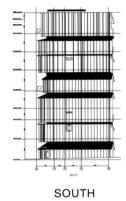
SOUTH

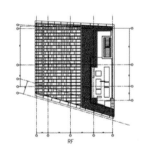

EAST

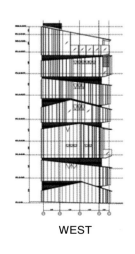
WEST

浅草寺雷門と向かい合う敷地に，木造の平屋の家が7つ積み重なったような建築物を作った。木造建築のもつスケール感，質感を，都市の中に取り戻そうと考えた。中でも，木造建築の傾斜のついた屋根，天井の復活を重要視した。各階に勾配屋根がつき，その屋根が庇として外に張り出すことで，ファサードに陰影を作ることができた。上階の床と下階の屋根との空間を，空調機のスペースとして使うことで，空間の有効利用が可能となり，室内の天井を高くとることができた（隈　研吾）。

全景

8階屋上

1階

2階

夜景

3階

スターバックス太宰府天満宮表参道店

建築主：Manten Corporation
設計：隈研吾建築都市設計事務所
所在地：福岡県太宰府市宰府 3-2-43
施工：松本組
構造設計：佐藤淳構造家
施設設計：株式会社トーサイ
照明：岡安泉照明デザイン
撮影：Masao Nishikawa
敷地面積：436.71 m²
建築面積：212.98 m²
延床面積：210.03 m²
天井の高さ：4 m（1F）
最大高さ：5.06 m
設計期間：2011 年 1 月～2011 年 8 月
着工：2010 年 8 月
竣工：2011 年 12 月
構造：木材
　60 角の 1.3～4 m の杉材を 2,000 個使用
　その全長は 4.4 km に達する。

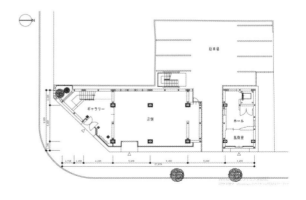

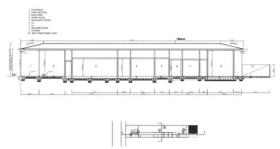

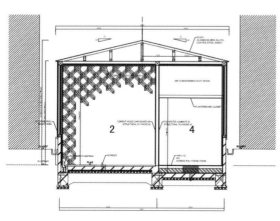

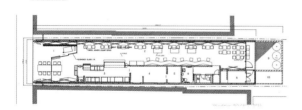

60 mm 角という小断面を持つ角材を組み合わせて，森の中にいるようなインティメートな空間を創造した。角材は金属ダボを作ってダイアゴナルに組み合わされ，建築を支える構造体として機能している。直交する立体格子ではなく，ダイアゴナルな格子とすることによって，奥行きの深い店内に人を引き込むような流れを創造することができた。太宰府天満宮の参道に面した敷地にふさわしい，スピリチュアルな商業空間をめざした（隈　研吾）。

木組みを参道に露出させた街並みに調和する外観

ライトアップによって浮かび上がる木の表情

壁にも木組み,木に囲まれた店内

ダイアゴナルに織り上げられた2000本の木組み

伝統的な木組み構造の入口

60ミリ角の杉材が空間を覆う

野菜倶楽部 oto no ha Café

施主：音羽建物株式会社
所在地：東京都文京区関口
設計：基本設計　音羽建物
建築・構造・設備・監理：KAJIMA DESIGN
設計協力：いけはたアトリエ
インテリアデザイン：ILYA
施工：住友林業

［建築概要］
　主体構造：木造
　杭・基礎：べた基礎
　耐火種別：耐火建築物
　主用途：飲食店
敷地面積：677.95 m²
建築面積：132.49 m²
延床面積：243.66 m²
階数：地上3階
最高高：9,855 mm
設計期間：2012年9月〜2012年11月
施工期間：2012年11月〜2013年3月

［受賞歴］
　第1回　ウッドデザイン賞
　第16回　文の京　都市景観賞景観創造賞
　第17回　木材活用コンクール木質構造特別賞

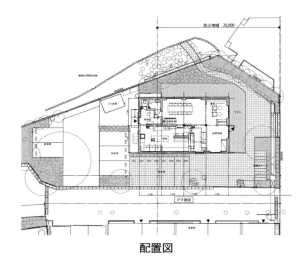
配置図

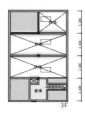
平面図

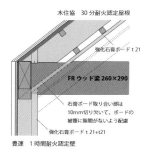
部分詳細図

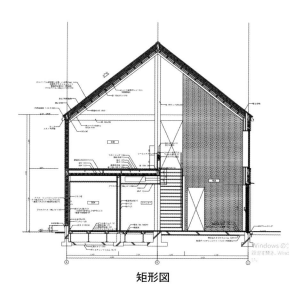
矩形図

本建物は目白通り沿いに立地し，自社ファームで収穫された野菜料理をメインとしたカフェである。防火地域指定内での一般木造耐火仕様では，仕上りに木が全く見えないが，中央部の独立柱と飛び梁に，スギを用い木を現しとできる100％木質の耐火集成材「FRウッド」が採用された。
壁・屋根・床は一般的な木造耐火構造とし，FRウッドとの接合部耐火性能は，実大加熱燃焼実験により確認した。異素材・構造との組み合わせを念頭に，今後，教育・文化・宿泊・商業施設等への展開が期待される（比留間　基晃）。

目白通り側外観

2F　客室内覧

FRウッド断面イメージ

1F　客室吹抜

FRウッドと耐火構造壁

正面外観

変なホテル ハウステンボス・ウエストアーム

建築主：ハウステンボス株式会社
主用途：ホテル
所在地：長崎県佐世保市ハウステンボス町 6-5
設計：KAJIMA DESIGN
　　　CLT 構造設計協力　住友林業
施工：鹿島建設
　　　CLT 施工協力　住友林業
敷地面積：16,577.56 m²（イーストアーム含む）
地域・地区：第二種住居地域　法 22 条区域
建蔽率（許容）：22.53 %（70 %）（イーストアーム含む）
容積率（許容）：33.65 %（200 %）（イーストアーム含む）
建築面積：1,329.42 m²
延床面積：2,049.71 m²
各階面積：1 階：1,205.71 m²
　　　　　2 階：844.00 m²
構造・階数：CLT 造（一部鉄骨造）・地上 2 階
　　　　　　客室部分：木造（CLT 構造），
　　　　　　歩廊・渡り廊下部分：鉄骨造
軒高：8,208 mm
竣工年月：2016 年 2 月
［建築］
　外部仕上げ：屋根/外壁：ガルバリウム遮熱塗装鋼板・立ハゼ葺き
　開口部：アルミサッシ，スチールドア
　内部仕上げ：床：サイザル調ビニル床シート，
　　　　　　　壁：CLT 素地自然塗料，ビニル壁紙，
　　　　　　　天井：ビニル壁紙
［設備］
空調設備：空調方式：空冷ヒートポンプエアコン
電気設備：受電方式：1 回線受電方式
衛生設備：給水方式：受水槽＋ポンプ直送方式
給湯方式：個別ガス給湯方式
消火設備：消火器
環境配慮設備：自立型水素エネルギー供給システム，太陽光発電パネル

注：「変なホテル」は，イーストアーム（1 期）とウエストアーム（2 期）から構成される。レストラン AURA は，芝桜庭園内の別施設である。

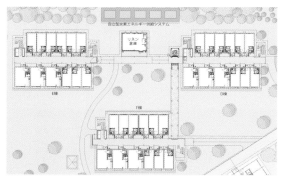

1 階平面図

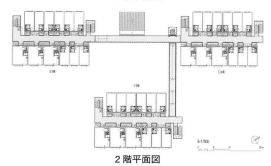

2 階平面図

「変なホテル」とは"変化し続ける"ことを約束するという事業企画からのネーミングである。世界一生産性が高いホテルを目指してロボットが働くホテルとしてギネス世界記録に認定。1 号店のウエストアームはオランダ語で「森の家」を意味する「ハウステンボス」の名から発想し，CLT 構造を日本のホテルとして初めて採用，内装の木質化を実現。またハウステンボスの創業理念「環境との共生」を引き継ぎ，太陽光パネルの採用や水素エネルギーシステムの導入など，環境に配慮した近未来型ホテルである（野出木　貴夫，高野　信）。

イーストアームよりウェストアームを望む*

デラックスルーム**　　　　　　　　　歩廊より中庭を望む*

スタンダードルーム*　　　　デラックスルーム*　　　　CLTの壁面とアートワーク**

（撮影：*西日本写房：福岡，**ナカサ＆パートナーズ）

住田町役場

所在地：岩手県気仙郡住田町世田米字川向88-1
主要用途：庁舎
建主：住田町
設計：前田建設工業・長谷川建設・中居敬一都市建築設計　異業種特定建設共同企業体＋近代建築研究所＋ホルツストラ
管理監修：松田平田設計
施工：前田建設工業・長谷川建設・中居敬一都市建築設計　異業種特定建設共同企業体
木造軸組み工事　中東＋住田住宅産業＋坂井建設
敷地面積：7,881.03 m²
建築面積：2,405.42 m²
延床面積：2,883.48 m²
　　　　1階　1,682.79 m²／
　　　　2階　1,200.69 m²
　　　　階数　地上2階
最高高：11,230 mm
軒高　8,830 mm
階高　3,850 mm
［構造］
　主体構造：木造
　杭・基礎：直接基礎
設計期間：2012年12月～2013年7月
施工期間：2013年8月～2014年7月
［外部仕上げ］
　屋根：カラーガルバリウム鋼板立平葺
　外壁：スギ板鎧張り（住田町産材）
　　　　弾性アクリル樹脂系仕上げ塗料

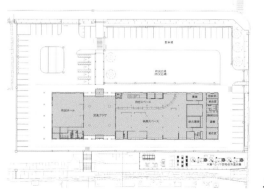

［内部仕上げ］
　床：床暖房用フローリング
　天井：ロックウール化粧吸音板
　壁：スギ羽目板（住田町産材）
　　　石膏ボードの上AEP

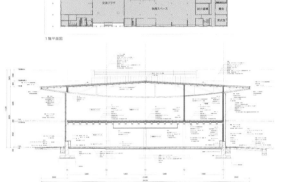

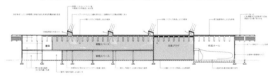

住田町は岩手県南東部にある人口6000人の町で，主たる産業は林業である。

この庁舎は，森林・林業日本一のまちを目指すこの町のシンボルとして，町内材を使って，町内の人々が組み立てることができるよう配慮しつつ，他に類例を見ない木構造の建築物を実現させることを目指した。

さらに建築用製材を取り出した残りの端材などをペレットに加工して，バイオマス燃料として利用し，冷暖房用エネルギーの地産地消を行うことも目指した。

この庁舎は，町民が長年にわたって基金を積み立て，町内の森から切り出した木材を町内で加工し，町の人々が組み立てて完成させた町民自身のための施設である（綱川　隆司）。

西側全景

交流プラザ

ラチス耐力壁と木アルミ複合サッシ

町民ホール

南西側大庇

大庇ライトアップ

南側隣地からの見上げ

シェルターなんようホール（南陽市文化会館）

建築主：南陽市
所在地：山形県南陽市三間通430番地2
構　造：木造　一部RC造
規　模：地下1階　地上3階
延床面積：5,900.98 m²（文化会館部分）
設計事務所名：大建設計
設計協力：シアターワークショップ（劇場コンサルタント）
　　　　　永田音響設計（音響コンサルタント）
施工
　建築・機械設備工事・外構工事：戸田建設・松田組・那須建設共同企業体
　電気設備工事・舞台照明音響設備工事：スズデン南陽営業所
　木構造製作工事：シェルター
　木材調達工事：米沢地方森林組合
　舞台機構工事：森平舞台機構株式会社
　木質バイオマスオイラー製作・設置工事：ヒラカワ仙台営業所
設計工期：2012年12月～2013年7月
施工工期：2013年10月～2015年3月

　山形県南部の置賜盆地に位置する南陽市に計画された，1,403席の大ホールを有する木造耐火構造の文化施設である。木材調達から施設建設に至るまでの多様な業種の関係者が一丸となり，地域の豊かな森の恵みを活かした他に類を見ない個性的な木造ホールを実現させた。2016年には最大の木造コンサートホールとしてギネス世界記録に認定されている。

　施設の建設に用いられた集成材等の使用量は3,570 m³。その製作のために伐採された原木丸太量は12,413 m³および，うち地元置賜地区の山林から伐採されたスギ・カラマツ材の丸太は5,714 m³，丸太全量の46％にも上った。

　通常，木造で大空間を実現する場合にはアーチ状の屋根架構が一般的である。本計画の大ホールは1403席を収容するために最大スパン28 m，天井高さ約15 mの木造大空間が求められたが，①音響性能を満足するためのシューボックス形状，②キャットウォークやシーリングライトなどを支える屋根の構造強度確保，③豪雪地域において落雪を防ぐためのフラットルーフといった設計要求条件を満足するために矩形の門型架構を採用した。

　梁にはカラマツの大断面集成材を用いて，梁せいが4.89 mにもなる三次元立体トラスを構成し，クリープ変形に対しても安全となるように配慮した。立体トラスを支持する柱は，耐火被覆を含めた外形寸法が600 mm角の耐火柱を5本束ねた組み柱で，地震時等の水平力は鉛直ブレースに負担させ，求められた重要度係数1.25をクリアしている。

　柱は地元山形県の企業であるシェルターのCOOL WOODの耐火柱を使用し，柱以外の主要構造部には，石膏ボードの耐火被覆によるメンブレン型耐火の大臣認定工法を使用した。大ホールの室内側からは屋根の木造トラス架構は耐火被覆で覆われて見えなくなってしまったが，そのかわりに柱はCOOL WOODの特徴を活かし，そのまま現しで使用して，木造ホールであることを巨大な柱の圧倒的な存在感で表現した（三ツ橋　顕司，笠原　拓）。

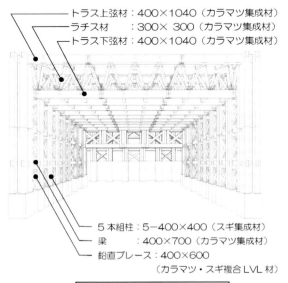

大ホール木造架構断面図

大ホール　　［©BAUHAUSNEO］

交流ラウンジ　　　　　　　［©BAUHAUSNEO］

大ホールの5本組　　　　　［写真提供：戸田建設］

三次元立体トラス梁　　　　［写真提供：戸田建設］

外観

2時間耐火部材でつくる4階建て
京都木材会館

発注者：京都木材協同組合
設　計：株式会社　ゆう建築設計事務所
　　　　　専務取締役　衛藤　照夫
　　　　　チーフアーキテクト　清水　大輔
　　　　　ルーバーデザイン　砂山　太一
施　工：吉村建設工業　株式会社
　　　　　株式会社　竹内工務店（木工事）
所在地：京都市中京区

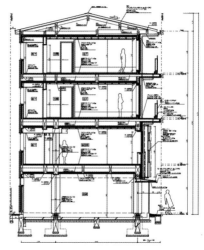

矩形図

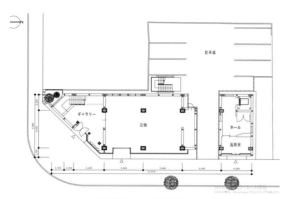

配置図・1階平面図

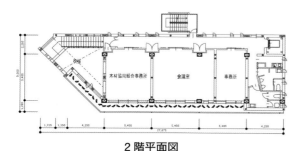

2階平面図

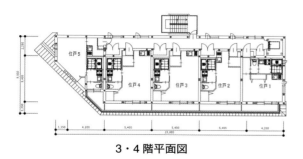

3・4階平面図

老朽化した鉄筋コンクリート造の木材会館を，純木造4階建て耐火建築物に建替えたプロジェクトで，これからの木造建築界をリードするモデル建築として計画された。1，2階は道路に面して大きな開口を取る木造ラーメン構造とし，3，4階は共同住宅であり壁量が確保できることから軸組み工法を採用している。このように最適な構造形式の可能性を提案する木造建築である。外部構造材はすべて，京都産のスギとヒノキを採用し，1階柱に当時，全国初となるシェルター開発の2時間耐火部材「COOL・WOOD」を採用している。この部材はスギ材の木現しとしている。2階への導入部となる1階ギャラリーには京都産木材の代表格である北山スギを意匠的に扱い京都の木材会館をアピールしている。3，4階の共同住宅へは，専用の入口からエレベーターでアプローチする。各階5戸，計10戸の共同住宅は，平均1住戸当たり約30 m^2 で居間，WC，浴室，洗面，キッチンが配されている。玄関扉は閉めたままで風の通る玄関ドアを採用して居住性に配慮している。外観のデザインに大きな役割を果たしている稼動型のルーバーはパラメータによるプログラム設計がなされている。ルーバーの木部分は燻煙熱処理仕上げとして耐候性を高めている。伝統的な水平に分節化された京町家の雰囲気を残しつつ，21世紀の木材会館にふさわしい新しい木造デザインを心掛けた（衛藤　照夫，清水　大輔）。

外観東面

会議室1

住戸居室

ギャラリー

外観南東面

住戸廊下

ATグループ本社 北館

建築主：株式会社ATグループ
所在地：愛知県名古屋市昭和区高辻町
設　計：株式会社竹中工務店
施　工：株式会社竹中工務店

構造：鉄骨造　一部木造
主用途：展示場・事務所
敷地面積：2,150.84 m²
建築面積：1,940.70 m²
軒高さ：17,300 mm
最高高さ：17,900 mm
階数：地上4階
使用材料：燃エンウッド 使用樹種　カラマツ
その他：耐火建築物

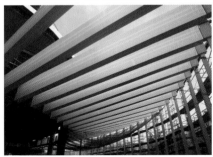

施工中木造梁（竹中工務店撮影）

名古屋市中心部の幹線道路沿いに建つ自動車ショウルーム。木造梁と天井，壁が一体となった「ショーケース」は，天井面のうねりや時と共に移り変わる照明の演出により，存在を際立たせながら街に寄り添う「ランドマーク」となっている。表層の新しさを消費されがちな商業施設において，木造架構現しの「器」で車を包み込むことにより，時代に左右されない価値を表現している。
（執筆：長谷川　寛，伊藤　貴弘，石黒　紘介，北川　昌尚，写真：内観・車田　保，外観・株式会社エスエス名古屋）

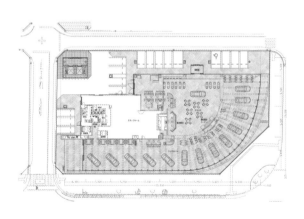

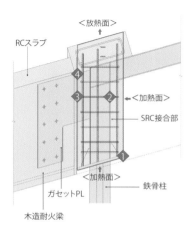

耐火性を確保した柱梁接合部

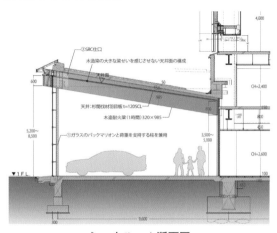

ショウルーム断面図

交差点に面して「街を彩る木のショウケース」となる（撮影：株式会社エスエス名古屋）

ショウルーム（撮影：車田保）

ショウルーム空間を構成する木造梁（撮影：車田保）

70 mの長さで連続する木造梁（撮影：株式会社エスエス名古屋）

静岡県草薙総合運動場体育館

施主：静岡県
所在地：静岡県静岡市駿河区栗原
［設計］
建築：内藤廣建築設計事務所
構造：KAP
構造設計指導：腰原幹雄
設備：森村設計
音響：唐澤誠建築音響設計事務所
防災：明野設備研究所
施工：鹿島・木内・鈴与特定建設工事共同企業体
竣工：2015年3月

［構造］
主体構造：鉄筋コンクリート＋木＋鉄骨造，一部PC造，免震構造（メインフロア）
杭・基礎：鋼管杭
主用途：観覧場
敷地面積：205,812.61 m²
建築面積：9,701.44 m²
軒高：7,900 mm
最高高さ：28,000 mm
階数：地下1階地上2階建

［使用材料］
外部仕上げ：屋根　チタン亜鉛合金板，外構　PCプレス平板
内部仕上げ：床　ハードメープル，壁　天竜スギ木製ルーバー，天井　天竜スギ木製ルーバー（メインフロア）
1，2階通路：床　ゴムタイル，壁　コンクリート打放しの上，EP塗装，天井　岩綿吸音板の上，EP塗装

受賞歴
　第8回静岡県景観賞最優秀賞
　第11回日本構造デザイン賞
　第17回日本免震構造協会賞　作品賞
　平成27年度木材利用優良施設　農林水産大臣賞
　第58回BCS賞

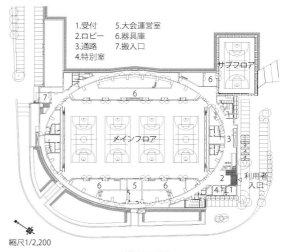

1階平面図

長手断面図

短手断面図

本体育館の特徴はバスケットボールコート4面のメインフロアを256本の柱が取り囲む大空間である。柱は長さ約14.5 mの天竜産スギ集成材で断面は36 cm×60 cm。角度を45°～70°と連続的に変化させながら観客席の周囲を一周し，鉄骨造の屋根を支えている。構造設計に際しては東海地震に対して安全性を確保することを第一義とした。構造計算は地域係数1.2に加えて用途係数1.25を適用。大屋根にかかる地震力低減のために二階柱頭への免震装置を設置した。構造評定・耐火性能検証・避難安全検証を行い，国土交通大臣認定を取得した（神林　哲也）。

256本の天竜産スギ集成材

二階柱頭に免震装置を設置

バスケット4面のメインフロア

東側からの遠景

芝生広場に面したアプローチ

ぷろぼの福祉ビル（Fellow Ship Center）

施　主：社会福祉法人　ぷろぼの
所在地：奈良県奈良市大宮町
設　計：有限会社浅田設計室
施　工：大倭殖産株式会社
竣　工：2016年7月
撮　影：プライズ・山崎浩治
主用途：障害者福祉施設
構　造：1階　RC壁式構造，2～5階　木造
　　　　（壁：CLTパネル工法，床：軸組工法）
防耐火：1階：2時間耐火構造，2～5階：1時間耐火構造
敷地面積：272.74 m²
延べ床面積：971.54 m²
軒高さ：17.172 m
最高高さ：19.97 m

[主な仕上げ]
　外壁：1階：コンクリート化粧打ち放し仕上げ，
　　　　2～R階：カラーガルバリウム鋼板一文字葺き，吉野ヒノキ縦羽目板張り
　屋根：カラーガルバリウム鋼板タテハゼ葺き，
　屋上：遮熱シート防水接着工法（露出歩行）
　軒天：吉野ヒノキ小幅板張り
　内装：1階　床：ウリンフローリング，壁：左官仕上げ，奈良県産材小幅板張り（12樹種），天井：左官仕上げ
　　　　2～5階　床：南部クリフローリング，壁：吉野スギ小幅板張り，天井：漆喰塗料塗布

配置図基準階

木造5階建・障害者福祉施設を奈良市街地に耐火建築で奈良県産材をできるだけ使用し建てたい，との事から計画は始まった。都市部にありがちな前面道路が狭く狭小間口敷地での計画。設備機器は屋上に設置となり，施設の使い方からコア以外はワンルームとすることが求められた。つまり，トップヘビーで奥行きが長くコア以外に短辺方向に壁の少ないワンルーム空間5層を木造耐火建築で計画する事でした。設計時，木造の2時間耐火，床1時間耐火に対応する告示はなく，1階はRC壁式構造，木造部は壁CLTパネル工法，床軸組工法で計画せざるを得なかった。構造要素としての壁はすべてCLTを用いている。木造部は軸組工法も考えたが，施主の求める空間が柱型の出るような空間ではなく，RC壁式のようなすっきりした空間が使い良い事，施主共々CLT構造に挑戦したいとの思いからこの工法を採用した。当時，CLTは基準強度が定められておらず，構造設計手法が確立していないため，材料強度・接合部強度等を実験で検証・確認し，その結果をもとに時刻歴応答解析により構造計画を行った。1時間耐火のため木構造部はメンブレンで覆われてしまうが，一部水平力のみを負担する壁を設け，CLT現しを可能にした（図示黒色部分）。CLTには奈良県産杉材をラミナに使用。内外装材に奈良県産材を極力使用し，基準法の許す範囲で最大限の木質化を図った。外壁に使用したCLTパネルは厚210。耐火メンブレン・内外装材を含め厚380 mm以上の分厚い「壁」になる。この分厚い「壁」は素晴らしいと感じた。木造建築なのに厚みのある重厚な建築で安心感があり，温熱環境・室内環境としても非常に有効に働いていると思われ，施主は非常に満足し快適に利用されている（浅田　耕一）。

南面外観

1階食堂

居室内観

バルコニー・庇

1階エントランスコーナー

東面外観

大阪木材仲買会館

建築主：大阪木材仲買協同組合
所在地：大阪市西区南堀江
設　計：株式会社竹中工務店
施　工：株式会社竹中工務店

構　造：木造＋鉄筋コンクリート造（一部S造，SRC造）
主用途：事務所
敷地面積：1,226.40 m²
建築面積：453.27 m²
軒高さ：10,372 mm
最高高さ：10,782 mm
階　数：地上3階
使用材料：燃エンウッド 使用樹種　カラマツ
その他：耐火建築物

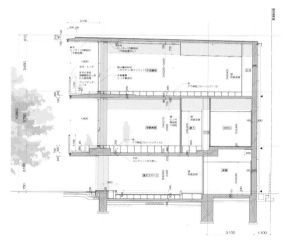
断面図

構造パース

1. 展示スペース　　7. 事務室
2. エントランスホール　8. バルコニー
3. 既存桜　　　　　9. 中会議室
4. 応接室　　　　　10. テラス
5. 理事長室　　　　11. 大会議室
6. 吹抜

3階平面図

2階平面図

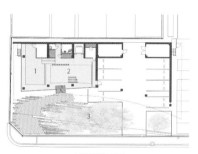
1階平面図

「木をふんだんに使用した，木の殿堂として社会へアピールできる建築」をテーマとして大阪木材仲買会館は計画され，耐火集成材燃エンウッド等の技術群の導入により「コンクリートと鉄の街」を「木の森」に変えうるビルディングモデルとして実現した。本建物では木のメリット・デメリットに配慮して，木質材料とその他の材料を使い分けている。地震時の耐震性を確保するための建物背面のRC造の壁は隣地からの延焼をも防止する。また，1階部分をRC造とすることで巨大津波発生時の浸水リスクを低減する。室内仕上げの木質材料は実大燃焼試験により燃え方のデータを避難安全検証に取り入れ安全性と豊かな木質空間を両立させた。（執筆：白波瀬　智幸，興津　俊宏，福本　晃治，写真：母倉　知樹）

建物外観(西面)

3階大会議室

2階事務室

エントランスホール

建物外観(正面)

バルコニー

高知県自治会館新庁舎

建築主：高知県市町村総合事務組合
建設地：高知市本町4丁目1-35
用途地域等：商業地域，防火地域（許容容積率500％）
敷地面積：798.73 m²
延床面積：3648.59 m²
構造・階数：1階～3階：RC造，4階床：RC造（一部鉄骨造），4階～6階 木造軸組工法（メンブレン耐火方式），1階上部に免震層を設けた中間層免震構造
免震装置：鉛プラグ入り積層ゴム
使用木材：高知県産スギ・ヒノキ（構造材，造作材とも）一部ベイマツ集成材使用
用途：事務所
工期：平成27年6月18日～平成28年9月30日
設計・監理：株式会社 細木建築研究所
構造設計：桜設計集団一級建築士事務所，樅建築事務所
防耐火技術協力：桜設計集団一級建築士事務所
設備設計：株式会社アルティ設備設計室
施 工：株式会社竹中工務店四国支店

[主な外部仕上げ]
屋根：カラーステンレス0.4t立ハゼ葺き，ハゼ式嵌合型折板GL鋼板0.8t葺き
外壁：杉型枠コンクリート打放しアクリルシリコン吹付け，GL鋼板0.5t立ハゼ張り リン酸処理鋼板3.2t張り

[主な内部仕上げ]
床 ：杉圧縮フローリング15t張り，タイルカーペット張り
壁 ：コンクリート打放しアクリルシリコン吹付け，石膏ボード下地EP塗一部不燃処理杉板張り
天井：準不燃処理杉又は桧スノコ張り吸音天井，杉板竿縁＠1000＋化粧岩綿吸音板張り，準不燃処理杉本実板15t張り

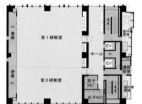
2階 平面図

6階 平面図

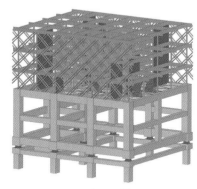
アイソメ図

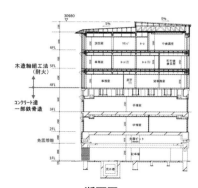
断面図

市街地に建つ上部3層を木造とし，下部3層をRC造とした6階建ての混構造ビル。そして南海トラフ地震に備えるため免震建物とし，免震装置は津波による浸水を考慮して1階と2階の中間に設置している。木造部分の桁行方向の耐震要素は木製ブレースとし，これを現わしとすることで木造らしさを表現している。また，梁間方向の耐震要素は面材とし，耐力が集中する中央部にはCLTパネルを使用している。CLTの持つ高耐力を活用することで耐力壁を少なくすることが可能となり，自由な平面が実現できている（細木 茂）。

正面外観（撮影：川辺明伸）

6階第2会議室

6階談話室

5階ホール廊下

外観空撮

5階ホール

いわき中原団地

所在地：福島県いわき市小名浜字中原
代表事業者：株式会社三崎組「浜風プロジェクト」
設　計：有限会社ノア・アーキテクツ・株式会社
　　　　永山建築設計事務所・東洋建設株式会社
　　　　設計室
施　工：㈱三崎組・東洋建設㈱・会津土建㈱・菅
　　　　野建設㈱特定建設工事共同企業体
使用材料：厚板集成版 WOOD.ALC（帳壁），1
　　　　時間準耐火構造，ロッキング構法，
　　　　WOOD.ALC 使用量：330.90 m³

【概要】
建築物の名称：県営住宅（福島県買取型復興公営
住宅整備事業）
主要用途：共同住宅
都市計画区域内（市街化区域）
準耐火建築物（イー1）
階数：地上3階建て
構造：鉄骨造
居室の天井高さ：2,400 mm
階高：3,350 mm

	建築面積	延べ床面積
1号棟	646.11	1458.24
2号棟	638.73	1458.24
3号棟	541.41	1221.27

外壁：木製厚板集成版 120 mm（QF060NE-
　　　0044），中空押出成形セメント版 t
　　　60 mm 縦張（FP060NE-9035）
屋根：カラーガルバリウム鋼板タテハゼ葺き t
　　　0.4 mm　下地：高圧木毛セメント板 t
　　　20 mm（FP030RF-9012）

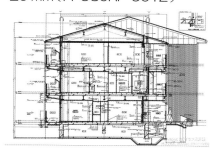
建物断面図

1階平面図

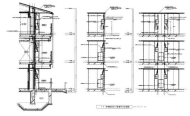
PS幹線配線及び機器取付詳細図

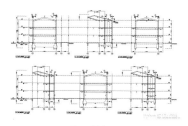
通り軸組図

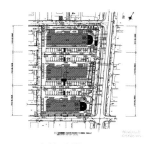
全体外構配置図

福島県買取型復興公営住宅公募で提案が採択となり建設。
「小名浜"はま風"団地　-浜風が通り抜け人が通り抜け人が行きかう街-」をテーマとし，入居者のみならず地域との交流を促す提案。棟間に広場を設けるとともに，エレベータ廻りや通り抜け道路にラウンジを設けて，入居者のみならず地域との交流を促す提案である。海に隣接する地域での新材料を適材適所で効果的に活用するとともに，軒下部外壁（バルコニーや共用廊下廻り）を木質化（WALC）して馴染みよい外観としている（高萩　智浩）。

全景1

3号 北東

3LDK 居室

2号 通路

全景2

2LDK 高齢者用廊下

智恵子の郷に建つ
復興公営住宅　石倉団地

建築主：福島県
所在地：福島県二本松市油井字石倉地内
事業者：チーム木楽里（代表事業者：藤田建設工業株式会社）
施工：藤田建設工業株式会社，福島県南土建工業株式会社，会津土建株式会社
設計・工事監理者：有限会社辺見美津男設計室，株式会社小島建築設計事務所，有限会社菊地設計
主用途：共同住宅
構造：鉄骨造
階数：3階建て，棟数・戸数：2棟
敷地面積：8,123.91 m²
建築面積：2,497.94 m²
延床面積：5,578.50 m²
［使用材料］
屋根：カラーガルバリウム鋼鈑立ハゼ葺き t＝0.4
外壁：厚板集成版（WOOD.ALC）　t＝120
内装（床）：複合フローリング，塩ビ製シート
内装（壁）：ビニルクロス貼り
内装（天井）：ビニルクロス貼り
施工期間：平成28年6月9日～平成28年9月30日
WOOD. ALC 使用量：437.17 m³

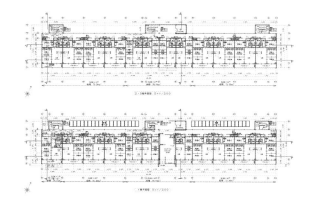

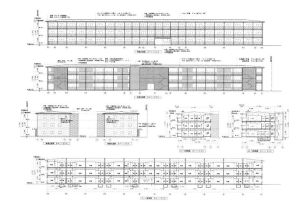

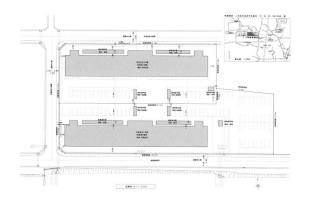

福島県二本松市といえば高村智恵子の故郷だ。智恵子の大好きな「ほんとうの空」のある街に，原子力災害により避難を余儀なくされた人々の暮らしに寄り添う復興公営住宅 石倉団地は建っている。

当社が担当した3号棟，4号棟は一般的な公営住宅のイメージではなく，外壁に地元福島の杉を大胆に現したちょっと目を引く鉄骨造準耐火3階建ての公営住宅だ。不思議なことに長さ約90メートルに渡る杉の外壁は従来のコンクリートと違い，見る者に和らぎ，安堵感を与える。復興公営住宅にふさわしく，木材使用量は外壁のみで440 m³，全体で781 m³，122トンの炭素を封じ込めた巨大な環境ダムのような建築物だ（高橋　幸吉）。

4号棟外観（南東側より撮影）

3LDKの居室

3号棟見守りラウンジ

3号棟2階廊下

3号棟外観（南側より撮影）

W. ALC仕上げの玄関

十津川村立十津川中学校

施主：十津川村
所在地：奈良県吉野郡十津川村大字小原
設計：株式会社　桝谷設計
施工：第Ⅰ期工事（管理棟・教室棟）
　　　株式会社淺沼組
　　：第Ⅱ期工事（体育館棟・寄宿舎他）
　　　株式会社奥村組
竣工：2012年4月
構造：木造，一部鉄筋コンクリート造
主用途：中学校
敷地面積：14,517.58 m²
建築面積：　3,366.52 m²
延べ面積：　5,147.11 m²
軒高：8.399 m
最高の高さ：12.959 m
階数：地上2階，一部地下1階
［使用材料］
　屋根　フッ素ガルバニウム鋼鈑
　外壁　防火サイディング 土壁調フッ素塗装
　軒裏　珪酸カルシウム 土壁調フッ素塗装
受賞歴　日事連建築奨励賞（第38回全国大会）

管理棟立面図

教室棟立面図

教室棟断面図　　　管理棟断面図

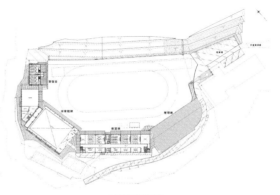

2階平面図

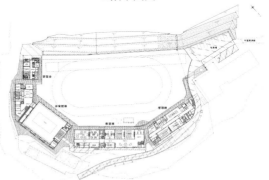

配置図兼1階平面図

管理棟
地下1階平面図

　十津川村は熊野南紀特有の気候風土に培われた歴史や景観といった地域の記憶を残す自然豊かな郷土である。当プロジェクトは村内にある中学校4校を統合し，十津川村の教育の新たな校舎となるよう十津川の木に包まれた「集い，笑い，学ぶ」ことをコンセプトとした。限られた敷地条件を活かし敷地を最小限に造成拡幅，運動場を囲むように木造校舎を配置して渡り廊下でつないだ一体感のある計画とした。また学校機能と屋内・外運動場の一般開放機能を持った地域交流型校舎として，体育館や運動場を十津川の人々も気軽に利用でき，生徒達や先生ともに積極的に交流することのできる開かれた教育環境の創出を目標とした（中元　綱一，吉田　健一）。

木造校舎を渡り廊下でつないだ外観

十津川産材で仕上げられた昇降口

観戦できるギャラリーのある体育館

開放的で明るく風が通り抜ける廊下

多目的に利用できるホール

木材とガラスで構成された外観

四万十町本庁舎

所在地：高知県高岡郡四万十町琴平町
建築主：四万十町
設計：株式会社松田平田設計
構造設計協力：梅沢建築構造研究所
施工：建築：【西庁舎】入交・田邊・郷田特定建設工事共同企業体
　　　　　　【東庁舎】和・生田・松井特定建設工事共同企業体
　　　　　　【自由通路】田邊建設
　　　　　　【防災備蓄倉庫】三浦建設
　　空調衛生：【西庁舎】日化・横山特定建設工事共同企業体
　　　　　　　【東庁舎】四電工・岩本商店特定建設工事共同企業体
　　電気：【西庁舎】日化・是信特定建設工事共同企業体
　　　　　【東庁舎】日興・土居特定建設工事共同企業体
　　太陽光発電：岡山電気
　　特注家具：四万十町森林組合・コクヨファニチャー
工程　設計期間：2011年6月〜2012年9月
　　　施工期間：2012年11月〜2014年3月
規模　敷地面積：8,550.70 m²
　　　建築面積・建蔽率：3,045.35 m²・35.62%
　　　延床面積・容積率：6,100.42 m²・67.98%
　　　西庁舎　1階　1,045.05 m²
　　　　　　　2階　　933.02 m²
　　　　　　　3階　1,020.60 m²
　　　東庁舎　1階　　766.86 m²
　　　　　　　2階　　748.44 m²
　　　　　　　3階　　748.44 m²
　　　階数：地上3階
　　　高さ：最高高さ17.25 m　軒高15.55 m
構造　鉄筋コンクリート造　一部 木造・鉄骨造
敷地条件　地域地区：都市計画区域区分非設定
　　　　　　　　　　法第22条地域
　　　　　道路幅員：東 11.50 m　西 9.50 m

主な外部仕上げ
　屋　根：フッ素亜鉛アルミ合金メッキ鋼板横葺
　外　壁：四万十ヒノキ羽目板張木材保護塗料，
　　　　　コンクリート杉型枠化粧打ち放し撥水材塗布
　開口部：アルミサッシ
　外　構：コンクリート平板
主な内部仕上げ
ふれあいホール（西庁舎・東庁舎）
床：四万十ヒノキ圧縮フローリング t＝15 mm
壁：四万十ヒノキ t＝15 mm 羽目板張木材保護塗料，他
特殊設備
太陽光発電設備（40 kW），電気式自動車充電設備

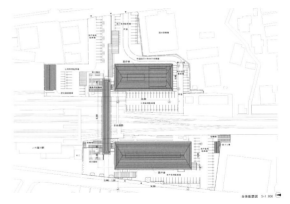

全体配置図

線路を挟み東西に分かれた敷地に西庁舎及び東庁舎を配置し，それらを線路上空の自由通路でつないでいる。免震構造を採用し，RC造・木造柱・鉄骨梁のハイブリッド構造とした。線路側は遮音性に配慮したRC造，歩行者の目に留まる道路側は四万十ヒノキによる木造組柱，その間のロングスパンを鉄骨梁とし，各々の構造を適材適所に配置している。まちの技術を活かすため，町内工場による製材を用いた組柱のシステムを構築した（大山　広高）。

四万十町本庁舎全景

四万十ヒノキによる外壁

西庁舎ふれあいホール

町民環境課ほか執務室

議場

自由通路で繋がる西庁舎と東庁舎

埼玉工業大学ものづくり研究センター

建築主：学校法人智香寺学園
建設場所：埼玉県深谷市普済寺字中原
［施工］
　建築工事：竹並建設株式会社
　電気工事：株式会社沼尻電気工業
　空調工事：藤田エンジニアリング株式会社
　衛生工事：藤田エンジニアリング株式会社
建築用途：大学（研究センター）
防火対象物：消防法 施行令 別表第一 7 項
敷地面積：99,105.07 m^2
建築面積：1029.13 m^2
延床面積：981.44 m^2
高さ（最高部）：SGL＋7,905 m
構造：木造/地上 1 階
工期：2015 年 9 月〜2016 年 7 月
設計：株式会社松田平田設計
監理：株式会社松田平田設計
撮影：日暮雄一

『**樹状柱で支える木造ラーニングコモンズ**』
40 周年記念施設として広く社会へアピールできる透明感のある施設を目指した。大学の理念である「ものづくり精神」をわかりやすく表現する手法として木で支えられた大空間を提案した。
平面は樹状柱を中心とし両サイドに研究室をレイアウトした明快なプランとした。樹状柱は，互いに寄り添い支え合うように配置され，4 本で一つの大樹となり建物に中心性を与えている。大樹に支えられた大屋根の下に学生が集うイメージである（藤井　久生，松本　僚平）。

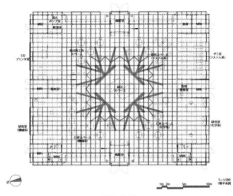

1 階平面図

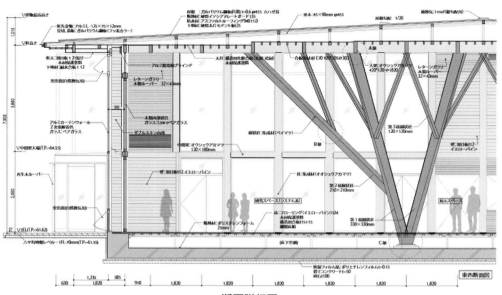

断面詳細図

株立ちの大樹をイメージする樹状柱に支えられた大屋根空間

ダブルスキンカーテンウォールからの木漏れ日は内部空間へ様々な表情を産み出す

外光をとり込むラチス格子耐力壁

ヒノキの小径材を組合わせたラチス格子耐力壁

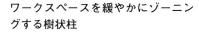
ワークスペースを緩やかにゾーニングする樹状柱

内部樹状柱を象徴的に見せる夜の外観

阿蘇くまもと空港　国内線ターミナルビル

所在地：熊本県上益城郡益城町大字小谷
主要用途：航空旅客取扱施設
建築主：熊本空港ビルディング株式会社
設計者：日建設計　金内信二，小泉賢信
施工建築：大成・岩永・建吉特定建設工事共同企業体
設備：九電工　太陽電気
敷地面積：32,343.44 m²
建築面積：12,464.12 m²
延床面積：22,397.97 m²
建ぺい率：38.54%
容積率：69.25%
階数：地上4階
最高の高さ：16.71 m
軒高さ：7.35 m
構造：鉄骨造
設計期間：2008年1月〜2010年7月
施工期間：2010年8月〜2012年7月

[建築仕上げの概要]
　屋上：フッ素樹脂塗装鋼板（段ルーフ），シート防水（断熱パネル下地）
　外装：電動連動換気パネル付木・スチール複合サッシュ（EPG工法）
　内装：天井：県産材天然木ルーバー，木造作天井
　　　　壁：県産材天然木ルーバー，
　　　　間仕切：石膏ボードEP
　　　　床：プレキャストコンクリート板白玉石散布・研磨仕上げ

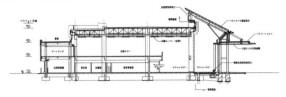

断面図

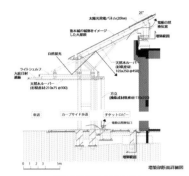

増築部断面詳細図

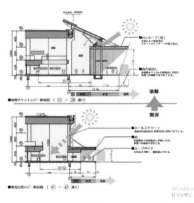

チケットロビー断面図（上）と出発ロビー断面図（下）

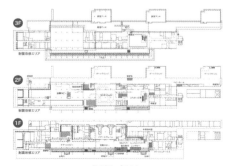

各階プラン

「阿蘇くまもと空港」地産木材で空の玄関を創る。第五期増改築では，熊本の空の玄関として相応しい姿をすべて同県産の木材を使うことで表現した。新設された大庇空間は，ロビーの環境改善だけでなく軒に垂木状の木を設えることにより，威圧的なスケールを和らげる効果をもたらした。木の持つ自然な雰囲気を損なわないよう，廻りの材料も自然素材や天然色で統一し，大面積のガラススクリーンも集成材の方立とガラスで構成している。木をあしらった今回の増築部は，震度7の熊本大地震時にも健全であった（金内　信二）。

正面玄関

2階ふれあい広場

出発ロビー天井

1階チケットロビー

カーブサイド側全景

ヒノキ集成材の方立とコマガラス

中郷会新柏クリニック

建築主：医療法人社団中郷会新柏クリニック
所在地：千葉県柏市新柏
設　計：株式会社竹中工務店
施　工：株式会社竹中工務店

構造：鉄筋コンクリート造・木造・一部鉄骨造
主用途：診療所
敷地面積：3,097.92 m²
建築面積：1,245.58 m²
延床面積：3,131.93 m²
軒高さ：12,785 mm
最高高さ：14,060 mm
階数：地上3階
使用材料：燃エンウッド　使用樹種　カラマツ
その他：耐火建築物

3階平面図

2階平面図

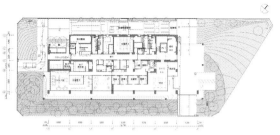

1階平面図兼配置図

南立面図

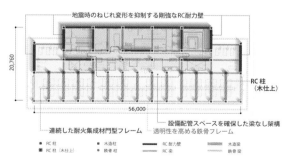

構造ダイアグラム

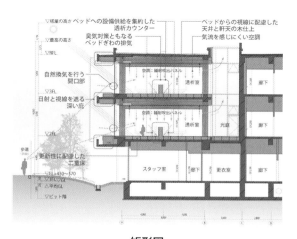

矩形図

新柏クリニックは千葉県柏市の郊外に位置する透析120床の診療所である。豊かな地下水を透析水とし，前面に広がる台地の緑を景観として治療空間に取り込んだ「森林浴のできるクリニック」をテーマに開放性の高い新しい透析クリニックを目指した。透析治療に通われる患者の心と身体を浄化する環境実現の手法として木造・木質化を採用し，美しく連立する樹木に見立てた耐火集成材燃エンウッドの連続架構と国産ヒノキの天井仕上げ材により癒しの空間を実現した。

（執筆者：吉岡　有美，石本　明子，落合　洋介）
（写真：株式会社エスエス　島尾　望）

緑地に包まれたクリニック全景

門型木フレームが連続する透析室

緑の景色を楽しめる透析ベッド

明かりに照らされる木質仕上げの軒天

やすらぎある光を街に灯す夕景

木のぬくもりを醸し出す夜景

名古屋城本丸御殿

［建築概要］
　構造・階数：木造平屋建（書院造）
　延べ面積：約 3,100 平方メートル
　建築面積：約 3,600 平方メートル

［主な部屋］
　　　　　　　　　　　主な障壁画
玄関　　　　　　障壁画「竹林豹虎図」等
（御殿への正式な入口，謁見者の控えの間）
表書院　　　　　「桜花雉子図」等
（武家の正殿，外客応接の場）
対面所　　　　　障壁画「風俗図」等
（内臣対面の場）
上洛殿　　　　　障壁画「帝鑑図」等
（将軍上洛時の宿舎）

［本丸御殿復元スケジュール］
平成 18 年度：基本設計
平成 19 年度：実施設計
平成 20 年度：工事着手
平成 22 年度：玄関の復元過程特別公開（10 月）
（名古屋開府 400 年）
平成 23 年度：表書院棟上（7 月）
平成 25 年度：玄関・表書院等公開
平成 28 年度：対面所等公開
平成 29 年度：復元工事完了
平成 30 年度：全体公開

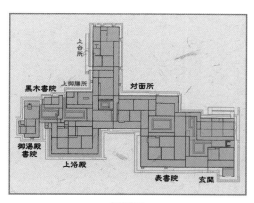
平面図

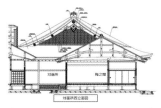
（復元工事レポート　No.22）

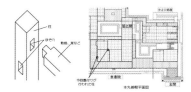
（復元工事レポート　No.15）

表書院　見取り図

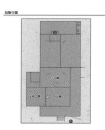
御湯殿書院　見取り図

かつて名古屋城の本丸には，天守閣の南側に本丸御殿があった。この本丸御殿は，近世城郭御殿の最高傑作と言われ国宝に指定されていた建物で，現在，国宝になっている京都二条城の二の丸御殿と並ぶ武家風書院造の双璧と言われていた。

昭和 20 年に空襲により天守閣とともに焼失したが，江戸時代の文献のほか，多くの写真や実測図が残されており，ありし日の姿を忠実に蘇らせることが可能な事から本丸御殿を郷土名古屋の誇り高きシンボルとして平成 18 年から復元プロジェクトがスタートした。

この復元計画により，本丸御殿は天守閣とともに近世武家文化を体感できる屈指の名城として再生する。

— 434 —

玄関・車寄外観

玄関一之間北東面

表書院一之間北東面

表書院廊下南西角より一之間を見通す

車寄

対面所次之間北東面

（写真・図版：名古屋城総合事務所提供）

Feel 入間複合展示場

施主：株式会社フェニックスホーム
所在地：埼玉県入間市
設計：合同会社ウッドワークス一級建築士事務所
施工：株式会社フェニックスホーム
竣工：2015年8月
構造：1〜3階：丸太組構法，屋根：木造軸組工法
主用途：事務所/共同住宅/店舗（飲食店）
敷地面積：643.61 m^2
建築面積：236.63 m^2
軒高：9.600 m
最高の高さ：12.107 m^2
階数：地上3階
使用材料：丸太材には国産杉中目材〜大径材の赤身部分を主体的に使用。赤身材の利用により，腐朽に強い壁材を実現
耐火建築物要件：準耐火建築物（60分耐火）
その他：平成25年度サステナブル建築物等先導事業（木造先導型）採択

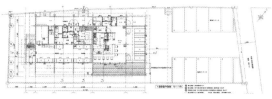

1階配置平面図

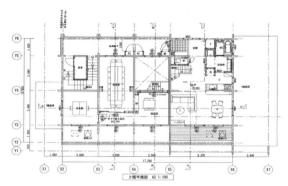

2階配置平面図

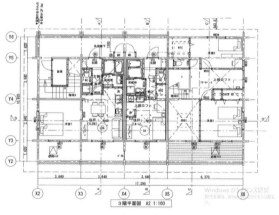

3階平面図

西立面図及び北立面図

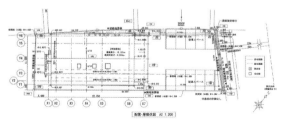

配置・屋根伏図

国内初の丸太組構法による3階建て建築物となる本プロジェクトは，振動実大試験や実大壁せん断実験などの様々な実験で蓄積された技術的知見を実用に利用し，限界耐力計算による丸太組構法設計を行ったもので，1階から3階までを丸太組構法の外壁及び間仕切り界壁として60分準耐火性能を確保した。これにより都市部における丸太組構法の建築及び共同住宅，事務所，小学校などの公共建築物の建築が可能となり，今後の丸太組構法の用途拡大と木材利用促進の大きな一歩となった（松下　勝久）。

外観(南東面)

室内(2階・南東側)

3階建ログ組み上げの様子

室内(2階・南東側)

外観(南西面)

室内(3階・南側)

DiDi 与那国交流館

施主：沖縄県与那国町
所在地：沖縄県八重山郡与那国町字与那国
意匠設計：入稲福了，前田幸則，宇賀亮介
環境設計：黒岩哲彦
構造設計：鈴木啓
ブランディング＆展示演出デザイン：仁木洋子
建築施工：仲島建設，米元建設工業・大宜見組JV
設備施工：栄電社
木材供給：バイオベース
照明設備：沖縄ハートス，ハートス
展示工事：デフ
検索アプリ製作協力：ポルタルト
敷地面積：2543.14 m²
建築面積：562.94 m²
最高高さ：5.9 m
軒高：3.1 m
構造：壁式鉄筋コンクリート造
［使用素材］
　屋根：沖縄赤瓦葺き，漆喰押え
　外壁：国産杉羽目板張り
　壁：メソポア珪藻土塗り
　床：琉球石灰岩
　木製柱・梁：国産桧無垢材 低温乾燥

平面図　Scale：1/200

展示室2断面図　Scale：1/40

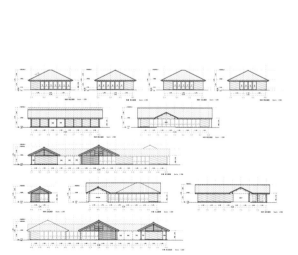

本棟立面図　Scale：1/200

本来，熱容量の小さい木材は，高温多湿の沖縄県の気候に適した構造材料であると考えられる。
当施設の建設地である与那国島では，最大瞬間風速81.1 m/s（平成27年9月）を記録しており，耐風設計が第一に求められた。下部構造はRC造とし，台風時の吹上げに効果的な重量のある琉球赤瓦を用いて，屋根架構と鉛直柱を木造とした。高温多湿地域であるため，合板と集成材の使用を避け，本州中部地方の桧を採用した。木材のクリープ変形を十分考慮した部材決定に努めた（仁木　洋子，前田　幸則）。

正面外観

唄ラボ　　　　　　　　　　　　　風ラボ展示空間

食ラボ　　　　外観・分棟による建物構成　　　入口から渡廊下を見る

索　引

英数・記号

1 時間
　加熱･････････････････････200
　～の耐火性能････････206, 209, 212
　耐火････････････････････171
　　構造･･･････････････････136
　　大臣認定･･･････････････181
1 面せん断接合････････････････121
2 時間耐火･････････････････171, 176
　建築物用ハイブリット構造材･･････154
　構造･････････････････････233
　部材の構成････････････････155
2 母数ワイブル分布･････････････311
2 面せん断接合････････････････121
3R･･････････････････････････3
3 時間耐火構造･･･････････････233
5％下限値･･･････････････････306
5R･･････････････････････････4
AFOSM 法･････････････････307
ALC 板･･･････････････････367
Allowable Stress Design ････････306
　＝許容応力度設計
ANSI/APA 規格････････････････83
Aureobasidium pullulans ･･･････248
A 種構造用単板積層材･･･････････58
B 種構造用単板積層材･･･････････57
CDF･････････････････････307
　＝累積分布関数
CIELAB 色空間････････････････253
CLT（直交集成板）･････46, 57, 81, 95, 176
　構法･････････････････････60
　～の強軸方向････････････････84
　～の弱軸方向････････････････84
　パネル工法････････････････335
　技術基準告示･･･････････････336

COOL WOOD･･････････172, 227
Cross Laminated Timber･･････335
D－リモネン･･････････････379
D1 樹種･･･････････････････240
Densified wood･････････････65
EN 規格･･････････････････83
　＝欧州規格
FB･････････････････366, 369
　＝フラットバー
FORM；First Order Reliability Method･･309
FR ウッド･････････････172, 197
GC/MS･･････････････････392
HPLC 法･････････････････392
H 形鋼･････････････････････356
In-Grade Testing Program････311
I 型梁･･･････････････････40
ISO 規格･････････････････82
　＝国際規格
JAS･････････････････････108
　S18･････････････････････256
　規格･･･････････････････81, 83
　構造用製材････････････････45
　製品･････････････････････39
K3･･････････････････243, 323
K4 処理･･････････････････324
Life Cycle Cost･･････････････322
Limit State Design･･･････････306
　＝限界状態設計
LRFD････････････････････311
　＝荷重耐力係数設計
LVL･･･････････････････38, 45, 58
MDF･･･････････････････39, 62
　＝中密度繊維板
NC 加工･････････････････････49
NIRS･･･････････････････375
　＝近赤外分光法

OSB	39, 61	アミン銅錯体	255
＝構造用パネル		雨仕舞	320
PB	39, 62	アメリカカンザイシロアリ	237
＝パーティクルボード		現し	175
PDF	307	合わせ梁	109
＝確率密度関数		安全	
RC 接合部	209, 210, 212	限界変位	348
SORM：Second Order Reliability Method		〜性	305
	309	**イエシロアリ**	236, 317
SSG 構法	362	移行材	21
Stake test	24	維持保全	322
T-FoRest	327	意匠性	109
light	327	一体型架構	345
Wall	327	遺伝子	28
TRS	377	組換え技術	27
＝近赤外時間分解分光法		**組換え植物**	27
Vereer	58	変異に基づいた育種	35
＝単板		**インサイジング**	171, 242
VOC	392	処理	198
WBGT	391	量	199
weathering	247	ウェザーメータ	252
＝ウェザリング		**ウェザリング**	247, 316
WOOD.ALC	219	＝weathering	
α−ピネン	379	薄板軽量形鋼	367, 358
α 波	380	ウレタン塗装（厚塗）	381
θ 波	380	**エクステリアウッド**	240
		用塗料	256
ア行		エポキシ樹脂系接着剤	359
		エムビル	183
亜鉛メッキ	317	エンジニアードウッド	321
アクセシビリティ	322	延焼	
アクリル樹脂系接着剤	359	・類焼防止	275
校倉	42	〜率	271
アセチル化木材	243	**オイゲノール**	380
厚板集成パネル	57	オイル塗装	381
圧縮木材	65	欧州規格	83
圧密木材	65	＝EN 規格	
厚物合板	60	応力伝達機構	362
あて（材）	23, 25	応力割増し係数	347
当て木	295	大分県立美術館	184
アドレナリン	380	オオウズラタケ	242

大きな循環	4
大阪木材仲買会館	174
大版パネル架構	**339, 344**
屋外	
耐久性	136
暴露	248
試験	**252, 261**
温冷浴法	133

カ行

加圧式保存処理	143
加圧注入処理	**241, 321**
外層被覆材（表面木材）	**229**
快適	
〜感	381
〜性	385
回転剛性	124
外部被覆材	228
外壁・軒裏防火構造	272
火炎伝播	137
化学	
修飾	261
処理	260, 261
科学的エビデンス	**382**
確率	305
密度関数	307
=Probability Density Function；PDF	
下弦材	369
火災	
危険温度	127
最盛期	273
初期	273
成長期	273
可採年数	169
笠木	324
荷重	
継続時間の調整係数	300
効果	306
支持部材	229
耐力係数設計	311

=Load and Resistance Factored Design；LRFD	
カスケード	9
ガス有害性	131
学校施設	385
褐色腐朽菌	235
仮道管	**19**
金物接合	48
加熱	
試験	170
実験	209
方法	210
可燃性混合気体	127
カビ	235
壁式構造	**46**
壁等	284
壁倍率	39
壁パネル	339
框	19
ガラス塗装	381
カラマツ	**199**
カワラタケ	242
簡易型SD法	381
感覚強度	378
環孔材	**20, 21**
乾式処理	**241**
含浸形塗料	256
含水率	82, 94, 107
調整係数	312
蟻害	**238, 316**
機械的接合	357
機械等級	113
技術基準告示	343
技術的基準	335
基準強度	39, 112, 311
気象劣化	
インデックス	251
マップ	**251**
キセノンランプ	252
基礎物性	263
蟻土	239

蟻道	239
木ぬり壁	158
揮発性有機化合物	392
基本値（Ln）	311
嗅覚刺激	375
吸収量	242
吸熱効果	211
強化LVL	117
接合板	118
接合ピン	121
強化石膏ボード	172, 202, 204, 206, 289
京都議定書	6
強度等級	84, 111
極相林	17
局地的気象条件	320
居住性評価	385
許容応力度	
計算	39, 337, 343
設計	306
＝Allowable Stress Design	
菌糸	235
近赤外時間分解分光法	377
＝TRS；Time resolved spectroscopy	
近赤外分光法	375
＝NIRS；Near-infrared spectroscopy	
杭試験	24
空隙率	68
釘接合性能	263
組立構造	48
クリープ性能	114
グリッド電極	93
グルード・イン・ロッド接合	364
グレーディングマシン	111
クレオソート	241
クロス・ラミネイティド・ティンバー	81
クロモグラニンA	380
形状安定性	115
形成層	18
計測方法	204, 207, 210
経年変化	53
化粧梁	109

ゲノム編集技術	34
ケブカシバンムシ	237
減圧・加圧	
注入処理	148
法	132
限界状態設計	306
＝Limit State Design	
限界耐力計算	343
言語尺度	386
建築基準法	131
建築物の長寿命化	315
原木	110
コーンカロリーメータ	129, 171
交感神経活動	377
香気成分	392
工業化住宅	41
公共建築物	6
等における木材の利用の促進に関する法律	170
高強度木材	27
公共木造	322
孔圏	21
鋼材温度	211
交錯木理	24
高湿度	150
高周波	91
加熱	91
・蒸気複合型乾燥機	97
真空乾燥機	97
接着プレス	94
剛性率	351
構造	
安定性	138
躯体	274
計画	49
計算の前提条件	343
設計ルート	356
特性係数	124, 347
構造用	
合板	39, 60, 202
集成材	39, 57, 295

製材	39	酸素消費法	134
単板積層材	**58, 295**	シー・エル・ティー	81
パネル	39, 61	支圧接合	358
＝Oriented Strand Board；OSB		シェルター	124
酵素結合免疫吸着法（ELISA）	390	**紫外線**	**247**
高耐久性樹種	240	吸収剤	255
高炭素貯蔵	5	蛍光ランプ	252
行動尺度	**386**	**視覚的印象**	**389**
合板スプライン	350	色差	248, 253
鋼板プレート	**201**	敷地内通路	285
降伏モード	121	軸組	
高齢者施設	386	**構法**	**37**
国際規格	82	**工法**	**46**
＝ISO 規格		軸材料	261
告示	173	軸力系	368
仕様	138	資源	
国分寺フレーバーライフ社本社ビル	184	持続性	3
腰壁		循環型社会	3
パネル	340, 345	時刻歴応答計算	337
部分	345	子実体	235
小幅パネル架構	**339, 344**	指尖脈波	378
小屋組	340	持続可能な発展	4
コロニー	236	湿球黒球温度	391
混構造	175	実大曲げ試験	113
混練型木材プラスチック複合材料（ウッドプラスチックコンポジット：WPC）	267	室内防腐試験	242
		質量減少率	103, 242
		指定建築材料	40, 83
		地盤・床下	325

サ行

載荷加熱		師部	17
試験	203, 206	ジベル	49
方法	204, 207	子房	19
再資源化	10	**遮炎性**	**138, 286, 293**
材質評価	108	遮光	254
再生可能資源	**3**	**遮熱性**	**138, 286, 293**
再生産	4	柔細胞	18, 21
最大検定比	351	**収縮期・拡張期血圧**	**379**
細胞壁	27	**収縮率**	**22**
作業効率	**386**	**集成材**	**38, 45, 82, 95, 117, 179, 241, 267, 369**
散孔材	20, 21	被覆型	171
酸素化ヘモグロビン濃度	375	収納可燃物	274

縮瞳率	380
種子植物	17

樹脂
- 化処理 ･･････････････････････ 256
- **含浸** ･･････････････････････ **117**
- 処理木材 ･･････････････････････ 243
- 道 ･･････････････････････････ 19

樹種 ･･････････････････････････ **199**
手掌接触 ･･････････････････････ 381
主要構造部 ･･････････････････････ 293
循環型社会 ･･････････････････････ 227

準耐火
- 建築物 ･･････････････････ 51, 272
- **構造** ･･････････････････ **141, 293**

準不燃 ･･････････････････････ 164
- 材料 ･････････ 131, 139, 147, 282

準防火地域 ･･････････････････ 170
消火 ･･････････････････････････ 272
使用環境 ･･････････････････････ 319
- 〜による性能区分 ･･････････ 242
- 〜の定義 ･･････････････････ 85

仕様規定 ･･････････････････････ 39
焼損面積 ･･････････････････････ 271
消防白書 ･･････････････････････ 271
シリコーン樹脂系接着剤 ･･････････ 359
自律神経活動 ･･････････････････ 375
シロアリ ･･････････････････････ **236**
人工気候室 ･････････････････････ 378
新興木構造 ･････････････････････ 49
心材 ･･････････････････････ **18, 239**
- 成分 ･･････････････････････ 240

芯材 ･･････････････････････ 204, 206
浸潤度 ･･････････････････････ 242

浸透
- 型塗料 ･･････････････････････ 260
- 性 ･･････････････････････ 242

心拍
- 数 ･･････････････････････ 379
- **変動性（HRV；Heart rate variability）**･･ **377**

信頼性 ･･････････････････････ 305
- 指標 β ･･････････････････ 308

森林吸収源	6
髄	18
水蒸気処理	70
水熱劣化	265
水分レベル	264
水平加力試験	122
水溶性薬剤	241

スギ ･･････････････････････ **149, 199**
- 化粧材 ･･････････････････ 204, 206
- **材** ･･････････････････････ **380**

スチールハウス ･･････････････････ 367
ストレス軽減効果 ･････････････････ 375
スパン表 ･･････････････････････ 115
スリット加工 ･･････････････････ 124

スリム耐火ウッド ･･････････････ **203**
- 〜の耐火木質柱 ･･････ 203, 206, 212
- 〜の耐火木質梁 ･･････････ 206, 209

寸法
- ・荷重条件に関する調製係数 ･･･ 312
- **安定性** ･･････････････････ **101, 102**
- **変化率** ･･････････････････ **82**

正規分布 ･･････････････････････ 311
生体リズム ･･････････････････ **390**
性能
- 関数（あるいは機能関数） ･･････ 308
- 評価機関 ･･････････････････ 171
- 評価試験 ･･････････････････ 138

生物汚染 ･･････････････････････ 248
生理的
- 快適性増進効果 ･･････････････ 382
- **リラックス効果** ･･････････････ **375**

積層
- **圧密** ･･････････････････････ **117**
- 接着 ･･････････････････････ 108
- 方向 ･･････････････････････ 87

セスキテルペン ･････････････････ 392
設計
- 施工マニュアル ･･････････････ 343
- 点 ･･････････････････････ 308
- 用構造モデル ･･････････････ 343

接合

金物············324
　部··········200, 295
　モデル··········121
接着
　剤············94
　　〜の選定··········361
　　〜の塗布··········361
　作業··········361
　性能··········112
　接合··········357
　耐久性··········262
　耐久性能··········321
　〜の程度··········85
セドロール··········379
セマンティック・ディファレンシャル
　（SD）法··········389
セルフネン··········151, 153
　木ぬり壁··········159
　〜の難燃機構··········153
　不燃液··········158
　不燃化技術··········151
　不燃木材··········158
セルロース··········23, 27
　ミクロフィブリル··········23
全収縮率··········22
選択的圧密化··········69
せん断
　系··········368
　試験··········120
　接着··········359
　強さ··········112
　抵抗型··········363
　パネル··········347
　力··········112
　　〜の分担率··········124
前頭前野··········375
層··········84
層間変形角··········351
早材··········20
相対クリープ··········114
総発熱量··········129, 148

増分解析··········346
造膜形塗料··········256
造膜型塗料··········260
藻類··········238, 248
そぎ重ね··········360
　継ぎ手··········359
測色··········253
促進
　耐候性試験··········252, 261
　倍率··········253
素材の耐久性··········240
袖壁
　等パネル··········345
　等部分··········345
　パネル··········340
損失係数··········91

タ行

耐火
　1時間の性能確認··········203, 209
　1時間の性能評価··········203, 204, 206
　建築物··········50, 272
　構造··········141, 170, 213
　シート··········203, 204, 206
　試験··········125, 198
　集成材··········197
　性能··········125, 136, 203, 293
　被覆厚··········203
　被覆材··········154
　被覆した鉄骨造梁··········209, 212
　木質柱··········203, 209
　木質梁··········203
　炉··········125
耐蟻性··········240
大規模木質構造··········43
耐久計画··········315
耐久性··········101, 235, 315
　区分··········240
　評価··········259
　予測··········265

— 索-7 —

耐朽性・・・・・・・・・・・・・・・・・・240, 251
耐候
　　操作・・・・・・・・・・・・・・・・・・・・242
　　劣化・・・・・・・・・・・・・・・・・・・247
耐候性・・・・・・・・・・・・・・・・・・・・・259
　　向上技術・・・・・・・・・・・・・・・・254
　　処理・・・・・・・・・・・・・・・・・・・・260
　　塗装木質建材・・・・・・・・・・・257
　　評価・・・・・・・・・・・・・・・・・・・252
　　　方法・・・・・・・・・・・・・・・・・257
第3者認証・・・・・・・・・・・・・・・・・142
大臣認定・・・・・・・・・・・・・138, 173
対数正規分布・・・・・・・・・・・・・・311
体内時計・・・・・・・・・・・・・・・・・・390
耐熱ロックウール・・・・・・・・・・210
耐用年数・・・・・・・・・・・・・・・・・241
耐力効果・・・・・・・・・・・・・・・・・・306
耐力壁・・・・・・・・・・・・・39, 339, 345
タイワンヒノキ材油・・・・・・・・380
唾液
　　アミラーゼ活性・・・・・・・・・386
　　中アミラーゼ活性・・・・・・・378
　　中コルチゾール濃度・・・・・378
　　中免疫グロブリンA・・・・・378
竪穴区画・・・・・・・・・・・・・・・・・・283
縦継ぎ・・・・・・・・・・・・・・・・・・・・110
垂れ壁
　　パネル・・・・・・・・・・・・・340, 345
　　部分・・・・・・・・・・・・・・・・・・345
　　たわみ・・・・・・・・・・・・・・・・114
炭化・・・・・・・・・・・198, 205, 208, 211
短期
　　基準せん断耐力・・・・・・61, 122
　　許容せん断耐力・・・・・・・・122
担子菌・・・・・・・・・・・・・・・・・・・・235
単純重ね・・・・・・・・・・・・・・・・・・360
弾性解析・・・・・・・・・・・・・・・・・・346
弾性床上の梁の曲げ理論式・・・121
炭素
　　ストック・・・・・・・・・・・・・・・・8
　　貯蔵評価・・・・・・・・・・・・・・・・7

断熱性能・・・・・・・・・・・・・・・・・・105
単板・・・・・・・・・・・・・・・・・・・・・・・58
　　=Veneer
　　積層材・・・・・・・・・・・75, 82, 148
断面ハイブリッド・・・・・・・・・・369
小さな循環・・・・・・・・・・・・・・・・・・4
地下生息性シロアリ・・・・・・・・236
地球温暖化防止条約・・・・・・・・・・6
蓄積量・・・・・・・・・・・・・・・・・・・・169
チッソの相乗効果・・・・・・・・・・146
チビタケナガシンクイムシ・・・237
着火・・・・・・・・・・・・・・・・・・・・・・127
　　時間・・・・・・・・・・・・・・・・・127
　　防止・・・・・・・・・・・・・・・・・・275
柱脚接合部・・・・・・・・・・・・・・・・122
抽出成分・・・・・・・・・・・・・・・・・・240
中層木造建築物・・・・・・・・・・・・・59
中・大径材・・・・・・・・・・・・・・・・107
注入量・・・・・・・・・・・・・・・・・・・・143
中密度繊維板・・・・・・・・・・・・39, 62
　　=Medium Density Fiberboard；MDF
長期優良住宅・・・・・・・・・・・・・・・・6
張弦梁・・・・・・・・・・・・・・・・・・・・366
帳壁・・・・・・・・・・・・・・・・・・・・・・222
直交集成板・・・・・43, 59, 267, 288, 293, 335
　　=Cross Laminated Timber；CLT
　　〜の日本農林規格・・・・・81, 337
　　〜を構成するラミナ・・・・・338
直交積層・・・・・・・・・・・・・・・・・・118
直交層・・・・・・・・・・・・・・・・・・・・・84
ツーバイフォー構法・・・・・・・・・40
通気・換気構法・・・・・・・・・・・・320
通達による別棟・・・・・・・・・・・・284
突き合わせ接着・・・・・・・・・・・・360
継手・仕口・・・・・・・・・・・・・・・・・48
低炭素社会・・・・・・・・・・・・・・・・・5
ディティールデザイン・・・・・・320
低二酸化炭素社会・・・・・・・・・・・・5
鉄汚染・・・・・・・・・・・・・・・・・・・・249
鉄骨造梁・・・・・・・・・・・・・・・・・・210
鉄道車輌用不燃性木材・・・・・・154

デポジット制 ・・・・・・・・・・・・・・・・・・・・ 11
電界作用 ・・・・・・・・・・・・・・・・・・・・・・・ 91
電極板 ・・・・・・・・・・・・・・・・・・・・・・・ 92
点検
　口 ・・・・・・・・・・・・・・・・・・・・・・・・・ 322
　用バルコニー ・・・・・・・・・・・・・・・・ 322
転写因子遺伝子 ・・・・・・・・・・・・・・・・ 28
天然乾燥材 ・・・・・・・・・・・・・・・・・・・ 378
同一等級構成集成材 ・・・・・・・・・・・・ 57
道管 ・・・・・・・・・・・・・・・・・・・・・・・・ 19
等級区分 ・・・・・・・・・・・・・・・・・・・・・ 111
同時穴あけ加工 ・・・・・・・・・・・・・・・ 117
同時確率密度関数 ・・・・・・・・・・・・・ 312
特殊な構造方法 ・・・・・・・・・・・・・・・ 336
都市
　〜の低炭素化 ・・・・・・・・・・・・・・・・・ 5
　木造 ・・・・・・・・・・・・・・・・・・・・・・ 46
塗装 ・・・・・・・・・・・・・・・・・・・・・・・・ 254
　処理 ・・・・・・・・・・・・・・・・・・ 256, 260
　木材 ・・・・・・・・・・・・・・・・・・・・・・ 257
　木質建材 ・・・・・・・・・・・・・・・・・ 257
土台 ・・・・・・・・・・・・・・・・・・・・・・・・ 338
塗布処理 ・・・・・・・・・・・・・・・・・・・・ 261
塗膜 ・・・・・・・・・・・・・・・・・・・・・・・・ 254
ドライングセット ・・・・・・・・・・・・・・ 66
ドリフトピン ・・・・・・・・・・・・・・・・ 201
　接合 ・・・・・・・・・・・・・・・・・・・・・・ 358
塗料 ・・・・・・・・・・・・・・・・・・・・・・・・ 130
ドリルネジ ・・・・・・・・・・・・・・・・・・ 358
　接合 ・・・・・・・・・・・・・・・・・・・・・・ 358

ナ行

内装制限 ・・・・・・・・・・・・・・・・ 142, 276
内部被覆材 ・・・・・・・・・・・・・・・・・・ 231
内分泌活動 ・・・・・・・・・・・・・・・・・・ 375
ナチュラルキラー (NK；Natural killer) ・・ 378
難燃
　材料 ・・・・・・・・・・・・・ 131, 139, 147, 282
　処理 ・・・・・・・・・・・・・・・・・・・・・・ 137
　薬剤 ・・・・・・・・・・・・・・・・・・・・・・ 197

薬剤 ・・・・・・・・・・・・・・・・・・・ 131, 137
　処理 LVL ・・・・・・・・・・・・・・・・・・ 213
軟腐朽菌 ・・・・・・・・・・・・・・・・・・・・ 236
南陽市文化会館 ・・・・・・・・・・・・・・・ 173
二酸化炭素の放出 ・・・・・・・・・・・・・・・ 7
二次細胞壁 ・・・・・・・・・・・・・・・・・・・ 27
日本
　集成材工業協同組合 ・・・・・・・・・ 179
　しろあり対策協会 ・・・・・・・・・・・ 244
　木材保存協会 ・・・・・・・・・・・・・・ 242
乳化性薬剤 ・・・・・・・・・・・・・・・・・・ 241
入射熱強度 ・・・・・・・・・・・・・・・・・・ 127
熱
　回収 ・・・・・・・・・・・・・・・・・・・・・・・・ 3
　吸収材 ・・・・・・・・・・・・・・・・・・・・ 188
　橋 ・・・・・・・・・・・・・・・・・・・・・・・ 201
　処理 ・・・・・・・・・・・・・・・・・・・・・・・ 70
　木材 ・・・・・・・・・・・ 101, 102, 104, 243
　伝導率 ・・・・・・・・・・・・・・・・・・・・ 128
　分解 ・・・・・・・・・・・・・・・・・・ 127, 146
熱中症 ・・・・・・・・・・・・・・・・・・・・・・ 391
燃焼
　拡大防止 ・・・・・・・・・・・・・・・・・・ 275
　サイクル ・・・・・・・・・・・・・・・・・・ 145
　特性 ・・・・・・・・・・・・・・・・・・・・・・ 137
年生長量 ・・・・・・・・・・・・・・・・・・・・ 169
脳
　活動 ・・・・・・・・・・・・・・・・・・・・・・ 375
　波 ・・・・・・・・・・・・・・・・・・・・・・・・ 377
軒の出 ・・・・・・・・・・・・・・・・・・・・・・ 251
ノルアドレナリン ・・・・・・・・・・・・・ 380
ノンネン
　W-200 ・・・・・・・・・・・・・・・・・・・・ 145
　W2-50 ・・・・・・・・・・・・・・・・・・・・ 145
ノンブラケット工法 ・・・・・・・・・・・ 184

ハ行

パーティクルボード ・・・・・・・・・・ 39, 62
　=Particleboard；PB
バイオマスエネルギー ・・・・・・・・・・ 11

廃棄物処理	10
ハイブリッド	171
構造による架構システム	368
梁	365
部材	356
壁	367
床	366
鋼・木質ハイブリッド構造	355
白色腐朽菌	236
白線帯	21
暴露試験	242
箱型ラーメン架構	122
ハザードクラス	318
柱	
土台接合部	122
梁接合部	120, 203, 209, 212
肌目	20, 24
発炎燃焼性	131
白華	134, 150
抑制	144
伐期適齢期	169
伐採木材	7
撥水剤	255
撥水度	**254**
発熱	
性試験	147
速度	129, 148
発泡層	150
バネ要素	347
幅	
はぎ接着	296
広ひき板	108
方向	87
梁貫通孔部分の耐火仕様	187
梁	
桁	107
梁接合部	125
要素	347
反曲点高さ	124
晩材	20
判定基準	205, 207, 211

被害度	241
光	
安定化	255
酸化	247
変色	248
劣化	248
ひき板（ラミナ）	57, 81
被着剤の表面処理	361
引きボルト	
形式	344
接合	364
被子植物	17
ビス打ち鋼板	350
＋ボルト形式	344
非損傷性	**287, 293**
非耐力壁	220, 224
引張抵抗型	364
避難安全措置	276
ヒノキ	
材	**378**
葉油	**380**
ヒバ材	381
被覆	294
層	204, 206
標準加熱	
温度曲線	296
曲線	170
標準正規	
確率分布関数	310
変数	310
表面	
温度	205, 208, 211
欠陥率	254
処理	**241**
補強型	359
木材	228
ヒラタキクイムシ	237
干割れ	**22, 316**
フィールド実験	382
風化（erosion）	**247, 249, 260**
速度	249

フェイルセーフ・・・・・・・・・・・・・・・・・・・321
フェノール樹脂・・・・・・・・・・・・・・・・・・118
腐朽・・・・・・・・・・・・・・・・・・・・**235, 316**
　危険度・・・・・・・・・・・・・・・・・・・・・・317
副交感神経活動・・・・・・・・・・・・・**377**
福島県国見町庁舎・・・・・・・・・・・・・184
輻射熱・・・・・・・・・・・・・・・・・・・・・・・391
腐食速度・・・・・・・・・・・・・・・・・・・・・317
歩留まり・・・・・・・・・・・・・・・・・・・・・110
不燃
　化木材・・・・・・・・・・・・・・・・・・・・・153
　材料・・・・・・・・・・**131, 139, 147, 282**
　紙・・・・・・・・・・・・・・・・・・・・・・・・・158
　木材・・・・・・・・・・・・・・・・・・・・・・・153
プライ・・・・・・・・・・・・・・・・・・・・・・・・84
フラッシュオーバー・・・・・・・・・・・・137
フラッシュドア・・・・・・・・・・・・・・・・96
フラットバー・・・・・・・・・・・・366, 369
　＝FB
プラットホーム工法・・・・・・・・・・・344
プレート挿入型・・・・・・・・・・・・・・・359
プレカット・・・・・・・・・・・・・・・・**243**
　加工・・・・・・・・・・・・・・・・・・・・・・・・49
プレス・・・・・・・・・・・・・・・・・・・・・・・・94
分割型架構・・・・・・・・・・・・・・・・・・・345
平均
　収縮率・・・・・・・・・・・・・・・・・・・・・・22
　炭化速度・・・・・・・・・・・・・・・・**296**
　暴露照度・・・・・・・・・・・・・・・・・・・390
平行
　積層・・・・・・・・・・・・・・・・・・・・・・・118
　層・・・・・・・・・・・・・・・・・・・・・・・・・・84
　平板電極・・・・・・・・・・・・・・・・・・・・92
平準化・・・・・・・・・・・・・・・・・・・・・・・・14
併用構造・・・・・・・・・・・・・・・・・・・・・356
ベタ基礎・・・・・・・・・・・・・・・・・・・・・325
ヘミセルロース・・・・・・・・・・・・・・・・23
変形増大係数・・・・・・・・・・・・・・・・・114
辺材・・・・・・・・・・・・・・・・・・**18, 239**
変色菌・・・・・・・・・・・・・・・・・・・・・・・235
偏心率・・・・・・・・・・・・・・・・・・・・・・・351

変成シリコーン樹脂系接着剤・・・・・・・・359
崩壊防止・・・・・・・・・・・・・・・・・・・・・275
防火
　区画（等）・・・・・・・・・・・・・187, 276
　性能・・・・・・・・・・・・・・・・・・・・・・・133
　設備・・・・・・・・・・・・・・・・・・・・・・・141
　地域・・・・・・・・・・・・・・・・・・・**170**
　壁・・・・・・・・・・・・・・・・・・・・・・・・・283
　木造・・・・・・・・・・・・・・・・・・・・・・・・50
防蟻
　処理・・・・・・・・・・・・・・・・・・・・・・・323
　性能・・・・・・・・・・・・・・・・・・・・・・・103
　　試験・・・・・・・・・・・・・・・・・・・・・103
胞子・・・・・・・・・・・・・・・・・・・・・・・・・235
放射孔材・・・・・・・・・・・・・・・・・20, 21
紡錘形細胞・・・・・・・・・・・・・・・・・・・・18
防錆処理・・・・・・・・・・・・・・・・・・・・・325
防耐火・・・・・・・・・・・・・・・・・・・・・・・・50
　構造制限・・・・・・・・・・・・・・・・・・・276
　設計・・・・・・・・・・・・・・・・・・・・・・・291
防腐
　・防蟻薬剤・・・・・・・・・・・・・・・・・241
　性能・・・・・・・・・・・・・・・・・・・・・・・102
　措置・・・・・・・・・・・・・・・・・・・・・・・341
放冷・・・・・・・・・・・・・・・・・・・・**201**
保存処理・・・・・・・・・・・・・**142, 241**
ホットプレス・・・・・・・・・・・・・・・・・118
ポプラ・・・・・・・・・・・・・・・・・・・・・・・・30
保有水平耐力計算・・・・・・・・337, 343
ポラテック本社ビル・・・・・・・173, 183
ポリウレタン樹脂系接着剤・・・・・359
ボルト接合・・・・・・・・・・・・・・・・・・・358
ホロセルロース含有率・・・・・・・・・104
ホワイトオーク材・・・・・・・・・**381**
　無塗装・・・・・・・・・・・・・・・・**381**

マ行

マイクロクライメート・・・・・・・・・250
曲がり・反り・・・・・・・・・・・・・・・・・115
曲げ

強度	103	木質	
系	368	**材料**	241, 261
性能	113	接着パネル	41
強さ	118	耐火構造	227
ヤング係数	118	耐火部材	228
丸太組構法	37	**耐震壁接着工法**	328
丸美産業本社ビル	183	ハイブリッド架構	203
水切り	325	ハイブリッド集成材	179
水仕舞構法	320	パネル	261
密度	118, 128	複合軸材料	40
無開口壁パネル	339	複合断熱パネル	40
メタルハライドランプ	252	**プレハブ構法**	37
メラトニン	390	木質系	
免疫活動	375	耐火技術	227
面外方向	87	耐火構造部材	154
面材料	261	**用難燃剤**	145
面積区画	283	木製	
メンテナンス	52, 256	外装材	105
フリー	322	サッシ	105
面内方向	87	防火戸	159
メンブレン型	156	**木繊維**	19
モーメント		木造	
加力試験	118	計画・設計基準	322
抵抗接合	363	校舎の構造設計標準	61
燃エンウッド	172, 187	高齢者施設	387
燃えしろ	141	都市	234
設計	43, 51, 293, 349	**枠組壁**	200
層	187	目標耐用年数	315
燃え止まり	188, 227	木部	17
現象	180	木本植物	17
層	187	**木理**	24
燃え抜け	187	モノテルペン	392
木材		門型ラーメン架構	122
〜の試験方法のJIS	24	モンテカルロシミュレーション	308
〜の変色	247		
〜のリサイクル	9		
〜の劣化	259		
保護塗料	256		
保存	259		

ヤ行

野外試験	241
薬液注入	72
薬剤残存量	135
野菜倶楽部 oto no ha Café	175

（続き）
剤　241, 321
率　381

ヤニ	249
屋根パネル	340
屋根版	340
ヤマトシロアリ	**236, 317**
ヤング率	109
ユースクラス	244, 318
有開口壁パネル	339
有効燃焼発熱量	129
誘電加熱	**91**
誘電体	91
優良木質建材等認証	**243, 257**
基準	104
床パネル	338
床版	338
ヨーロッパ降伏理論式	121
溶剤系ウレタン塗料	150
容積重	27
溶脱	135, 150
用途選別	108
横圧縮加工	65
予防保全	326
四号建築物	39

ラ行

ラグスクリュー接合	358
ラグスクリューボルト接合	364
裸子植物	17
らせん木理	24
ラミナ	57
厚さ	346
ラメラ	23
リグニン	23, 27, 248
リグノセルロース	27
リン系難燃剤	145
累積分布関数	307
＝Cumulative Distribution Function； CDF	
齢級構成	169
劣化	
因子	317
外力	**262, 316**
指数	266
環境	316
診断	**244**
ロータリー単板	82, 117
ロールプレス	69
老化	260
ロッド挿入型	359

ワ行

枠組壁工法	**37**
構造用製材	40
構造用たて継ぎ材	40
枠組材	40

新世代 木材・木質材料と木造建築技術

発行日	2017年11月29日 初版第一刷発行
監修者	岡野　健
発行者	吉田　隆
発行所	株式会社 エヌ・ティー・エス 〒102-0091　東京都千代田区北の丸公園 2-1 科学技術館 2 階 TEL：03(5224)5430　http://www.nts-book.co.jp/
印刷・製本	株式会社 双文社印刷

ISBN978-4-86043-511-0

Ⓒ 2017　岡野 健, 他

落丁・乱丁本はお取り替えいたします。無断複写・転写を禁じます。
定価はケースに表示してあります。
本書の内容に関し追加・訂正情報が生じた場合は，㈱エヌ・ティー・エス ホームページにて掲載いたします。
※ホームページを閲覧する環境のない方は当社営業部(03-5224-5430)へお問い合わせください。